李纪祥

李纪祥，字念远，台湾台北人，历史学博士。现为台湾“中国文化大学”史学博士班教授、佛光大学历史系教授；山东省泰山学者、中国孔子研究院特聘专家、礼乐文明研究中心主任。曾任佛光大学人文学院院长、历史系主任，台湾“中国历史学会”理事长，华东师范大学思勉高等研究院“境外学者专家讲座”等职。

主要研究方向为中国儒学、史学及相关经典，在经学、礼学、宋明理学、文庙释奠学等领域卓有造诣。撰有《两宋以来大学改本研究》《明末清初儒学之发展》《道学与儒林》《时间・历史・叙事》《< 史记 > 五论》《宋明理学与东亚儒学》等学术专著。近期在《历史研究》《文史哲》等权威期刊发表多篇学术论文。

尼山儒学文库
第一辑
总主编：杨朝明

半壁闻韶：经学·理学·庙学

李纪祥 主编

山东友谊出版社
·济南·

图书在版编目（CIP）数据

半壁闻韶：经学·理学·庙学 / 李纪祥主编. —济南：山东友谊出版社，2023.3
（尼山儒学文库 / 杨朝明总主编. 第一辑）
ISBN 978-7-5516-2389-6

Ⅰ. ①半…　Ⅱ. ①李…　Ⅲ. ①经学—中国—文集②理学—中国—文集　Ⅳ. ①Z126.27-53 ②B244.05-53

中国国家版本馆 CIP 数据核字 (2023) 第 054598 号

半壁闻韶：经学·理学·庙学

BANBI WENSHAO : JINGXUE · LIXUE · MIAOXUE

责任编辑：孙　锋
装帧设计：刘一凡

主管单位：山东出版传媒股份有限公司
出版发行：山东友谊出版社
地址：济南市英雄山路 189 号　邮政编码：250002
电话：出版管理部（0531）82098756
发行综合部（0531）82705187
网址：www.sdyouyi.com.cn
印　　刷：济南乾丰云印刷科技有限公司

开本： 710 mm×1000 mm　1/16
印张： 22.5　**字数：** 400 千字
版次： 2023 年 3 月第 1 版　**印次：** 2023 年 3 月第 1 次印刷
定价： 85.00 元

编 委 会

总　序

2013年11月26日，习近平总书记在考察孔子研究院时指出：世界儒学传播，中国要保持充分话语权；要“大力弘扬中国传统文化”，搞好“四个讲清楚”，要引导人们更加全面客观地认识历史的中国、当代的中国，使我国在东亚文化圈中居于主动。

多年来，孔子研究院牢记总书记嘱托，依托山东省泰山学者工程、济宁市尼山学者工程，全面开展儒学人才高地建设，重点引进了一批国内外著名儒学研究高端人才。他们齐聚孔子故里，围绕儒家思想的研究与阐发，深入思考“两创”时代课题，回应时代的重大关切；他们举办“春秋讲坛”、高端儒学会讲等学术活动，与新时代儒学研究发展同步；他们参加亚洲文明对话大会、尼山世界文明论坛、世界儒学大会等国内外重要学术会议，或登台演讲，或提交论文，在不同的舞台上发出了中华文化的时代强音，握牢了儒学研究领域的话语权；他们立足“原点”，开展儒学研究，提出了许多富有创新意义的学术观点，取得了一批具有时代高度的标志性成果，展现了当代儒学研究的前沿风貌。

尼山是儒学的发源地，也是中国传统文化的重要发祥地。就像孔子“元功济古，至道纳来”那样，尼山作为孔子出生地，同样具有极其重要的象征意义。她虽然“奇不过三山，高不过五岳”，但令人仰止。可以说，尼山是“一座震古烁今的文明之山”，是“一座弥高弥新的思想之山”，是

“一座栖息心灵的精神之山”，是“一座弦歌不辍的教化之山”，是“一座光耀四海的智慧之山”。2019 年 8 月，山东省整合力量，正式成立尼山世界儒学中心，确立了打造世界儒学研究高地、儒学人才集聚和培养高地、儒学普及推广高地、儒学国际交流传播高地的发展目标，新时代世界儒学的发展将从尼山再出发。

为认真解答“四个讲清楚”的重大历史与现实课题，深入做好“两个结合”文章，全面加强儒学思想文化研究，及时有效地回顾、总结、前瞻，我们将孔子研究院部分特聘专家近年来具有代表性的学术论文、研究报告、访谈演讲文稿、著作摘录等予以汇总，结集为《尼山儒学文库》（第一辑）。这些专家中，有山东省特聘儒学大家、泰山学者特聘专家、泰山学者青年专家，也有济宁市尼山学者，整体上以中国学者为主，旁涉美国、韩国学者，可以说具有很强的代表性。

《尼山儒学文库》注重思想性、学术性、时代性、普及性的统一，强调学者的学术观点和学术贡献，既有宏观的儒学元典研究，也有微观的专题思考，有助于读者了解当代儒学研究领域代表性学者之所思所想，把握新时代儒学研究的发展方向，进而反躬自省，浸润于中华优秀传统文化。我们希望读者在品读本套书的过程中，能够体悟经典、了解儒家文明，感触中华文化的独特魅力。

是为序。

杨朝明

2021 年 8 月 16 日

序　言

本书是笔者2016年元月至曲阜孔子研究院任职泰山学者以来，与泰山学者团队成员共同努力近五年的学术成果。本书共收入论文11篇，依其畛域，分为三类：经学、理学、庙学。其中经学5篇，理学3篇，庙学3篇，总其编而成一专著，名曰“半壁闻韶：经学·理学·庙学”。“半壁”在鲁、“闻韶”在齐，前者逝后、后者生前，时间坐标标记了曲阜历史的深度，值得咏叹，值得怀古，也值得研究。因此，五年中不论是“《春秋》经传读书会”的同侪辩诘、研究院的切磋问学，还是共同筹办国际研讨会、出版论文集，又或是此一团队论文成果之编辑出书，皆是五度寒暑的缩影。无论是登上泰山之巅，感叹小天下之意境；或是夜来信步杳杳阙里之巷，流连于沂河之畔，关于咏雩亲水者是否真为智者乐情的争论；最终，仍是要回到文本，返归经典，返回夫子所流传下的一切。一如夫子的列国周游最终仍要归返曲阜宅邸与城外草堂，返归最后的案牍书写、编缀成文。吾人遥想夫子最后的伫足，文字的刻痕，名山事业的流传，览者感斯，亦是这五年最根本触动处。于是，在研究院读书室内历时五年，月复一月，页复一页，秋雨冬雪录下沙沙的翻页声，仿佛伴着夫子闻韶归来的惆怅。

无论是汉代的经学，或是宋以来的理学，又或是因曲阜庙祭而兴起的庙学，皆是源自夫子所生所长所任之地；或从文本入手而成经学，或自夫子徜徉其间而称洙泗，或因庙堂肃穆而崇敬示悼，凡此三类，皆有夫子及其门人

的身影掩映于兴衰起落的历史中、错落苍松的参天古韵间。

本书所收录经学类文章5篇，分别是李纪祥的《〈春秋〉中的空白叙事："阙文"与"不书"》《西周与东周："王室乱"与〈春秋〉中的"周统"书写》、陈以凤的《"传例"与"略例"：范宁〈穀梁〉例学考》、许超杰的《经史之间：侯康〈穀梁礼证〉诠释理路研究》、李翠的《〈春秋〉中的"二姬"书写与"纪"国史》，五篇皆集中讨论《春秋》经学。陈以凤的"范宁《穀梁》例学"研究聚焦于范宁，相对过去的研究仅停滞于杨士勋、《四库》馆臣提出的"略例""传例"，陈文则提出了更为精辟的观点，文中通过考察论证与对雠分析，勾稽了《隋书·经籍志》中所录已失传的一卷《春秋穀梁传例》，并辑制《范自例表》以增补许桂林"传外余例"，考辨杨士勋疏中的"略例"，商榷清王谟、黄奭等《传例》之辑佚，堪称是近十余年来研究《穀梁》例学最重要的一篇论文。许超杰的论文聚焦清侯康之遗著《穀梁礼证》。侯康在清代穀梁学史上地位特别，既撰《穀梁礼证》而又半途废置，改宗左氏传。许文从伍崇曜、陈澧之评论入手，尝试解释侯康著作所反映的"经史之间"两种面向，并揭示宋元源流特别是叶梦得《春秋考》何以别具意义，以此彰显礼崩乐坏之《春秋》礼学路径，诠释角度极富启发。李翠的论文聚焦于《春秋》中的纪伯姬、纪叔姬之书写，将"二姬"系于经文之"逆""归""卒""葬"以探讨三《传》及其注、疏之释义，也通过经文编年时间轴，言说"二姬"生平叙事，讨论纪国之"亡"与"不亡"与纪叔姬"一人系国"之微义；而二姬的"鲁女"身份，正是《春秋》书写中有无"我"之意识的考察入口。李文的切入角度特别，发覆徐彦、杨士勋疏文与清人顾栋高《春秋大事表》要义。李纪祥论文二篇，一篇探讨《春秋》经文的"空白"书写，当这个词汇被作者提出为概念时，究竟是否能指涉"及"于夫子经文呈现的"空白"，《春秋》之"公即位"在首条经文之不可视见，究竟是一种"书写"或是"未书写"？一种不可视见的"空白"状态，究竟指向了《春秋》文本的何种书写形态？这篇论文发表前曾在台湾一次研讨会中与德国史学前辈余琛教授切磋，得到他及另一位丹麦学者的指教；这也使笔者认真体会，西方汉学家在研读中国典籍时的态度与取向，是否能为中国的经典带来更好的未来与想象？笔者必须承认，这是第一篇将西方史学理论与文学批评中的书写学、叙事学带入中国传统经学研究的论文。所以能引起共鸣与对话，正因本篇引入新学对话旧学，新知培养与旧学商量涉及的是文化表述形式下的深邃内涵。另一篇则针对经文昭公时的"王室乱"书写，从《公羊传》"西周"与"东周"、《左传》"西王"与"东王"的对词联系，不仅探讨了平王东迁后的首次王室分裂与京师移动，并且深掘景王、悼王、敬王的周统书写，及当事者王子朝的"成周"历史记忆。饶宗颐先生《中国史学上之正统论》一书迄今仍为典范之作，本文则从饶先生溯源正统的角度于《公羊》上作了小小的追随与补阙。

理学类文章共3篇，选入了李纪祥的《两种文本：〈大学〉与〈大学〉——〈礼记〉本与〈四书〉本的比较》《聆听经典的声音——有关〈传习录〉的"阅读"》《由内圣到外王：费密及其王统论》。山东大儒多治经学，伊洛道学则起于洛水，笔者因成学路上颇受钱穆、牟宗三、唐君毅等诸先生影响，加上东海大学硕士论文《两宋以来大学改本之研究》的撰写又受蔡仁厚先生的亲诲与训练，是以受宋明理学熏陶影响甚深，这也是笔者早年学术之路径。《两种文本》一文，原发表于由巴黎法兰西公学院Anne Chen讲座所召集的一次以东亚世界《大学》文本为主题之国际研讨会上。Anne Chen讲座同时主持一项法国国家级的东亚世界经典法文翻译计划，《大学》自然在此之列。此次研讨会成果也在巴黎以法文出版，本文由Beatrice L'Haridon教授译为法文"Deux texts en un: une compaison du《Daxue》dans le Trait é des Rite et du Daxue dans le corpus des Quatr é"而收入*Lectures et Usages de la Grande Etude*, Paris 2015。其中文修订版后来在山东大学的《文史哲》期刊发表，主要比较了《礼记》本的《大学》篇章与朱熹《四书》本的《大学章句》之异同，

不仅强调两种“大学”文本的身份有别，呈现形式亦有差异；同时，也指出在郑玄、孔颖达视野中，并不存在朱熹所建构的“三纲”与“八目”体系及名称。《聆听经典的声音——有关〈传习录〉的“阅读”》一文则兼具考证与义理，此文本系作者收入《道学与儒林》书中的《“近思”之〈录〉与“传习”之〈录〉》一文的缩写本，旨在阐明宋明理学中的阳明学，何以从“良知”出发必然遭遇聆听问题，而聆听良知的召唤与我人阅读文本又复有何关联？从汉代人提出的右史“记言”与左史“记事”，我们已可窥见一种早期“记言”文本的诞生与汉人六艺之《书》有关，朱子之《录》与阳明之《录》的两种文本类型，正揭示了中国学问传统中“当下现场”之亲炙与文本流传之阅读的两种形态；《传习录》作为阳明文本中的经典，正有“言”在其中，不仅是阅读，也是聆听；从“记言文本”属性的《传习录》中，通过阅读而聆听其间蕴藏的“当下现场”之师生对话，自记言中而寻其言，在时间之流中聆听。要言之，此篇小文呈现的乃是对文本解读与认知的一种新思考。《由内圣到外王：费密及其王统论》则叙论一种晚明儒学新动向，晚明儒学与清代考据学之间究竟是一种断裂还是连续，始终是思想史学界的一个重要热点课题，不仅是域内更是域外尤其美国汉学界所关注者，自章太炎、梁启超以来，迄于钱穆、张灏、钱新组、艾尔曼等前辈学人，为此已提出外在环境说、内在理路说等不同角度的探讨；而胡适则早在著《戴东原的哲学》时即已注意到费密父子与考证学、章学诚《浙东学术》间存有关系。本文受此启发，自费密之经学视域转换入手，揭示其中蕴有的一种由内圣而外王之新动向，不仅关乎儒学与治道反思，也关乎外王角度下的人性论思考，无论是戴东原的《孟子字义疏证》还是章学诚的《原道》，皆已先萌于费密论述中。

庙学类文章3篇，李纪祥的《孔子称“师”考》是晚近研究孔子早期称谓的一篇重要论文，极具意义。本文既关注《论语》中出现“师”字语境，更留意到《论语》文本章句中确无诸弟子称孔子为“师”之记载，则不惟“孔子称师”为后起，“先生”一词指“师”亦为后起。在此历史动向中，无论战国时之称先生与门客，或是汉代之称博士与弟子，皆可勾勒出一条隐藏的历史之轴，与“孔子称师考”深相关联。笔者另外曾在《文史哲》发表过《西汉封爵孔子的两种走向：血缘性与非血缘性》，可以视为前一篇的续论。该文亦探讨了过去所忽略的一个课题，即孔子何以在汉廷之推崇下，逐渐走上一种非血缘性定位的尊师之路线；与此同时，汉廷君臣何以又同时提出另外一种血缘性方案，欲将孔子视为商汤之后，从“圣王后”的角度来推尊孔子？由后观前，我们知道今日孔子的形塑定位便在“师”，然而若当时血缘性提案成功又将如何？何以当时君臣有此提案？由此可知庙学史与“孔子身后史”实息息相关。加州大学柏克莱分校与纽约汉密尔顿学院的 Michael Nylan 与 Thomas Wilson 合撰《幻化之龙》，正是思考到“孔子身后史”中极具核心的关键课题：书写孔子与再书写、形塑孔子与再形塑。两位教授定调其书的主题为“探讨孔子在后代如何被书写的历史”。而我们亦可将坐落于曲阜的“孔庙”，视为一种对孔子的书写塑形，则孔庙自古迄今的迭经改建，每一次的改建与更置，何尝不是一次又一次在历史中的再书写？“庙学史”中的“孔庙”今日仍屹立于曲阜，无形文化情怀与有形文化资产的交融与互文，正启迪着当代人的孔庙观与孔子观。释奠学的释奠孔子及其两庑门人，也正启迪着礼乐之原与曲阜的关系。房伟的《文庙祭祀与儒家道德信仰》一文从孔子之先的学校释奠、孔子之后的文庙祭祀、文庙祭祀对传统社会道德信仰建构的作用等三个侧面，极精辟地点出了孔庙学史的扼要核心，尤其是以孔子为主的文庙建构。房文从主祭孔子、以学校为源头的文庙祭祀、建立文庙从祀制度、祀典与礼乐仪制的完善等四个方面勾勒出庙学的历史动态图像。李纪祥的《孔庙世界的存在本质——孔子的“祭如在”与朱子的“祭圣贤之可能”》，则通过分析朱子及其高弟黄榦对“祭圣贤之如何可能”的提问与探讨，排除了“儒学是否为宗教”议题在近代兴起与曾为主轴的见解，不论是牟、唐二先生从“儒学是

否为哲学”方面将此议题进行了转向，还是任继愈先生的宗教性讨论，都显示了这仍是一个延续性极强的争端；李文别从形上学与存在论提出思考，论文聚焦的场合落在宋代，从朱子的祭圣贤之思考文本与史料开始进入，以黄榦的南风琴声论作结，发起的是另一条路径的存在论探讨：孔庙的存在本质究竟为何？数十年前胡适在美国时，曾经做过一场阐述中国人不朽观的演讲。他在演讲之最后提到了王阳明，向听众提出了一个问题：为什么到今天，我们仍会记得王阳明？胡适演讲中的“不朽观”，不仅是中国式的语言，也是另一种文化上的身份认同之表述。本文不仅意图接续胡适的提问问题：“记忆古人与祭祀圣贤”究竟对中国人而言，具有何种意义？也更转向孔子庙堂提出叩问：孔庙存在的意义为何？庙学研究如欲画定自身畛域成为一门儒学分支之学，别具特殊意义，则自形上学与存在论的根本处提出探问，显然便是行远的立足之基。

笔者往返两地五年，身历曲阜寒暑，流连于孔庙、颜庙、周公庙，徜徉于沂河，深深体验了北方节气的自然循环周而复始，然而生存于此天地间的人类，却各自拥有着无可替代的特殊人生。历史人间，原是如此。千年前某一个特殊时代之某一史志典籍中的特殊一笔，是来自尼山而由阙里、孔里串起的洙泗之乡，在书写者引领下牵动了后来者回眸，包括当下刚成往事的五年。笔者相信与团队成员的体会是相同的，便是沂河之水能养人，半壁能闻夫子音。从这里对望图书架上的古典今籍，确实有着不同的翻页声韵，或叹或吟或息或鸣。“李纪祥老师或许是食曲阜米最多的一位台湾学者”，这样的音声语调，仿佛刚落，竟也不禁令人动容。

是为序。

2020年12月7日

目录

序　言

经学探赜……………………………………………………………………1

《春秋》中的“空白”叙事：“阙文”与“不书” ……………………李纪祥 3

西周与东周：“王室乱”与《春秋》中的“周统”书写 ……………… 李纪祥 52

“传例”与“略例”：范宁《穀梁》例学考 …………………………… 陈以凤 81

经史之间：侯康《穀梁礼证》诠释理路研究 ………………………… 许超杰 115

《春秋》中的“二姬”书写与“纪”国史 ……………………………… 李翠 132

理学诠析…………………………………………………………………163

两种文本：《大学》与《大学》——《礼记》本与《四书》本的比较

…………………………………………………………………………… 李纪祥 165

聆听经典的声音——有关《传习录》的“阅读” ………………………… 李纪祥 215

由内圣到外王：费密及其王统论……………………………………… 李纪祥 231

文庙释奠学研究…………………………………………………………255

孔子称“师”考 ……………………………………………………… 李纪祥 257

孔庙世界的存在本质——孔子的“祭如在”与朱子的“祭圣贤之可能”

…………………………………………………………………………… 李纪祥 297

文庙祭祀与儒家道德信仰…………………………………………… 房伟 326

后　记………………………………………………………………………343

经学探赜

《春秋》中的“空白”叙事:“阙文”与“不书”

李纪祥

一、前言

(一) 《春秋》与“annals”

波兰学者托波尔斯基(Topolski)曾从内容上的时间性,将历史叙事(historical narratives)区分为三种理想型(ideal-type):年鉴(annals)、编年史(chronicles)及一种更为严谨的历史叙事——编史学(historiography),托波尔斯基其实仍认为年鉴是较初始的,它在结构上由单一事件(isolated event or single record)构成;相较于此,编年史便具有条与条之间的因果相续性质,关键在于年与年之间的相互为序,使编年史更具叙事性。虽然托波尔斯基也强调这仅是德国学者马克思·韦伯的理想型区分,实际上这三种型皆是互存的,

但是很明显，他确实将年鉴视为仅是记录的单纯属性，在形态上较为原始。[①]

显然，如果我们用他的观点来尝试观看《春秋》这一部现存的文本，并且将《公》《穀》《左》的经传析离，将经文的部分称为孔子的《春秋经》，那么，在表象上，《春秋》确实“长得”像极了这位学者所谓的年鉴。但是，这个中国的古老文本，在面对西方近代历史学的理论分析时，却让我们警惕到，在这个“长得像”的表象之后，支持“长相”的历史性却极为复杂。首先，对《春秋》称呼的文本属性我们必须有所了解，这一词固然可以作为一个单纯指涉，用来称呼那个“孔子的”书写文本；但在许多场合，它指涉的是一个经与传的合成文本。正是因为有“传”，才有被“传”据以依托其存在的来源——“经”的称呼之出现。或者相反，是在发生的顺序上，先有孔子的《春秋》，才有《传》的出现；有了“传”的称名，《春秋》才能相对于“传”而称之为“经”。其次，在当今传与经的现存性是合成文本；但是，显然在中国古代传统上，传与经不必然要在刊印或抄写上合为一册，至少在汉代，经与传确然是分别存在的单行本。这已意味着：不论是单行本还是现存的合成本，经与传的称呼都使得《春秋》不再只是如其长相般，被单纯地视为单条纪事的编辑本。这也说明在经、传、注、疏的互文系统与脉络中，今日所见的宋代“单疏本”，即使没有“注”印入其文本中，但它还是具有“疏以释注”的互文本质，互文性使得单独印行的单疏本也能联系到经、传的解释性上。因此，单疏本不是单独的文本——虽然它的外观是一册单独的书本样式。仅仅视其“长相如何”确实会使我们抽离历史与文化的脉络去作出错误的文本形式分析。总言之，《春秋》在形式上极简到像极了初始的年鉴大事记，然而却也复杂到出现了千年以来绵绵不绝的解释传统与足以在“图书馆”中“考古”一辈子的上千册的“《春秋》学”遗典。古人并不比今人笨，如果我们愿意随着生命渐逝与年龄增长承认此点的话，那么，古人显然没有认为孔子的《春秋》“长得像”一部简单的大事记文本。

---

① Jerzy Topolski, “*Historical Narratives*: *Toward a Coherent Structure*”, History and Theory 35 (1996), pp. 75-86.

《春秋》作为“经”，有着三“传”来诠释的历史学术现象，使我们必须面对《春秋》作为一种历史文本的叙事，[①]及作为“经”的文本时，探询“义”之书写，是否亦为一种“叙事”。在表象上，如上述，《春秋》有类于托波尔斯基的年鉴型，亦即它是朴型的、初始的文本，然而，这并不能解释何以一种年鉴的叙事能成为具有一种供需意义之“原”的“经”。我们认为，《春秋》的作者在“书写”时，就已于年鉴的形态上有意识地注入了一种“赋义”的书写；因而，“释义”者才能探及于文本中所蕴有之“义”。孔夫子针对鲁史而进行了“再书写”，并且在“其义则丘窃取之”的情况下转变了原来史官的“叙事”层，使得《春秋》成为一部新的“再叙事”文本。也使得《春秋》从鲁史的大事记之单条记录而转成为具有互文性的文本，这一转向，正是在孔夫子笔削时所进行的“再书写”及其“赋义”行为中完成的。显然《春秋》决非年鉴类型的“大事记”。孔门的后人，如果要探询孔子书写的《春秋》本文之叙事意义，皆必须依据三《传》来进行——而不是依据古代史官的书写。由于《春秋》与三《传》的对称，汉代以后两者形成的正是在经学体系之内的“经传关系”，此即《春秋》之为“经”（赋义）、三《传》之文为“传”（释义）此一文本对应关系的场域。

事实上，《春秋》作为文本的形式，固然源自史官，“长得很像”年鉴或大事记，但却不能以此理论来说明与判定它的内容“是”什么与“有”什么！

本文试图自《春秋》中探求孔夫子的书写，特别是对其中有关“未书写”所形成的“空白”，如何可能是一种被孔子所“赋义”了的“叙述”，进行研究。《春秋》的作者——孔夫子，在进行一种自鲁史而来的有意识的“叙事”与“书写”，不再是如史官原本的书写，每月每日每时依据着史官的书写传统，条条书写与记录。在《春秋》中，经过孔夫子的“再书写”与“赋义”的行动，《春秋》已然从“鲁史”而转变了属性，从泛称各国之“史记”而至于专称孔夫子

①《汉书·艺文志》系将《春秋》录于《六艺略》的“春秋家”中，然仍以其为“古之王者必有史官”之“古史记”；《隋书·经籍志》则虽录《春秋》于“经”部，仍以“史部”之“古史”类系源自《春秋》。

所“赋义”的《春秋》，成为《汉书·艺文志》中“六艺略”之“经”的源头之一，显然其初始行动正是缘自孔子的“再书写”。无论考证孔子“有无”删作作为“鲁史”的《春秋》，《春秋》之为孔门诸“经”之一的认知，却的确是三《传》或五《传》成立的要件[①]。经过孔子“再书写”与“赋义”之后的新版《春秋》，内涵显然已经转变，若再用王安石式的“断烂朝报”的观点与说法以视之，显然是模拟于上述以年鉴的单条书写来看待其形式的观点，认为这种单条式的流水记载而且是断续式的文本，在时间与意义上均不能趋于未来也不能涵盖过去。我们如果能对春秋末期至战国时期的儒家经典形成史有更多的了解，那么从“《春秋》”的“史记”通称到《春秋》之为“孔子的”专称，显然已是汉人的历史认知。《春秋》这部文本经过孔子的再书写之后，它的叙述意义已经转换成为一个整体。在条与条之间已有其形成为整体意义下的相互性，不能宣称它是无关系的条与条的编辑简册而已，年代较早、排列在前的经文，反而可能在“再书写”上是较晚的“书写”，因此《春秋》十二公的“公即位”，反而以年代上最早发生的隐公之“不书”来宣示其整体性，涵盖到了其年代后发生的庄公、闵公、僖公等的“不书公即位”，这也就是为什么《传》在解说经文时会成立“经”的“义例”之故，因为对《传》而言，《春秋经》是一部有互文关系的“孔子的”著作，而不是一部史官条条记录的“现在叙述”。三《传》的注家之解经传，也是努力地寻求经文之间的互文关系以为解经传的依据，而显然许多注家的相异观点便是源自互文的差异性，这种情形尤其在《公羊传》的何休注与《穀梁传》的范宁注那里特别明显，足以让我们看到

① 所谓三《传》或五《传》，系根据《汉书·艺文志》中所录，《艺文志》中共录了五种《春秋》之传。班固于《汉书·艺文志》中《六艺略叙》言：“昔仲尼没而微言绝，七十子丧而大义乖。故《春秋》分为五，《诗》分为四，《易》有数家之《传》。”《汉志》所谓的《春秋》五家，系指：《左氏传》《公羊传》《穀梁传》《邹氏传》《夹氏传》。又曰：“四家之中，《公羊》《穀梁》立于学官，邹氏无师，夹氏未有书。”《汉志》此处的“四家”，则未包含《左传》在内。汉人认知中的《左传》，其初始便为书写式的传本，而《公羊》与《穀梁》则为口传式的传衍，在汉初“书于竹帛”之后，才成为文字性的传本；另外的夹氏与邹氏则因无文本与无师说而失传。

注家眼中的《春秋》之互文性与孔子的书写之重要关系。而解经时常见的依据年代在前的前条之文以解年代在后的后条经文，其实，正是来自条与条之间的这种作为整体意义下而成立的互文性认知。当然，互文性的关系，也包括了我们在本文中的主题，即看得到的有形经文与空白叙述之间的互文关系。

（二）“阙文”与“不书”是《春秋》中“空白”态的两种类型

视《春秋》为有“大义”、有“微言”，视《春秋》为有“义例”，视《春秋》为“断烂朝报”“流水账簿”，都是一个“怎么读”的问题。因而“不书”也就是对《春秋》在“这么读”之后，所提出的一种关于存在《春秋》之中的“原书写”的问题之观点。“不书”如果被提出来，就表示它曾被人“这么读”过。本文认为，可以从“不书”的角度去“这么读”《春秋》，冀图通达《春秋》中来自孔子的“原书写”；并会通存在于《论语》中被揭示的“阙文”观点，视为“源”于孔子所书写的两种有关“空白”之表述。说“源”于，是因为不论从现存的三《传》中的“经文”——《春秋》，还是《论语》，——前者是通过《传》之传主之“以文为释”，后者则通过孔子之弟子（及再传）之“记言”，虽然两者皆有“子曰”或“仲尼曰”，都欲表示其所“记言”，就是“孔子的话”，传《传》者更认为，《春秋》不论是作还是述，都来自孔子，所以，上述两种孔门之书——三《传》与《论语》，便皆“源”于孔子而殆无疑义。“阙文”与“不书”虽非《春秋》中本有之词汇，但却被解经者用来指涉《春秋》中本有之行文状态。两个词语皆出自孔门，前者首见于孔门弟子所编纂之《论语》，后者则见之于三《传》与注、疏。在“阙文”与“不书”皆“源”自孔子的认知下，作为一种“书写”的符号呈现，两者皆涉及叙述上的“空白”问题。叙述上的“空白”，即是“空白欲述”，而“源”于孔门的认知，“源”于孔子的再书写行为，“源”于孔子对西狩获麟的一叹，《春秋》中有着孔子对于“空白叙述”的“原书写”。“不书”与“阙文”，便是本文意欲自“书写学”角度探究的主题：孔子在《春秋》的“书写”中，是什么让我们能辨识出他所注入的“空白叙述”？

《春秋》这部文本在“书写”意义上的特别处，正在于我们不能仅仅将阅读的目光指向文本中可视见的有形书写，而更应当注意《春秋》文本中不可视见的字里行间之非有形处——如果一定要说可以视见，那么便是在印刷成书时所未雕版成“字”的“空白”处。通过《春秋》的《传》，我们已经知道这一部分是有意义的；而且作传者也认为这正是孔夫子“书写”——作、述、删、削鲁史的精义与微言所在。那些字里行间的“空白”，并不能因为没有“字/文”的雕版，就视为一种“未书写”，相反，这正是孔子有意的“不书”。

孟子与章学诚均以“文、事、义”三者以言孔子的《春秋》。然而，两人均未曾意识到“不书”与“阙文”的问题，故他们用了“文”一字，来与“事、义”作串联时，在彼意识中反映的是将“文”字一义推向“有形”的符号书写；而尚未意识到应将“无形”符号纳入“文”的涉义意涵中。这样就与“阙文”及“不书”成为一对立态，而不能括“阙文”与“不书”为言，即“无形之文”也是“经之文”、也有“事”与“义”。所以，虽然“事、义”一定要通过某种符号来呈现，但却不一定是“文”——有形之文，而亦可以是“阙文”。“阙文”在此明显地与“文”相对立。此一“阙文”的符号呈示样态，也可以是“言”——即“口说”。这样，就更不必是有形书写的“文”。这些，都可以与孟子与章学诚的“文”对立起来，而为他们所谈的“文、事、义”之“文”所不能涵括；也表示在他们的“文”之外，还有“文”——这就是本文所要谈的“阙文”与“不书”。

“阙文”在此明显地与“文”相对立。“不书”则与“书”形成了字面上的对立。既然如此，“阙文”与“不书”何以能是孔子的“书写”且有其“叙事”呢？《孟子》谈“文、事、义”处在《离娄》篇下，云：

> 孟子曰：王者之迹熄而《诗》亡，《诗》亡，然后《春秋》作。
>
> 晋之《乘》、楚之《梼杌》、鲁之《春秋》，一也。其事，则齐桓、晋

文；其文，则史。孔子曰："其义，则丘窃取之矣。"①

《孟子》此处的"文"义，赵岐注云："其文，史记之文也。"孔颖达疏云："故其所载之文，则鲁史之文。"将"文"指向"史书"之"文"。朱子则注云："《春秋》，鲁史记之名。"又云"史，史官也。"不论是史官还是史记，然则孔子所以为"义"者，在于凭取"旧史之文"或"史官所记"，以成其为另一个文本的"再书写"与"再叙事"。只是，《孟子》的"文事义"之"文"，无论是史官之文还是史记之文，都还是限制在可视见的"有形之文"，而尚不能"及"于不可视见的"空白叙述"。

（三）"文"之书写与"空白叙述"

孟子所谓的"文"，以现代的观点而言，实应有三种"书写"状态：一是"已书写"的"文"。二是以"不书"为"已书写"，此种"文"系不可以"有形"视见之"文"。"已书"与"不书"皆是"已书写"。三是"史之阙文"之"文"。这三种"文"均与早期史官之书写学有关，不论是"书""不书"还是"未书"皆是"书写"之"学"。尤其"不书"与"未书"，更是涉及史官之专门之学的传统，故孟子曰："其文则史。"孔子则曰："其义则丘窃取之。"盖史官之书写学，自孔子以下，发展成为以《春秋》为典范与源头的经传之学，成为另一条不同于史官传统的学术路线与学问体系。

然而，无论是史官之书写，还是孔子之书写，依孟子之言，其书写当具有"事与义"，其"事与义"在"文"，"文"则在于"书写"。"文"之"书写"有"有形"——即"书"；亦有以"无形／空白"而"书写"，则是"不书"。而"空白"之叙述除了"不书"之外又另有一种，即"待书写"之"阙文"。故自"书写"言，有二焉："已书""未书"；"已书"有二种："书"与"不书"，此二种

① 在《孟子·滕文公下》中，有另一段对于孔子与《春秋》关系表述的文字。其云："世衰道微，邪说暴行有作，臣弑其君者有之，子弑其父者有之。孔子惧，作《春秋》。《春秋》，天子之事也。是故孔子曰：'知我者，其惟《春秋》乎！罪我者，其惟《春秋》乎！'"在此段文字中，可以看出孟子对孔子与《春秋》之关系，乃是从"赋义"行动，也就是从对鲁史的"其义则窃取之"来理解孔子的"知我与罪我"。

皆是“已书写”。自“空白叙述”言，亦有二焉：一是“不书”，一是“阙文”。前者为“已书写”，后者为“待书写”，即“传疑”或“阙疑”之义。

二、论“阙文”

“阙文”一词出自《论语·卫灵公》篇，曰：

子曰：吾犹及史之阙文也，有马者借人乘之，今亡矣夫。①

《论语》中提到“文”字之处实多，唯以“文”“史”相并提者，仅有二条，除“史之阙文”条外，尚有《雍也》篇所云：

子曰：质胜文则野，文胜质则史。文质彬彬，然后君子。②

先说此条，依朱子注解，“文胜质则史”一句意谓“史掌文书，多闻，习事，而诚或不足”。朱子系以“诚”与“质”等义来释“史”，无论是否原意，似乎仍算是讲得通。因此，依朱子之释，徒“诚”也是不足的，因为要能成为君子，还是要有“文”；“史”若要上达为“君子”，就必须“文”“质”兼备，方能“彬彬”。以“书写”而论，其掌文字及记事之工夫，不仅须有“文”，亦须有“质”，兼备方为是。而或者孔子意味方今之“史”，徒“文”为多，而“质”却不足；此即包咸注所云“史者文多而质少”之意。③

上引前一条中的“阙文”，依近人胡适、周策纵、沈刚伯的解释，是“阙‘文’”，即“文胜质则史”之“文”，其“文”义等同，上述诸人均自传统上汉

①〔魏〕何晏集解，〔宋〕邢昺疏：《论语注疏》卷十五，阮元校刻《十三经注疏》附校勘记本，台北：大化书局，1977年版，第7页。见书影一。

②〔魏〕何晏集解，〔梁〕皇侃疏：《论语集解义疏》卷三，台北：广文书局，1968年版，第31页。

③〔魏〕何晏集解：《论语集解》卷六，校永怀堂本，台北：新兴书局，1992年版，第29页。

儒之注的主流——以“字”训“文”——而转向以“文饰”训“文”。[1]因而“史之阙文”照周策纵的看法，简单地说，就是“史官的阙少文饰”；沈刚伯氏亦断其义为“文饰”，而非“文献”之“文”。“史之阙文”在沈氏看来，就是“史”已阙少那种“文饰”之书写工夫了，因此是“质胜文”之“史”。沈氏显然意在通释二者之“文”而作句意会通。[2]则在沈氏，“质胜文”句实可转换为“阙文(饰)”一词，然转换中，“阙文”一词用一“阙”字以表，殊为奇特不伦；且“质胜文则野”一句，亦不似孔子言“吾犹及史之阙文”之叹词。“吾犹及史之阙文”既是一叹词，表示其有意义，然断不会言其“野”。“史”与“野”当如何联系，方能唤起孔子之叹：“吾犹及史之阙文……今则亡矣夫！”在孔子之叹中，“阙文”当有其意义。要之，沈氏以“文饰”与“野”所作之相对联系，实难“及”于孔子之叹。

上述胡适、周策纵、沈刚伯等诸氏所提出之近代新解，实与汉儒多释“阙文”之“文”为“字”，已有不同。要之，“史之阙文”被释系史官为文时之“阙文饰”，自然是视其为一种“史官”之修辞，修辞的学问也就是叙事与书写的学问。史官要能“文饰”，自然必须要实践到“书写”才能成就其“叙

---

① 胡适的论文《说史》本为“释史”而作，属于晚清以来吴大澂、章太炎、王国维、朱希祖、劳榦等学者脱离许慎《说文》“释史”的另一个近代脉络。唯其中因有引证《论语》之言“史”处，而提出了“我以为‘史之阙文’的‘文’字，也应该作‘文采’‘文饰’解”，又曰，“现在流行的‘史’，都是那华文多过于实事的故事小说了。”胡适关于“史文”的解释，再明显不过地显示他近代性的烙印，以至于从“文”想到“华文”想到“故事小说”，与他释章学诚的“六经皆史”正好可以相参。周策纵继承了胡适的“文饰”新解这一方向，虽然他对于胡适的古典功力稍有批评，但毕竟近代新解的提出而且与旧解“以字训文”相抗，周策纵还是推尊并继承了胡适；周氏进一步地将“有马者借人乘之”这一未能彻底解决的旧题再度与“史之阙文”联系起来，意图在新解上释清；接下来的沈刚伯氏，很明显，尽管他在论文中完全没有提到胡适与周策纵，但他仍是继承着意图重解《论语》中“史之阙文”这一条轴线的后继者。参见周策纵：《说“史之阙文”》(《大陆杂志》卷37，1969年第4期，第4—22页)及其文中提及引述胡适《释史》的部分，第14—16页。

② 参见沈刚伯：《论语上所说的“文”、“史”与“文学”》，《大陆杂志》卷48，1974年第2期，第1—4页。

事”；而“书写”又自必涉及“文／字”，是故从这个角度来说，先不论“史之阙文”的“文”之确解为何，“文字”与“文饰”在“书写”与“叙事”上有其可以相通之处。因此，“文饰”如果不强联系到“文胜质则史，质胜文则野”的话，胡适与周策纵等人确实已提出了一个研究“史之阙文”的书写／叙事学的新看法。

“文”的解释遂与此有相互关系，汉代注家大体上皆训“文”为“字”。“文”若训为“字”，则“阙文”实有两义可说：其一，系以“阙文”为“不识字”之意，亦即“书写”上的“阙疑”之义。如何晏《论语集解》所引包咸所注：

包曰：古之良史，于书字有疑，则阙之，以待知者。①

皇侃《论语义疏》亦曰：

史者，掌书之官也。古史为书，若于字有不识者，则悬而阙之，以俟知者，不敢擅造为者也。孔子自云，己及见昔史有此时阙文也矣……当孔子末年时，史不识字辄擅而不阙，……故云：今亡也矣夫。②

此即训“文”为“字”，由是主张“阙文”乃因“不识字”而“不书字”，“悬字”而“阙”之，以谨守史官在“书写”上的“阙疑”原则。其二则为“阙字”之义，注意“阙字”与“悬字”之不同。前者乃缘于史官在书写上的“不识字”，因而不敢下笔书写以“待知之者”；后者则是缘于史官对传统文献的阅读有了“不识字”，因而阙之，亦以“待知之者”。

尚有一种情形，亦可归类为阅读上的不敢擅读，因而谨守“阙文”的原则与传统。此即在已经完成的文字作品中，有“字”因“残阙”而呈现出一种在阅读上的无法辨识，此种状态亦复可以解释为“阙文”，良史在阅读时，若遇有此种状态，则亦不敢“擅识”而“擅释”。如汉代石碑，凡遇残片剥蚀，而无法呈现原本文与字之状态时，亦即“残阙”时，则“阙字”，在校雠登录上便以“□”表之，“□”正是一种“阙字”的表示符号。今传汉代石经拓本《公羊传》中，便因残片剥蚀无法辨识，或是其字已脱落，而皆以“□”表之。待

①〔魏〕何晏集解：《论语集解》卷十五，校永怀堂本，第69页。

②〔魏〕何晏集解，〔梁〕皇侃疏：《论语集解义疏》卷八，第12页。

有人识或得它本汉代本文足能证时，便能补之，是故“□”为一有意义的符号，可以表达“阙文”之状态。[①]

由上述，“阙文”之“文”若训为“字”，则“阙文”可以有两种缘于史官之书写与阅读而来的“阙疑”之状态，两者所缘均在于史官的不识与不足，然而不识与不足并非所当批评与感叹的重点，重点在于不能“知之为知之，不知为不知”的“阙文”。在孔子之时，“识字”显然为一种“文化”上的大事，“史”便与此有关，故后来终于发展为汉代以“史”为“文字官”、为“掌书令”，如太史、兰台令史之类；“史书”则为“识字之书”。孔子此语，从何晏与皇侃所注的脉络来理解，意谓史官识字水平已不足，遇有书写上的不识之字，则径随己意转换为其他能识之字或当时用字，造成认知上之悬差，影响了书写的质量。包咸与皇侃所谈的均是史官的“书写”之“不识”所必须的“阙文”守则；笔者则更进一步认为：史官所司，不仅为书写之职，更在经由文本的阅读而成为传统的解读，孔子所谈的“史之阙文”显然涉及的是古今传承与转换间的“文字”掌控能力与诠释能力，以及其中所累积的书写规则之智能。此所以孔子主张要“阙文”，涉及的正是文化传统的保存与传承，不仅在“文”中，更在文本的“字”中，“阙疑”正是遇有“不识”之“字”时，所应当遵行的有关“书写学”的学识与学养。包咸、皇侃所谈的是孔子主张中书写的一面；而尚有阅读的一面，如此方能构成史官在传与承的职责上对传统与文化的承担。遇“字”不识，应当“悬之”，解“阙文”为“待书写”的“阙疑”；同时，在面对传统的宝书与文本时，史官必须解读之，在阅读之际，遇有不识或不能通之字，史官也同样必须遵守阙疑的原则，不敢擅为释之，作当代语言文字的随意转换，以待知者。而“阙字”则为另一种由“已书写”而至于“残阙”，以是必须要以“□”表之的“待阅读”以“补之”。于是，我们乃可以了解“史官”进行“书写”或是对“古书”进行“解读”时，必须有一种

① 近人吕振端撰有《汉石经公羊传残字集证》（新加坡：新加坡文化研究会，1985年版）一书，卷三为《汉石经公羊传部分复原图》，其中不可识者，则以“□”表之。在卷三（校文）中相对于公羊残片图影，释文（校文）对于残片所“阙”的部分，则直以空白来表示。

“阙文”的谨慎与认知，传统已经在其手上，无论是对于“古”之“解读”或是对于“未来”之“书写”以流传，一字之异，都有可能牵涉到其所承担的责任，史官的书写学于是在“不识”或是“不足”时，皆应当以“阙文”的态度来面对：或“阙疑”而“悬字”，或“阙字”以“□”表之，以待后之识者与足者。清初顾炎武《日知录》中即有“《春秋》阙疑之书”一条，即以为“阙文”系因夫子“阙疑”谨守之故。[①] 其云：

> 孔子曰：“吾犹及史之阙文。”史之阙文，圣人不敢益也。……史之所不书，则虽圣人，有所不知焉者。……而经生之论，遂以圣人所不知为讳。[②]

综上述，则此条之解，似有二种意向可以判读出：1.“史”为文书或文字，2.“史”为史官。无论是前者或是后者，“阙文”均指向“书写”、“书写者”及其“书写成品”之关联。若此，则“史之阙文”一句，诚可以《论语·八佾》篇中孔子所云的另一句话联系与理解。孔子在此篇中所云为：

> 夏礼，吾能言之，杞不足征也；殷礼，吾能言之，宋不足征也。文献不足，故也。足，则吾能征之矣。[③]

孔子所云，道出了三个阶段的程序：文献—足“征”—能“言”。足与不足，皆与文献有关，“文献足”，方能为“征”[④]。这里的“文献”，依注家之解，是“文”与“献”各有所指。朱子注云：“文，典籍也；献，贤也。”前者指可以通过“阅读”而得到“能言”的对象，后者则指可以通过“口头探询”而得到“能言”的对象，两者皆指向“探询”的所在则一。通过“文献”则能“征”之的意思，依朱子所注，是孔子认为在“夏礼”“殷礼”那里原有的“空白”处因“文献”的“拥有”而能“征之”，亦即“空白”透过“文献”而填补

---

①〔清〕顾炎武：《日知录》卷四，台北：明伦出版社，1970 年版，第 83—84 页。

②〔清〕顾炎武：《日知录》卷四，第 84 页。

③〔魏〕何晏集解：《论语集解》卷三，校永怀堂本，第 15 页 b—16 页 a。见书影二。

④ 何晏《论语集解》注引包咸曰：“征，成也。”朱熹《论语集注》则注为“证也”。参见：〔宋〕朱熹：《论语集注》卷二，《四书章句集注》，北京：中华书局，1983 年版，第 63 页。

上了。夏礼与殷礼也遂“能言之”矣，“能言”乃成为真正的“能言”。[①]朱注云：

> 征，证也。文，典籍也。献，贤也。言二代之礼，我能言之，而二国不足取以为证，以其文献不足故也。文献若足，则我能取之，以证君言矣。[②]

郑玄则注云：

① 这样的解读乃依朱子之注的解释，是故朱子注“征”为“证也”，与包咸注的用字颇不同。若是依汉儒之注解，则可能更有主体性的意义，尤其“文献”二字的解读，与近代对“文献”成其为“词”的印象，有着相当的差距。在校永怀堂本与阮元校勘注疏本的何晏《论语集解》中，上引文本的章句系分为二，即“夏礼，吾能言之，杞不足征也；殷礼，吾能言之，宋不足征也”为上句；“文献不足，故也。足，则吾能征之矣”为下句。上句何注引包咸之注以为解，下句何注引郑玄注以为解。何晏“集解”对注所放的位置，很显然是将孔子所言作了上述的章句之分。何晏的集解本后来为皇侃的《论语集解义疏》与宋代官定本邢昺之《论语注疏》继承，由是，我们认为，古义遂没。何晏的章句未必为古义，我们所持的理由即在于其与何氏所自引的郑玄之注义相悖。案，郑注云：“献，犹贤也。我不以礼成之者，以此二国之君，文章、贤才不足故也。”（〔魏〕何晏集解，〔宋〕邢昺疏：《论语注疏》卷三，第5页。〔魏〕何晏集解：《论语集解》卷三，第16页）明显地，“文献”一词并未如朱子与马端临《文献通考》般那样的使用，并具有自足意涵，更遑论近代意义下的“文献”一词。郑注中的“文献”，必须要联上句为读，“文献”一词才见生命上的主体性，而且此词决不指“学问”，乃指“杞”“宋”二君的治国能力与成效。由于杞、宋二君在“文（章）”、“贤（才）”上的不足，使得“杞”“宋”二国虽为夏、殷之后，却无法“成／证”孔子的“能言夏礼”；如果此二国的“文章”“贤才”皆“足”，那么就能“成／证”夫子“吾能言之”的“夏礼”了。由郑注看来，他以为孔子之意仍然在讨论“夏礼”与“治国”之关系，而且此一有“文”有“献”的“夏礼”，孔子是能言的，显然孔子对“杞”“宋”二国的“文献”有一份失落感，遗存在郑注中的孔子对弟子的言谈中。由是，笔者以为，依郑玄之注，“文”与“献”应有一个主格，郑玄注即以为此主格当为二君，二君无文章亦无贤才，则自然不能“成就”其所治之二国。是故这一段本文的解读应当是上下两句连读，“文献不足故也”也应当连上句而不应断开。“文献”与“杞宋”“足征”的关系及其主体性应在具有实践可能的“杞宋二君或二国”在当时孔子所视见的情境中呈现其义，而不在“文本”形态的“文献”之中来“证明”孔子所能“言之”者的正确与否。朱子与马端临的读法，正是以“文章”与“贤者”为一具有自足性与对象性的客体而可待他人来探问者。

②〔宋〕朱熹：《论语集注》卷二，《四书章句集注》，北京：中华书局，1983年版，第63—64页。

献，犹贤也。我不以礼成之者，以此二国之君，文章、贤才不足故也。[①]

这种说法，颇令人联想到近代史学的“史料观”，无论是书写式史料或是口述式史料，得到史料便能进行研究上的证实工作，从史料那里展开“历史”的拥有过程。唯这种看法，虽然颇符胡适释章学诚“六经皆史”的以“史”为“史料／文献”的观点，却全然不符汉儒对于“文献”的理解。

《论语》中的“文”与“献”，有分解、有合解。大体上自汉儒迄宋乃至近代，“文”与“献”之解的趋向是由“分解”而向“合解”演变的。在汉儒那里，是分解；后来自南宋朱子、马端临《文献通考》以下，尤其是近代以来，渐转成为一个同义词藻，有专指“书写成品”的意思。朱子虽仍知古义，分解“文”“献”，然在“征／足”之论上，“文献”已是作为取证的合词，而绝无郑玄的“杞／宋”二君的主体性。马端临虽也区别“文”为“叙事”，“献”为“论事”，但专指“文献”——“书写成品”的意指则一。逮至近代，受西方影响，“文献”即“史料”、“史料”即“文献”，“文献”仍为一合词之义，而与“史料”一词可通。无论是梁启超的《新史学》这篇具近代里程碑性的文章，还是他在清华国学院授课的名著《中国历史研究法》书中所用的“史料”一词之出现，或是傅斯年创办《史料与史学》期刊之《发刊辞》中所述的“史料”之义，在我们看来，都与张舜徽的《文献学》或是其他尾随著作的“文献”一词可以相通互用，显示着“文献”一词在近代以来仍为一合词，通过外来新语汇“史料”来成就其新的内涵所指，但仍保留着“书写性成品”的特性！这样说来，在近代性的意义下去解读《论语》中的“文”与“献”，必然就是“合词式”的“文献”之解，并且还是一种“史料”同义词下的解释。因此，从近代性的读法切入，则“文献不足征”，既是“文献不足”的“史料不足”，也是文献／史料之“不足征”；“不足”的意涵相当明确，都是“书写品”，与汉儒郑玄之指向以“二君”为主体，显然不同。则汉儒意义下的“史之阙文”与

①〔魏〕何晏集解，〔宋〕邢昺疏：《论语注疏》卷三，第 5 页 b。〔魏〕何晏集解：《论语集解》卷三，校永怀堂本，第 16 页 a。

"文献不足征"之联系，与宋儒解注中对此二句的联系，及近代学人对此二句从"文献"合词以及"文献即史料"来定义"足能征之"的联系，若从"阙文"的"不识则阙"与"文献"的"不足／足征"之解义以观，则恰好反映的是源自"《春秋》学"而来的"空白"态的"阙文观"与"文献观"的联系大要史略。显然，近代史学中的"史料／文献观"皆可在解读《论语》的"阙文"时仍然反映出一种被近代学人不曾言说过的有关"空白"存在的问题，被"蕴藏／遮盖"在"足征／不足征"的讨论中，近代学人尚未意识到它与《春秋》中"书写学"的联系。

进一步为言，既然孔子的慨叹来自"杞宋"之"不足征"，那么，"吾能言之"的"夏礼"，又是如何而得其所能言呢？应当还是来自"文"与"献"。"杞宋"之所乏与"不足征"，正是孔子之所能言及其能言者之所从来的"足征"："文"与"献"之于孔子所能言的"夏礼"，无论如何，毕竟已是其所慨叹"不存"，由是在与弟子谈到"杞宋"之"不足征"时，其失落益深。而"夏礼"既然已非孔子时代的当下实存，则无论是"杞宋"的"文与献之足征"，或是孔子取以为"能言"之所从来处，毕竟都应当还是源头于已经非实存的"夏礼"。这样，"文献"一词的意义转化，从郑玄的"杞宋二国"至于朱子的"文献"，而更至于马端临的以"文献"为"叙事与论事"，便有了孔子慨叹中的"文献"成其为"文本化"的必然性，毕竟"历史情境"的移转已在孔子的慨叹中发生了。

《汉书·艺文志》中的一条资料，也可以佐证吾人由"文献足征"此一条通达于"史之阙文"理解的进路。《艺文志》"小学"类叙云：

> 古制：书必同文，不知则阙，问诸故老。至于衰世，是非无正，人用其私。故孔子曰："吾犹及史之阙文也。今亡矣夫！"盖伤其寖不正。[①]

此处极为明显，班固《艺文志》中论及小学，以为《论语》中的"史之阙文"，"文"当为"字"训，故属列小学类而论之。而"问诸故老"以求之，正

①〔汉〕班固撰，〔唐〕颜师古注：《汉书》卷三十，北京：中华书局，1962年版，第1721页。

是引述与联系了《论语》中的“文献”一词，可见班固对“文献”与“征”的解释，尚不同于后来的包咸与郑玄，仍是从“史”与“阙文”的角度来解，而使得“阙文”与“文献”皆可以在《艺文志》与《七略》的体系中，自“小学”的角度来解。许慎《说文》亦云：

> 书曰：“予欲观古人之象。”言必遵修旧文而不穿凿。孔子曰：“吾犹及史之阙文，今亡也夫！”盖非其不知而不问；人用己私，是非无正，巧说袤词使天下学者疑。①

可见许慎亦以为如果“不阙”，便会造成“乱书”——即“穿凿”。许慎的理解是一种“阙疑不识”的路子，与《艺文志》的“不知则阙，问诸故老”之不同略可以分辨出：后者实是一种“文献不足有阙”的路子。但无论是前者的“阙疑”或是后者的“阙文献”，两者皆是讥评一种“不肯阙”的态度；一如胡适解“阙文饰”，指的也是一种“不肯阙”态度的缺乏，致使“书写”成为益趋华而不实的“小说”而非“史书”，也仍然是在“书写”与“叙事”上谈“阙”！

关于《春秋》中的“阙文”，我们可以几个比较为人所熟知之例来阐述。其一为“夏五”。鲁桓公十四年，《春秋》经载云：

> 十有四年，春，王正月。
>
> 夏五。

先看《左传》及其注家。《左传》于此条经文无传。杜预于经文之下注云：

> 不书月，阙文。②

明白以“阙文”为之注解。可见杜预极为明显地以“夏五”为“夏五月”之“阙”。值得注意的是杜预在表达此一“不书‘月’”的“阙字”之义时，用的正是从《论语》那里传出而经汉儒在前述脉络中使用的“阙文”一词。

---

①〔汉〕许慎撰，〔宋〕徐铉校定：《说文解字》卷十五上，北京：中华书局，2015年版，第317页。

②〔晋〕杜预集解：《春秋经传集解》卷二，相台岳氏本，第64页b。

《公羊传》云：

夏五者何？无闻焉尔。[①]

《穀梁传》云：

立乎定哀，以指隐桓，隐桓之日远矣，夏五，传疑也。[②]

传文反映的，正是过去与现在的时间距离已经久远，因此，所传当有其“阙”处，故以“经文”乃是一种保存“阙文”的“传疑”笔法。范宁更注云：

孔子在于定哀之世，而录隐桓之事，故承阙文之疑，不书月，明皆实录。[③]

范宁此注，不仅表明了《春秋》经文“是”孔子所书、所著的一种注解经传之态度与位所，抑且注文中还用了传统上相承的“阙文”之辞，及其与“阙疑”之关系。甚者，六朝时在“史学”中兴起的“实录”一词，也被范宁用来与“阙文”“传疑”作了直接的联系。

其次为经文庄公二十四年冬书“郭公”之例。三《传》于“郭公”之经文断句实异，是经文之异而有传文之异。《左传》依杜预“集解”本，此条经文书为：

（经　二十有四年。冬。）赤归于曹。郭公。[④]

《公羊》与《穀梁》之经文则同，同断句为：

（二十有四年。冬。）赤归于曹郭公。

此条经文之书“郭公”，《左传》与《公》《穀》最大之歧异，在于杜预使“郭公”为单独一句，并不联上“赤归于曹”为句。以是杜预将“郭公”视为经有“阙文”。杜预于经文“郭公”下注云：

无传。盖经阙误也。自曹羁以下，公羊、穀梁之说既不了，又不可

①〔汉〕何休解诂：《公羊传》卷五，校永怀堂本，第33页a。

②〔晋〕范宁集解：《穀梁传》卷四，校永怀堂本，第26页a。

③〔晋〕范宁集解：《穀梁传》卷四，校永怀堂本，第26页a。

④〔晋〕杜预集解：《春秋经传集解》卷三，相台岳氏本，第78页a。

通之于左氏，故不采用。[①]

可见在经文“郭公”此处，《公羊》与《穀梁》是作了与“赤归于曹”的连读，因而不仅经文无阙亦无误，反而皆发传言释其意义；而《左氏》则无传，杜预之注则将经文视之为有“阙文”之误。这是一个只有杜预与《左氏》视《春秋》经文有“阙文”而《公》《穀》不与之同的可对照之例。由于涉及的不仅是传文对经文的解释差异，而更因此而“及”于三《传》所据以“发传/不发传”的“经”本身之差异。或反之是先由于《左氏》与《公》《穀》之“经文”的差异，而后始有三《传》及注家在传释与注释理解上的差异。

第三个例子，为桓公五年春正月的“甲戌己丑，陈侯鲍卒”经文何以出现了两个“日”？《穀梁传》传文云：

> 鲍卒何为以二日卒之？春秋之义，信以传信，疑以传疑。陈侯以甲戌之日出，己丑之日得，不知死之日，故举二日以包之也。[②]

是《穀梁传》主张此处乃夫子的“阙文”与“传疑”之笔，故为“阙疑”之书写；且将其“传疑”之“阙文”从时间性上缩限在甲戌、己亥两日之间，故曰“举二日以包之”。范宁在此所下的注文，又复以“实录”一词来作为传文“信以传信，疑以传疑”的同义词，故注曰“明实录也”。

而《公羊》则发传云：

> 曷为以二日卒之？怴也。甲戌之日亡，己丑之日死，而得君子疑焉。故以二日卒之也。[③]

何休注曰：

> 君子，谓孔子也，以二日卒之者，阙疑。[④]

《公》《穀》二传所释，其实无异，皆以“阙文”之“阙疑”“传疑”义释之。《左传》与杜预所释，则以“再赴告”为事实，故有二日之书，再赴之故，则以

①〔晋〕杜预集解：《春秋经传集解》卷三，相台岳氏本，第78页a。

②〔晋〕范宁集解：《穀梁传》卷三，校永怀堂本，第20页a—b。

③〔汉〕何休解诂：《公羊传》卷四，校永怀堂本，第26页b—第27页a。

④〔汉〕何休解诂：《公羊传》卷四，校永怀堂本，第27页a。

陈乱也。显然所视与《公》《穀》二传不同。①

三、论“不书”

“不书”一词并未出现在《春秋》经文中，但并不能就此而下论断曰《春秋》中没有这个书写学上的现象，否则三《传》包括注家便不会成立一个“不书”的词语，来揭示这个书写学上称之为属于孔子书法的“空白叙述”。如果《春秋》与孔子的书写/再书写无关，那么《春秋》中便不存在所谓的以“空白”为“不书”的书写学专门词汇，而只能归类为一种史官或流传过程中的“阙文”。是“文献不足征”的“文献学”问题，而不是经学上的“不书/书法”的“书写学”问题。

显然因为《春秋》本身没有这个“不书”的词汇之出现，而被称为“不书”的书法与义例，又只能是一个“空白”状态的现象，要将遍布于有形字汇书写之外——而又隶属于《春秋》之中的“空白”状态之现象，转成一个可以辨识的“已书写/不书”，——不仅不是古史官的“阙文”，还得是出自孔夫子的有意图的作者行动——“不书”，三《传》面临的，正是这样的挑战，要将“空白”纳入经文之中，并与有形经文合成为《春秋》的意义整体。三《传》与注家必须成立一套论述，反对者亦然。

“不书”一词虽未出现在《春秋》经文之中，但在三《传》的传文中却皆有

①《左传》载云：“传。五年春正月。甲戌、己丑，陈侯鲍卒。再赴也。”杜预注云：“甲戌，前年十二月二十一日，己丑，此年正月六日。陈乱，故再赴。赴虽日异，而皆以正月起文，故但书正月。慎疑审事，故从赴两书。”（〔晋〕杜预：《春秋经传集解》卷二，相台岳氏本，第58页a—b）是杜预以为经文书两日之故，为陈乱故有再赴。然杜预复又推历以为两日实不同月，则夫子何以将不同月之两日，同书于五年正月之下，杜预所释，似不能尽解经文。但以“慎疑审事”为说，实无“阙文”与“阙疑”之义，故与《公》《穀》两传不同。

此一词汇，或是近似的“不言”“不称”等。[①] 由三《传》之传以释经的性格，“不书”显是后起，由传主使用而指向经中以释其义。前节中笔者曾谓“空白”何以能“及”？则三《传》之言“不书”，正是为了成立《春秋》中之“空白”有义可释、有意可言所使用的一个词语，用此词语来通达夫子于《春秋》中之“空白”处有“已书写”之“在”的表述语言。换言之，在笔者看来，《传》中“不书”一词，正是为了在语言上能“及”于夫子之“空白”状态所“书写”的意义。有了“不书”一词，三《传》与注家便可据此以言诸“空白”处的因“书写”而来的“叙述”之义。晋代杜预于《春秋左氏经传集解序》中云：

> 其发凡以言例，皆经国之常制，周公之垂法，史书之旧章；仲尼从而修之，以成一经之通体。其微显阐幽，裁成义类者，皆据旧例而发义，指行事以正褒贬。诸称“书”“不书”“先书”“故书”“不言”“不称”“书曰”之类，皆所以起新旧、发大义，谓之变例。然亦有史所不书，即以为义者，此盖《春秋》新意，故传不言凡，曲而畅之也。其经无义例，因行事而言，则传直言其归趣而已，非例也。[②]

---

①《公羊》与《穀梁》之传文虽皆有“不书”之词，然多是出现在“不书葬”之传释脉络中，未见有以“不书为书”之用法。两《传》中“不书为书”义之用词，多以“不言”形式出现。如隐、庄、闵、僖四公之下传文所用词皆然。推其故，或与两《传》之“口传”性有关，与书写性文本的“不书”义，似可以相照。其次，《左传》传文中所使用的“不书”一词，也未必皆是本文中所谓的“空白叙述”之意涵。有时指“史所不书”，与孔子无关，孔子并未以杜预所谓的“即以为义”去承担转化。这种“不书”，对孔子而言，就是孔子的“不书写”或“未书写”。《左传》传文中许多“无经之传”的传文中，都出现了“不书”之词，但并不能视为经文中的“空白叙述”之“不书”义。如隐公元年经文无“夏四月”，而《传》则有之，曰：“夏四月，费伯帅师城郎。不书，非公命也。”传文所言“不书”虽是释经文何以“不书”夏四月事，然实是经文之“未书写”义，与本文中所谓夫子以“不书”为有义之“空白叙述”者不同。又如隐公元年经文亦无“八月”之书事，而传则云：“八月，纪人伐夷，夷不告，故不书。”意同。

②〔晋〕杜预：《春秋序》，《春秋经传集解》卷前，相台岳氏本，第 39 页 b。

杜预撰有《春秋释例》，今有辑本，[①]显然杜预调和了今古之说，而归“例”于“经”，然又不谓《春秋》每条经文皆有其义例，故曰“因行事而言，传直言其归趣”。在其言《春秋》经文有义例之处，有意思的是他对孔子的“赋义”，从书写学的角度作了一次归纳，此即将“书”“不书”“书曰”“先书”“故书”等皆曰“之类”，统视为孔子“起新旧、发大义”的“变例”；而“史所不书”的部分，亦有孔子的“即以为义”，称之为《春秋》“新意”。“变例”与“新意”，皆是孔子的赋义，杜预之所以特在《序》中分别言之，正是为了表明“变例”中的“不书/不言”与“新意”中的“即以为义”，两者虽然皆是隶属于孔子的“空白叙述”，但从书写的角度，却仍有其区别。前者乃是孔子自为的“不书”，后者则是来源于所凭借的“史所不书”之文本，不去进行“不书”的“书写”行动——如删、削等，而是直以文本中的另一种“空白”态转换成为自己所修《春秋》本文中的“空白”态：前者即是史官的“阙文”或是史官的本就“未书写”，孔子将“未书写”转成了“不书”的“已书写”，但在这个转换与赋义过程中，孔子并未动笔——包括增字的“书”或是减字的“删削”，杜预特别标出这一点，视它为“春秋新意”。杜预虽然在序中区分了两者而言之，一置于“变例”为言，一置于“春秋新意”为言，以成立他的“发凡”之周公“旧章”与“不言凡”的孔子之“新意”；然而，杜预既然以“之类”为孔子的《春秋》中之“书写”作了“类聚”，则“变例”中的“不书/不言”与“新意”中的“史所不书/即以为义”从书写学的角度来看，其实是相同的“经文状态”——即皆为《春秋》中的“不书”之“空白叙述”，“旧章”或“新意”皆然，皆须向“空白”处求之。

因此，杜预序中的诸“书”字皆可以“书写”为训，唯“不书”一词为特

① 案：杜预专治《左传》之学，故其解经之书题名为《春秋左氏经传集解》，是现存合“经”与“传”为一以成“经传集解”文本之始，迄今莫能废之，清儒虽欲回复其前经自为经、传自为传之独立状态，终不能成，故阮元刊印十三经暨校勘记，仍以杜预本为《左传》之代表。其“释例”之书，则有《春秋释例》，由孙星衍与庄述祖自《永乐大典》中辑出，此书题名“春秋释例”，自是由《左氏传》入手而以释《春秋》之“经例”。

例，不可以“书写”训，否则即不通矣。杜预并未将“不书”直接归属为孔子之“未书写”，而以为系史官之“未书写”，孔子的行动在其用词则为“即以为义”，这是一种间接型的赋义，与《公》《榖》之直接将“不书”视为孔子的“笔削”行动，显然有着直接与间接的不同意义。

在《春秋释例》中，杜预实已知“阙文”与“不书”之区别，其云：

> 去圣久远，古文、篆、隶历代相变，自然当有错误，亦不可以拘文以害意。故圣人贵闻一而知二，贤史之阙文也。今左氏有无传之经，亦有无经之传；无经之传，或可广文，无传之经，则不知其事。又有事由于鲁，鲁君亲之而复不书者。先儒或强为之说，或没而不说，疑在阙文，诚难以意理推之。①

“阙文”之疑，“事”不可见，则“义”亦难推通；故杜预遂以“经有阙文”视之，以阐释经中之“空白”态。其一即为“阙文”。有此义与例，故可以阙疑以释经，而不必曲为附会，强生其义与强为之说。此其故曰“疑在阙文”，无文献可为征，“诚难以意理推之”也。其二，经有仲尼“不书”之“新意”。杜预于《释例》中曰：

> 仲尼《春秋》，皆因旧史之策，书义之所在，则时加增损，或仍旧史之无，亦或改旧史之有。虽因旧文，固是仲尼之书也。邱明所发，固是仲尼之意也。虽是旧文不书，而事合仲尼之意，仲尼因而用之，即是仲尼新意。②

一如杜预在《春秋经传集解序》中所言，杜预仍以《春秋》中所出现的、且由旧史官所未书写而留下的“空白”态，经历了由孔子所承担的“再书写”

①〔清〕孙星衍、〔清〕庄述祖辑校：《春秋释例》卷末《终篇第四十六》之《诸杂称二百八十有五》，台北：台湾中华书局，1980年版，第3页a。案：二氏于《终篇第四十六》下校注云：“案，此篇《永乐大典》全阙其篇，目则见孔颖达《集解序正义》。”

② 本文亦是孙、庄二氏自孔颖达《春秋正义》中所引述之《集解序正义》辑出。〔清〕孙星衍、〔清〕庄述祖辑校：《春秋释例》卷末《终篇第四十六》之《诸杂称二百八十有五》，第3页a。

此一程序而方始能称之为“孔子的《春秋》”或“孔子的经”；因此，虽是旧史所不书，而却已在《春秋》中转成为孔子所赋义的“新意”——即是“不书”。

在孙星衍与庄述祖所辑校的《春秋释例》十五卷中，并无“经阙文”例之名目，但在《春秋正义》中，孙、庄二氏自《正义》所引用之杜预文字辑出了一卷《终篇》，专以言“诸杂称”，此篇附在二氏所辑《春秋释例》的卷十五之末。其中有一条与“阙文”有关。鲁庄公二十二年，经文：

> 夏五月。①

《春秋释例·终篇第四十六》云：

> 年之四时，虽或无事，必空书首月，以纪时变，以明历数。庄公独称夏五月，及经四时有不具者，邱明无文，皆阙谬也。②

是杜预视此条经文为有“阙文”。此条既是《春秋正义》所引自《春秋释例》者，或者《春秋释例》中之“释例”原即有“经阙文例”。此条经文三《传》皆无“传”，《公羊》有何休注，《穀梁》有范宁注，《公羊》何注云：

> 以五月首时者，讥庄公取仇国女，不可以事先祖、奉四时祭祀，犹五月不宜以首时。③

范宁《春秋穀梁传集解》注云：

> 以五月首时，宁所未详。④

由此可以看出，三传之注家注义并不相同，旨趣大异。杜预以为系因“经”之“阙文”故无“传”可发；显然注家所理解的《左氏》《穀梁》与注家

---

① 案：《春秋》经文中三《传》皆以“四时”为一重要的必须记载，是故或谓“编年”，或谓“时变历数”，而有“夏四月”“秋七月”的“无事亦书”之书写认知与传统，唯此条经文为“以五月空书首时”，于《春秋》中实仅此一条，且三《传》又无传文，故有正文中所引述杜预与范宁的难以理解之说法。唯何休以“特义”为解途。则三《传》之主要注家间，确实有着“阙”或“不阙”的问题，以及由此而来的“阙疑”还是“特义”的异趣！

②〔清〕孙星衍、〔清〕庄述祖辑校：《春秋释例》卷末《终篇第四十六》之《诸杂称二百八十有五》，第3页b。

③〔汉〕何休解诂：《公羊传》卷五，校永怀堂本，第33页a。

④〔晋〕范宁集解：《穀梁传》卷六，校永怀堂本，第40页a。

所理解的《公羊》，在此刚好形成了一个对反：前者以为“经阙文”系来自“阙谬”或范宁所谓“宁所未详”之“阙疑”；而后者则直以为此处之经文有值得发义言说之处，亦即不以此处为“阙谬”与“阙疑”，而以此处为“特书”与“特义”。吾人确实难知何以此处三《传》无传，然《公羊》之何注与《穀梁》范注、《左氏》杜注在其不同之注义的理解之下，“夏五月”在合成文本中显示的是“注”与“经”的直接遭遇。杜预更是关注到了经文此处的不足为完整经文，认其中有“阙谬”，并置入“经阙文”例中。对于经文的“阙文”之释，首先是认定此条非完整书写，然后才能言说其“空白”处为“阙文”——“阙谬”或“阙疑”。如果有一天，我们对于中国古代天文及年代学及其书写学的认识超过了三《传》甚或以“春秋历学”见长的杜预，有可能认定“夏五月”就是经文的完整书写，则此条也就不存在“空白”的“阙文”问题。反观之，则杜预之释《左氏》的不发传，或是《穀梁》范注的持以审慎之态度曰“未详”，皆是倾向经文此处有着“空白”的“阙文”疑义。

《春秋》中最为明显且较无争议的关于“书写与否”的“空白”，是十二公中隐、庄、闵、僖四公元年春王正月之下“公即位”的“不书”。此处无争议处在于以常态而言新公即位之始必须书写下“公即位”，因此于“此”处未见“公即位”之有形文字，则显是一“空白”态的出现。有分歧之处则在于此处之“空白”态系“不书”？“未书”？“阙文”？是孔子有意义的“空白叙述”还是仅仅是一“未书”的“空白”而已？

《春秋》经文“隐公元年”条书云：

> 隐公。元年。春。王正月。

《左传》云：

> 元年。春。周王正月。不书即位，摄也。[①]

《公羊传》云：

> 公何以不言即位？成公意也。何成乎公之意？公将平国而反之桓。

---

①〔晋〕杜预：《春秋经传集解》卷一，相台岳氏本，第42页b。

曷为反之桓？桓幼而贵，隐长而卑。……隐长又贤，何以不宜立？立適（嫡）以长不以贤，立子以贵不以长。桓何以贵？母贵也。母贵则子何以贵？子以母贵，母以子贵。①

《穀梁传》云：

何以不言即位，成公志也。②

传文所云的“成公志”，“公”指的是“隐公”，而非“惠公”。故范宁注曰“成隐让桓之志”。③

依杜预《春秋左氏经传集解》之注说，杜预以为经文所以“不书公即位”者，系因隐公即位，未举行大典，故无策书赴告诸侯，故是史官所“未书”，国史本无，而非夫子之笔削。杜预注云：

假摄君政，不修即位之礼，故史不书于策。《传》所以见异于常。④

故依杜注解《左传》，《左传》是以为经文本就未书写，这是因为旧史本无之故，所以旧史本无，自然是因为隐公既然“居摄”，未行即位礼，故“不必书”。杜预“以传解经”的思维在此条中解释了《左传》传文中的“不书”二字就是“不书写”的意思，且以为是“史不书于策”；然而，当孔子面对“史所不书”而又系“异于常”的隐公之“摄”时，“不书公即位”在《春秋》中的本文究竟是否“孔子的再书写”呢？而《公羊传》与《穀梁传》则正相反，一曰“成公意也”，一曰“成公志也”，均认为孔子在此有“笔削”之动作，以见“不书”之义；并在传义文字上以“不言”来指涉这一“春王正月”之下的“公即位”的“空白叙述”。我们知道，两传在“书于竹帛”之前，是以“口传”为其流传形式，因此“不言”正好与《左传》的“不书”形成一种对照，这种对照是“口说的 / 文本的”，此一对照正好呼应了它们对“空白叙述”的用词之不同。从此条来说，显然《左传》的“不书”与《公羊》《穀梁》的“不言”，对

①〔汉〕何休解诂：《公羊传》卷一，校永怀堂本，第 5 页 b。书影五。

②〔晋〕范宁集解：《穀梁传》卷一，校永怀堂本，第 5 页 a。书影六。

③〔晋〕范宁集解：《穀梁传》卷一，校永怀堂本，第 5 页 a。书影六。

④〔晋〕杜预：《春秋经传集解》卷一，相台岳氏本，第 42 页 b。

于《春秋》中隐公元年的“公即位”之“未见”，有着不同的理解。但是，我们认为，无论这一“空白”是“史所未书”所遗留的，还是系孔子所“不言”的，它们都已是《春秋》中被传主所意识到了的“空白”，具有非常、特义性的叙述，以是三《传》各自进行理解与发传释义。

另一部在宋代之后方才出现的《春秋》之“传”，是胡安国的《胡氏传》。胡氏认为，“公即位”在经文中是被孔子“削之”的。胡氏的观点是：此条经文在史官书写时本有“公即位”，但孔子为了表达他自己特殊的“贬隐之义”，所以将“公即位”削去。换言之，胡氏仍然在“空白”态上企图给予一个有意义的“空白叙述”，胡氏的语言是“削之”。在我们看来，胡氏只是想表达孔子的行动中有着“经文”与先前“史官文本”之间的关系，以及与三《传》近似的指涉，除了在内容上他所赋予的解释是特殊的“贬隐”之外，其“削之”的用词与三《传》的“不书”与“不言”并无不同；看来他仍是受到了三《传》的诱导，在方向上仍然被带入了“空白”场域去思考他的传释。

何休在《左氏膏肓》中曾驳斥了《左传》的说法，而郑玄又在《申膏肓》中反驳了何氏的非难。可见何休与郑玄亦在此一“空白”解意上有经学史意义上的争锋与对立，一方言系孔子之笔削，一方则言是史官未书。但关键在于我们的谈论是在孔子的《春秋》文本上所进行的谈论，如果要将何、郑辩论的战场移至“鲁史”与《春秋》的关系，那是另外的一种学术与文化传承的课题，也将会使何休与郑玄之间的争论成为不同棋盘的双方，而产生“非关经义”的争锋；因此，如果双方的争辩是有意义的，那么便是“《春秋》学”内部的三《传》引据之争，在这一个立足点上，则我们可以说，无论何休与郑玄的争辩如何，对于经文隐公此处均有因其“即位”与否而产生的“空白叙述”，则无异辞。异乎者在释此“空白”为何种“叙述”之义。一曰“摄”，一曰“成隐之志”。无论“摄”与“成隐之志”有何叙述与内容上的差别，“摄”与“成志”均为知此处有“空白”的言辞，且均是一试图通达孔子赋义书写的释义行为。双方实均在《春秋》场域之内进行对“空白叙述”的理解，否则便不能称之为争锋，更不能成立一“何、郑之争”的“《春秋》学史”之专门术语。[1]

《春秋》经文庄公元年：

庄公元年春王正月。

《左传》云：

元年春，不称即位，文姜出故也。[2]

“不称”与“不书”，意同，皆指未见“公即位”之书写文。《公羊传》则云：

公何以不言即位？春秋君弑，子不言即位。君弑，则子何以不言即位？隐之也。孰隐？隐子也。（何注：隐痛，是子之祸，不忍言即位。）[3]

《穀梁传》云：

继弑君不言即位，正也。继弑君不言即位之为正，何也？曰：先君不以其道终，则子不忍即位也。[4]

《春秋》经文闵公元年：

闵公元年春王正月。

《左传》云：

元年春，不书即位，乱故也。[5]

①“何郑之争”或亦可称“郑何之争”，原因是我们迄今尚不能全然理解何休对于郑玄驳其三书的反应与响应，《后汉书》上的记载虽然有着何休“登堂入室”之叹，但也决不能证明何休这一叹究系在叹什么？是不予理会，还是不足反驳，抑或不欲与郑玄竞锋？我们实难推究出一可能而合理之释。要之，后世对于“郑何之争”的讨论，是从郑玄入手，而“何郑之争”则反是。发扬何休之学而企图代何休反驳，这是清代学者的公羊学重点，以是乃有“三阙”之辑佚；至于认为《后汉书》何休之叹是汉末公羊学已衰之论，则至少应是后世一种历史观点，而决不能说是后汉之季的春秋史已被探讨清楚，更不能说是何休本身各种经学言说的清晰实貌。参考朱生亦《何休“三阙”之研究》（嘉义：台湾中正大学历史所硕士论文，2004 年）中对此相关的论述。

②〔晋〕杜预集解：《春秋经传集解》卷三，相台岳氏刊本，第 68 页 a。

③〔汉〕何休解诂：《公羊传》卷六，校永怀堂本，第 37 页 a。书影七

④〔晋〕范宁集解：《穀梁传》卷五，校永怀堂本，第 29 页 a。

⑤〔晋〕杜预集解：《春秋经传集解》卷四，相台岳氏刊本，第 84 页 a。

《公羊传》则云：

何以不言即位？继弑君不言即位。[①]

《穀梁传》云：

继弑君不言即位，正也。亲之非父也。尊之非君也。继之如君父也者，受国焉尔。[②]

《春秋》经文僖公元年：

僖公元年春王正月。

《左传》云：

元年春，不称即位，公出故也。[③]

《公羊传》则云：

何以不言即位，继弑君，子不言即位。此非子也，其称子何？臣、子一例也。[④]

《穀梁传》云：

继弑君不言即位，正也。

《穀梁传》于《春秋》经文"文公元年春王正月公即位"下则释云：

继正即位，正也。[⑤]

《穀梁》所释"书"与"不书"之义，正可以参看。又《春秋》经文"宣公元年春王正月公即位"，《穀梁传》曰：

继故而言即位，与闻乎故也。[⑥]

经文于"襄公""昭公""元年春王正月公即位"下，《穀梁传》皆曰："继正即位，正也。"

---

①［汉］何休解诂：《公羊传》卷九，校永怀堂本，第 58 页 a。书影八。

②［晋］范宁集解：《春秋穀梁传》卷六，校永怀堂本，第 46 页 b。

③［晋］杜预集解：《春秋经传集解》卷五，相台岳氏刊本，第 88 页 a。

④［汉］何休解诂：《公羊传》卷十，校永怀堂本，第 61 页 a。书影九。

⑤［晋］范宁集解：《穀梁传》卷十，校永怀堂本，第 73 页 a。

⑥［晋］范宁集解：《穀梁传》卷十二，校永怀堂本，第 85 页 a。

至此已可见，《左》《公》《穀》之“不书”“不称”“不言”者，皆欲以言说《春秋》中经文之“空白”处也。三《传》所释或有其异辞，然其异中之同者，在于彼等皆系紧扣“公即位”之未见其文而欲为之释其何以未见。[①]三《传》得以察知此处有“异”，在于传主们根据《春秋》经文其他处之书写，成立了“义例”的依据，方得以曰此处有空白，空白处有叙述，叙述有义。不论

---

① 较特别者为“定公”，经文只书“元年春王”，是此条经文有“不书”者二：“正月”与“公即位”均未见其文字。杜预直接于经文下注云：“公之始年而不书正月，公即位在六月故。”（〔晋〕杜预集解：《春秋经传集解》卷二十七，相台岳氏本，第373页b）其注盖以“正月公即位”同一意义层之书写词，暗合《公羊传》传文所释。值得注意的是：《左传》在传文中却是书为“元年春王正月”。杜预于此传文之下并无下注。

《公羊传》于“正月”则云：“定何以无正月？正月者，正即位也。定无正月者，即位后也。”“即位后也”一句，已先预示了我们将在后面的定公经文中阅读到有关定公的“公即位”。故何休于此处即下注云：“虽书即位于六月，实当如庄公有正月。今无正月者，昭公出奔，国当绝，定公不得继体奉正，故讳为微辞，使若即位在正月后，故不书正月。”何休的说法很有意思。“实当如庄公有正月”与“使若即位在正月后”，已经明白说出了定公元年不书正月之故，乃是为了“讳辞”，故“移书”于“六月戊辰”之下。是“移书”的“使若”，而非“空白”的“不书”。

《穀梁传》于“正月”则云：“不言正月，定无正也。定之无正，何也？昭公之终，非正终也。定之始，非正始也，昭无正终，故定无正始。”于“公即位”，则云：“不言即位，丧在外也。”

《春秋》经文于定公此处未书“公即位”，较为特别，与上述隐、庄、闵、僖之于首条未书“公即位”不同，经文于此处并非“不书”之义，而系书见于他处，即书于定公之“元年夏六月戊辰”之下。此在《春秋》中绝为一特例，当必有故。故三《传》皆有说，《穀梁传》之传释仍以“正”为义，且已释及“何以书日”义，传文云：“（经）戊辰，公即位。（传）殡然后即位也。定无正，见无以正也。逾年不言即位，是有故公也。言即位，是无故公也。即位，授受之道也！先君无正终，则后君无正始也；先君有正终，则后君有正始也。“戊辰公即位”，谨之也。定之即位，不可不察也！公即位何以日也？戊辰之日然后即位也。癸亥公之丧，至自乾侯，何为以戊辰之日然后即位也？正君乎国然后即位也。（范宁注：诸侯五日而殡，今以君始死之礼治之，故须殡而后言即位。）沈子曰：正棺乎两楹之间然后即位也。……此则其日，何也？著之也。何著焉？逾年即位，厉也。（范宁注：厉，危也。公丧在外，逾年六月乃得即位。危故日之。）于厉中又有义焉。（范宁注：先君未殡，则后君不得即位。）

是书或不书“公即位”，或是书或不书“正月”，均系如此。

孔子在《论语》中所云“吾犹及史之阙文”，历来注家于“及”字均无注解。“及”字之所以重要者，意谓“文”既“阙”矣，则吾人何以能“知其为阙”，换言之，“史之阙文”何以能“及”？若从三《传》之说“空白”为“不书”或“阙文”为义而言之，则什么是使“空白”能转为“不书”与“阙文”之义的成立之基？以“阙文”与“不书”释“空白”有义能成立之基是什么？孔子赋义“空白”之“书写”在什么状态下能以“不书”与“阙文”来表意所指？书写乎？不书写乎？不可以书见乎？此时，如果我们依三《传》所说，“不书”是孔子所赋予《春秋》的“空白叙述”，则依三《传》所言，在《春秋》中孔子所留下的现存经文中，不止是有形而可以视见的经文，更有无形的经文是孔子

案：上引《穀梁》之经、传、范注所据为明校永怀堂本。若据清儒钟文烝《春秋穀梁经传补注》所言，则更有讨论性，不仅是《穀梁传》本身的问题，而更已涉及“经文”的文本理解下的版本问题，且愈发可以见出“定公元年”此条的“公即位”确实与隐、庄、闵、僖四公之“公即位”不同。依钟文烝《春秋穀梁经传补注》之经文，所形成的新版本为：“元年春王三月。晋人执宋仲几于京师。夏六月癸亥，公之丧至自乾侯。戊辰，公即位。”由此看来，钟文烝确实理解出了一个新的经文版本，在这个版本中，全然没有“王正月”的书写，然而首条犹存有“王”，是故首条之传文只释何以“不言正月”即可；换言之，在钟氏的版本中，定公元年的“正月”，于传、于钟氏补注，都是一个经文之“不书”义的面对。其次，钟氏将经文“三月”自经文“晋人执宋仲几于京师”之上移至首条“王”字之下，使得原本夹在“王”与“三月”之间的传文，成为“王三月”的传文。同时也形成了一个新的“经文”与“传文”的版本。钟氏云：“旧本‘三月’二字退在下‘晋人’上，以‘王’字断句，与桓元年同误。今改正之，并移下条徐（邈）注于此。《公羊》此年亦以‘王’字断句。孔广森本改正。”（〔清〕钟文烝撰，骈宇骞、郝淑慧点校：《春秋穀梁经传补注》卷二十三，北京：中华书局，1996年版，第672页）钟氏又释之曰：“正月所以不即位者，缘丧在外未殡也，明定实不即位，故不言即位，与庄、闵、僖不同，非谓此处有言即位之理也。传申言此者，因以见即位之文，史所本无，君子更为去正月以著义。”（同上书卷二十三，第672页）其言“去正月”者，盖以夫子以删削而著“不书”之义也。

《公羊传》云：“（经）戊辰，公即位。（传）癸亥之丧，至自乾侯，则曷为以戊辰之日然后即位？正棺于两楹之间然后即位。子沈子曰：定君乎国，然后即位。即位不日，此何以日？录乎内也。”是《公》《穀》皆已于传文中详释经文何以于“戊辰”之日下方书定公“公即位”之故。显然与隐、庄、闵、僖四公“公即位”之“不书”“不言”“不称”者不同。

所留下的“空白叙述”。果尔，我们不禁要一问：“不书”所谓的未被书写成有形文字的状态是什么？又何以能被传主们“读”出呢？我们又何能以一种语言来称谓并且描述形容孔子给定在《春秋》中的“不书”之意义，说出“它”是什么，以便让后世人能掌握、能“及”呢？

“不书”固矣，即便是“阙文”，吾人也必须先“知”此处有“空白”，方能进行一种语言的诠释活动，言说此处之“空白”态为“阙文”与“不书”之为有意义的书写与叙述。因此，“空白”之能“及”与能被“知”，“阙文”与“不书”之能成为一个课题被揭示并被言说出来，必定有某种能为其基且先于其存在而存在者，方有可能。也就是说，“阙文”与“不书”之可被言说，是因为《春秋》本文中有“空白”可言说。

当我人叙述一历史时，此一历史总是被构想为是存在的，然而，“不在”之处呢？“不在”处亦有“史”，一如“史”中必有“空白”或“不在”。然而，你如何言说此一“不在”处的“史”呢？这个提问其实就是《春秋》中的“空白”如何可“及”的问题。《春秋》之为经的三《传》，其所用的方式便是所谓三《传》家法的方式，显然地，无论是《左传》或杜预之释“公即位”之“未见”为“赴告所无”，或是“简策未书”，还是《公羊》《穀梁》之以“继正”或“非常”以释“公即位”之“未见”，均是依据了《春秋》自身所提供的书写而成立一种可能的依循，传家、注家称之为“义例”“书法”。则“公即位”虽“未见”其文与字，却能在传注家那里因“义例”而被其察知——也就是被传注家“及”于该处之“空白”，而作出传解、注解《春秋》该处之“空白叙述”，称其为孔子之运笔书写“赋义”，并于该处章句之下发传、发注。

至此，成立“空白叙述”的概念，对我们从“不书”入手进行揭示孔子的书写活动之意义，似乎是有用的，也为我们自书写学所进行的“及于史之阙文”与“及于不书”的“及于空白”之可能性的讨论，打开一扇窗口。

四、结论：空白、叙述与书写

顾炎武在《日知录》中“《春秋》阙疑之书”条所欲表达者，乃在于联系

鲁史与《春秋》之间的关系，他认为凡是鲁史之阙文，孔子《春秋》则“阙疑”之。何以“阙”，“文献不足征”故也。这是以“阙文”来释《春秋》中“空白”状态的走向。其所云“旧史之所无者”，“未书写”也；“不名者阙也”，则“待书写”也；而“不书”之义，则“已书写”也。这是自书写学的角度而区分出的“空白”之三态。《春秋》学所争论者，其一在“孔子的《春秋》”与“史官的鲁史”间有多大的关系。依照顾炎武或是顾栋高等清儒的讲法，则本来在公羊、穀梁家学者那里所认知的“不书”“不言”之义系被彼等转换成为“阙文”的认知。由此，我们可以知道，《春秋》中的“空白”状态是可以被解释的，三《传》后学能在“不书”与“阙文”之间进行“空白”态为“待书写”或是“已书写”的意义认知转换，就是最好的例子。我们仍然只能在“传”的层次上进行对“经”的理解与传释，但可以确定的是：现存三《传》或是四《传》的学者，都承认孔子在《春秋》中确有关于“空白”态的“赋义”行动。顾炎武的用词“旧史之所无者”可以看出他的认知，是倾向于孔子只能在“鲁史”的旧迹上“承旧”，然而，“承旧史本无”而保留了“旧史所无”，竟也是一种与“书写学”有关的“阙疑”或“阙文”，其实便是一种已隶属于孔子所赋义的“空白”态之“待书写”。这还是汉人的古义。

其次，解《春秋》者的争议核心：《春秋》中的“空白叙述”为孔子所赋予了何种意义？其实便是“阙文”与“不书”——即“待书写”与“已书写”——之间的争议，在“空白中有旧史”与“空白中为新经”上讨论他们对孔子的“空白叙述”之看法。

在上述对“空白”三态的区辨中，重要的是我们已认知到“不书”并不是一种“不书写”，而根本上竟是一种“书写”的完成态；因此，争论究竟是“旧史之阙文”还是“孔子之不书”，仍然只能在《春秋》本文中进行，则“旧史”与“新经”的争论表面上看来乃是一种今古学的争议，争议孔子究竟运“空白”为笔，在《春秋》中书写了与否？孔夫子在此，究竟是“书写”乎？“阙文”乎？而究其实，如果“旧史”与“新经”只能在《春秋》中的本文处来进行认知的论述，则“旧史之阙文”与“新经之不书”便只能是《春秋》中的“阙文”与“不书”。“阙文”是三《传》特别是《左传》家所持的认知，依照此一认知，《春秋》中的“阙文”便系孔子依循的“史之阙文”传统所保留下来的“待书写”之“空白”，《榖梁传》传文的“疑以传疑”一句尤能传达出此种认知。而《春秋》中的“不书”，无论是“讳之”“削之”“即以为义”，均是传达了孔子的以“空白叙述”为“书写”的“已书写”。换言之，《春秋》本文中的“空白”三态告诉我们的，即是除了“未书写”之外，“阙文”与“不书”均是“孔子的书写”，也只能是“孔子的”书写。无论“旧史”与“新经”的关系有多密切，《春秋》只能是三《传》的《春秋》，三《传》必须遵／尊《春秋》为“经”，三《传》方才能称“传”。尽管我们也能换一个称谓词“史”，来替换或代换“经”，称《春秋》为“史书”，或从“史体论”上视《春秋》为“编年体书”，均无碍于以上“《春秋》与孔子”的论述。正如刘知几可以将《左传》作“史”来看待，近代人也可以将《左传》作“史料”来看待，但他们用的词汇仍然是“左‘传’”。《左传》“章句化”尤其是“集解化”之后，已经无法再溯源出它所已迷失的最初之真正身份，清代刘逢禄影响近代“公、左之争”甚巨的《左氏春秋》说，仍然要依附《公羊》与《春秋》才能成立他的“公羊何休学”之“一家言”。

我们在结论中，要再次强调本文自书写学所进行的区分是重要的，不仅是对“空白”三态的区分，尤其是对“阙文”与“不书”的区分，它暗示了早期有一种书写行动，在这行动中，有一种“空白”意识之察觉，却没有诉诸“文字”之有形。但没有“文字”见诸简册之表面，并不代表“不书写”的立场，相反的，它更是一种特殊的“书写”的立场。当“空白”被“不书”而“书写”于《春秋》经文的“上下文”时，一种意图的“叙述”便可以被尝试着揭示出来。一旦我们在《春秋》“上下文”间揭示出一种“空白叙述”时，“不书”也就成为表意的符号指涉，指向“空白的书写”，也指向“空白的叙述”。因此，“空白”也就与有形符号一样，也是一种书写符号，必须加以阅读及解读。

本文进行至此，似乎已可作出一个真正的结论：我们已可辨识《春秋》文

本中的有意义之“空白”。事实上，真正的问题似乎总在做结论时才真正出场！一旦我们作出结论式的追问：“空白”既已可辨识，并且以“阙文”与“不书”自书写学上将之归属于《春秋》中的有意义之“空白”态，且赋予其类型之各有专名：“已书写”与“待书写”。那么，“空白”是否已可排摈在《春秋》上下文之外？对此，我们的想法是：无论是“已书写”与“待书写”、“阙文”与“不书”，都已将之指向《春秋》本文的“叙述”层，麻烦的问题仍在，此问题便是：什么是“空白”的“无叙述”状态？“不/未书写”意味着什么？笔者意图尝试响应之。

1. 从“编年”上来构想此一问题

以《春秋》本文中的经文而言，并不是“每年每月”均有“书写”，譬如在鲁隐公元年王正月之后，继接的便是“鲁隐公元年三月”，那么，“鲁隐公元年二月”呢？“元年王正月”与“元年三月”有没有存在一个“之间”的“空白”状态？我想我们只能说：在“隐公元年王正月”之后，是一个“未书写”的“元年二月”，但既不是《春秋》中的“不书”，也不是它的“阙文”，而就是不存在的“未书写”。对于《春秋》而言，它的书写之序，就是“隐公元年王正月”“隐公元年三月”，这就是经文的第一条与经文的第二条；并不存在“隐公元年二月”的书写世界。至于何以如此，用杜预的语言来说，则是因为“常事不书”，或是“大事方书”。[①] 因此，“未书写”的“隐公元年二月”并不代表“本年无常事”，也不代表“本年无世界中发生的事”，只不过不是《春秋》中的“世界”、不是《春秋》中的“书写世界”，也不是《春秋》中的“世界中的事”。这个意旨告诉我们，《春秋》之外仍有“史”、《春秋》之外仍有“世界”、《春秋》之外仍有“书写”，正是因为如此，《春秋》才能成其为“《春秋》之为《春秋》”，才有“《春秋》中的书写与世界”的成立。而这个成立，正与这部文本被一个文化传统视之为“经”相符，意味着《春秋》中的书写与世

① 如《公羊传》桓公十四年经文“秋八月。乙亥，尝”之下，《传》云：“常事不书，此何以书？”更是反映传主认为夫子不书常事，书必有义的认知与理解。

界和其他的书写与世界有其不同，而这种不同，赋予了孔夫子以重要的位置。因之，在“孔夫子的书写”的《春秋》的“世界之为世界”或是“在世界之中”，“鲁隐公元年二月”既是“不存在”，也是“未书写”。

再者，无论是“常事不书”或是“大事方书”，或是公羊家何休所谓的“非常”与“可怪”，[①]或是穀梁家所谓的“与正之义”[②]，都是牵涉到了书写者的选择与意识决断，书写者取决之外的“空白”，有无“史”、有无“叙述”、有无“世界／事”，显然才是我们问此问题之意义的关键。刘知几在《史通》中所云：“夫名刊史册，自古攸难，事列《春秋》，哲人所重，笔削之士，其慎之哉！”这句话所强调的，正是“大事方书”之“大”——书写的裁决之权正与书写者／笔削之士有关。“慎之哉”的意涵便指向了“书写”与“不书写”，后者尤指一种被排摈在“已书写”与“待书写”之外的“空白”。我们也可以去追问，“此”处有“史”耶？无“史”耶？不经此一追问，书写者的裁断及取决之权的成立，就无其意义。“未书写”作为一个可以提问的问题，其意义之一，我们的构想与回应如上。

2. 从“书写意识／世界”的边界来思考此一问题

从这一个问题的角度上来说，无“史”状态的“未书写”，或“未书写”的“空白”态，根本是书写者的书写意识已濒临边界。举个例子言，《史记·五帝本纪》是司马迁推远及于《黄帝本纪》的书写与叙述，在考古学与考古意识未兴尚乏的时代，“北京人的头盖骨”，根本就是一种书写能力的边界，也是意识的边界。此种“未书写”是未能也未曾意识到的“未书写”。“未书写”

① 何休《春秋公羊传解诂序》云：“传春秋者非一，本据乱而作，其中多非常异义、可怪之论。说者疑惑，至有倍经、任意、反传、违戾者。”（〔汉〕何休解诂：《公羊传》，校永怀堂本，何休序。）

② 如“春秋贵义而不贵惠，信道而不信邪”（〔晋〕范宁集解：《穀梁传》卷一，校永怀堂本，第5页a），“春秋之义，诸侯与正而不与贤也”（〔晋〕范宁集解：《穀梁传》卷六，校永怀堂本，第11页b）之类。经文“赤归于曹郭公”下发传云：“赤盖郭公也，何为名也？礼，诸侯无外归之义，外归非正也。”（〔晋〕范宁集解：《穀梁传》卷六，校永怀堂本，第42页a。）

的“空白”处就是无“史”状态。虽然这也是一种“空白”的“未书写”，却不是上述那种经由选择、裁断与取决的“不书写”，而是处在书写者意识边界之外的“未书写”。同样，以《春秋》经文的“隐公元年二月”之“未书写”而言，“未书写”并不代表本年之本月无“史”，不叙述与不书写的“不在”并不能等同于“无史”。“不在”处也有“史”的意涵是可以被揭示的。因此，“隐公元年二月”的“未书写”，向我们指示出的是一种“在《春秋》中”的“世界之为世界”的成立。在《春秋》“之外”，“隐公元年二月”或“周平王五十九年二月”甚或是“齐僖公九年二月”都仍然有其“在者”，也有其另外的“世界”被叙述、被书写；但这并非“在《春秋》中”的“世界之为世界”，也并非“孔夫子的书写——世界之为世界”之意义。

3. 从“书写”本身来思考此一问题

与“书写”同时存在的，是“未书写”。在有形文字书写之中，我们认为，仍然存在着一种“空白”，一旦“书写”自笔端泻下，也就一并而存。“未书写”的“空白”，正是在“书写”的有形处、上下文、行文“之中”，与之偕存。孔子所谓的“《诗》，可以兴、观、群、怨”，严羽《沧浪诗话》所谓“言有尽而意无穷”，《诗大序》研究者所强调的“《诗》有兴义”，指的正是在文字之书写有形处，原本便有与作者书写而并存在的“未书写”之“空白”，一旦经“读者／阅读／接受”的行动而相触相接，便将“空白”转成了“蕴”的可以言说、可以阅读、可以脱离作者的书写而存在于作者书写的有形行文之中。我们承认确有一种“未书写”之“空白”存在，且在作者书写之际便已产生。这种书写之初便已存在的未书写之空白，我们认为，不是作者的书写所制作的，却是于作者书写时，一种作者未书写的空白在同时间便被生产出来，存在于作者的书写有形之中。只要作者“书写”，“未书写”便已同时存在，我们亦称之为“空白”。

这种“空白”，是使最初文本脱离作者之后仍能存在的重要质素。我们在版本学上称之为传本者，其所以能以各种版本的姿态传世而存在，无非便是因传本中的有形文字之中，存在着这样的空白，以为其基。或是汉简杀青之本，或是唐卷写本，或是宋元明清的雕版刊本，或是宋刊本的大字、明刊本的小字，作品一旦脱离作者，本身就展开了诸种版本的可能，我们称之为传本。传本之诸版本其所以能将作者所书写的文字成为诸传本的形态与样式见存于世，字或大或小、行或多或少、十行本的十行样式、缩本的双叶合页样式，不正是因为字里行间的不书写与空白之故！没有此种不书写的空白存在，诸传本焉能成其为不同样态的诸传本！而正是因为此一空白的存在，方能使得诸传本变形——或大或小、或多或少——而出现诸版本，诸版本之间又存在着相对应于作者书写的互文本的关系，我们可以进行校勘，比较不同、察其讹误、考其正字，其学问行动的依据便在于诸传本的版本学依据。但进一步的追问是：诸版本得以具有相互性且能指向作者的书写原始样态，其成立与存在的依据又从何而来？我们认为，其依据便在于“未书写”的“空白”之存在。没有此一“空白”，宋本便不能推其字与字间而成大字本；没有“空白”，明本也不能缩其字与字间而成小字本；没有“空白”，明本更不能插入图示而成插图本；没有“空白”，明代文家所用的五色圈点与评点本也无存在与出现的可能。这还不只是刊刻的问题，我们谈的是使之能刊刻的形上追问与存在依据。在“书写”处，“存在”着“未书写”的“空白”，版本方有可能，脱离作者书写而传于世的传本方有可能。一旦传本经由阅读的接触，传本方能“活着”，同时也使被作者书写的有形文字得与未书写的空白相互依存而存在。传本与阅读，于是有了找寻作者书写原意的意图之可能，也更有了读者意识解读之说，或是诠释其蕴，或是言其言有尽而意无穷。我们认为，一部文本的诗性，亦正是来自“未书写”的“空白”。

上述有关“未书写”的“空白”之论述，指向了一个承载文本信息的传本现象的揭示：当人死后他的作品可以继续留在世间，通过不同的版本状态——传本而流传，“兴”与“蕴”与“言有尽而意无穷”与“情境”，都在传本与“阅读／读者”的接触之际，“空白／未书写”存于“已／待书写”的上下文间，被触动成为“空白”之为“空白”的存在。也由于“空白”的存在，各种传本才能在脱离作者之后继续使作者的书写在诸传本之版本中存在。

传本使得作者死后他的作品仍能因为他的“未书写”的“空白”而被赋予活着的可能。“空白”使传本中的文字继续可以通过阅读而再现其意义世界，可能性就在传本与读者接触并在世间出现阅读之时刻开始，从符合号学来说，其间各个版本／传本中存在的共同元素，便是在作者有形书写之初始便已与之偕存且在其脱离作者书写之后仍然继续存在的“未书写”，也就是“空白”。

（本文发表于《文史哲》2015年第4期。）

书影一

不知已也子曰君子疾沒世而名不稱焉疾猶病也〔疏〕子曰君子疾沒世而名不稱焉。正義曰此章勸人脩德也疾猶病也言君子病其終世而善名不稱也子曰君子求諸己小人求諸人君子責己小人責人〔疏〕子曰君子求諸己小人求諸人。正義曰此章言君子責於己小人責於人也求責也諸於也子曰君子矜而不爭包曰矜矜莊也羣而不黨孔曰黨助也君子雖衆不相私助義之與比〔疏〕子曰君子矜而不爭羣而不黨。正義曰此章言君子貌雖矜莊而不爭鬭君子雖衆而不私相黨助義之與比也子曰君子不以言舉人包曰有言者不必有德故不可以言舉人不以人廢言王曰不可以無德而廢善言〔疏〕子曰君子不以言舉人不以人廢言。正義曰此章言君子用人取其善節也有言者不必有德故不可以言舉人當察言觀行然後舉之夫婦之愚可以與知故不可以無德而廢善言也子貢問曰有一言而可以終身行之者乎子曰其

語疏十五　七

恕乎己所不欲勿施於人言己之所惡勿加施於人〔疏〕子貢至於人。正義曰此章言人當恕己不及物也子貢問曰有一言可以終身行之者乎者問於孔子求脩身之要道也子曰其恕乎己所不欲勿施於人者孔子荅言唯仁恕之一言可終身行之也己之所惡勿欲施於人即恕也子曰吾之於人也誰毀誰譽如有所譽者其有所試矣包曰所譽者輒試以事不虛譽而已斯民也三代之所以直道而行也馬曰三代夏殷周用民如此無所阿私所以云直道而行〔疏〕子曰至行也。正義曰此章論正直之道也子曰吾之於人也誰毀誰譽者毀謂譖害譽謂稱揚言我之於人於誰毀於誰譽無私毀譽也如有所譽者其有所試矣者言所稱譽者輒試以事不虛譽而已也斯民也三代之所以直道而行也者斯此也三代夏殷周也言如此用民無所阿私夏殷周三代之令王所以得稱直道而行也子曰吾猶及史之闕文也包曰古之良史於書字有疑則闕之以待知者有馬者借人乘之今亡矣夫

包曰有馬不能調良則借人乘習之孔子自謂及見其人如此至今無有矣言此者以俗多穿鑿〔疏〕子曰至矣夫。正義曰此章疾時人多穿鑿也子曰吾猶及史之闕文也者史是掌書之官也文字也古之良史於書字有疑則闕之以待能者不敢穿鑿孔子言我尚及見此古史闕疑之文有馬者借人乘之者此舉喻也喻己有馬不能調良當借人乘習之也今亡矣夫者亡無也孔子自謂及見其人如此闕疑至今則無有矣言此者以俗多穿鑿子曰巧言亂德小不忍則亂大謀孔曰巧言利口則亂德義小不忍則亂大謀〔疏〕子曰巧言亂德小不忍則亂大謀。正義曰此章戒人慎口忍事也有言者不必有德故巧言利口則亂德義山藪藏疾國君含垢故小事不忍則亂大謀子曰衆惡之必察焉衆好之必察焉王曰或衆阿黨比周或其人特立不羣故好惡不可不察也〔疏〕子曰衆惡之必察焉衆好之必察焉。正義曰此章論知人之事也夫知人未易設有一人爲衆所惡不可即從雷同而惡之或其人特立不羣故必察焉又設有一人爲衆所好亦不可即從衆而好之或此人行惡衆乃阿黨比周故不可不察。注王曰衆或阿黨比

語疏十五　八

周。正義曰此解衆好之也謂衆多惡人私相阿曲朋黨比近周密也文十八年左傳言渾敦之惡云頑嚚不友是與比周杜注云比近也周密也言比是相近也周是親密也唯是親愛之義非爲善惡之名爲政篇子曰君子周而不比小人比而不周孔曰忠信爲周阿黨爲比以君子小人相對故觀文爲說也子曰人能弘道非道弘人王曰才大者道隨大才小者道隨小故不能弘人〔疏〕子曰人能弘道非道弘人。正義曰此章論道也弘大也道者通物之名虛無妙用不可須臾離但仁者見之謂之仁知者見之謂之知是人才大者道隨之大也故曰人能弘道百姓則日用而不知是人才小者道亦隨小而道不能大其人也故曰非道弘人子曰過而不改是謂過矣〔疏〕子曰過而不改是謂過矣。正義曰此章戒人改過也人誰無過過而能改善莫大焉過而不改是謂過矣子曰吾嘗終日不食終夜不寢以思無益不如學也〔疏〕子曰吾嘗終日不食終夜不寢以思無益不如學也。正義曰此章勸人學也子曰君子謀道不謀食耕也餒

书影二

馬曰倩笑貌盼動目貌絢文貌此上二句在衛風碩人之二章其下一句逸也 子曰繪事後素 鄭曰繪畫文也凡繪畫先布衆色然後以素分布其間以成其文喻美女雖有倩盼美質亦須禮以成之 曰禮後乎 孔曰孔子言繪事後素子夏聞而解知以素喻禮故曰禮後乎 子曰起予者商也始可與言詩已矣 包曰予我也孔子言子夏能發明我意可與共言詩 疏

子夏至詩已矣○正義曰此章言成人須禮也子夏問曰巧笑倩兮美目盼兮素以為絢兮何謂也者倩笑貌盼動目貌絢文貌此衛風碩人之篇閔莊姜美而不見荅之詩也言莊姜既有巧笑美目倩盼之容又能以禮成文絢然素喻禮也子夏讀詩至此三句不達其旨故問夫子何謂也子曰繪事後素者孔子舉喻以荅子夏也繪畫文也凡繪畫先布衆色然後以素分布其間以成其文喻美女雖有倩盼美質亦須禮以成之也曰禮後乎者此子夏語子夏聞孔子言繪事後素即解其旨知以素喻禮故曰禮後乎子曰起予者商也始可與言詩已矣者起發也予我也商子夏名孔子言能發明我意者是子夏也始可與共言詩也○注馬曰至逸也○正義曰云此上二句在衛風碩人之二章者案今毛詩碩人四

語疏卷三 五

章章七句其二章曰手如柔荑膚如凝脂領如蝤蠐齒如瓠犀螓首蛾眉巧笑倩兮美目盼兮是也云其下一句逸者今毛詩無此一句故曰逸言亡逸也○注鄭曰至成之○正義曰案考工記云畫繪之事雜五色下云畫繢之事後素功是知凡繪畫先布衆色然後以素分布其間以成其文章也 子曰夏禮吾能言之杞不足徵也殷禮吾能言之宋不足徵也 包曰徵成也杞宋二國名夏殷之後夏殷之禮吾能說之杞宋之君不足以成也 文獻不足故也足則吾能徵之矣 鄭曰獻猶賢也我不以禮成之者以此二國之君文章賢才不足故也 疏

子曰至徵之矣○正義曰此章言夏商之後不能行先王之禮也夏禮吾能言之杞不足徵也殷禮言之宋不足徵也者徵成也杞宋二國言夏殷之後也孔子言夏殷之禮吾能說之但以杞宋之君闇弱不足以成之也文獻不足故也足則吾能徵之矣者此又言不足徵之意獻賢也孔子言我不以禮成之者以此二國之君文章賢才不足故也○注包曰至成也○正義曰徵成釋詁文云杞宋二國名夏殷之後者樂記云武王克殷下車而封夏后氏之後於杞封殷之後於宋

春秋經傳集解隱公第一

隱公名息姑惠公之子母聲子諡法不尸其位曰隱

杜氏註　盡十一年

傳惠公元妃孟子言元妃明始適夫人也子宋姓○惠公名不皇諡法愛人好與曰惠[適]丁歷反孟子卒不稱薨不成喪也無諡先夫死不得從夫諡○[諡]實至反繼室以聲

子生隱公聲諡也蓋孟子之姪娣也諸侯始娶則同姓之國以姪娣媵元妃死則次妃攝治內事猶不得稱夫人故謂之繼室○[姪]直結反又丈一反兄女也[娣]大計反女弟也宋武公生

仲子仲子生而有文在其手曰爲魯夫人故仲子歸

于我婦人謂嫁曰歸以手理自然成字有若天命故嫁之於魯○婦人謂嫁曰歸本或無曰字此依公羊傳生桓公而惠公薨言歸魯而生男惠公不以桓生之年薨是以隱

公立而奉之隱公繼室之子當嗣世以禎祥之故追成父志爲桓尚少是以立爲大子帥國人奉之爲經元年春不書卽位傳○[禎]音貞[爲]桓于僞反[大]音太字皆作大後大字皆放此

經元年春王正月隱公之始年周王之正月也凡人君卽位欲其體元以居正故不言一年一月也隱雖不卽位然攝行君事故亦朝廟告朔也告朔朝正例在襄二十九年卽位例在隱莊閔僖元年○[朝]直遙反下同三月公及邾儀父盟于蔑附庸之君未王命例稱名能自通于大國繼好息民故書字貴之名例在莊五年邾今魯國鄒縣也蔑姑蔑魯地魯國卞縣南有姑城○[蔑]亡結反夏五月鄭伯克段于鄢不稱國討而言鄭伯譏失教也段不弟故不言弟明鄭伯雖失教而段亦凶逆以君討臣而用二君之例者言段强大儁傑據大都以耦國所謂得儁曰克也國討例在莊二十二年得儁例在莊十一年母弟例在宣十七年鄭在熒陽宛陵縣西南鄢今潁川鄢陵縣○[段]徒亂反[鄢]於晚反又於建反又於然反秋七月天王使宰咺來

歸惠公仲子之賵宰官咺名也咺贈死不及尸弔生不及哀豫凶事故貶而名之此天子大夫稱字之例仲子者桓公之母婦人無諡故以字配姓來者自外之文歸者不反之辭○[咺]呼阮反[賵]芳鳳反九月及宋人盟于宿客主無名皆微者也宿小國東平無鹽縣也凡盟以國地者國主亦與盟例在僖十九年宋今梁國睢陽縣○[與]音預下同[睢]音雖冬十有二月

祭伯來祭伯諸侯爲王卿士者祭國伯爵也傳曰非王命也釋其不稱使○[祭]側界反傳祭仲同

公子益師卒傳例曰公不與小斂故不書日所以示薄厚也春秋不以日月爲例唯卿佐之喪獨託日以見義者事之得失既未足以襃貶人君然亦非死者之罪無辭可以寄文而人臣輕賤死日可略故特假日以見義○[斂]力驗反[見]賢遍反下同

傳元年春王周正月言周以别夏殷○[别]彼列反[夏]戶雅反三代之號可以意求

不書卽位攝也假攝君政不脩卽位之禮故史不書於策傳所以見異於常○見賢遍反

三月公及邾儀父盟于蔑邾子克也克儀父名未王命故

不書爵曰儀父貴之也王未賜命以爲諸侯其後儀父服事齊桓以奬王室王命以爲邾子故莊十六年經書邾子克卒○故不書爵一本無故字[奬]將丈反公攝位而欲

求好於邾故爲蔑之盟解所以與盟也○[好]呼報反夏四月費伯

帥師城郎不書非公命也費伯魯大夫郎魯邑高平方與縣東南有郁郎亭傳曰君舉必書然則史之策書皆君命也今不書於經亦因史之舊法故傳釋之諸魯事傳釋不書他皆放此○[費]音祕[郁]於六反初鄭武公娶于申曰武姜申國今南陽宛縣○[宛]於元反生莊公及共叔段段出奔共故曰共叔猶晉侯在鄂謂之鄂侯○[共]音恭地名

莊公寤生驚姜氏故名曰寤生遂惡之寐寤而莊公已生故驚而惡之○[寤]五故反[惡]烏路反愛共叔段欲立之欲以爲大子亟請於武

书影四

謂之傳例釋例曰君之卿佐是謂股肱股肱或虧何痛如之疾則親問焉喪則親與小斂大斂愼終歸厚之義也故仲尼脩春秋卿佐之喪公不與小斂則不書日示厚薄戒將來也卽以新死小斂爲文則但臨大斂及不臨其喪亦同不書日也襄五年冬十二月辛未季孫行父卒傳曰大夫入斂公在位是公與小斂則書日之事也其翬柔溺等生見經傳死而不書卒者皆不以卿禮終也文十四年秋九月甲申公孫敖卒于齊已絕卿位公不與小斂而書日卒者釋例曰公孫敖縱情棄命既已絕位非大夫也而備書於經者惠叔毀請於朝感子以赦父敦公族之恩崇仁孝之教故傳曰爲孟氏且國故也是言雖不與斂恩實過厚故書日也莊三十二年秋七月癸巳公子牙卒時公有疾昭二十五年冬十月戊辰叔孫婼卒二十九年夏四月庚子叔詣卒時公孫在外成十七年冬十一月壬申公孫嬰齊卒于貍脤在外而卒皆公不與斂而書日者釋例曰其或公疾在外大夫不卒於國而猶存其日者君子不責人以所不得備非不欲臨也然則爲其有故不得以責公故皆書日也公孫嬰齊書所卒之地餘皆不書地者釋例曰魯大夫卒其竟內則不書地傳稱季平子行東野卒于房是也而先儒以爲雖以卿禮終而不臨其喪皆沒而不書杜知不臨其喪亦同不書日者案慶父之死不以卿禮終而經不書足知唯據不以卿禮終者經始不書明以卿禮終雖全不臨喪亦同書卒但不書日耳春秋諸事日與不日傳皆不發唯此發傳故特解之云春秋不以日月爲例唯卿佐之喪獨託日以見義也言事之得失未足以褒貶人君者春秋之文褒爲厚賞貶爲大罰君之於臣有恩則常事不足以加賞無恩則小失不足以致罰故云未足以褒貶也止欲貶責死者君自無恩然亦非死者之罪意欲以爲勸戒無辭可以寄文而人臣對君爲輕賤死日可略去故於此一條特假日以見義其餘則不以日月爲例故無傳也

傳元年春王周正月言周以別夏殷○別彼列反夏戶雅反三代之號可以意求

不書卽位攝也假攝君政不脩卽位之禮故史不書於策傳所以見異於常○見賢遍反

[疏]不書卽位攝也○正義曰攝訓持也隱以桓公幼少且攝持國政待其年長所以不行卽位之禮史官不書卽位仲尼因而不改故發傳以解之公實不卽位史本無可書莊閔僖不書卽位義亦然也特說賈服之徒以爲四公皆實卽位孔子脩經乃有不書故杜詳辨之釋例曰遭喪繼位者每新年正月必改元正位百官以序故國史皆書卽位於策以表之隱既繼室之子於第應立而尋父娶仲子之意委位以讓桓天子既已定之諸侯既已正之國人既已君之而隱終有推國授桓之心所以不行卽位之禮也隱莊閔僖雖居君位皆有故而不脩卽位之禮或讓而不爲或痛而不忍或亂而不得禮廢事異國史固無所書非行其禮而不書於文也潁氏說以爲魯十二公國史盡書卽位仲尼脩之乃有所不書若實卽位則爲隱公無讓若實有讓則史無緣虛書是言實不卽位故史不書也傳於隱閔云不書卽位於莊僖云不稱卽位者釋例曰丘明於四公發傳以不書不稱起文其義一也劉賈潁爲傳文生例云恩深不忍則傳言不稱恩淺可忍則傳言不書博據傳辭殊多不通案殺欒盈則云不言大夫殺良霄則云不稱大夫君氏卒則云不曰薨不言葬不書姓鄭伯克段則云稱鄭伯此皆同意而別文之驗也傳本意在解經非曲文以生例是言不書不稱義同之意也膏肓何休以爲古制諸侯幼弱天子命賢大夫輔相爲政無攝代之義昔周公居攝死不記崩今隱公生稱侯死稱薨何因得爲攝者周公攝政仍以成王爲主直攝其政事而已所有大事稟王命以行之致政之後乃死故卒稱薨不稱崩隱公所攝則位亦攝之以桓爲大子所有六事皆專命以行攝位被殺在君位而死故生稱公死稱薨是與周公異也且公羊以爲諸侯無攝鄭康成引公羊難云宋穆公云吾立乎此攝也以此言之何得非左氏是鄭意亦不從何說也下傳曰公攝位而欲求好於邾是位亦攝也又曰惠公之薨也大子少是以桓爲大子也所以異於正君者元年不卽位行還不告廟不臨惠公之葬不成聲子之喪尊仲子爲夫人薨則赴於諸侯又爲之立廟此是謙之實也隱公讓位賢君故爲春秋之首所以不入頌者魯僖公之時周王歲二月東巡守至于岱宗柴季孫行父爲之請於周大史克爲之作頌故得入頌隱公無人爲請故不入頌也

〇三月公及邾儀父盟于蔑邾子克也克儀父名未王命故不書爵曰儀父貴之也王未賜命以爲諸侯其後儀父服事齊桓以奬王室王命以爲邾子故莊十六年經書邾子克卒○故不書爵一本無故字奬將丈反

[疏]注王未至克卒○正義曰莊十三年齊桓會諸國于北杏邾人在焉及十六年而書邾子克卒故知由事齊桓乃得王命也賈服以爲北杏之會時已得王命蓋以北杏之會邾人在列故謂其已得命也列與不列在於主會之意不由有爵與否襄二十七年宋之盟齊人請邾宋人請滕邾滕不列於會故不書邾滕襄五年戚之會穆叔以屬

书影五

春秋公羊傳卷一

漢諫議大夫司空掾任城何　休學

明　後　學　東吳金　蟠訂

隱公

元年春王正月

傳元年者何諸據疑問所不知故曰者何君之始年也以常錄即位知君之始年君魯侯隱公也年者十二月之總號春秋書十二月稱年是也變一爲元元者氣也無形以起有形以分造起天地天地之始也故上無所繫而使春繫之也不言公言君之始年者王者諸侯皆稱君所以通其義於王者惟王者然後改元立號春秋託新王受命於魯故因以錄即位明王者當繼天奉元養成萬物春者何獨在王上故執不知問歲之始也以上繫元年在王正月之上知歲之始也春者天地開辟之端養生之首法象所出四時本名也昏斗指東方曰春指南方曰夏指西方曰秋指北方曰冬歲者總號其成功之稱尚書以閏月定四時成歲是也○辟婢亦反王者孰謂孰誰也欲言時王則無事欲言先王又無謚故問誰謂謂文王也以上繫王於春知謂文王也文王周始受命之王天之所命故上繫天端方陳受命制正月故假以爲王法不言謚者法其生不法其死與後王共之人道之始也曷爲先言王而後言正月據下秋七月天王先言月而後言王王正月也以上繫於王知王者受命布政施教所制月也王者受命必徙居處改正朔易服色殊徽號變犧牲異器械明受之於天不受之於人夏以斗建寅之月爲正平旦爲朔法物見色尚黑殷以斗建丑之月爲正雞鳴爲朔法物牙色尚白周以斗建子之月爲正夜半爲朔法物萌色尚赤何言乎王正月據定公有王無正月大一統也統者始也總繫之辭夫王者始受命改制布政施教於天下自公侯至於庶人自山川至於草木昆蟲莫不一一繫於正月故云政教之始公何以不言即位據文公言即位也即位者一國之始政莫大於正始故春秋以元之氣正天之端以天之端正王之政以王之政正諸侯之即位以諸侯之即位正竟內之治諸侯不上奉王之政則不得即位故先言正月而後言即位政不由王出則不得爲政故先言王而後言正月也王者不承天以制號令則無法故先言春而後言王天不深正其元則不能成其化故先言元而後言春五者同日並見相須成體乃天人之大本萬物之所繫不可不察也成公意也以不有正月而去即位知其成公意○而去起呂反下去同何成乎公之意據剌欲救紀而後不能公將平國而反之桓平治也時廢桓立隱不平故曰平反還之曷爲反之桓據已立也桓幼而貴隱長而卑長者已冠也禮年二十見正而冠士冠禮曰適子冠於阼以著代也醮於客位加有成也三加彌尊諭其志也冠而字之敬其名也公侯之有冠禮夏之末造也天子之元子猶士也天下無生而貴者○長丁丈反註及下皆同已冠工亂反下同適子丁歷反下同醮子笑反其爲尊卑也微母俱媵也○媵以證反又繩證反國人莫知國人謂國中凡人莫知者言惠公不早分別也男子年六十閉房無世子則命貴公子將薨亦如之隱長又賢此以上皆道立隱所緣諸大夫扳隱而立之扳引也諸大夫立隱不起者在春秋前明王者受命不追治前事孔子曰不教而殺謂之虐不戒視成謂之暴隱於是焉而辭立辭讓也言隱欲讓則未知桓之將必得立也是時公子非一且如桓立且如假設之辭則恐諸大夫之不能相幼君也隱見諸大夫背正而立己不正恐其不能相之故凡隱之立爲桓立也凡者凡上所慮二事皆不可故於是己立欲須桓長大而歸之故曰爲桓立明其本無受國之心故不書即位所以起其讓也○爲其

书影六

謂之傳例釋例曰君之卿佐是謂股肱股肱或虧何痛如之疾則親問焉喪則親與小斂大斂慎終歸厚之義也故仲尼脩春秋卿佐之喪公不與小斂則不書日示厚薄戒將來也卽以新死小斂爲文則但臨大斂及不臨其喪亦同不書日也襄五年冬十二月辛未季孫行父卒傳曰大夫入斂公在位是公與小斂則書日之事也其翬柔溺等生見經傳死而不書卒者皆不以卿禮終也文十四年秋九月甲申公孫敖卒于齊已絕卿位公不與小斂而書日卒者釋例曰公孫敖縱情棄命既已絕位非大夫也而備書於經者惠叔毀請於朝感子以赦父敦公族之恩崇仁孝之教故傳曰爲孟氏且國故也是言雖不與斂恩實過厚故書日也莊三十二年秋七月癸巳公子牙卒時公有疾昭二十五年冬十月戊辰叔孫婼卒二十九年夏四月庚子叔詣卒時公孫在外成十七年冬十一月壬申公孫嬰齊卒于貍脤在外而卒皆公不與斂而書日者釋例曰其或公疾在外大夫不卒於國而猶存其日者君子不責人以所不得備非不欲臨也然則爲其有故不得以責公故皆書日也公孫嬰齊書所卒之地餘皆不書地者釋例曰魯大夫卒其竟內則不書地傳稱季平子行東野卒于房是也而先儒以爲雖以卿禮終而不臨其喪皆沒而不書杜知不臨其喪亦同不書日者案慶父之死不以

春秋疏卷二　十三

卿禮終而經不書足知唯據不以卿禮終者經始不書明以卿禮終雖全不臨喪亦同書卒但不書日耳春秋諸事日與不日傳皆不發唯此發傳故特解之云春秋不以日月爲例唯卿佐之喪獨託日以見義也言事之得失未足以褒貶人君者春秋之文襃爲厚賞貶爲大罰君之於臣有恩則常事不足以加賞無恩則小失不足以致罰故云未足以襃貶也止欲貶責死者君自無恩然亦非死者之罪意欲以爲勸戒無辭可以寄文而人臣對君爲輕賤死日可略去故於此一條特假日以見義其餘則不以日月爲例故無傳也

傳元年春王周正月言周以別夏殷。○別彼列反夏戶雅反三代之號可以意求

不書卽位攝也假攝君政不脩卽位之禮故史不書於策傳所以見異於常。○見賢遍反

疏 不書卽位攝也。○正義曰攝訓持也隱以桓公幼少且攝持國政待其年長所以不行卽位之禮史官不書卽位仲尼因而不改故發傳以解之公實不卽位史本無可書莊閔僖不書卽位義亦然也昔諸賈服之徒以爲四公皆實卽位孔子脩經乃有不書故杜詳辨之釋例曰遭喪繼位者每新年正月必改元正位百官以序故國史皆書卽位於策

以表之隱既繼室之子於第應立而尊父娶仲子之意委位以讓桓天子既已定之諸侯既已正之國人既已君之而隱終有推國授桓之心所以不行卽位之禮也隱莊閔僖雖居君位皆有故而不脩卽位之禮或讓而不爲或痛而不忍或亂而不得禮廢事異國史固無所書非行其禮而不書於文也穎氏說以爲魯十二公國史盡書卽位仲尼脩之乃有所不書若實卽位則爲隱公無讓若實有讓則史無緣虛書是言實不卽位故史不書也傳於隱閔云不書卽位於莊僖云不稱卽位者釋例曰丘明於四公發傳以不書不稱起文其義一也劉賈穎爲傳文生例云恩深不忍則傳言不稱恩淺可忍則傳言不書博據傳辭殊多不通案殺欒盈則云不言大夫殺良霄則云不稱大夫君氏卒則云不曰薨不言葬不書姓鄭伯克段則云稱鄭伯此皆同意而別文之驗也傳本意在解經非曲文以生例是言不書不稱義同之意也膏肓何休以爲古制諸侯幼弱天子命賢大夫輔相爲政無攝代之義昔周公居攝死不記崩今隱公生稱侯死稱薨何因得爲攝者周公攝政仍以成王爲主直攝其政事而已所有大事稟王命以行之致政之後乃死故卒稱薨不稱崩隱公所攝則位亦攝之以桓爲大子所有六事皆專命以行攝位被殺在君位而死故生稱公死稱薨是與周公異也且公羊以

春秋疏卷二　十四

爲諸侯無攝鄭康成引公羊難云宋穆公云吾立乎此攝也以此言之何得非左氏是鄭意亦不從何說也下傳曰公攝位而欲求好於邾是位亦攝也又曰惠公之薨也大子少是以桓爲大子也所以異於正君者元年不卽位行還不告廟不臨惠公之葬不成聲子之喪尊仲子爲夫人薨則赴於諸侯又爲之立廟此是謙之實也隱公讓位賢君故爲春秋之首所以不入頌者魯僖公之時周王歲二月東巡守至于岱宗柴季孫行父爲之請於周大史克爲之作頌故得入頌隱公無人爲請故不入頌也

○三月公及邾儀父盟于蔑邾子克也克儀父名未王命故不書爵曰儀父貴之也王未賜命以爲諸侯其後儀父服事齊桓以奬王室王命以爲邾子故莊十六年經書邾子克卒。○故不書爵一本無故字奬將丈反

疏 注王未至克卒。○正義曰莊十三年齊桓會諸國于北杏邾人在焉及十六年而書邾子克卒故知由事齊桓乃得王命也賈服以爲北杏之會時已得王命蓋以北杏之會邾人在列故謂其已得命也列與不列在於主會之意不由有爵與否襄二十七年宋之盟齊人請邾宋人請滕邾滕不列於會故不書邾滕襄五年戚之會穆叔以屬

书影七

春秋公羊傳卷六

漢諫議大夫司空掾任城何　休學

明　後　學　東吳葛　鼒訂

莊公

元年春王正月

傳公何以不言即位春秋君弒子不言即位君弒則子何以不言即位據繼君不絕也隱之也孰隱隱子也隱痛是子之禍不忍言即位

三月夫人孫于齊〇孫音遜

傳孫者何孫猶孫也孫猶遁也內諱奔謂之孫言于齊者盈諱文夫人固在齊矣其言孫于齊何據公夫人遂如齊未有來文念母也固在齊而書孫者所以起念母也正月以存君念母以首事禮練祭取法存君夫人當首祭事時莊公練祭念母而迎之當書迎反書孫者明不宜也夫人何以不稱姜氏據夫人姜氏孫于邾婁貶曷爲貶據俱以孫爲文與弒公也其與弒公奈何夫人譖公於齊侯如其事曰訴加誣曰譖公曰同非吾子齊侯之子也以淫於齊侯所生齊侯怒與之飲酒欲醉而殺之禮飲酒不過三爵於其出焉使公子彭生送之於其乘焉於其將上車時搚幹而殺之搚折聲也扶上車以手搚折其幹〇搚路合反本又作搚亦作拉皆同幹音古旦反念母者所善也則曷爲於其念母焉貶據貶必於其重不與念母也念母則忘父背本之道也故絕文姜不爲不孝距蒯聵不爲不順脇靈社不爲不敬蓋重本尊統使尊行於卑上行於下貶者見王法所當誅至此乃貶者幷不與念母也又欲以孫爲內見義明但當推逐去之亦不可加誅誅不加上之義非實孫月者起練祭左右

夏單伯逆王姬〇單伯音善後放此

傳單伯者何吾大夫之命乎天子者也以稱字也禮諸侯三年一貢士於天子天子命與諸侯輔助爲政所以通賢共治示不獨專重民之至大國舉三人次國舉二人小國舉一人何以不稱使據公子遂如京師言如者內稱使之文天子召而使之也逆之者何使我主之也逆者魯自往之文方使魯爲父母主嫁之故與魯使自逆之不言于京師者使魯主之故使若自魯女無使受之曷爲使我主之據諸侯非一天子嫁女乎諸侯必使諸侯同姓者主之諸侯與天子同姓者諸侯嫁女于大夫必使大夫同姓者主之大夫與諸侯同姓者不自爲主者尊卑不敵其行婚姻之禮則傷君臣之義有君臣之禮則廢婚姻之好故必使同姓有血脈之屬宜爲父道與所適敵體者主之禮尊者嫁女于卑者必待風旨爲卑者不敢先求亦不可斥與之者申陽倡陰和之道天子嫁女於諸侯備姪娣如諸侯之禮義不可以天子之尊絕人繼嗣之路我主書者惡天子也禮齊衰不接弁冕讎不交婚姻〇齊衰音咨下七雷反

秋築王姬之館于外

傳何以書譏何譏爾築之禮也于外非禮也以言外知

书影八

外夫人不卒內書薨已錄之矣故出乃地
冬十月乙未子般卒
傳子卒云子卒此其稱子般卒何據子赤不言子赤卒君存
稱世子明當世父位為君君薨稱子某緣民臣之心不可一日無君故稱子
某明繼父也名者尸柩尚存猶以君前臣名也既葬稱子不名者無所屈也緣終始之義
一年不二君故稱子也踰年稱公不可曠年無君子般卒何以不書
葬據定姒俱稱卒書葬未踰年之君也有子則廟廟則
書葬錄子恩也無子不廟不廟則不書葬未踰年之君禮臣下無服
故無子不廟不廟則不書葬示一年不二君也稱卒不地者降成君也日者為臣子恩錄之也殺不
去日見隱者降子赤也○去起呂反
公子慶父如齊
如齊者奔也是時季子新酖牙慶父雖歸獄鄧扈樂猶不自信於季子故出也不言奔者起季子不
探其情不暴其罪○樂音洛暴步卜反
狄伐邢
閔公
元年春王正月
傳公何以不言即位繼弒君不言即位復發傳者嫌繼未踰
年君義異故也明當隱之如一也孰繼據子般弒不見繼子般也孰弒子般
慶父也殺公子牙今將爾季子不免慶父弒君何
以不誅將而不免遏惡也既而不可及因獄有所
歸不探其情而誅焉親親之道也論季子當從議親之辟猶律親
親得相首匿當與叔孫得臣有差惡乎歸獄歸獄僕人鄧扈樂曷
為歸獄僕人鄧扈樂據鄉還也○惡音烏扈樂音洛或如字莊公存
之時樂曾淫于宮中子般執而鞭之莊公死慶父
謂樂曰般之辱爾國人莫不知盍弒之矣使弒子
般然後誅鄧扈樂而歸獄焉殺鄧扈樂不書者微也○曾才能反季
子至而不變也至者聞君弒從家至朝季子知樂勢不能獨弒而不變正其真僞
齊人救邢
夏六月辛酉葬我君莊公
秋八月公及齊侯盟于洛姑
時慶父內則素得權重外則出奔彊齊恐為國家禍亂故季子如齊聞之奉閔公託齊桓為此盟下
書歸者使與君致同主書者起託君也
季子來歸
傳其稱季子何據如陳名不稱季卒不稱子賢也嫌季子不探誅慶父有甚
惡故復於託君安國賢之所以輕歸獄顯所當任達其功不稱季友者明齊繼魯本感洛姑之託故
令與高子俱稱子起其事○令力呈反其言來歸何據召歸不書隱如言至喜
之也季子來歸則國安故喜之而變至加錄云爾蓋與賢相起言歸者主為喜出言來者起從
齊自外來盟不日公不致者桓之盟不日其會不致信之也○主為于僞反
冬齊仲孫來
傳齊仲孫者何公子慶父也公子慶父則曷為謂

书影九

春秋公羊傳卷十

漢諫議大夫司空掾任城何　休學

明　後　學　東吳葛　鼐訂

僖公

元年春王正月

【傳】公何以不言卽位據文公言卽位繼弒君子不言卽位此非子也其稱子何僖公者閔公庶兄據閔公繼子般傳不言子臣子一例也僖公繼成君閔公繼未踰年君禮諸侯臣諸父兄弟以臣之繼君猶子之繼父也其服皆斬衰故傳稱臣子一例○衰七雷反

齊師宋師曹師次于聶北救邢

【傳】救不言次此其言次何據夏師救齊不言次不及事也不及事者何邢已亡矣剌其救急舒緩使至於亡故錄之止次以起之孰亡之蓋狄滅之以上有狄伐邢曷爲不言狄滅之據狄滅溫言滅爲桓公諱也曷爲爲桓公諱據徐人取舒晉滅夏陽楚滅黃皆不諱上無天子下無方伯天下諸侯有相滅亡者桓公不能救則桓公恥之故以爲諱所以醇其能以治世自任而厚責之曷爲先言次而後言救據叔孫豹先言救君也叔孫豹臣也當先通君命故先言救今此先言次知實諸侯君則其稱師何不與諸侯專封也故沒君文但舉師而已曷爲不與據狄滅之爲桓公諱實與不書所封歸是也而文不與文曷爲不與據實與也諸侯之義不得專封也此道大平制○大音泰諸侯之義不得專封則其曰實與之何上無天子下無方伯天下諸侯有相滅亡者力能救之則救之可也主書者起文從實也

夏六月邢遷于陳儀○陳儀左氏作夷儀

【傳】遷者何其意也其意自欲遷時邢創畏狄兵更欲依險阻遷之者何非其意也謂宋人遷宿也書者譏之也王者封諸侯必居土中所以教化者平貢賦者均在德不在險其後爲衛所滅是也遷例大國月重煩勞也小國時此小國月者霸者所助城故與大國同

齊師宋師曹師城邢

【傳】此一事也曷爲復言齊師宋師曹師據首戴前目而後凡不復言師則無以知其爲一事也言諸侯則嫌與首戴同嫌實與師言諸侯則嫌與緣陵同嫌歸閉其遷更與諸侯來城之未必反故入也故順上文則知桓公宿留城之爲一事也

秋七月戊辰夫人姜氏薨于夷齊人以歸

【傳】夷者何齊地也齊地則其言齊人以歸何據從國中歸不當書邾婁人執鄫子不書以歸是也○鄫似陵反夫人薨于夷則齊人以歸夫人所以薨于夷者齊人以歸至夷夫人薨于夷則齊人曷爲以歸據上說夫人薨于夷者齊人以歸至夷也齊人曷爲故以歸至于夷桓公召而縊殺之先言薨後言以歸而不言喪者起桓公召夫人于邾婁歸殺之于夷因爲內諱恥使

书影十

春秋公羊傳卷二十五

漢諫議大夫司空掾任城何　休學

明後學東吳金　蟠訂

定公

元年春王。

傳 定何以無正月。據莊公雖不書即位猶書正月。正月者正即位也。本有正月者正諸侯之即位。定無正月者即位後也。雖書即位於六月實當如莊公有正月今無正月者昭公出奔國當絕定公不得繼體奉正故諱爲微辭使若即位在正月後故不書正月。即位何以後。據正月正即位。昭公在外。昭公喪在外。得入不得入未可知也。曷爲未可知。據已稱元年。在季氏也。今季氏迎昭公喪而事之定公得即位不迎而事之則不得即位。定哀多微辭。微辭即下傳所言者是也定公有王無正月不務公室喪失國寶哀公有黃池之會獲麟故總言多。主人習其讀而問其傳。讀謂經傳謂訓詁主人謂定公言主人者能爲主人皆當爲微辭非獨定公。則未知己之有罪焉爾。此假說而言之主人謂定哀也設使定哀習其經而讀之問其傳解詁則不知己之有罪於是此孔子畏時君上以諱尊隆恩下以辟害容身慎之至也。

三月晉人執宋仲幾于京師。○幾本或作機。

傳 仲幾之罪何。據言於京師成伯討辭知有罪。不蓑城也。若今以草衣城是也禮諸侯爲天子治城各有分丈尺宋仲幾不治所主○蓑素戈反一或作蓑一或音初危反衣于既反。其言于京師何。據城言成周執不地。伯討也。大夫不得專執執無稱名氏見伯討例故地以京師專以天子事執之得伯討之義。伯討則其稱人何。據城稱名氏諸侯伯執不稱人也復發此難者弟子未解嫌大夫稱人相執與諸侯同例○復扶又反難乃旦反解音蟹。貶。故稱人爾不以非伯討故。曷爲貶。據晉侯伯執稱人以佗罪舉。不與大夫專執也。曷爲不與。據伯討。實與。言于京師是也。而文不與。文不與者稱人是也。文曷爲不與。大夫之義不得專執也。大夫不得專相執辟諸侯也不言歸者諸侯當決於天子犯之惡甚故錄所歸大夫當決主獄爾犯之罪從外小惡不復別也無例不在常書又月者善爲天子執之○復扶又反別彼列反。

夏六月癸亥公之喪至自乾侯。至自乾侯者非公事齊不專中去之晉竟不見容死於乾侯。

戊辰公即位。

傳 癸亥公之喪至自乾侯則曷爲以戊辰之日然後即位。據癸亥得入已可知。正棺於兩楹之間然後即位。正棺者象既小斂夷于堂昭公死於外不得以君臣禮治其喪故示盡始死之禮禮始死於北牖下浴於中霤飯含於牖下小斂於戶內夷於兩楹之間大斂於阼階殯於西階之上祖於庭葬於墓孝子之恩動以遠也禮天子五日小斂七日大斂諸侯三日小斂五日大斂卿大夫二日小斂三日大斂夷而經殯而成服故戊辰然後即位凡喪三日授子杖五日授大夫杖七日授士杖童子婦人不杖不能病故也○牗音容本又作牖飯扶晚反含戶暗反阼才故反。子沈子曰定君乎國。定昭公之喪禮於國。然後即位。即位不日。此何以日。據即位皆不日。錄乎內也。內事詳錄善得五日變禮或說危不得以踰年正月即位故日主書。

书影十一

西周与东周：“王室乱”与《春秋》中的“周统”书写

李纪祥

一、流传史中的“西周”与“东周”

> 周朝分为西周与东周两个时期。西周约从周武王灭商起，至周幽王被申侯和犬戎所杀为止，大约历经276年。公元前770年，平王弃宗周而迁都雒邑，历史上称东迁以后的周王朝为东周。①

这是维基百科中文网站对于“周代史”被分期为“二周”的陈述。文中反映了一种周代历史的框架：以“平王东迁”作为一个分水岭，将整个周代八百年历史，划分为二，其一是平王东迁以前，称之为“西周”，其二是平王东迁之后，称之为“东周”。这样的历史观，从流传史的角度而言，迄今已成为历

① 参见维基中文网址陈述文：https://zh.wikipedia.org/zh-tw/ 周朝。

史常识，而分期中的两个时段："西周"与"东周"，也是此二词映入眼帘时的直觉认知。"周朝分为'西周'与'东周'两个时期。西周由周武王姬发创建，定都镐京；公元前770年，平王东迁，定都雒邑，此后周朝的这段时期称为东周。史书又将西周和东周合称为两周。"① 这是另一网站"百度"上的陈述。这两个网站的陈述，都意图传达给读者一个简单的、常识的周代历史印象：史学圈对周代历史的描述，系将周代历史分为两个时期，前称"西周"、后称"东周"，其分期则是平王东迁事件。于是，网站陈述中被某一历史观所主导的潜在性，常被忽略不察；历史常识的陈述，不仅呈现出对对象的历史叙述，也同时反映出陈述者的后设史观：一种由西周与东周之语词组成的周代史观框架。虽然通行版本中并未对此种历史观如何形成作出交代，俾让读者能够一并了解史观的由来，但陈述语言的反指自身性，已足以让我们观察到陈述文的使用者，其实已在某一历史版本牢笼之中，并已被其驯化。通行网站版本带出的正是一种周代历史版本观的视野，以一种二分框架，以平王东迁作为分期标准，从而划分了周代历史为"西周"与"东周"两个时段。将"西周之末"归于周幽王之亡，继之者平王东迁于雒邑，并以之为新的王都，于是"东周"时期便从"平王"开始。这个历史版本，还不止于知识网络的流传而已，在作为历史教科书的历史教育文本中，也被制作成历史知识而通过教育向下一代流传。但教育版本中并未给出一个机会让下一代追问"为什么"？有的只是直白陈述，并未给予任何思考之线索。显然，从流传史角度，这的确是通过了史学圈主流认知后的版本制作，一种周朝史描述的史观与框架，被隐藏在常识化的历史知识中；"西周"与"东周"既是"历史"，也是"知识"。只要我们见到"平王东迁"的字样，反射出的便是"二周"。显然，流传于历史教育中的文本与制作，仍是以上述版本作为知识生产与制作流传的主流版本。

一本出版于清代乾隆时期的《东周列国志》，由蔡元放改编评点刊行，此书实际源自明代余邵鱼之《列国志传》，后经冯梦龙改写改编，成为一百零八

① 参见百度网址陈述文：https://zhidao.baidu.com/question/542680132.html。

回本《新列国志》，至此改称《东周列国志》。蔡元放刊本承袭冯梦龙本一百零八回结构，自第一回“周宣王闻谣轻杀　杜大夫化厉鸣冤”始，迄第一百零八回“兼六国混一舆图　号始皇建立郡县”终。[①]《东周列国志》的第一回主述周宣王，第二回主述幽王，第三回主述平王东迁，第四回开始进入列国主轴，以秦文公、郑庄公为始。可见此书所谓的“东周”，正是一种纵向性历史分期史观用词。《东周列国志》从宣王开始，隐性地受到司马迁《史记》的厉王史观影响，认为周朝兴衰的关键在“共和”以后的宣王到幽王；因此，本书从“宣王”展开“列国志”，反映了作者想要从“西周之末”开始，先行描绘周室衰弱的端倪，引出“平王东迁”后，才正式进入全书的主轴：“东周列国”。是故在本书的第三回之末，作者即于文末云：“自此西周遂亡，天数自有定解，亦见伯阳父之神占矣。东迁后事如何，且看下回分解。”[②]则“西周”之词在本书使用中，所指正是平王东迁以前的周代，而书名中的“东周”，则指向以“列国”为主体的时代，直至秦政统一为止。本书书名中的“东周”之词，已与“西周”并为朝代分期属性的对词，用在“周代历史分期观”中表述“二周”。

历史上有关“周代历史分期”的“史观”论述，当然不只于上述“二周分期史观”。司马迁在《史记》中的《三代世表》之“末”、《十二诸侯年表》之“始”的“二表”中，已经反映出他认为周代历史上盛衰的关键，在于厉王，《史记》中常出现的语言“幽厉以来”，正是司马迁喜用的周史兴衰变化关键的表述之词，也正是太史公视野中的周史分期观点；此一分期史观下的具体的盛衰年，司马迁借“表体”而系在“共和”之“元年”；《史记》中呈现的不啻另一种周朝历史的分期观，但在此史观中，并未用到“西周”与“东周”之词。曾被上述网站版本叙述熏陶的读者，可能便无法习惯《史记》中司马迁笔下所呈现的另一种周代历史书写。

因之，不论历史上曾经出现过多少不同的周代历史观，显然流传至今的

①〔明〕冯梦龙、〔明〕蔡元放编，黄钧点校：《东周列国志》，北京：人民文学出版社，2012年版，目录第1—8页。

②〔明〕冯梦龙、〔明〕蔡元放编，黄钧点校：《东周列国志》，第28页。

主流版本，已经是分享于上述诸网站者，而这也是当今华文世界中作为历史教育传承的版本。主流版本意味着此种历史分期观已经取得了普遍性的知识传播权，如此，知识方得以成为常识：以“平王东迁”作为“二周”分期的周代史观，便是今日的流传主流历史知识，同时也是历史常识。不论是历史知识抑或历史常识，普遍化过程中值得注意的，还是历史框架中的语言，一个历史观的成型，在流传中不可少的一个历史要素便是文本中的语言。考察“二周分期史观”中的基本术语，显然便以西周、东周、平王东迁作为基本语，这几个“基本术语”构成了“周代分期史观”的框架。

事实上，这样的“二周”语言及“分期”版本之制作，早在古昔之《春秋》学的《左传》场域中已经出现。西晋时代的杜预，在其经学专著《春秋左氏经传集解》中，便建构了此一史观框架，杜预于其《春秋左氏经传集解序》中云：

> 然则《春秋》何始于鲁隐公？答曰：周平王，东周之始王也；隐公让国之贤君也。考乎其时则相接，言乎其位则列国，本乎其始则周公之祚胤也。若平王能祈天永命，绍开中兴；隐公能弘宣祖业，光启王室；则西周之美可寻，文武之迹不坠。是故因其历数，附其行事，采周之旧，以会成王义，垂法将来。所书之王，即平王也；所用之历，即周正也；所称之公，即鲁隐也；安在其黜周而王鲁乎！[①]

杜预所谓“东周之始王”的“东周”，正与“西周之美可寻，文武之迹不坠”句相对。杜预显已在此将“东周”视为周室东迁后的一个时间断代之分期词汇，而“西周”一词也是一个时间断代，指向平王东迁之前的周代；“平王东迁”正是杜预使用“二周”将周代分期的分水岭。唐孔颖达《春秋正义》显然也受到杜预此种“东周”框架概念影响，其曰：

> 周自武王伐纣，定天下，恒居镐地，是为西都；周公摄政营洛邑于土中，谓之东都。成王虽暂至洛邑，还归镐京为西周。平王始居东周，故云东周之始王也。平王四十九年而隐公即位，隐公三年而平王崩，是

①〔晋〕杜预集解：《春秋经传集解》，相台岳氏本，台北：新兴书局，1980年版，第40页。

其相接也。[①]

由上可见，杜预之《序》文与孔颖达之《正义》，皆已开始用“平王东迁”作为“二周”分期的标志，将“西周”与“东周”作为周代的断代之框架来使用此二词。虽然当代“二周”语言何时开始使用于“周代分期观”及其始末、具体的历史文本之源，我们并不清楚；但至少，我们已经看到了杜预与孔颖达的“周代分期观”与“二周语言观”之使用，在西晋、在唐代已经出现，至少可以视作是当今二周分期史观较早的古代之源。

值得注意的，是杜预的“二周”分期，并非只是历史学的历史分期，他建构此一“分期说”，主要目标还是在于经学的义旨，既意在“平王”，也意在“隐公”，同时更意在对抗《公羊》。杜预立说“二周分期”的本质，仍在于解《春秋》，而且是《春秋》学中“解经”的一个大课题：“《春秋》何以始乎隐？”此一“二周”史观及其用词，见之杜预，极富经学兴味，也着实令人讶异：原来“二周”之词作为“周代历史观”分期之用者，其源头竟出自经学史中的《春秋》经学，更出自以《左传》学家法进路解《春秋》何以“始隐”的大义中。《公羊传》的进路便与《左传》不同调性，对“公羊家”言，《春秋》“始乎隐”的意义在于《公羊传》中的“王者孰谓，谓文王也”。唯《公羊》言“始隐”意在“文王”，“公羊家”始能言“以《春秋》当一代”，“王鲁”而制法。而杜预所云“王即平王”者，则如杜预《春秋序》所云，欲以平王为中兴之主，兴周道于东周。

杜预虽用了“二周”之语言，但并不代表杜预《春秋序》即是此“二周”用词之首出。历史上“二周”成文对辞之首出，目前所知见，纸本文献仍当属《公羊传》；说来有意思也颇值得关注：历史学中分期史观下的“二周”之词，乃初现《春秋》学域内！这不禁令人思考：我们在今日是否已然因“二周”的语言驯化，在阅读古书时，基于一种不自觉的反应，将后起语言观带入较早的古书阅读中，遂至形成误读？由当代情境开始的“二周”语言溯源，面对《春秋》学中“二周”时，是否会引起“时差”混淆？

---

①〔晋〕杜预集解，〔唐〕孔颖达正义：《春秋左传注疏》卷一，阮元校刻《十三经注疏》附校勘记本，台北：艺文印书馆，1989年版，第18页。

二、《春秋》学：《公羊传》中的“西周”与“东周”

《公羊传》“西周”之词，首见鲁昭公二十二年（公元前520）传，《春秋》经：“秋，刘子、单子以王猛入于王城。”《公羊传》：“王城者何？西周也。”[①]四年后，鲁昭公二十六年，《春秋》经：“冬，十月，天王入于成周。”《公羊传》：“成周者何？东周也。”[②]由此，可知《公羊传》的“西周／东周”之词，系针对《春秋》经文中的“王城”与“成周”而发，以原是京师的“王城”为“西周”，又以周敬王所居所立的新京师“成周”为“东周”；不称“周”而称“西周”“东周”，其书其笔其释，必有特殊性与深义。《春秋》昭二十二年经书“王室乱”，正是从周景王崩后开始，因周王室诸公子之争立，臣下各拥其主，遂致王室分裂，分裂的双方皆企图拥有合法性，名号、所居皆然，雒域王畿两座具有历史意义的古城：王城与成周，便成为分裂双方择定京师的首选。在《公羊传》语境中，实欲赋予某一方以正统地位却皆不称“周”，而称“西周”“东周”，何以如此？《公羊》为何要用“二周”之词来释经文？王室乱局下的背景必与此有关。无论是《春秋》经文的“王城”与“成周”，还是《公羊》传文的“西周”与“东周”，作为“首出文本”的指向，都与上节“周史分期观”框架下的“二周”语言无涉；《公羊传》发义“二周”释词，乃是“春秋学”域内的释经之传辞。

从《春秋》经言，周景王崩后的首位书“王”者，乃是王子猛，此即经书“王猛居于皇”“王猛入于王城”。旋即在王城逝世，经文书“卒”，但难掩“王猛”特笔。相较于另一对立者王子朝，《春秋》经不书“王朝”，不啻已承认“王猛”暧昧的继位性；同时子猛同母弟子丐，在子猛卒后继立，作为诸侯承认的正统继位者周敬王，给予其兄子猛“周悼王”谥号，已见《公羊》传文“西周”“东周”二词所本，“释统”之义示现。值得注意的是，景王生前所中

①〔汉〕何休解诂，〔唐〕徐彦疏：《春秋公羊传注疏》卷二三，阮元校刻《十三经注疏》附校勘记本，台北：艺文印书馆，1989年版，第294页。

②〔汉〕何休解诂，〔唐〕徐彦疏：《春秋公羊传注疏》卷二四，第304页。

意的太子人选并不是王子猛，也不是王子丐，反而是其对手集团所拥立的另一公子：王子朝。是故景王崩后的王室分裂，早在景王生前即已种下其因，只因景王生前未能完成立子朝为太子事，遂致身后骨肉争王，《春秋》经特书“王室乱”一词，这是少见的重贬之笔，足见此一王室分裂事件在《春秋》执笔者心目中的分量。

分裂之初，子朝依凭景王遗愿光环，拥立者众，本具优势，而子猛则声势单薄，遂被对手赶出王城，先是居于皇，受大臣刘子、单子拥立，在彼等支持下，再度返回王城，经文书此为“入”。王猛再返“王城”后，《公羊传》给予的解释之词，已经不再是“周”，而是“西周”。依何休《解诂》，认为经文书“王室乱”的起因，便是因为子猛有称王之图。何休的判断不无理趣：景王崩后，唯王子朝最具继位之可能，此由其声势便可看出，则子猛意图称王，拥立者仅为少数之刘子、单子二氏，言“乱”自王子猛而起，在景王初崩后的形势言，似亦颇可成立。看待子朝历史定位评价的关键，可以从子朝最后的失众与失败来倒叙，也可从其初立时的拥者众来判断。《公羊传》所释，称经文“王城”为“西周”，关键便在于“周之称西”的“西周”之正统修辞：“王城”本是“王都”，现在《公羊传》不称其为“周”，而称其为“西周”，显然默认了“王室分裂”这一历史事实，也在默认两派人马的分裂性上，将“王城”置入“分裂”语境中，是故《公羊传》对王猛所在的“王城”只称“西周”，而不称“周”。

同样的书写笔法，出现在鲁昭公二十六年《春秋》经文：“冬，十月，天王入于成周。”此处《春秋》经书“天王”，系指继王猛而立的周敬王子丐，昭公二十三年王子丐初立于狄泉，《春秋》经书：“天王居于狄泉”，《公羊传》：“此未三年，其称天王何？著有天子也。”[①] 逮昭公二十六年，此时敬王入成周，并以为京师，但王室仍处分裂中，作为对手的仍是王子朝一派；王子朝在“王城”，故敬王选择“成周”而“入”。此一争王分立“乱”局，历四年犹未已，周敬王因得到具关键性影响的晋国支持，遂得进入“成周”。经书敬王

---

①〔汉〕何休解诂，〔唐〕徐彦疏：《春秋公羊传注疏》卷二四，第300页。

入成周的背景，系因“王城”由王子朝所居。《公羊传》对此经发传：“成周者何？东周也。”何休注：“是时王猛自号为西周，天下因谓成周为东周。”[①]故《公羊传》以敬王“成周”为“东周”，系相对王猛“王城”为“西周”言，非是相对王子朝之“王城”言。对《公羊传》而言，“成周”被释为“东周”，与“王城”被称为“西周”的理由相同，前者表达王猛王室分裂性下的正统，故“周”只能释“西周”；后者在表达王室分裂性下的敬王，只能称“东周”，依旧不能称“周”。王猛之“王城”与敬王之“成周”，都是“非常”意义下的“周统”，故皆不能以“周”视之，而必以“西周”“东周”辞释之，以明王居与“正统”。

《公羊传》在此所用的“西周”“东周”，传达的显然是正统所在的“二周”释词。无论是周悼王时的王城，还是周敬王时的成周，《公羊传》对《春秋》经文的解释，传达出这样一种史观：周景王崩后的周室，在周悼王、在周敬王，是以称其为“周”；但是，《公羊传》发传者显然也受到当时分裂背景的历史实况影响，欲言其正，而又不能免于分裂对立实况，所以虽予王猛以“西周”的“周”统，却又在“二周分裂”背景下给予了一个限制词“西”；同样，《公羊传》虽予周敬王正统，但仍受视域中的“非常”影响，称敬王所在为“东周”。由此，我们可以了解《公羊传》的“西周”“东周”二词，实勾勒了一幅周室分裂下的正统与贬退图像。“一”与“统”本是公羊家所持基调：“何言乎王正月，大一统也。”[②]但此处的分裂实况，令其虽择“周统”，却难避“西”“周”铸词，从而召唤了语境所不能免的另一“王室”之出场。无论昭二十二年还是昭二十六年，隐藏版的两次“二周对立”，王子朝虽未获得正统之“文予”，但“二周”之传词却仍唤出“王子朝”于历史舞台。

《公羊传》的“二周：西周／东周”用语，显然是从王都与京师的空间性出发，传达的是王畿地域的分裂，而非朝代的分期。两种不同的“二周”语言，一为空间地域属性，指向王城与成周两座城邑；一为朝代时间属性，指向分期的西周时代与东周时代。两者的概念不同，意义不同，但词汇却相同，

①〔汉〕何休解诂，〔唐〕徐彦疏：《春秋公羊传注疏》卷二四，第304页。

②〔汉〕何休解诂，〔唐〕徐彦疏：《春秋公羊传注疏》卷一，第9页。

因而在阅读《春秋》时，即便是古人也会造成混淆，混淆一旦出现于经学史场域，便成为经学史的课题，必须厘清。

清代公羊学名家陈立，在其《公羊义疏》中对《公羊》传文的西周、东周之词，有以下之义疏，文云：

> 盖周八百年，东西周之名凡三变：初言东、西周者，以镐、洛对言，镐为西也。此后言东西周，以王城、成周对言，王城为西也。战国后以河南、巩对言，河南为西也。《后汉郡国志》："河南，春秋时谓之王城。"注引《博物记》曰："王城方七百二十丈，郛方十里，南望雒水，北至郏山。"又引《地道记》曰："去雒城四十里是也，汉之洛阳县，周所谓成周也。"自是以后，谓王城为西周、成周为东周。孔子设言之时，在敬王居成周后，且意取周公之教顽民，故知其为东周，据时成周也，此在敬王前，王城与镐京相对言，故言王城为东周也。[①]

陈立此一看似详赡的疏文，却有着概念后起的误释前代处。陈立欲将"二周"置于整个周家八百年的变化脉络中理解，并且区分二周之名为三阶段。陈立的框架，或许是一个不错的历史视野，问题在他的用词，特别是第一阶段的用词，陈立以为："镐京"自始便可在"镐、洛"对言下，被视为"西周"；陈立显然自陷语言误区。雒邑在成王时只能称东都，镐京则是周京与王都；镐京不是"西周"，雒邑也不是"东周"。雒邑有两邑：东都与下都，虽为两邑，总称"雒邑"，成王行"即位"大典称"元祀"，故东都亦可总称"成周"，这是相对于文、武丰镐的"宗周"而言，也是文王"受命"后，文武"周道"之"成"。《尚书·洛诰》"周公曰：'王肇称殷礼，祀于新邑，咸秩无文'"[②]，《尚书·多士》"惟三月，周公初于新邑洛，用告商王士"，"今朕作大邑于兹洛"[③]，《尚书·周官》"周公在丰，将没，欲葬成周。公薨，成

①〔清〕陈立：《公羊义疏》卷六四，台北：鼎文书局，1973年版，第652页。

②〔汉〕孔安国传，〔唐〕孔颖达正义：《尚书注疏》卷一五，阮元校刻《十三经注疏》附校勘记本，台北：艺文印书馆，1989年版，第17页上。

③〔汉〕孔安国传，〔唐〕孔颖达正义：《尚书注疏》卷一六，第1页下、7页下。

王葬于毕”[①]，《逸周书·作雒》“及将致政，乃作大邑成周”[②]，新邑即雒邑，并成周皆是东都总名。《史记·周本纪》载：“平王立，东迁于雒邑，辟戎寇。”[③] 清华简《系年》：“平王东迁，止于成周。”[④] 一载雒邑，一记成周，两资料之异，必自周公返政后，成王“即位”于东都之称名背景，方得理解。故此处《周本纪》、清华简《系年》并不矛盾。周天子行“即位”，乃周家制礼中重要之典，其意义今日仍可据《春秋》所书“公即位”例来理解。

陈立对周代历史中京师变迁的理解，恐怕尚不如唐代张守节来得清晰。《史记·周本纪》：“诸侯乃即申侯而共立故幽王太子宜臼，是为平王，以奉周祀。平王立，东迁于雒邑。”张守节注“雒邑”曰：“即王城也。平王以前号东都，至敬王以后及战国为西周也。”[⑤] 故知东迁以前“雒邑”但称“东都”，盖“镐京”始为“王都／周京”也。至平王迁雒邑，以为京师，遂改称“王城”矣；此时亦将瀍水东“下都”别出，称“成周”专名；《左传》中隐公三年传文载四月“取成周之禾”是其证。[⑥]《春秋》经“始隐”，《春秋》“经文首年”为“隐公元年”，已进入平王东迁之局，此时京师已非是“镐京”“丰镐”，而是雒水地域瀍水西的“王城”；也已不复再称“雒邑”，雒邑作为“东都”的时空已然不再。可见平王时“雒邑”已分别为独立的二邑，各有专名。周初东都本称“雒邑”，有本都、下都二邑，总称“雒邑”，平王东迁居于本都，故“雒邑”即改称“王城”；而下都原附属东都，或以为系周公安置殷民而建，原本即称成周，则成周可单指下都亦可为东都总名。平王都“王城”后，下都亦别出，专名“成周”，不再作为“王城”下都附邑。《左传》庄二十年“遂入成周，

①〔汉〕孔安国传，〔唐〕孔颖达正义：《尚书注疏》卷一八，第9页上。

②〔清〕朱右曾：《逸周书集训校释》卷三二，续皇清经解本，台北：世界书局，2015年版，第128页，

③〔汉〕司马迁撰：《史记》卷四，北京：中华书局，1959年版，第149页。

④ 清华大学出土文献研究与保护中心编：《系年》，《清华大学藏战国竹简（贰）》下册，上海：中西书局，2011年版，第141页。

⑤〔汉〕司马迁撰：《史记》卷四，第149页。

⑥〔晋〕杜预集解，〔唐〕孔颖达正义：《春秋左传注疏》卷三，第5页。

取其宝器而还"[①]、庄二十一年"同伐王城"[②]、僖十一年"同伐京师，入王城"[③]、僖二十五年"王入于王城"[④]皆可证明。

张守节又以周敬王后"王城"亦名"西周"，故其亦知敬王居"成周"与王城子朝党相峙，"成周"为"东周"。案：以王城为西周，成周为东周，其名实肇自此时；由此，方有战国之末《史记》与《战国策》所记"王赧时东西周分治"，[⑤]王赧时之东西周仅为二国，但称诸侯，故曰"西周君、东周君"，然其所以称西周、东周之原，即自王猛、敬王时王城与成周称西周、东周而来。

周初虽营雒邑，以为东都，然天下宗周仍在镐京，是故天子所居，无有自称"西周"；同理，周初虽以雒邑为东都，亦无自称镐京为"西都"之理。一如西汉之时，必无自称"汉家"为"西汉"者，言"西汉、东汉"乃后起，必先有"东汉"始称前代为"西汉"；"西晋"时代，"东晋"尚未出现，岂有自称"西晋"者？此理至明。凡此用词，皆系后起，以后起之词而治前书，则误读与混淆难免矣。

由上述，可知对《春秋》经文中所书写所出现的王城、成周二词，即便是在清代号称专门名家的《公羊》学者，也会有着阐释上的混淆。然而，此实非孤例，而有其影响史的脉络可稽。同样是清代学者，梁玉绳对西周、东周二词，也有类似的误读，其曰：

> 故平王之后，所谓西周者，丰镐也；东周者，洛阳也。显王之后，所谓西周者，河南也；东周者，洛阳也。[⑥]

---

①〔晋〕杜预集解，〔唐〕孔颖达正义：《春秋左传注疏》卷九，第161页。

②〔晋〕杜预集解，〔唐〕孔颖达正义：《春秋左传注疏》卷九，第161页。

③〔晋〕杜预集解，〔唐〕孔颖达正义：《春秋左传注疏》卷一三，第222页。

④〔晋〕杜预集解，〔唐〕孔颖达正义：《春秋左传注疏》卷一六，第263页。

⑤〔汉〕司马迁撰：《史记》卷四，第160页。《战国策》卷一"东周"，卷二"西周"，即是"二周"之国名。〔汉〕高诱注，鲍彪校注：《战国策》，宋本，北京：国家图书馆出版社，2017年版。贾谊《过秦（上）》："及至始皇……吞二周而亡诸侯"，"二周"亦此战国末世东西周国。见〔汉〕贾谊撰：《新书校注》卷一，北京：中华书局，2000年版，第2页。

⑥〔清〕梁玉绳：《史记志疑》卷三，台北：新文丰出版社，1984年版，第115页。

此观点，显然受到后起“周史分期用词”影响，与陈立相类；梁氏实将“周史分期观”并“二周”语言带入了不应带入的前代，误以东迁后京师可称“东周”，故即谓“丰镐”为“西周”；此亦是误读《公羊传》，误读传文之“东周”。近代日本学者泷川龟太郎在其《史记会注考证》中，亦有此类误读。泷川氏在《会注》中引清赵翼之言，曰：

> 武王定鼎于郏鄏，周公营以为都，是为王城，则河南也；周公又营下都，以迁殷顽民，是为成周，则洛阳也。平王东迁，定都于王城，其时所谓西周者，丰镐也；东周者，王城也。及王子朝之乱，敬王徙都成周。①

赵翼所混淆与梁玉绳全同，皆在“西／东周”处致混，而又不应言周公所营为“王城”；本欲“考证”的泷川氏《考证》，在未经“考证”下引用赵翼说置入《考证》。赵翼、陈立、梁玉绳的时代，近代地下考古学与出土金文学尚非时代之风，对于这些“前近代”的古人而言，他们所用的方式便是从传统纸本文献来做考证；那么，彼等持论，是否有其渊源脉络可以上溯呢？

前文中曾征引孔颖达《正义》，以论其受杜预“二周”分期说影响。孔氏文中另值注意者，仍为一对词：“西都与东都”，兹再征引其文：

> 周自武王伐纣，定天下，恒居镐地，是为西都；周公摄政营洛邑于土中，谓之东都。成王虽暂至洛邑，还归镐京为西周。平王始居东周，故云东周之始王也。平王四十九年而隐公即位，隐公三年而平王崩，是其相接也。②

引文中须注意处，即是其所用“西都”“东都”之“二都”对词。孔颖达误用“西都”一词于周初语境中，周初只能有周京与东都，孔颖达误以“镐京”为“西都”；而在《春秋》经传文中，我们完全未见到东迁后称镐京为“西都”的记载。孔颖达混淆东迁前后之“二周”概念与用词，本欲疏释杜预的西

①〔日〕泷川龟太郎：《史记会注考证》卷四，台北：大安出版社，1998年版，第79页。赵翼说见赵氏：《陔余丛考》卷一六，“东西周”条，台北：华世出版社，1975年版，第155页。

②〔晋〕杜预集解，〔唐〕孔颖达正义：《春秋左传注疏》卷一，第18页。

周、东周朝代分期，却衍伸而以二周之都为西都、东都；要之，杜预并未出现的“二都”之词，在孔颖达《正义》中已经出现。我们可以看到孔颖达的语言概念之使用模式，其实与清代诸家相类；反之，亦可说清代诸家致混的历史脉络，至此更可上溯至唐代的孔颖达。换言之，上引诸家之说，实非个案，而或者竟有一条影响史的线索脉络，可以钩沉。我们可以从“经学史”中作一尝试。

东汉末年时的郑玄，序次《毛诗》而作《诗谱》，在《诗谱·国风谱》中首序者即为《王城谱》；《正义》引据郑《谱》曰：

> 其意言幽厉以酷虐之政，被于诸侯，故为雅；平桓则政教不及畿外，故为风也。言王国变风者，谓以王当国。[①]

陆德明曰：

> 幽王灭，平王东迁，政遂微弱，诗不能复雅，下列称风，以王当国，犹《春秋》称王人。[②]

郑玄对“王城”的理解又是如何呢？在《诗经·王风·黍离》序下，其笺云：

> 宗周，镐京也，谓之西周；周，王城也，谓之东周；幽王之乱而宗周灭，平王东迁，政遂微弱，下列于诸侯，其诗不能复雅，而同于国风焉。[③]

以西周、东周而对言，西周为镐京，东周为王城。郑玄又云：

> 王城者，周东都王城，畿内方六百里之地。其封域在禹贡豫州，太华外方之间。北得河阳，渐冀州之南。始武王作邑于镐京，谓之宗周，是为西都。[④]

又云：

> 周公摄政五年，成王在丰，欲宅洛邑，使召公先相宅，既成，谓之王

①〔汉〕郑玄笺，〔唐〕孔颖达正义：《毛诗注疏》卷四，阮元校刻《十三经注疏》附校勘记本，台北：艺文印书馆，1989 年版，第 147 页。

②〔汉〕郑玄笺，〔唐〕孔颖达正义：《毛诗注疏》卷四，第 146 页。

③〔汉〕郑玄笺，〔唐〕孔颖达正义：《毛诗注疏》卷四，第 147 页。

④〔汉〕郑玄笺，〔唐〕孔颖达正义：《毛诗注疏》卷四，第 146 页。

城，是为东都，今河南是也。召公既相宅，周公往营成周，今洛阳是也。成王居洛邑，迁殷顽民于成周，复还归处西都。[①]

此皆据《尚书》周书《召诰》《洛诰》为说，然二《诰》本文实无“二都”之辞。故郑玄以“镐京／王城”为“西都／东都”对言，显属后起的汉人之认知，也可以说，郑玄亦陷入了某种语言误区中。案：郑玄谓雒邑为东都，尚可成立；若谓镐京为西都，则不可。盖东汉自光武帝都于洛阳以来，自称东京，并以长安故都为西京，此“二京”与“二都”意识自东汉初年便出现于班固《西都赋》《东都赋》与张衡《西京赋》《东京赋》中，以两都、两京之名并时并称出现。如班固《西都赋》首句便云：“有西都宾问于东都主人曰。”[②]又云：“宾曰：唯唯，汉之西都，在于雍州。”[③]《东都赋》则曰：“东都主人喟然而叹曰：……主人之辞未终，西都宾矍然失容。”[④]是洛阳为都时代的班固，在《两都赋》中并用了“二都”之词以赋，“西都”为长安，“东都”为洛阳；是后汉光武帝以降虽以洛阳为都，却可自称“东都”，前汉长安则称“西都”也。

故郑玄生当东汉桓、灵季世，或以一己时代背景：西京与东京，投射于两周、两京的笺注语境中；若其言镐京为宗周，诚是；若以镐京为西周、王城为东周，则仍是误读所致。当然，我们也可以作此推断，至迟在东汉桓灵时，郑玄便从“降王为风”“以王当国”使用了西都、东都之词，郑玄以王城为东都，又称“平王都王城”以降为东周，复称镐京之宗周时代为西周，遂致形成“二周”言说，因“二周”而有“二都”之名起。以郑玄在“经学场域”中的地位，其“西周、东周”与“西都、东都”之立说用词，在经学史流传中影响必大，自不待言。

本文题中的“西周”与“东周”二词指向，本应仅涉及《春秋》经中“王

①〔汉〕郑玄笺，〔唐〕孔颖达正义：《毛诗注疏》卷四，第146页。

②〔梁〕萧统辑，〔唐〕李善注：《文选》卷一，宋尤袤刻本，北京：国家图书馆出版社，2017年版，第82页。

③〔梁〕萧统辑，〔唐〕李善注：《文选》卷一，第82页。

④〔梁〕萧统辑，〔唐〕李善注：《文选》卷一，第113、133页。

城”与“成周”联系的传文释义，但也不得不关涉后世兴起的“周史分期观”之“二周”；此种“同形异旨”的互文交涉与纠缠，在文字阅读上造成的混淆虽难免，却又仍须避免。阅读者须有历史意识的自觉。

三、王室乱：《春秋》中的正统书写

《公羊传》中的“西周”与“东周”二词，系对经文“王城”与“成周”的释义，而其所以释，其源头则在《春秋》经文对周景王崩后局势的“王室乱”书写。《春秋》经文昭二十二年书写“王室乱”，虽仅寥寥三字，却传达了书写者对此事件的重视，此乃平王东迁以来首次发生的王室分裂事件，不仅造成周景王崩后臣子各立其主，也导致王室分裂以及京师再次迁移；最后，则在晋国介入下，以支持周敬王“立于狄泉”“都于成周”，以及王子朝奔楚，而结束此一分裂乱局。

从《春秋》昭二十二年至昭二十六年“王子朝奔楚”，其间共历四年余，四年之中究竟历经了多少变化？历史背景的叙事渊源须从周景王开始，源于景王太子寿的早夭，[①] 景王欲再立者为所宠长庶子朝，但子朝未及立而景王已崩，遂引发诸子争立而“王室乱”矣。兹将《春秋》经文有关此一王室乱局下的大事，依其年月所次，列之如下。《春秋》书：

> （昭公二十二年）
>
> 夏四月乙丑，天王崩。
>
> 六月，叔鞅如京师。
>
> 葬景王。
>
> 王室乱。

---

①《史记·周本纪》载：“景王十八年，后太子圣而蚤卒。”（见〔汉〕司马迁撰：《史记》卷四，第156页）梁玉绳《史记志疑》据《左传》昭公十五年载“六月乙丑，王太子寿卒。秋八月戊寅，王穆后崩”，及昭公二十六年载王子朝使告于诸侯文中“穆后及太子寿早夭即世”一语，判断《史记》“圣而”二字乃一“寿”字之误（〔汉〕司马迁撰：《史记》卷三，第108页）。泷川龟太郎《史记会注考证》并引《左传》昭公十五年传文及梁玉绳之说，见〔日〕泷川龟太郎：《史记会注考证》卷四，第82页。

刘子、单子以王猛居于皇。

秋，刘子、单子以王猛入于王城。

冬，十月，王子猛卒。

（昭公二十三年）

天王居于狄泉。

尹氏立王子朝。

（昭公二十六年）

冬十月，天王入于成周。

尹氏、召伯、毛伯以王子朝奔楚。

（昭公三十二年）

冬，……城成周。

《春秋》从昭公二十二年经文书写的"王室乱"，实已揭开此一王畿地区自平王东迁取得正统以来，首次王室分裂大事的书写序幕。[①] 案：自《春秋》经书"王室乱"迄于二十三年冬经书"王子猛卒"，可视为王室乱局的第一阶段。自"王子猛卒"后迄"尹氏、召伯、毛伯以王子朝奔楚"，可以视为王室乱局的第二阶段。王室分裂，肇因于周景王欲立宠庶长子朝为太子，未及立而景王崩，遂致臣下各拥其主而分为两派人马相争互攻。先是刘子、单子等大臣拥子猛，而为子朝及其拥立者尹氏等所逐，出至皇，继而又入王城，遭子朝攻杀，故经书"王子猛卒"，这是王室乱的第一阶段。继而刘子、单子等又复立子猛之同母弟王子丐，此即敬王，初居于狄泉，与王城的子朝形成对峙，《左传》中称为"东王"与"西王"。此一"狄泉"与"王城"的对立之局，将近

① 后人以《左传》为本所编的"纪事本末"诸书中，如高士奇《左传纪事本末》、马骕《左传事纬》等，剪裁皆本《左传》，编辑王子猛、王子朝等本事始末大略。高士奇《左传纪事本末》系置入"王室庶孽之祸"标题事件中，马骕则立"王子朝之乱"标题。两书立场，皆倾向周敬王；尤其马骕更特以"王子朝"为题叙"乱"，故其正统立场偏向更强，贬王子朝之义尤重。见〔清〕马骕：《左传事纬》，点校本，济南：齐鲁书社，1992年版，第419—431页；〔清〕高士奇：《左传纪事本末》卷四，北京：中华书局，1979年版，第19—45页。

三年；此一对立最后在晋国的介入下，至昭二十六年时，周敬王得以“入于成周”，而王子朝与同党也因失败而奔楚。依据《春秋》经文及其所显示的正统笔法，经文中开始的“王室乱”，结束于此。两个阶段合计四年余。至此局面大致底定，王子朝奔楚，只能成为一个流亡的王室胤胄，楚国对子朝流亡居楚的默许与支持，显然仍是晋楚相争形势的反映。

如根据《左传》，则子朝虽奔楚，但其余党仍在王城，故至鲁昭公三十二年时，周敬王仍然为了防卫王城的子朝余党，而要求晋国支持在新京师“城成周”。奔楚后的子朝，依《左传》，则逮于鲁定公五年时，才在楚被“杀”，《左传》定公五年记载此事云：“（定公）五年春，王人杀子朝于楚。”[①]《左传》传文叙事，用的仍是一种正统书写笔法，周敬王为天下诸侯之天子，已成定局，故《左传》于此用“杀”字，乃以周敬王为正统的史观书写。晋国对王室分裂本持观望态度，任其发展，而王子朝则不仅有周室大臣尹氏等拥立，同时拥有周景王遗愿背景，几乎已成胜方。《左传》在《春秋》经“王室乱”下，叙述了晋国派人至京师的观察：“叔鞅至自京师，言王室之乱也。”[②]杜预注云：“承叔鞅言而书之，未知谁是，故但曰乱。”[③]这样的莫知孰是，使得晋国倾向于不支持、不介入的观望立场。晋国的态度转向，始于昭公二十四年时（周敬王二年，公元前518年），此事件《春秋》经无书文，见之于《左传》，昭公二十四年三月，传云：

> 三月庚戌，晋侯使士景伯莅问周故，士伯立于乾祭而问于介众。晋人乃辞王子朝，不纳其使。[④]

杜预以为：“乾祭，王城北门。介，大也。”[⑤]《左传》所载，呈现的是晋国模棱立场的转变。晋国判断王子朝不能成事的根据，来源于“士伯问于介

①［晋］杜预集解，［唐］孔颖达正义：《春秋左传注疏》卷五五，第958页。

②［晋］杜预集解：《春秋经传集解》卷二四，第347页。

③［晋］杜预集解：《春秋经传集解》卷二四，第345页。

④［晋］杜预集解，［唐］孔颖达正义：《春秋左传注疏》卷五一，第885页。

⑤［晋］杜预集解，［唐］孔颖达正义：《春秋左传注疏》卷五一，第885页。

众”，结果便是“晋人乃辞王子朝，不纳其使”。孔颖达《正义》：“其心两望，至此始绝耳。”意谓王室乱局之初，晋国心存观望，至此乃决定介入，立场上采取的是对周敬王的支持。

依《春秋》经，昭二十六年“天王入于成周”，传达的不止是周敬王的局势变化，也反映了另一个极大的变动：京师之迁移。这是自平王以来，首次出现的京师再次移动。自此，无论是对王室还是诸侯，京师已移至“成周”。《春秋》定元年经书：“三月，晋人执宋仲几于京师。”此“京师”已指“成周”。敬王定都“成周”，在“正统观”影响下，“王城”已非京师，但仍称“王城”。敬王对新的京师“成周”之经营，仍需诸侯协助，《春秋》昭三十二年（周敬王十年，公元前510年）经文书“城成周”，传达的正是晋国与诸侯对于“尊周”方式思考的变化。所谓的晋国援周室思考方式的变化，指向的是晋国君臣的讨论，前此乃是一种“戍之”的援周模式，至此变为“城之”模式，盖“筑城”可使周王室在“成周”增强防御能力，晋国可不必长期卫戍，减轻负担。《春秋》经：

> （昭公三十二年）冬。仲孙何忌会晋韩不信、齐高张、宋仲几、卫世叔申、郑国参、曹人、莒人、薛人、杞人、小邾人，城成周。[①]

《左传》：

> 秋八月，王使富辛与石张如晋，请城成周。[②]

杜预注：

> 子朝之乱，其余党多在王城，敬王畏之，徙都成周，成周狭小，故请城之。[③]

《左传》又续载晋君臣对敬王要求继续“戍之”的回应，云：

> 范献子谓魏献子曰：“与其戍周，不如城之。天子实云，虽有后事，晋勿与知可也。从王命以纾诸侯，晋国无忧，是之不务，而又焉从事？”

①〔晋〕杜预集解：《春秋经传集解》卷二六，第370页。

②〔晋〕杜预集解：《春秋经传集解》卷二六，第370页。

③〔晋〕杜预集解：《春秋经传集解》卷二六，第370—371页。

> 魏献子曰："善。"使伯音对曰："天子有命，敢不奉承，以奔告于诸侯，迟速衰序，于是焉在。"冬十一月，晋魏舒、韩不信如京师，合诸侯之大夫于狄泉，寻盟，且令城成周。①

《左传》鲁昭三十二年传文的晋使"如京师"，正可与鲁昭二十二年时的晋使叔鞅"如京师"做一比较，盖昭二十二年时京师犹指王城，至三十二年时京师已为成周。新的京师筑城计划，在晋国答应协助后，于焉形成。《左传》载："己丑，士弥牟营成周。"周天子所居之新都，在晋国会盟诸侯于狄泉后开始丈量动工，由士弥牟负责。晋国号召诸侯于成周旧址营建新城，扩大王都，原在成周外的狄泉亦被纳入新城内。

从《春秋》昭二十二年王室乱局下的"王城"书写之纷义，至昭二十六年周敬王入于新京师，四年多的时间，王室纷乱与分裂形势，成一两造对立之局，不论西周、东周、皇、王城、狄泉、成周，王畿实已形成乱局，从"二周"视野衍出的便是"二王并立"的分裂史实。"王室乱"从昭公二十二年到昭公二十六年间，"王猛—王城—西周"是一主体，"王子朝"又为一主体；昭公二十二年王猛殁后，迅速转变为王子朝入"王城"、周敬王居于"狄泉"的局面，成为另一形势下的"西／东"状态："王子朝—王城—西王"与"周敬王—狄泉—东王"对峙，而后又成为"周敬王—成周—东王"继续与子朝对峙。注意《春秋》经文于昭公二十二年书写"王猛入于王城"，昭公二十六年书写"天王入于成周"，两个"王"字，都与王子朝这一帮人马无关。在《公羊传》释义中，"王城"称"西周"，"成周"称"东周"，便是"王"之书写所涉"周统"；显然《公羊传》追随经文中"王"字，无论是"西周"还是"东周"，仅愿将"周"给予"王猛（悼王）"与"天王（敬王）"，王子朝则无与。我们很难说现在所见的《春秋》经文之书写，其底本必定便是采用了当时的某位史官所记，分裂局势下的两造间究竟是谁的史官所记？是王子朝，是王猛，还是周敬王？但很显然，《春秋》经文上的"王猛"与"王子猛"书法问题及其释义纷歧，正

---

①〔晋〕杜预集解：《春秋经传集解》卷二六，第371页。

显示谁是谁非的正统书写之困境；“周悼王”谥号使“王猛”成为由后视前的正统，显因其继者周敬王为其同母弟故。《春秋》经书“秋，刘子、单子以王猛入于王城”，又书“冬十月王子猛卒”，既书“王猛”，又书“王子猛”，其所书文，在反映“猛”是否为一“正统”书写笔法上，确系一难读之问题。清儒戴震云：

“王子猛”未即位称王，而于前曰“王猛”，何也？不可曰“周”，故曰“王”。言“周”是天下，外周也；言“王”是天下，一于王也。犹东都之《诗》谓之“王风”，不可谓之“周”。诸侯目王畿之词，非天王之号。《春秋》凡书“王”词，从同以号，乃曰“天王”。……“王猛”与“郑忽”同为以国氏。苟既正其号曰“王”，后不得又曰“王子”矣。[①]

其论别“王”与“周”，观点可参；言“王猛”与“郑忽”同以国为氏，则自《毛诗》郑笺“降王为风”来。但戴氏之论，实有《穀梁》之影响潜在。《穀梁传》中也有着“孰为正统”的思考，特别反映在对“王猛”是否为“统”的聚焦上。《穀梁传》于《春秋》经文“天王居于狄泉”下发传云：

始王也，其曰天王，因其居而王之。[②]

又于经“尹氏立王子朝”下，发传云：

立者，不宜立者也。朝之不名，何也？别嫌乎“尹氏之朝”也。[③]

范宁注云：

若但言“尹氏立朝”，则嫌朝是“尹氏之子”。故言王子以别之。[④]

又云：

隐四年卫人立晋，传曰：“称人以立，得众也。”此言尹氏立朝，唯

① 见〔清〕戴震：《春秋改元即位考》(中)条，《戴东原集》卷一，台北：里仁书局，1980年版，第24—25页。

②〔晋〕范宁集解，〔唐〕杨士勋疏：《春秋穀梁传注疏》卷一八，阮元校刻《十三经注疏》附校勘记本，台北：艺文印书馆，1989年版，第179页。

③〔晋〕范宁集解，〔唐〕杨士勋疏：《春秋穀梁传注疏》卷一八，第179页。

④〔晋〕范宁集解，〔唐〕杨士勋疏：《春秋穀梁传注疏》卷一八，第179页。

尹氏欲立之。[①]

杨士勋《疏》云：

> 夫国之大事，莫善继统，继统之道，匆盛嫡胄，继无承重，宜择立其次；……今周室虽衰，鼎命在上；四方诸侯，知一人之贵，继成康之道，灭典法之文，存祭号大名，不可虚置，巍巍圣宝，宁得空假。[②]

已尽道“尊周统”之义。是《穀梁》发传，已对周敬王与王子朝的双方自立，表明了阐释立场，《穀梁传》承认者系周敬王之“王”，此“天王”乃周景王以来的“正统”。范宁于“天王居于狄泉”下注云：

> 天子逾年即位称王。敬王逾年而出，故曰始王。虽不在国行即位之礼，王者以天下为家，故居于狄泉称王。[③]

范注云“天子逾年即位称王”，逾年即位者，必是敬王；所称“逾年”，必指“景王”，盖若继“王猛”则无“逾年”矣。由此可知，《穀梁》实以敬王为“周统”之继，《穀梁》与范注皆未将“正统”给予“王猛”；周敬王谥王子猛为“周悼王”，自是周敬王之谥，非可谓悼王即是周统之正。故《穀梁传》于经文“刘子、单子以王猛居于皇”下，发传曰：“以者，不以者也；王猛嫌也。”[④]范宁注：“直言王猛，不言王子，是有当国之嫌。”[⑤]《穀梁传》又于经文“秋，刘子、单子以王猛入于王城”下，发传曰：“以者，不以者也；入者，内弗受也。”[⑥]范注云：“猛非正也。”于经文“冬十月，王子猛卒”下，《穀梁》发传云：“此不卒者也，其曰卒，失嫌也。”范宁注：“猛本有当国之嫌，其卒，则失嫌，故录之。”[⑦]杨士勋《疏》解“当国”曰：

> 经言王猛，以王为尊，何以言当国？解《春秋》以王为国，若言齐晋。

---

①〔晋〕范宁集解，〔唐〕杨士勋疏：《春秋穀梁传注疏》卷一八，第179页。

②〔晋〕范宁集解，〔唐〕杨士勋疏：《春秋穀梁传注疏》卷一八，第179页。

③〔晋〕范宁集解，〔唐〕杨士勋疏：《春秋穀梁传注疏》卷一八，第179页。

④〔晋〕范宁集解，〔唐〕杨士勋疏：《春秋穀梁传注疏》卷一八，第178页。

⑤〔晋〕范宁集解，〔唐〕杨士勋疏：《春秋穀梁传注疏》卷一八，第178页。

⑥〔晋〕范宁集解，〔唐〕杨士勋疏：《春秋穀梁传注疏》卷一八，第178页。

⑦〔晋〕范宁集解，〔唐〕杨士勋疏：《春秋穀梁传注疏》卷一八，第178页。

今言王猛不言子，与无知同文，故曰当国也。[①]

又云：

故单子刘子立猛，文称当国，其次子无命，故独言立，言立彰不宜，明有篡王之意。[②]

由《穀梁传》对王猛频频言其嫌、失嫌、以者不以，可知《穀梁》传文中也有自身的正统史观，于是《穀梁》对《春秋》经文中的“猛”遂有全然不同于《公羊》与《左传》的“周统”视野。《春秋》经文中的“王猛居于皇”与“天王居于狄泉”，语法几乎相同，且两所居又皆不在王城与成周，则《穀梁传》如何面对来自经文的“王猛”与“天王”之书写呢？范宁的注文，清楚地传递了立场，此便是王猛为“当国之嫌”，经文书“王子猛卒”，也是有“当国之嫌”，故书“卒”者，以本不当书“卒”，书“卒”所以起其“别嫌”与“非正”也。

对《穀梁》家言，周室乱局中的“周统”相续，乃是“周景王—周敬王”；《穀梁》实未承认“王猛”为“周统”，也不认可其居其立为“正”。《穀梁》不止于对“周统之正”传述正统史观立场，且进而深言，以发挥孔子在《春秋》中的尊周道、贬诸侯之立场，正与《论语》中所记孔子之言“天下有道，则礼乐征伐自天子出；天下无道，则礼乐征伐自诸侯出”，“天下有道，则政不在大夫；天下有道，则庶人不议”[③]相通。《春秋》昭三十二年经书诸侯“城成周”，《穀梁传》发传云：

天子微，诸侯不享觐。天子之在者，惟祭与号。故诸侯之大夫，相帅以城之，此变之正也。[④]

①〔晋〕范宁集解，〔唐〕杨士勋疏：《春秋穀梁传注疏》卷一八，第178页。

②〔晋〕范宁集解，〔唐〕杨士勋疏：《春秋穀梁传注疏》卷一八，第179页。

③〔宋〕朱熹：《论语集注》卷八，台北：艺文印书馆，2010年版，第11、12页，

④〔晋〕范宁集解，〔唐〕杨士勋疏：《春秋穀梁传注疏》卷一八，第182页。案：传文原为“天子之在者，为祭与号”，疑当作“天子之在者，惟祭与号”方通，《校勘记》无文，故案于此。

《穀梁传》传文云“变之正”者，明言此处系经书变文以褒诸侯，会以助天子城成周也，而亦适见反讽，当此实为诸侯之世，天下无道久矣——诸侯不享觐、不尊天子久矣。范宁注云：

> 享，献也；觐，见也。言天子微弱，四方诸侯不复贡献，又无朝觐之礼。

又释“祭与号”曰：“祭谓郊上帝，号谓称王。”杨士勋《疏》云：

> 平桓之世，唯复礼乐出自诸侯，诸侯犹有享觐之心；襄王虽复出居，犹赖晋文之力；札子虽云矫杀，王威未甚屈辱；至于景王之崩，嫡庶交争，宋卫外附楚，亦内侮天子；独立成周，政教不行，天下诸侯无桓文之霸，不能致力于京师，权柄委于臣手，故大夫相率而城之。[①]

杨士勋所云，则此条经文《穀梁传》并未自王城子朝余党威胁之角度立言，而系自诸侯之享觐、天子之祭号，发挥夫子之经义，极有殊胜；既联系孔子之叹义，亦讽周道衰而“世无诸侯”之深微。杨《疏》云“宋卫外附楚”者，本指“王子朝奔楚”为言，义在“退诸侯”，讽贬宋卫附楚，方成子朝之奔。于是“城成周”而京师愈形孤立，此又敬王迁移王居后，周室形势衰微更甚之一大变化。

《左传》传中使用的语言系“西王”与“东王”，《左传》叙事指向的是分裂局势下的“二王并立”，显然与《公羊传》文的“二周”所指涉对象不同；《公羊》指涉的二周，系在正统观下给予了王猛与周敬王；而《左传》则承认了王室分裂的历史形势之局，是对王子朝与周敬王同时并立的“二王”叙事。然而，两《传》皆在同一历史背景下发传，故所用以修饰“周”与“王”的措辞，便是因为当时的分裂之局——无论是王猛、子朝，还是子朝、敬王，都是处在“西／东”相敌对之局——故而《公羊》以西、东名“周”，而《左传》则用西、东以称“王”。可堪注意者，是何休称“西周王”的用词所指涉对象，与《左传》“西王”的指涉对象，完全不同，故亦不同词。何休“西周王”系注释《公羊》之“西周”，其称王对象为“王猛”，而《左传》所称“西王”则指

---

①〔晋〕范宁集解，〔唐〕杨士勋疏：《春秋穀梁传注疏》卷一八，第182页。

"王子朝"。《左传》称"二王"的并立之局，在王猛殁后，此时居西与居东之局已有变化，王子朝居王城在"西"，故称西王，周敬王居狄泉而在"东"，故称东王。《左传》昭公二十三年载苌弘之言，称此两各拥立之主为"西王""东王"。《左传》载：

> 八月丁酉，南宫极震，苌弘谓刘文公曰："君其勉之，先君之力可济也。周之亡也，其三川震。今西王之大臣亦震，天弃之矣！东王必大克。"[①]

杜预注"西王"云："子朝在王城，故谓西王。"[②] 注"东王"则云："敬王居狄泉，在王城之东，故曰东王。"[③]《左传》中使用的"西王"与"东王"，实际上是一种对王室分裂历史实况的描绘，虽然苌弘向刘文公分析时势，认为"东王必大克"，看好敬王一方，但并未从正统角度给予任一方以"统"之"正"。因之，我们可说《左传》的传文叙事，既是来自发言者苌弘，也来自采者左氏，两者实际皆已采用了一种王室分裂史观。《左传》文所载系从苌弘发语来，而苌弘对刘文公的"二王并立"语言，又是承自周朝自身历史中曾经存在的记忆：平王时的"二王并立"。从事后结果论，《左传》中的正统叙事自必以周敬王为主。然而若论"当时简"，《左传》确实揭示了一个王室分裂事件。

周王室历史的"二王并立"，早在平王东迁以前初立之时，即已发生过一次。《左传》昭公二十六年传文中，载录了由"王子朝"发出的一篇文诰，作为文献的"王子朝文诰"，弥足珍贵。诰文有云：

> 昔武王克殷，成王靖四方，康王息民，并建母弟，以蕃屏周。……至于幽王，天不吊周，王昏不若，用愆厥位。携王奸命，诸侯替之，而建王

---

①［晋］杜预集解：《春秋经传集解》卷二五，相台岳氏本，第351页。杜预注云："文公，刘蚠也。先君，谓蚠之父献公也。献公亦欲立子猛，未反而卒。"

②［晋］杜预集解：《春秋经传集解》卷二五，相台岳氏本，第351页。

③［晋］杜预集解：《春秋经传集解》卷二五，相台岳氏本，第351页。

嗣，用迁郏鄏……[①]

这篇文诰，显然是王子朝为争取支持，遣使遍告诸侯而发。王子朝与周敬王对立，故历述周朝前史，论及携王，决非无因；子朝正是以己为正统，而将对手比喻为“携王”。可见东迁以来，以平王为正统的历史观已然在新的王室中形成，因而王子朝告诸侯文中，遂出现历史记忆所塑的“携王奸命”之词。若王子朝文告言说“携王”，则周大夫苌弘同样可在此一历史记忆中使用“二王并立”之词，言说西王与东王。

《竹书纪年》对平王时代的“二王并立”事件记载较详，孔颖达《左传正义》中便引述了汲冢出土的《纪年》，其云：

> 平王奔西申，而立伯盘以为大子，与幽王俱死于戏。先是申侯、鲁侯及许文公立平王于申，以本大子，故称天王。幽王既死，而虢公翰又立王子余臣于携，周二王并立。二十一年，携王为晋文公所杀。以本非適(嫡)，故称携王。[②]

依此，平王虽立于申，而虢公翰则立王子余臣于携，周室遂有“二王并立”。出土于西晋时的汲冢《纪年》，原本现在已经散失。[③] 近代王国维主“古本”，据朱右曾辑录《汲冢纪年存真》，而有校补，成《古本竹书纪年辑校》一书，其所编次“幽平之际”史事，多本《左传》昭公二十六年疏文为据。[④]《古

①〔晋〕杜预集解，〔唐〕孔颖达正义：《春秋左传注疏》卷五二，第903页。笔者案：“武王克殷”，原文作“成王”，从《校勘记》订误，改为“武王”，见第916页。

②〔晋〕杜预集解，〔唐〕孔颖达正义：《春秋左传注疏》卷五二，第903—904页。

③ 新出之清华简《系年》，简文涉及《左传正义》中所载的“携王”，特别是所载“周亡王九年”的“无纪年”陈述，值得注意。参见清华大学出土文献研究与保护中心编：《清华大学藏战国竹简(贰)》下册，上海：中西书局，2011年版，第138页。

④ 参考〔清〕朱右曾：《汲冢纪年存真》，归砚斋藏版，台北：新兴书局，1959年版，凡例，第1页；〔清〕朱右曾辑录，王国维校补：《古本竹书纪年辑校》，台北：艺文印书馆，1974年版，第16—17页；方祥雍：《竹书纪年辑校订补》，台北：学海出版社，1976年版，第31—35页。〔日〕吉川忠夫：《汲冢书发现前后》：《东方学报》第71册，京都：京都大学人文科学研究所，1999年版，第69—132页。方祥雍《竹书纪年辑校订补》以为《左传》孔疏昭公二十六年所引《竹书纪年》文中“以本大子，故称天王”及“本非適，故称携王”，皆是“孔疏引刘炫之案语”。见方祥雍：《竹书纪年辑校订补》，第34页。

本竹书纪年辑校》编次周代史事，迄于周宣王为止，以下皆以“晋”为编年，始于“殇叔”，次“文侯”，如以“文侯元年”记幽王事；文侯七年载“平王奔西申”[①]；文侯十年，更载“周二王并立”事，云：

伯盘与幽王俱死于戏。先是申侯鲁侯及许文公立平王于申，幽王既死，而虢公瀚又立王子余臣于携，周二王并立。[②]

文侯廿一年复载：

携王为晋文公所杀。[③]

此即《古本纪年》之“二王并立”事。周室东迁前后“幽平之际”史事，已在历史记忆传承中形成，周平王成为诸侯拥立的王室正统，故王子朝文诰不仅将“携王”视作负面形象的王室人物，同时此文诰也联系起两个时代的“二王并立”。故据《左传》所载录，王子朝告诸侯文中提及“携王”，不啻有其引据“历史”以为自我正统建构之意。[④]

《史记》中记载周之王室乱事件，与《左传》中叙事发展铺陈略同，在子朝奔楚后，仍有“后续事件”。《史记》中《周本纪》载王室乱史事，大要分为两部分，一是《春秋》经文的书写主轴，从“景王崩”至“周敬王入于成周”与“子朝奔楚”，《周本纪》云：

景王十八年，后太子圣而蚤卒。二十年，景王爱子朝，欲立之，会崩，子丐之党与争立，国人立长子猛为王，子朝攻杀猛。猛为悼王。晋人攻子朝而立丐，是为敬王。[⑤]

是《周本纪》所载，并未全据《春秋》所书，如其记“子丐之党与争立”，

①〔清〕朱右曾辑录，王国维校补：《古本竹书纪年辑校》，第16—17页。

②〔清〕朱右曾辑录，王国维校补：《古本竹书纪年辑校》，第17页。

③〔清〕朱右曾辑录，王国维校补：《古本竹书纪年辑校》，第17页。

④ 司马迁《史记·周本纪》及《十二诸侯年表》皆未载携王事，是故后人遂有批评其疏者，然此缘由史公所据先秦史料仅有《秦记》，汲冢《纪年》乃魏国史官所传《魏记》，存于土中。清梁玉绳即以为“史公不录携王，疏矣！”见梁氏：《史记志疑》卷三，第103页。司马迁时六国史记皆焚，所据仅有《秦记》，《竹书记年》后世出土，非其能见。

⑤〔汉〕司马迁撰：《史记》卷四，第156页。

显然便是“两造争立”之笔法；“子丐”即是后来之周敬王。

《周本纪》所记载的第二部分，在周敬王“入于成周”为诸侯所共认“周统”之后，仍有“后续叙事”出现。《周本纪》载：

> 敬王元年，晋人入敬王，子朝自立，敬王不得入，居泽。四年，晋率诸侯入敬王于周，子朝为臣，诸侯城周。十六年，子朝之徒复作乱，敬王犇于晋。十七年，晋定公遂入敬王于周。①

《周本纪》所述，与《春秋》经大不同，或本《左传》所述“后事”而重编改写。史公将子朝与子丐两党相争，延续到了子丐之称“王”后，并未如《春秋》经文所持的正统史观之书写，系结束于敬王之第一次“入于成周”，《春秋》视此为“周统”之确立，故《春秋》经文不再书“后事”。而《左传》《周本纪》据此而倒叙敬王此前狄泉“称王居元”，便必然是从敬王史官的书写承继而来。《周本纪》中所载“周敬王元年”者，于鲁所记则为昭公二十三年，孔子32岁。《史记》将“王室乱”续载至周敬王十六年（鲁定公六年，公元前504年）：“子朝之徒复作乱”“敬王犇晋”，是年孔子47岁；周敬王十七年：“晋定公遂入敬王于周”，此年孔子48岁；两事并在鲁定公时，《春秋》经皆无文。《周本纪》又记云：“敬王四十一年，……孔子卒。四十二年，敬王崩。子元王仁立。”② 则周敬王所历之周之大事，对孔子而言，便是《春秋》中的昭公、定公时所书事，对发生在眼前的“王室乱”，孔子已然在《春秋》中显现了“丘窃取之”之“义”，以及“统”之书写笔法。

司马迁在《十二诸侯年表》所表之“周统”，又有不同，依《周本纪》：周景王在位20年而崩；依《春秋》：周景王崩时在鲁昭公二十二年，即是周景王二十五年；依《十二诸侯年表》：顶格为“周表”，周景王自元年至二十五年，周景王二十五年，即是“鲁表”之昭公二十二年；“晋表”则为顷公六年，史公于“晋表”书云：“周室乱，公平乱，立敬王。”③ 此乃史公著晋国平定周

①〔汉〕司马迁撰：《史记》卷四，第157页。

②〔汉〕司马迁撰：《史记》卷四，第157页。

③〔汉〕司马迁撰：《史记》卷一四，第657页。

乱局于表体的笔法。应注意者，为周景王二十五年后，顶格之“周表”即接续以“周敬王元年”，此年即鲁昭公二十三年，是故在“周表”中的王室之统，只有“周景王—周敬王”，并无“周悼王”，与《周本纪》书“悼王”笔法，显然不同。如果史公在“周表”中给予“周悼王”一席之地，则“周敬王元年”当序次于次年，以鲁纪年为度，当在鲁昭公二十四年。然而，《十二诸侯年表》中，史公毕竟呈现了不同的书写笔法，若依《周本纪》，史公意在书“王”；依《十二诸侯年表》，则史公顶格之“周表”，义在书“统”。毋论史事之叙，司马迁在《十二诸侯年表》中所呈现的正统史观视野，显与《穀梁传》正统史观相同，或有相承。

若将《周本纪》与《十二诸侯年表》参看，会发现在《史记》中，于昭公二十六年子朝奔楚、昭公三十二年城成周后，周敬王仍笼罩在王子朝与王城党羽的威胁中，依《周本纪》，敬王甚至再度出奔于晋，此皆《春秋》经所不书。是司马迁于《周本纪》敬王四年书“子朝为臣”，意在表明子朝奔楚后之周王室大势已归于“敬王之统”，然敬王十六年出奔于晋事，司马迁仍书“子朝之徒”（“周表”中书“王子朝之徒作乱故，王奔晋”[①]），可见子朝与敬王对立的一段王室分裂乱局，并未因子朝奔楚而结束，王室分裂之局仍是“京师的周敬王”与“王城的子朝之徒”相峙，此必子朝在楚而王城之党仍奉子朝也。敬王十六年、十七年所记二事，《春秋》经无书，则司马迁所叙事，确与《春秋》经有不同；《春秋》经于“子朝奔楚”后即未再书，鲁定公时经文亦未书“子朝”徒党再逐敬王出奔事。

四、结论

《春秋》经文书写的“王室乱”，虽仅三字，却是周东迁以来，王室的首次分裂大事件。从昭公二十二年经书“王猛入于王城”，至昭二十六年经书“天王入于成周”，历经的正是子猛、子朝、子丐的相争对峙。对《春秋》经文而言，一“乱”字之书写，已呈现了书写者的褒贬视域。分裂乱世中的“孰为

①〔汉〕司马迁撰：《史记》卷一四，第666页。点校本此处作“奔”；《周本纪》作“犇”。

统”，“统不可二”是一个重要的诠释立足处，无论是《公羊》的“二周”，抑或《穀梁》的“尊周”，皆然。《左传》叙事择入苌弘“西王”“东王”语，代言当下分裂认知。经文的书法之中，三《传》显然也各有立场言说于传文之中。无论是一经还是三《传》，作为对立角色的王子朝，已被排除在《春秋》正统世界之外。

“西周”与“东周”，作为对词属性、作为首出文本，我们目前尚未发现比《公羊传》更早的纸本文献。初现于《公羊》的“二周”之词，并无后世历史断代义与时间框架性。随着《春秋》经中“成周”“王城”二词，乃至“西周”“东周”“西王”“东王”等传词，在后世注家、疏家因时传远、逐渐递增下，阅读者渐次以“隐公”“平王”联系为“始”义编年，“西周”“东周”形成“周史分期观”脉络语境。两种“二周”语言体系的误读致混，不止于名家陈立，清人梁玉绳、赵翼等均同；向前追索，唐孔颖达疏杜预《春秋左氏经传集解序》的“二都”语言，东汉郑玄解《毛诗》的用词，浮现了其影响史的线索与轨迹。

雒水地域发生的王室大分裂事件，如以“京师”为视角，显然经文的“王室乱”，短短三字，再现了一个王室陵夷与周道衰微的历史时刻；《春秋》书写与印刻的王室乱局，影响所及便不止于“王室”与“诸侯”，同时也撞击着身在鲁国、身在此局中的孔子之心灵。昭公二十二年“王室乱”时，孔子年 31 岁。

（本文发表于《孔子学刊》第十一辑，青岛出版社，2020 年版。）

“传例”与“略例”：范宁《穀梁》例学考

陈以凤

一、前言

东晋范宁著《春秋穀梁传集解》（下文简称《集解》），其于《春秋穀梁传序》中首先述孔子作《春秋》之旨，谓：“孔子……因鲁史而修《春秋》，……于时则接乎隐公，故因兹以托始，该二仪之化育，赞人道之幽变，举得失以彰黜陟，明成败以著劝诫，拯颓纲以继三五，鼓芳风以扇游尘。”[①] 并阐明自己作《集解》缘由，云：“释《穀梁传》者虽近十家，皆肤浅末学，不经师匠。辞理典据，既无可观，又引《左氏》《公羊》以解此传，文义违反，斯害也已。”[②] 如此，范宁《集解》之立意昭然可见，即以注解《穀梁传》为径，进而彰显孔

①〔晋〕范宁集解，〔唐〕杨士勋疏：《春秋穀梁传注疏》序，阮元校刻《十三经注疏》附校勘记本，第五册，北京：中华书局，2009年版，第5125页。

②〔晋〕范宁集解，〔唐〕杨士勋疏：《春秋穀梁传注疏》序，第5127页。

子《春秋》大义。

这一意愿如何实现？范宁自述道："于是乃商略名例，敷陈疑滞，博示诸儒同异之说。"[①] 其中的"商略名例"值得推究，杨士勋释道："商略名例者，即范氏别为'略例'百余条是也。"[②] 可知"商略名例"亦是范宁解经的具体方法，即从例学出发，由例而"敷陈疑滞"，畅明经意。另在"春秋穀梁传序"几字下，杨士勋《疏》云："以传《穀梁》者虽多，妄引三《传》，辞理典据，不足可观，故与门徒商略名例，传示同异也。所云名例者，即范氏所据，别为'略例'一百余条是也。"[③] 范宁所言的"商略名例"，杨士勋皆以"'略例'百余条"释之。而从"别为"二字看，杨《疏》所称的"略例"应是于《集解》外另成的文本，似乎可理解为一书名，或由"商略名例"一语概括而成，盖为范宁例学的专书。那么，范宁与门徒到底商略了哪些名例，《略例》一书应包括哪些内容？这首先需从范宁《集解》中寻求线索。察之《集解》中存有多处"传例曰"[④]，又有其他称例者如"会例"[⑤]"聘例"[⑥]，等等。两类义例明显有别，如何认识它们的归属并进行定位？除《集解》外，杨士勋《疏》也是考

---

①〔晋〕范宁集解，〔唐〕杨士勋疏：《春秋穀梁传注疏》序，第 5127 页。

②〔晋〕范宁集解，〔唐〕杨士勋疏：《春秋穀梁传注疏》序，第 5128 页。

③〔晋〕范宁集解，〔唐〕杨士勋疏：《春秋穀梁传注疏》序，第 5123 页。

④ 如：隐公二年，无侅帅师入极。传文：入者内弗受也。极，国也。范宁注："传例曰：灭国有三术，中国日，卑国月，夷狄时。"〔晋〕范宁集解，〔唐〕杨士勋疏：《春秋穀梁传注疏》，第 5133 页。

⑤ 隐公二年，春，公会戎于潜。范宁注曰："会例时。"〔晋〕范宁集解，〔唐〕杨士勋疏：《春秋穀梁传注疏》卷一，第 5132 页。

⑥ 隐公七年，夏，齐侯使其弟年来聘。范宁注："聘例时。"〔晋〕范宁集解，〔唐〕杨士勋疏：《春秋穀梁传注疏》卷二，第 5143 页。

察范宁义例的重要文献材料，其中所引有“范氏例”[①]“范氏别例”[②]“范氏略例”[③]等多种，这些称呼不一，各有何内涵，之间又存在什么关系？《集解》与杨《疏》中所言的义例与范宁有关，它们与范氏《穀梁》例学的建构有什么具体关系，各又有何特色，之间是否存在联系？这些问题皆启人疑窦。

对范宁义例之学，历代专门研究者殊少。即使在《春秋穀梁》学兴盛一时的清代，除了余萧客、王谟、黄奭、许桂林等人的辑录外，亦乏深入探究者。迨至近世，研究者渐多。台湾学者王熙元《穀梁范注发微》集中考察了范宁注，将注中二十三例目分为书法、特义、事类三种，阐述了范宁对《穀梁》义例的发明，但这种义例分类研究仅关注到范宁注，忽略了杨士勋《疏》中所引的范宁义例。[④]文廷海、周国林《〈春秋穀梁传注疏〉例法研究》一文将范宁义例统分为“略例”“传例”“注例”三类，并对一百余条“略例”进行初步推测。[⑤]肖耀林《〈穀梁传〉范宁注研究》将范宁义例分为“略例”与“传例”，进行了辑录梳理，并指出“略例”“传例”差别鲜明，不可混为一谈。[⑥]上述两文对范宁义例的分类有重要借鉴意义，但二者各执一词，且仅是分类论述，均未从《春秋》例学角度深入考察范宁是如何建构《穀梁》例学的。

---

① 如：桓公元年，春，王。杨疏：“又范氏例云：《春秋》上下无王者，凡一百有八。桓无王者，见不奉王法；余公无王者，为不书正月，不得书王。”〔晋〕范宁集解，〔唐〕杨士勋疏：《春秋穀梁传注疏》卷三，第5148页。

② 如：僖公九年，秋，七月，乙酉，伯姬卒。杨疏：“范氏别例云：内女卒葬例有六，葬有三，卒亦有三……”〔晋〕范宁集解，〔唐〕杨士勋疏：《春秋穀梁传注疏》卷八，第5200页。

③ 如：桓公八年，祭公来，遂逆王后于纪。杨疏：“依范氏略例，凡有十九遂事，传亦有释之者，亦有不释者，此是例之首。”〔晋〕范宁集解，〔唐〕杨士勋疏：《春秋穀梁传注疏》卷四，第5156页。

④ 参见王熙元《穀梁范注发微》第四章《范注对穀梁义例之发明》，台北：嘉新水泥公司文化基金会，1972年版，第493—618页。

⑤ 文廷海、周国林：《〈春秋穀梁传注疏〉例法研究》，《古籍整理研究学刊》2007年第4期。

⑥ 肖耀林：《〈穀梁传〉范宁注研究》，暨南大学硕士学位论文，2010年，第40—46页。

《四库全书总目提要》云：

> 又宁自序有“商略名例”之句，《疏》称宁别有“略例”百余条，此本不载。然注中时有“传例曰”字，或士勋割裂其文，散入注疏中欤？[①]

此中四库馆臣依杨《疏》言范宁“略例”，并以注中的“传例曰”为证，怀疑《略例》一书已被杨士勋“割裂”“散入注疏”中。此后，柳兴恩于《穀梁大义述》[②]、陈澧于《东塾读书记》[③]皆沿用这一观点。由此，“割裂”说仿若确解影响至今[④]。然清代学者们却未提出强有力的证据，从《春秋》例学角度而言，此种情况是否属于“割裂”与“散入”，我们认为还需再探讨。

古书所言的范宁例学之成果，除杨《疏》提及的《略例》，《隋书·经籍志》还著录：“《春秋穀梁传例》一卷，范宁撰。”[⑤]前者《略例》为杨士勋征引，说明此书唐代尚存，然《晋书·范宁传》《南史》并未有片言齿及，《隋书·经籍志》《旧唐书·经籍志》《新唐书·艺文志》《经典释文》等距范宁时代较近的史书典籍皆未载录。后者《春秋穀梁传例》（下文简称《传例》）除《隋书·经籍志》外，《旧唐书·经籍志》《新唐书·艺文志》亦未著录，或在五代战乱时已佚失，内容不得而知。同为范宁例学之作，《略例》《传例》两书的内容为何？又是什么关系？二者不被同时著录，成书时间孰先孰后？

---

①［清］永瑢等撰：《四库全书总目》卷二六，北京：中华书局，1965年版，第211页。

②［清］柳兴恩：《穀梁大义述》卷一六，《皇清经解续编》本，光绪十四年刻本，第211页。

③［清］陈澧著、杨志刚编校：《东塾读书记》，上海：中西书局，2002年版，第212页。陈澧沿用“割裂说”，并作案语证明之，谓：“澧案：隐二年疏云：‘《春秋》二百四十二年，无王者一百有八’云云，与桓元年疏所引范氏例之语同，此杨氏取范氏例散入疏中之证。”笔者案：“隐二年疏”与“桓元年疏所引范氏例”内容几近一致，前者显然是杨士勋化用“范氏例”，旨在义疏范宁《集解》，而非“散入”“范氏例”，且此处杨士勋所用亦非四库馆臣所言的“传例”，故陈氏以此为证，颇为牵强。

④ 如段浩飞称：“范宁‘略例’又称‘别例’‘范例’等，将其散入注疏中，对其保存起了重要作用。”见段浩飞《〈春秋穀梁传疏〉研究》，山东师范大学硕士学位论文，2012年，第41页。

⑤［唐］魏征等：《隋书》卷三十二，北京：中华书局，1973年版，第931页。

这些问题历代学者鲜有专门探讨者，皆有待进一步考察。

综而观之，目前范宁例学仍存有诸多疑问，清儒与当代学者虽做了一些有益探讨，但尚不足以抉疑祛惑，亦乏系统详尽的考察。依据《春秋》例学之通识，范宁解经，首先通《穀梁传》，其例学构建亦承《穀梁传》而起。本文遵循由《传》到《集解》再到《疏》的解经理路，在前人研究成果基础上，力图从《春秋》例学角度对范宁例学予以总体观照，分别对《集解》、杨《疏》中的范宁义例进行定位与考究，并于稽考梳理间探讨《略例》《传例》二书的内容与关系。论有不当，敬请方家指正！

二、范宁《集解》中的"传例"

范宁《集解》存在多处"传例曰"。所谓"传例"，清罗士琳释曰："凡注称'传例'为《传》所本有者。"[①] 此语切中肯綮。《穀梁传》释《春秋》经义，随文而发，间有例存焉，却无特著的格式与例名。范宁解经，首先通《传》，其内含的"传例"即由他推导抽绎而出，并呈现于世人，可视为范氏于《穀梁》例学的初步建构。

《春秋经传集解》杜预注中亦有"传例曰"。如"隐公元年，公子益师卒"一条，杜注曰："传例曰：'公不与小敛，故不书日，所以示厚薄也'。"孔颖达正义云："传文与上下作例者，注皆谓之传例。"[②]《穀梁》《左氏》《公羊》三家在例学上具有相通之处，范宁《集解》中的"传例"也可作如是观。即此例为《穀梁传》自身上下贯通、互文，诠释《春秋》时内含的义例。且因"传例"是传文"上下作例"所得，其大抵都有一条或数条相对应的传文。

特别值得注意的是，"传例"之归属问题。《穀梁》"传例"为《传》本有，却未明确出现在《穀梁》传文中，只出现在范宁注中，乃由范宁归纳、诠解《穀梁传》所得，是他理解《春秋》经传过程中所得的法则，当属"范氏例"的

①〔清〕罗士琳：《穀梁释例跋》，〔清〕许桂林：《穀梁释例》，《粤雅堂丛书》本，第2页b。

②〔晋〕杜预注，〔唐〕孔颖达正义：《春秋左传正义》卷二，阮元校刻《十三经注疏》附校勘记本，第四册，北京：中华书局，2009年版，第3722—3723页。

重要内容。《隋书·经籍志》著录《春秋穀梁传例》一卷，署名范宁撰，盖由此来。

《传例》一书佚失后，清代学者进行了辑佚。《清史稿·艺文志》著录："晋范宁《穀梁传例》一卷，黄奭辑。"[①] 黄奭生活于嘉庆、咸丰年间，所辑《穀梁传例》存于《黄氏逸书考》中，共有"日食例""不书王例""遂事例""逆王后例"等二十四条。[②]

事实上，早在黄奭之前，乾隆年间的余萧客已关注到《传例》一书。他在《古经解钩沉》中引《隋书》列范宁《穀梁传例》一卷，并钩沉一条义例。具体内容为：

> 《春秋》上下无王者，凡一百有八。桓无王者，见不奉王法。余公无王者，为不书正月，不得书王。桓初即位者已见治，故书王以示义。（范宁例，疏，三）[③]

由案语"疏""三"知，此一条出自《春秋穀梁传注疏》卷三的杨士勋疏文，应为杨《疏》中的范宁义例，而非《集解》中的"传例"。余氏案语将之定位为"范宁例"，亦与杨士勋征引时所称"范氏例""范例"等归属一致。

另外，乾嘉年间的王谟亦辑有范宁《穀梁传例》一卷，存于《汉魏遗书钞》中，只是《清史稿》未著录。今笔者细考，王谟与黄奭所辑内容几近完全一致[④]。其中王谟于《叙录》说明了辑录原则，云："范氏'传例'凡已见《集解》者无容赘录，今惟钞出杨氏《疏》中所引'略例''别例'共二十四条。"[⑤]

---

①［清］赵尔巽等：《清史稿》卷一四五，北京：中华书局，1976 年版，第 4244 页。

②［清］黄奭辑：《范宁穀梁传例》，《黄氏逸书考》第 19 册，王鉴修补印本，1926 年版。

③［清］余萧客：《古经解钩沉》卷二十二，《景印文渊阁四库全书》第 194 册，上海：上海古籍出版社，1987 年版，第 699 页。此段校之阮元校刻《十三经注疏》本《春秋穀梁传注疏》，"桓初即位"后衍"者"字。

④ 王谟、黄奭二人各辑"日食例""不书王例"等二十四条，排序一致，唯"夫人行例"，王本作"夫人姜氏会齐侯于云"，黄本作"于卞"，其他内容完全一样。笔者案：校之阮元刻本《春秋穀梁传注疏》，黄本"于卞"，是。

⑤［清］王谟辑：《范宁穀梁传例》序录，《汉魏遗书钞》第三集，嘉庆三年刻本，第 1 页 a。

可知，王谟、黄奭所辑冠《传例》书名，其内容实为杨《疏》中的二十四条“略例”“别例”，并未录入《集解》中的“传例”。至此可以确定，清代学者所辑署名范宁的《穀梁传例》，内容皆是杨士勋《疏》中所征引的义例。从名称上看，《传例》一书，首先应该包括《集解》中的诸条“传例”。再细绎前述王谟案语，其中似乎也间接表达了他对《传例》一书的看法，即此书包含《集解》中的“传例”与杨士勋《疏》中所引的“略例”“别例”二十四条。这一观点是否成立，还有待结合“传例”、杨疏中的义例考察之。

向来研究《春秋穀梁传》者较少，对于《集解》中的“传例”，目前学界鲜有集中裒辑者，兹据阮元校刻《十三经注疏》本检录之，并其所对应的《穀梁》传文，胪列如下：

1. 隐公二年，范宁注：“传例曰：灭国有三术，中国日，卑国月，夷狄时。”

对应传文：宣公十五年，灭国有三术，中国谨日，卑国月，夷狄不日。

襄公六年，中国日，卑国月，夷狄时。

2. 隐公二年，范宁注：“传例曰：及者，内为志焉尔。”

对应传文：隐公元年，及者何，内为志焉尔。

隐公四年，及者，内为志焉尔。

桓公元年，及者，内为志焉尔。

庄公二十三年，及者，内为志焉尔。

宣公四年，及者，内为志焉尔。

3. 隐公二年，范宁注：“传例曰：当国以国氏，卑者以国氏，进大夫以国氏。”

对应传文：庄公十二年，卑者以国氏。

4. 隐公二年，范宁注：“传例曰：斩树木、坏宫室曰伐。”

对应传文：隐公五年，斩树木、坏宫室曰伐。

5. 隐公三年，范宁注：“传例曰：外盟不日。”

对应传文：隐公八年，外盟不日。

6. 隐公三年，范宁注：“传例曰：诸侯时葬，正也。月葬，故也。日

者，忧危最甚，不得备礼葬也。”

对应传文：襄公七年，日卒时葬，正也。

隐公五年，月葬，故也。

隐公三年，日葬，故也，危不得葬也。

7. 隐公四年，范宁注：“传例曰：取，易辞也。”

对应传文：庄公九年，取，易辞也。

昭公二十五年，取，易辞也。

哀公九年，取，易辞也。

哀公十三年，取，易辞也。

8. 隐公五年，范宁注：“传例曰：公往时，正也。”

对应传文：庄公二十三年，公如，往时，正也。

9. 桓公元年，范宁注：“传例曰：往月，危往也。”

庄公三年，范宁注：“徐邈曰：‘传例曰：往月，危往也。’”

对应传文：定公八年，公如，往时致月，危致也。往月致时，危往也。往月致月，恶之也。

10. 桓公二年，范宁注：“传例曰：纳者，内不受[①]也。”

对应传文：宣公十一年，纳者，内弗受也。

僖公二十五年，纳者，内弗受也。

昭公十二年，纳者，内不受也。

哀公二年，纳者，内弗受也。

11. 桓公二年，范宁注：“传例曰：致君者，殆其往，而喜其反，此致君之意义也。”

对应传文：襄公二十九年，致君者，殆其往，而喜其反，此致君之意义也。

12. 桓公五年，范宁注：“传例曰：雩，得雨曰雩，不得雨曰旱。”

僖公二十一年，范宁注：“传例曰：得雨曰雩，不得雨曰旱。”

---

①“受”原作“为”，阮元《校勘记》：“闽、监、毛本‘为’作‘受’，是。”据改。参见〔清〕范宁集解，〔唐〕杨士勋疏：《春秋穀梁传注疏》卷三《校勘记》，第5154页。

对应传文：僖公十一年，雩，得雨曰雩，不得雨曰旱。

13. 桓公十年，范宁注："传例曰：不日，疑战也。"

对应传文：庄公十年，不日，疑战也。

14. 桓公十一年，范宁注："传例曰：归为善，自某归次之。"

昭公十三年，范宁注："传例曰：归为善，自某归次之。"

对应传文：成公十六年，归为善，自某归次之。

15. 桓公十五年，范宁注："传例曰：大夫出奔反，以好曰归，以恶曰入。"

对应传文：庄公九年，大夫出奔反，以好曰归，以恶曰入。

16. 庄公四年，范宁注："传例曰：不期而会曰遇。遇者，志相得也。"

僖公十四年，范宁注："传例曰：遇者，志相得也。"

对应传文：隐公八年，不期而会曰遇。

隐公四年，遇者，志相得也。

庄公三十年，遇者，志相得也。

庄公三十二年，遇者，志相得[①]也。

17. 庄公二十九年，范宁注："传例曰：凡城之志，皆讥。"

对应传文：隐公七年，凡城之志，皆讥也。

18. 庄公三十二年，范宁注："传例：诸侯之尊，弟兄不得以属通。"

对应传文：桓公十四年，诸侯之尊，弟兄不得以属通。

襄公二十年，诸侯之尊，弟兄不得以属通。

昭公元年，诸侯之尊，弟兄不得以属通。

19. 僖公元年，范宁注："泰曰：'传例曰：以者，不以者也。'"

僖公二十一年，范宁注："传例曰：以者，不以者也。"

对应传文：襄公二十一年，以者，不以者也。

桓公十四年，以者，不以者也。

---

①"得"原作"传"。今据此传文下杨士勋疏"《传》：遇者，志相得也"及隐四年、庄三十年传文"遇者，志相得也"改。参见〔清〕范宁集解，〔唐〕杨士勋疏：《春秋穀梁传注疏》卷六，第 5185 页。

20. 僖公元年，范宁注：“传例曰：获者，不与之辞。”

哀公十四年，范宁注：“传例曰：诸获者，皆不与也。”

对应传文：宣公二年，获者，不与之辞。

21. 僖公三年，范宁注：“传例曰：莅，位也。内之前定之盟，谓之莅，外之前定之盟，谓之来。”

对应传文：昭公七年，莅，位也。内之前定之辞，谓之莅。外之前定之辞，谓之来。

文公七年，莅，位也。其曰位何也？前定也。其不日，前定之盟不日也。

22. 僖公四年，范宁注：“传例曰：侵时而此月，盖为溃。”

对应传文：庄公十年，侵时，此其月，何也……恶之，故谨而月之。

23. 僖公五年，范宁注：“传例曰：逃义曰逃。”

对应传文：庄公十七年，逃义曰逃。

24. 僖公十七年，范宁注：“传例曰：以国氏者，嫌也。”

对应传文：隐公四年，大夫弑其君，以国氏者，嫌也。

25. 文公元年，范宁注：“传例曰：天子大夫称字。”

对应传文：定公十四年，天子之大夫不名。

26. 文公八年，范宁注：“传例：称人以杀，杀有罪也。”

对应传文：隐公四年，称人以杀，杀有罪也。

27. 文公十八年，范宁注：“传例曰：称国以弑其君，君恶甚矣。”

对应传文：成公十八年，称国以弑其君，君恶甚矣。

28. 宣公九年，范宁注：“传例曰：诸侯正卒则日，不正则不日。”

对应传文：隐公三年，诸侯日卒，正也。

29. 宣公十年，范宁注：“传例曰：言日不言朔，食晦日。”

对应传文：隐公三年，言日不言朔，食晦日也。

30. 宣公十二年，范宁注：“传例曰：失得不葬。君弑，贼不讨不葬，以罪下也。日卒时葬，正也。”

对应传文：昭公十三年，失德不葬。

隐公十一年，君弑，贼不讨不书葬，以罪下也。

襄公七年，日卒时葬，正也。

31. 宣公十六年，范宁注："传例曰：国曰灾，邑曰火。"

对应传文：昭公九年，国曰灾，邑曰火。

32. 襄公十一年，范宁注："传例曰：已伐而盟，复伐者，则以伐致。盟不复伐者，则以会致。"

对应传文：襄公十九年，《春秋》之义，已伐而盟，复伐者，则以伐致。盟不复伐者，则以会致。

33. 昭公四年，范宁注："传例曰：称人以杀大夫，为杀有罪。"

对应传文：庄公九年，称人以杀大夫，杀有罪也。

34. 定公五年，范宁注："传例曰：大夫不日卒，恶也。"

对应传文：隐公元年，大夫日卒，正也；不日卒，恶也。

35. 定公十一年，范宁注："传例曰：盟不日者，渝盟，恶之也。"

对应传文：隐公元年，不日，其盟渝也。

36. 哀公十年，范宁注："传例曰：恶事不致。"

对应传文：襄公十年，会夷狄不致，恶事不致。

37. 哀公十三年，范宁注："传例曰：微杀大夫谓之盗。"

对应传文：哀公四年，《春秋》有三盗：微杀大夫谓之盗，非所取而取之谓之盗，辟中国之正道以袭利谓之盗。

38. 哀公十四年，范宁注："传例曰：诸获者，皆不与也。"

对应传文：宣公二年，获者，不与之辞。

以上"传例"凡三十八条，为今《集解》所见者，据所辑可知：

其一，从"传例"与《穀梁传》传文关系看，具体又可分为三种情况：一是"传例"与《穀梁传》传文完全相同，直接取自传文，如例2、4、5、7等；二是"传例"与《穀梁传》传文略有差异，"传例"简略但未改变传文原意，如例

8、9、34等；三是“传例”综合、归纳几条传文而成，如例1、6、16、30等。由此亦可知范宁总结、发明“传例”的三种方式：一径取传文而成例，二抽绎传文而成例，三归纳传文融成一例。

其二，从“传例”的内容上看，又可简单分为两类：一类“传例”阐释《春秋》经文遣词用语之内涵。以例7为例，隐公四年，春，王二月，庚辰，莒人伐杞，取牟娄。范注：“传例曰：取，易辞也。”此处范宁依据庄公九年、昭公二十五年、哀公九年、哀公十三年等四条《穀梁传》传文“取，易辞也”归纳成“传例”，阐释动词“取”的内涵，涉及取邑、取人、取国，进而依此例再对他处相应经文中的“取”字释义。如，隐公十年，宋人、蔡人、卫人伐载。郑伯伐取之。范注：“凡书取国，皆灭也。变灭言取，明其易。”范宁即是依“传例”释“取”，阐明经文书“取”而不书“灭”，意在突显郑伯借宋人、蔡人、卫人之力而轻易灭载。统计上文所列，范宁所归纳的“传例”多为释义经文字词者，如例2、3、4、7、10、11、12，等等，计有26条，约占所有“传例”的三分之二。另一类“传例”为《穀梁传》之日月时例。《春秋》对各事件时、月、日之记载各不相同，《穀梁传》作者认为经文时、月、日的书与不书蕴含着褒贬善恶的深意，即形成了以“日月时例”解经的特色。范宁深谙《穀梁传》解经笔法，于传文中勾提日月时例，具体如例1、5、6、8、9、13、22、28、29、30、34、35等12条。

其三，从今“传例”出处看，绝大部分出现在《集解》中，为范宁等人对《穀梁传》内含例法之总结、抉发，并成为在其他相同或相似经传文下作注的依据，以阐明《春秋》之义。杨士勋《疏》中亦存在“传例曰”，但多为引用或者转述范宁注中的“传例”。据笔者检阅，杨《疏》中仅有两条“传例”为范宁注所未涉及：一则文公十四年，杨士勋《疏》：“传例：‘凡弑君书日以明正，不系于成君。’”[1]另一则宣公六年，杨士勋《疏》：“传例：‘将卑师众曰

①〔晋〕范宁集解，〔唐〕杨士勋疏：《春秋穀梁传注疏》卷十一，第5231页。

师，将尊师少言将。'"[①] 此两条"传例"于《穀梁传》中却未有其所依据的传文，需另作他论，故今未统计入内。另，《集解》中亦提到徐邈、范泰所总结的"传例"，如例9、19，可谓范宁在序中所言与"门生故吏、兄弟子侄""商略名例"之明证[②]。

三、范宁《集解》中的"范自例"

《春秋穀梁传》内含的"传例"，由范宁抉发、归纳，并于注中明示。但《春秋》经中还有传文所未能彰显的义例，范宁探求之，于注中多用"×例×"笔法书写。如，隐公二年，冬，郑人伐卫。范宁注曰："伐例时。"又如，桓公六年，春，正月，寔来。范宁注："来朝例时，月者，谨其无礼。"此两条范宁于经文后下注，而所称"伐例""朝例"，或为范氏所命名，或为范氏承继《春秋》经师所称。

清代学者许桂林在《穀梁释例》一书中将范宁注中的"×例×"统称为"传外余例"[③]。然"传外余例"一名是许氏立足于《穀梁传》所命，承其所建构的《春秋穀梁传》"时月日例"而言，并未以范宁例学为依归，还有待商榷。文廷海、周国林《〈春秋穀梁传注疏〉例法研究》一文因其出现于范宁注

①〔晋〕范宁集解，〔唐〕杨士勋疏：《春秋穀梁传注疏》卷十二，第5238页。"将尊师少言将"原作"将尊师少直言将"，阮元《校勘记》："闽、监、毛本同单疏本无'直'字，按，无直字是也。"据改。参见〔晋〕范宁集解，〔唐〕杨士勋疏：《春秋穀梁传注疏》卷十二《校勘记》，第5245页。

②《春秋穀梁传序》范宁云："帅门生故吏、我兄弟子侄，研讲六籍，次及三传……于是商略名例……"杨《疏》："'故吏'谓昔日君臣，江、徐之属是也。'兄弟子侄'即邵、凯、雍、泰之等是也。"另，"春秋穀梁传序"几字下，杨疏："范宁字武子，顺阳县人，为豫章太守。父名汪。长子名泰，字伯伦；中子名雍，字仲伦；小子名凯，字季伦。"由两处疏文可知，徐邈为范宁故吏，范泰为其子。参见〔晋〕范宁集解，〔唐〕杨士勋疏：《春秋穀梁传注疏》序，第5127、5123页。

③〔清〕许桂林：《穀梁释例》总论，《粤雅堂丛书》本，第6页b。另据学者研究，许桂林《穀梁释例》对《春秋》时月日书法概念重新作了诠释与定义，旨在建构自己的释经体系，对范宁、徐邈等以前穀梁学家的注释及义例多非之。参见许超杰《〈穀梁〉善于经：清代〈穀梁〉学文献四种研究》，华东师范大学博士学位论文，2017年，第33—67页。

中而称之为“注例”[①]，然范注中所提到的义例不仅有“注例”，还有诸多“传例”。如以位置而言，“注例”则包括着“传例”，故此称呼忽略了范宁的书写方式以及具体指向，界定含糊。今为更清晰地区分《集解》中的两类义例，鉴于“伐例”“朝例”等义例出现于范注中，是范宁自己于“传例”外对《春秋穀梁》义例的新建构，暂将之称为“范自例”。

（一）清人辑佚“传外余例”

清人许桂林于《穀梁释例·总论》中称：“谨述时月日例，惟取《传》中所有条而列之，有疏证而无枝蔓。其范注中所论之例，别为‘传外余例’附后，不敢以混也。”[②]可知他已关注到范宁注中的义例，将之命名为“传外余例”，并与自己所归纳的《穀梁传》“时月日例”明确分开，同时对“传外余例”进行了辑录，共有33条。

许桂林所辑录的“传外余例”，以经文为脉络，并结合范注甚至杨《疏》进行了初步梳理论析，首开对范宁此类义例研究之先河，颇有启发意义。然而许氏所辑内容多有讹误、疏漏之处：所列经、传、注、疏，鲁鱼豕亥，张冠李戴[③]；案语与经、传、注、疏杂糅[④]，纲目不明；“传外余例”中杂有“传例

① 文廷海、周国林：《〈春秋穀梁传注疏〉例法研究》，《古籍整理研究学刊》2007年第4期。

②〔清〕许桂林：《穀梁释例·总论》，第6页a。

③ 如“平例”，许氏所列经文：“定十年，公及郑平。”（见〔清〕许桂林：《穀梁释例·传外余例》，第2页a）当作：“定公十一年，冬，及郑平。”

④ 如“祭祀例”，许氏列：“定八年，冬，从祀先公是也。僖八年，秋，七月，禘于太庙，用致夫人。月者谨用致夫人耳，禘无违礼。”（见〔清〕许桂林：《穀梁释例·传外余例》，第3页a）笔者案：原经文为两条：“定公八年，冬，从祀先公”，“僖公八年，秋，七月，禘于太庙，用致夫人。”故许氏所列非原经文，且杂糅其案语。

曰”[①]，“范氏例”内杂有“何休曰”[②]，分类模糊。这些不足之处使得“传外余例”定位含混，例旨不清。

另外，许桂林特意将范宁注中所言的“× 例 ×”与自己所述“《穀梁》例”区别开来，从侧面也表明他在《穀梁》例学上持有一己之见，对范宁注中所设例法并不完全认同，这从许氏案语中亦可窥见一斑。如“宗庙例”：

经文：“隐公五年，秋，九月，考仲子之宫。”

范宁注曰：“失礼宗庙，功重者月，功轻者时。”

范宁立“失礼宗庙例”，具体为月时例，并以“庄二十三年，秋，丹桓宫楹”为证。许氏案语先云“庄二十四年，春，王三月，刻桓宫桷，书月”，认为此处“刻桓宫桷”书月，属于功重者，与“范自例”“失礼宗庙，功重者月”相一致。而许氏案语还列“桓二年，取郜大鼎于宋，戊申，纳于太庙”一条。[③]桓公取宋赂大鼎纳于太庙，亦属“失礼宗庙”，范宁注曰：“日之，明恶甚也。”可知许氏案语列此条意在说明，《春秋穀梁传》中“失礼宗庙”还有书日的情况，范宁所归纳“失礼宗庙例”并不全面，有所遗漏。由此已然透露出许桂林对范宁所言“失礼宗庙例”不认可的态度。另如“伐例”，范宁言“伐例时”，许氏案语直言此“公如例”“似不可用之大夫会伐”，对范宁将“公如例”“大夫会伐例”混淆一起表示异议。

可以说，许桂林虽然关注到范宁注中的义例，但其研究并不以范宁义例为依归，在其书中甚至言道：“窃谓经本精简，举隅莫反，治丝益棼，一坏于范、徐诸子，间生穿凿。”[④]对范宁、徐邈解经提出批评，虽未具体言范氏义例，但从其“传外余例”案语所述，似应包括之。

---

① 如“会例”，许氏列经文并注：“桓元年，三月，公会郑伯于垂。注：传例曰，往月，危往也。桓大恶之人，故会皆月以危之。”见〔清〕许桂林：《穀梁释例·传外余例》，第1页b。

② 如“外灾例”，许氏所列为：“昭九年，四月，陈火。注：何休曰：‘月者，闵之。’”见〔清〕许桂林：《穀梁释例·传外余例》，第7页a。

③ 参见〔清〕许桂林：《穀梁释例·传外余例》，第2页b。

④〔清〕许桂林：《穀梁释例·总论》，第5页a。

(二) 今辑本“范自例”

除许桂林外，周国林、文廷海以“注例”之名对《集解》中的“范自例”略作了整理，然仍有遗漏或归属不当之处。今仍据阮元校刻《十三经注疏》本，严格依范宁注文的称谓，辑录其中所言“× 例 ×”或“例 × ×”者，弃录疑似此类义例然范宁未明言者，并详列经文或传文、范注，以见此类义例之本末，同时与许桂林辑本做异同之较，列表如下：

序号	例名	经、传文	范宁注	今辑本与许本异同	备注
1	称名例	经：隐公元年，三月，公及邾仪父盟于眛。 传：仪，字也。父，犹傅也，男子之美称也。	傅，师傅。附庸之君未王命，例称名。善其结信于鲁，故以字配之。	今增补	
2	君杀大夫例	经：隐公元年，夏，五月，郑伯克段于鄢。 传：于鄢，远也，犹曰取之其母之怀中而杀之云尔，甚之也。	君杀大夫例不地，甚郑伯之杀弟，故谨其地。	许本称“克例”	
3	赗例	隐公元年，秋，七月，天王使宰咺来归惠公仲子之赗。	赗例时。书月，以谨其晚。	完全同许本	时例
4	盟例	经：隐公元年，秋，九月，及宋人盟于宿。 传：及者何？内卑者也。宋人，外卑者也。卑者之盟不日。	卑者谓非卿大夫也。凡非卿大夫盟，信之与不，例不日。	今增补	日例
		经：庄公十三年，冬，公会齐侯，盟于柯。 传：桓盟虽内与，不日，信也。	公盟例日，外诸侯盟例不日，桓大信远著，故虽公与盟，犹不日。		
5	会例	隐公二年，春，公会戎于潜。	会例时。	例名同。 许本另列他条[①]。	时例

① 许氏另列：“隐十年，春，王二月，公会齐侯、郑伯于中邱”；“桓元年，三月，公会郑伯于垂”；“桓十年，秋，公会卫侯于桃邱，弗遇”等三条。见〔清〕许桂林：《穀梁释例·传外余例》，第1页b。

（续表）

序号	例名	经、传文	范宁注	今辑本与许本异同	备注
6	入例	隐公二年，夏，五月，莒人入向。	入例时，恶甚则日，次恶则月，他皆放此。	今增补	日月时例
7	逆女例	隐公二年，秋，九月，纪履缅来逆女。	不亲逆则例月，重录之。亲迎则例时。	例名同，“隐公二年，秋”一条经、注同许本。许氏另列其他内容[①]。	月时例
		桓公八年，冬，祭公来，遂逆王后于纪。	亲逆例时，不亲逆例月。		
8	夫人薨例	隐公二年，冬，十二月，乙卯，夫人子氏薨。	夫人薨例日。	完全同许本	日例
9	伐例	隐公二年，冬，郑人伐卫。	伐例时。	许本另列他条，将范宁“伐例”与“伐国及取邑例”合为一，称“伐例”。	时例
10	伐国及取邑例	隐公四年，春，王二月，莒人伐杞，取牟娄。	伐国及取邑例时。此月者，盖为下“戊申卫君完卒日”起也。凡例宜时而书月者，皆缘下事当日故也。	今增补。许本将此例归入“伐例”。	时例
11	遇例	隐公四年，夏，公及宋公遇于清。	遇例时。	完全同许本	时例
		僖公十四年，夏，六月，季姬及缯子遇于防。	遇例时，此非所宜遇，故谨而月之。		
12	讨贼例	经：隐公四年，秋，九月，卫人杀祝吁于濮。 传：其月，谨之也。	讨贼例时也。卫人不能即讨祝吁，致令出入自恣，故谨其时月所在，以著臣子之缓慢也。	今增补	时例

① 许氏另列：“隐七年，春，王三月，叔姬归于纪”；“成十四年，秋，叔孙侨如如齐逆女”；“宣元年，公子遂如齐逆女”，并杂糅其案语。见〔清〕许桂林：《穀梁释例·传外余例》，第3页a。

（续表）

序号	例名	经、传文	范宁注	今辑本与许本异同	备注
13	篡例	隐公四年，冬，十二月，卫人立晋。	立、纳、入皆篡也。大国篡例月，小国时。	许本称“立例”	月时例
14	失礼宗庙例	隐公五年，秋，九月，考仲子之宫。	失礼宗庙，功重者月，功轻者时。	许本称“宗庙例”	月时例
15	围例	隐公五年，冬，宋人伐郑，围长葛。	围例时。	例名，经、注文同许本。许氏列疏文，杂有案语。	时例
16	城例	隐公七年，夏，城中丘。	城例时。	完全同许本	时例
17	聘例	隐公七年，夏，齐侯使其弟年来聘。	聘例时。	完全同许本	时例
18	归例	隐公八年，春，三月，郑伯使宛来归邴。	凡有所归例时。	例名、经文、注文同许本。许氏列疏文，杂有案语。	时例
19	败例	隐公十年，夏，六月，壬戌，公败宋师于菅。	败例日与不日，皆与战同。	今增补	日例
20	大水例	桓公元年，秋，大水。	大水例时。	完全同许本	时例
21	有年例	桓公三年，冬，有年。	有年例时。	完全同许本	时例
22	蒐狩例	桓公四年，春，正月，公狩于郎。	蒐狩例时。而此月者，重公失礼也。	许本称“狩例”	时例
23	如例	桓公五年，夏，齐侯、郑伯如纪。	外相如不书，过我则书，例时。	许本称“外相朝例”	时例
24	来朝例	桓公六年，春，正月，寔来。	来朝例时。月者，谨其无礼。	今增补	时例
25	蒐阅例	桓公六年，秋，八月，壬午，大阅。	蒐阅例时。	今增补	时例

（续表）

序号	例名	经、传文	范宁注	今辑本与许本异同	备注
26	祭祀例	桓公八年，春，正月，己卯，烝。	失礼祭祀例日，得礼者时。	例名同。 许本另列他条①	日月时例
27	执例	桓公十一年，秋，九月，宋人执郑祭仲。	执大夫有罪者例时，无罪者月，此月者，为下盟。	例名同。 许本另列他条②	时例
28	内灾例	桓公十四年，秋，八月，壬申，御廪灾。	内灾例日。	完全同许本	日例
29	内女卒例	庄公四年，春，三月，纪伯姬卒。	内女卒例日。伯姬失国，略之，故月也。	完全同许本	日例
30	外灾例	庄公二十年，夏，齐大灾。	外灾例时。	例名同。 许本另列他条③	时例
31	外大夫卒例	庄公二十七年，秋，公子友如陈，葬原仲。	外大夫例不书卒。	许本列“周大夫卒例”，内容与此例异④。	
32	诸侯出奔例	襄公十四年，夏，四月，己未，卫侯出奔齐。	诸侯出奔例月。衎结怨于民，自弃于位，君弑而归，与知逆谋，故出入皆日，以著其恶。	许本称“诸侯奔例”	日月例

① 许氏另列：“定八年，冬，从祀先公是也。僖八年，秋七月，禘于太庙用致夫人，月者谨用致夫人耳，禘无违礼。”（见〔清〕许桂林：《穀梁释例 · 传外余例》，第3页a。）校之阮元刻本《春秋穀梁传注疏》，许氏另列非完整经传原文，应为其案语。

② 许氏另列：“成十六年，九月，晋人执季孙行父。”范注：“行父，鲁执政卿，其身执则危及国，故谨而月之，录所忧也。”见〔清〕许桂林：《穀梁释例 · 传外余例》，第6页b。

③ 许氏另列：“昭九年，四月，陈火。”范注：“何休曰：月者，闵之。”见〔清〕许桂林：《穀梁释例 · 传外余例》，第7页a。

④ 许氏所列为：“隐三年，夏，四月，辛卯，尹氏卒。”范注：“王子虎卒不日，此日者，录其恩深也。”见〔清〕许桂林：《穀梁释例 · 传外余例》，第6页b。

（续表）

序号	例名	经、传文	范宁注	今辑本与许本异同	备注
33	内外害重例	昭公四年，秋，七月，楚子、蔡侯、陈侯、许男、顿子、胡子、沈子、淮夷伐吴。	众国之君，倾众悉力，以伐强敌，内外之害重，故谨而月之。定四年伐楚亦月，此其例也。	今增补	月例

详细比观许氏与笔者所辑，内容完全相同者仅有9例，其余则存在着诸多差异。概而言之，具体有二：

其一，今辑本对许氏“传外余例”的增删。许氏与笔者虽各辑33例，但从例目上看，并非完全一致。今仅辑录范宁所言“× 例 ×”或“× × 例”者，增补了“称名例”“盟例”“内外害重例”等9例（详见上表“今辑本与许本异同”一栏）。而许氏所辑的“夫人如例”“平例”“夫人飨例”“王使例”“送女例”“狩例”“克例”“救例”“公薨例”“周大夫卒例”等10例，虽然其内容昭示了一定的规律性，但范宁注中并未直接将之归纳为“× 例 ×”，今对此等不明确者删弃之。具体以“夫人如例”为例，见其原委。“夫人如例”下，许氏列两条经文：“庄二十二年，春，王二月，姜氏如莒”，“文公九年，春，三月，夫人姜氏至自齐”。其称“夫人如例”，主要依据为第二条经文下杨《疏》内容“范氏例：夫人行有十二，例时……”严格而论，此处所云的“范氏例”出现于《疏》中，事实上是杨士勋所引的“略例”（见下文第四部分今辑本“略例”例11），而非注中的“传外余例”，许氏“传外余例”的辑录标准前后踳驳。

其二，例名的差异。今所辑更改许氏例名者有4条，所改各有其因。具体如上表例2，隐公元年，夏，五月，郑伯克段于鄢。传云：“于鄢，远也。犹曰取之其母之怀中而杀之云尔，甚之也。”范宁注：“君杀大夫例不地，甚郑伯之杀弟，故谨其地。”因传文与注文皆意在阐释经文中的“于鄢”，即君杀大夫的地点问题，故此处依据范注名为“君杀大夫例”。而许氏称之为“克例”，则是依据经文而来，涵括更多的内容，非此条范注内容所能指向。这实际上也是许氏辑录“传外余例”未以范注为依归的明证。另如，上表例

22“蒐狩例”，许氏称“狩例”，两者有异。今依据“桓公四年，春，正月，公狩于郎”下注文而命名。范注云“蒐狩例时”，再结合经下传文“春曰田，夏曰苗，秋曰蒐，冬曰狩”，可知范宁此处所归纳的例法不仅仅局限于“狩”，故依注文称为“蒐狩例”涵盖更广阔、含义更确切。

(三)“范自例”略析

以往学界疏于对范宁例学的研究，更乏按类别条分缕析者。兹据上表对“范自例”的辑录，笔者试析如下：

第一，从其出处及内容而观。“范自例”大部分注于《春秋》经文之后，共28条，仅少数附于传文之后，如例1、2、4、12、31，计5条。此例多为范宁剖析、归纳《春秋》经文、《穀梁》传文所得，用以申明经义。如例3，“隐公元年，秋，七月，天王使宰咺来归惠公仲子之赗”一条，传文言“其志，不及事”，对经文解析并不透彻，尤其对其中时间书写“七月”及关键字“赗”等未作具体阐释。而范宁注云：“赗例时。书月，以谨其晚。”揭示“赗”书写笔法，立“赗例”，明示其书时为正，使经义、传义都得以清晰呈现。另如例17，“隐公七年，夏，齐侯使其弟年来聘。”《穀梁》传文为“诸侯之尊，弟兄不得以属通”，并未对“聘”的时间书写作诠释。范宁贯通《春秋》经文，创发“聘”例，明示书时为正，即“聘例时”，为深入理解经义提供遵循。杨士勋作义疏时也是循范宁所设之例而阐释，于此条注文下曰：“此‘齐侯使弟年’下‘冬，天王使凡伯’，皆不书月，故‘例时’也。”即以范宁“聘例”为据，论析了后面“冬，天王使凡伯来聘”一条经文内涵的义例。

第二，从例之类型上而论，统计上表备注一栏可知范宁发明的例目百分之九十以上与日月时例有关，有时例、月例、日例，亦有兼言日月、月时、日月时者。可见他不仅继承了《穀梁传》的日月时例，而且在此基础上又总结、拓展出一些新的时间例法，进一步深入诠释《春秋》时间书写的义涵。

第三，从例法总结上而言，范宁采用对比、互文等方法，利用充实的材料，诠释日月时例，扩充、完善了《穀梁》例法。具体如表中例4“盟例”，对于隐公元年、庄公十三年两条《春秋》经文的“盟”字，前者范宁注曰：“凡

非卿大夫盟，信之与不，例不日。”后者范宁注曰：“公盟例日，外诸侯盟例不日。”两者既形成鲜明对比，又相互补充，对“非卿大夫”“公”“外诸侯”等内外、不同身份人物之“盟”的书写例法作了深入的归纳、阐释。再如例11“遇例”，范宁分别对隐公四年、僖公十四年两条经文中的“遇”作注解，一条直书“遇例时”，另一条注为：“遇例时，此非所宜遇，故谨而月之。”两次称“遇例时”，形成互文，同时又对第二条经文“书月”进行了诠释，由例解经，彰显经文义旨。

四、杨士勋《疏》中的范宁“略例”

杨士勋《疏》中对范宁义例的征引，有称“范氏略例”“范略例”者，亦有称“范氏例”“范例”者，还有称“范氏别例”“范别例”者。虽然这些称呼不一，令人疑惑，但他们都冠名范氏，亦属于范宁《穀梁》例学的重要内容。这些称呼各有什么内涵，之间又存在什么关系？颇令人费解。而目前学者鲜有对其详辨深究者，今从杨《疏》入手考察之。

（一）杨士勋对“范宁例”的征引

杨《疏》中的征引称“范氏例”“范例”者最多，凡十七见，仅举二例：

1. 经文：桓公元年，春，王。

杨《疏》：“又范氏例云：《春秋》上下无王者，凡一百有八。桓无王者，见不奉王法；余公无王者，为不书正月，不得书王。”

2. 经文：庄公二十年，夏，齐大灾。

杨《疏》：“范例云：灾有十二，内则书日，外者书时，国曰灾，邑曰火。内则书日，新宫、御廪之类是也。其外则时者，则宋大水、齐大灾之等是也。”

从义例学上而言，注家以例解经，所发明之例皆可冠其姓氏，杨士勋称“范氏例”或“范例”，正彰显诸例为范宁的新建构。

杨《疏》中又有称“范氏别例”“范别例”者，凡九见，兹举二例：

1. 经文：文公六年，冬，闰月不告月，犹朝于庙。

杨《疏》：“范氏别例云：书不告朔有三，皆所以示讥耳。则此文，一也；公四不视朔，二也；襄二十九年，公在楚，三也。”

2. 经文：僖公十五年，冬，十有一月，壬戌，晋侯及秦伯战于韩，获晋侯。

杨《疏》：“范别例云：凡书获有七：谓莒拏一也，晋侯二也，华元三也，蔡公子湿四也，陈夏啮五也，齐国书六也，麟七也。”

杨疏所称的“范别例”，清代学者陈澧释云：“范氏注中已有例，又别为略例，故可称别例。”[①] 这一理解不乏启示。此“别例”一名，是相对于“传例”“范自例”而言的。因“传例”“范自例”皆存于范宁注中，而杨《疏》中所引用的义例皆是范宁于注文外“别为”之的，故称“别例”。

杨《疏》中另有称“范氏略例”或“范略例”者，凡四见，略举一例：

经文：桓公八年，祭公来，遂逆王后于纪。

杨《疏》：“依范氏略例，凡有十九遂事，传亦有释之者，亦有不释者，此是例之首。”

杨士勋称“范宁别为《略例》百余条”，义疏《春秋穀梁传集解》时有四条径称“范氏略例”或“范略例”，显然它们当征引自《略例》一书，是对书中义例的简称。

综观上列五例，虽然“范氏例”“范例”“范氏略例”“范略例”“范氏别例”例名不尽一致，但书写形式与内容却具有相通性，如所言“《春秋》上下无王者，凡一百有八”，“灾有十二”，“书不告朔有三”，“凡书获有七”，“凡有十九遂事”，等等，皆先对《春秋》经文同类书写进行了统计，并就具体内容异同分别进一步诠释。故而我们认为：杨《疏》引用的“范氏例”“范例”“范氏别例”“范别例”等如同“范氏略例”“范略例”都出自《略例》一书，皆由范宁全面观照、深入讨究《春秋》经文所得。它们异名同指，可统称为范宁“略例”。

(二) 今辑本范宁“略例”

或因《略例》未著录于正史，清代学者对其未有辑录者。余萧客、王谟、

①〔清〕陈澧著、杨志刚编校：《东塾读书记》，第211页。

黄奭虽明列范宁《穀梁传例》一书，但所辑内容实为杨《疏》中的范宁“略例”。而今考察“略例”，三家之辑佚却不可忽略。余萧客仅辑一条。王谟、黄奭所辑二十四条，为学者了解、寻检范宁例法提供了方便。然二者所辑尚有遗漏，且以例为目，未标明鲁公的庙号与年份，读者检阅、利用多有不便。

本文兹据阮元校刻《十三经注疏》本，搜佚、整次杨士勋《疏》中属于范氏“略例”者，自拟例名，附以经文，并以案语形式与清人所辑对勘，备举如下：

1. 不书王例：桓公元年，春，王。杨《疏》：“又范氏例云：《春秋》上下无王者，凡一百有八。桓无王者，见不奉王法；余公无王者，为不书正月，不得书王。”（案：同《古经解钩沉》本，同王、黄本。）

2. 遂事例：桓公八年，祭公来，遂逆王后于纪。杨《疏》：“依范氏略例，凡有十九遂事，传亦有释之者，亦有不释者，此是例之首。”（案：同王、黄本。）

3. 逆王后例：桓公九年，春，纪季姜归于京师。杨《疏》：“范氏略例云：逆王后有二者，以书逆王后，皆由过鲁。若鲁主婚而过我，则言归。若不主婚而过我，则直言逆。”（案：同王、黄本。）

4. 迁例：庄公十年，三月，宋人迁宿。杨《疏》：“范略例云：凡迁有十。亡迁有三者，齐人迁阳，宋人迁宿，齐师迁纪是也。好迁有七者，邢迁夷仪，卫迁帝丘，蔡迁州来，许迁于叶，许迁于夷，许迁白羽，许迁容城是也。余迁皆月，许四迁不月者，以其小，略之如邑也。迁纪不月者，文承月下，蒙之可知也。”（案：同王、黄本。）

5. 灾例：庄公二十年，夏，齐大灾。杨《疏》：“范例云：灾有十二，内则书日，外者书时，国曰灾，邑曰火。内则书日，新宫、御廪之类是也。其外则时者，则宋大水、齐大灾之等是也。”（案：同王、黄本，同”范自例”28、30。）

6. 祭祀例：闵公二年，夏，五月，乙酉，吉禘于庄公。杨《疏》：“故范略例云：祭祀例有九，皆书月以示讥。九者谓：桓有二烝一尝，总三也；闵吉禘，四也；僖禘大庙，五也；文著袷尝，六也；宣公有事，七也；

昭公禘武宫，八也；定公从祀，九也。”（案：同王、黄本。）

7. 内女卒葬例：僖公九年，秋，七月，乙酉，伯姬卒。杨《疏》：“范氏别例云：内女卒葬例有六，葬有三，卒亦有三。卒者，此文一也，僖十六年鄫季姬二也，成八年杞叔姬三也。葬者，庄四年葬纪伯姬，三十年葬纪叔姬，襄三十年宋葬共姬是也。文十二年子叔姬不数之者，与此伯姬同是未适人，故总为一也。”（案：与王、黄本内容略异，其中“内女卒葬例有六，葬有三，卒亦有三。卒者，此文一也”，王、黄本作“有大葬三，卒亦有三，卒者，僖公九年伯姬一也”①，其余内容同。同“范自例”29。）

8. 获例：僖公十五年，冬，十有一月，壬戌，晋侯及秦伯战于韩，获晋侯。杨《疏》：“范别例云：凡书获有七：谓莒挐一也，晋侯二也，华元三也，蔡公子湿四也，陈夏啮五也，齐国书六也，麟七也。”（案：同王、黄本。）

9. 不告朔例：文公六年，冬，闰月不告月，犹朝于庙。杨《疏》：“范氏别例云：书不告朔有三，皆所以示讥耳。则此文，一也；公四不视朔，二也；襄二十九年，公在楚，三也。”（案：同王、黄本。）

10. 三望例：文公六年，冬，闰月不告月，犹朝于庙。杨《疏》：“范例‘犹’有五等，发传者三：僖三十一年犹三望，独发传者，据始也；宣三年不发传者，从例也；成七年亦不发传者，亦为从例可知也；此年发传者，朝与三望异也；宣八年发传者，嫌仲遂有罪，得不寝，礼，又绎祭与朝庙礼异，故也。”（案：“得不寝”，王、黄本作“得不废”，其他内容同②。）

11. 夫人行例：文公九年，春，三月，夫人姜氏至自齐。杨《疏》：“范氏例云：夫人行有十二，例时，此致而书月者，盖以非礼而致，故书月以刺之，余不书月者，当条皆有义耳。夫人行十二者：文姜七如齐，再如莒，是九也；夫人姜氏会齐侯于阳谷，十也；夫人姜氏会齐侯于下，

①〔清〕王谟辑：《范宁穀梁传例》，第4页a；〔清〕黄奭辑《范宁穀梁传例》，第3页a—b。

②〔清〕王谟辑：《范宁穀梁传例》，第5页a；〔清〕黄奭辑《范宁穀梁传例》，第4页a—b。

十一也；并数此夫人姜氏，是十二也。”（案：王本“夫人姜氏会齐侯于云”，当作“于下”。[①]其他内容同王、黄本。）

12. 地震例：文公九年，秋，九月，癸酉，地震。杨《疏》：“范例云：地震五，例日。”（案：今增补。）

13. 还例：文公十三年，十有二月，己丑，公及晋侯盟，还自晋。杨《疏》：“还例有四，范别例云三者，盖直据内为三，不数外臣故也。”（案：今增补）

14. 放大夫例：宣公元年，晋放其大夫胥甲父于卫。杨《疏》：“范别例云：放大夫凡有三，晋放胥甲父一，昭八年楚放公子昭二，哀三年蔡人放公孙猎三也[②]。”（案：同王、黄本。）

15. 缓辞例：宣公三年，春，王正月，郊牛之口伤。杨《疏》：“旧解范氏别例云凡三十五，范既总为例，则言‘之’者，并是缓辞也。”（案：同王、黄本。）

16. 作例：成公元年，春，三月，作丘甲。杨《疏》：“范别例云：作例有六，直云作者三，云新作亦三也。云作三者，谓作丘甲，一也；作三军，二也；作僖公主，三也。云新作三者，谓新作南门，一也；新延厩，二也；新作雉门及两观，三也。言作者不必有新，言新[③]则兼作也。”（案：同王、黄本。）

17. 出女例：成公五年，春，王正月，杞叔姬来归。杨《疏》：“范氏云：出女例凡三，齐人来归子叔姬，一也；郯伯姬来归，二也；此杞叔姬来归，三也。”（案：同王、黄本。）

18. 溃例：成公九年，楚公子婴齐帅师伐莒。庚申，莒溃。杨《疏》：

①〔清〕王谟辑：《范宁穀梁传例》，第5页a。

② 杨《疏》原作“哀二年蔡人于公孙猎三也”，据阮刻本经文“哀公三年，蔡人放其大夫公孙猎于吴”改。

③“言新”二字原无，阮元《校勘记》：“闽、监、毛本同单疏本上有‘言新’二字，案有者是。”据补。参见〔清〕范宁集解，〔清〕杨士勋疏：《春秋穀梁传注疏》卷十三《校勘记》，第5254页。

"范别例云：凡溃有四，发传有三。僖四年'蔡溃'，传曰'溃之为言上下不相得也'；此'莒溃'，传曰'大夫溃莒而之楚'。二者虽同，是不相得，与君臣不和自溃散少异，故亦发传。昭二十九年'郓溃'，彼郓是邑，与国殊，故重发传；一解郓不伐而自溃，与常例异，故重发之。文三年'沈溃'不发者，从例可知也。"（案：同王、黄本。）

19. 称弟例：成公十年，春，卫侯之弟黑背帅师侵郑。杨《疏》："故范准例[1]言之，称弟之例有四意，齐侯之弟年来聘，郑伯使其弟御来盟，为接我称弟；卫侯之弟专，为罪兄称弟；陈侯之弟招，恶之称弟；叔肸及卫侯之弟黑背，为贤称弟，是有四也。"（案：今增补。）

20. 乞师例：成公十七年，晋侯使荀罃来乞师。杨《疏》："范别例云：乞师例有三。"（案：与王、黄本例名、内容皆异。）

21. 蒐狩例：昭公八年，秋，蒐于红。杨《疏》："范氏例云：蒐狩书时，其例有九。书狩有四，言蒐有五。称狩有四者，桓四年狩于郎，一也；庄四年狩于郜，二也；僖二十八年狩于河阳，三也；哀十四年西狩获麟，四也。蒐有五者，此蒐于红，一也；十一年，大蒐于比蒲，二也；二十二年大蒐于昌间，三也；定十三年大蒐于比蒲，四也；定十四年，又大蒐于比蒲，五也。""范例又云：器械皆常，故不云大。言大者，则器械过常。"（案：王、黄本未录"范例又云"内容。同"范自例"22。）

22. 在例：昭公三十年，春，王正月，公在乾侯。杨《疏》："范例云：在，有故。言在，非所在也。"（案：今增补。）

23. 唁例：昭公三十一年，晋侯使荀栎唁公于乾侯。杨《疏》："范例云：唁有三，吊失国曰唁。唁虽有三，吊失国三，三释一而已。"（案：同王、黄本。）

24. 宫庙例：定公元年，秋，立炀宫。杨《疏》："范例云：宫庙有三者，三者文有详略。详略见功有轻重，丹楹功少，故书时；刻桷功重，故

① 此条称"范准例"，内容与其他所称引之例相近，而"范准例"之名较突兀，笔者疑"准"字为衍文。

录月。”（案：同王、黄本。）

25. 诸侯例：定公四年，刘卷卒。杨《疏》：“范例云：寰内诸侯，非列土诸侯。非列土诸侯而书之者，贤之也。”（案：今增补。）

26. 会葬例：定公十五年，九月，滕子来会葬。杨《疏》：“范例云：会葬四”（案：今增补。）

27. 克例：定公十五年，秋，九月，戊午，日下稷，乃克葬。杨《疏》：“范例云：克例有六。”（案：内容异于王、黄本，王、黄本将杨疏“解郑伯克段一，不克纳二，雨不克葬、日中而克葬各二，是谓四，通前二为六也”归入范例。）

28. 郊例：哀公元年，夏，四月，辛巳，郊。杨《疏》：“范例云：书郊有九：僖三十一年，夏，四月，四卜郊，不从，乃免牲，犹三望，一也；宣三年，郊牛之口伤，改卜牛，牛死，乃不郊，犹三望，二也；成七年，鼷鼠食郊牛角，三也；襄七年，夏，四月，三卜郊，不从，乃免牲，四也；襄十一年，夏，四月，四卜郊，不从，乃不郊者，五也；定公、哀公并有牲变，不言所食处，不敬莫大，二罪不异，并为一物，六也；定十五年，五月郊，七也；成十七年，九月用郊，八也；及此年，四月，辛巳，郊，九也。”（案：王、黄本“僖二十一年”当作“三十一年”，“日伤”当作“口伤”，“襄十二年”当作“襄十一年”，“辛巳”后脱“郊”字。①）

29. 入例：哀公七年，秋，八月，己酉，入邾，以邾子益来。杨《疏》：“范例云：僖二十八年，三月，丙午，晋侯入曹，执曹伯，畀宋人，传曰：‘入者，内弗受也。日入，恶入者也。’次恶则月，据此日入与被例同，故知日入以表恶之。”（案：今增补。同“范自例”6。）

30. 夫人薨例：哀公十二年，夏，五月，甲辰，孟子卒。杨《疏》：“故范例：夫人薨者十，而书葬者十。夫人之道，从母仪。即桓公夫人文姜一，庄公夫人哀姜二，僖公之母成风三，文公之母声姜四，宣公之母顷熊

---

① 参见〔清〕王谟辑：《范宁穀梁传例》，第7页b；〔清〕黄奭辑：《范宁穀梁传例》，第7页a—b。

五，成公之母穆姜六，成公之嫡夫人齐姜七，襄公之母定姒八，昭公之母归氏九，哀公之母定戈十。十者并书葬，其隐公夫人从夫之让，昭公夫人讳同姓，二者皆不书葬也。”（案：同王、黄本。）

以上对范宁“略例”的辑录与清人王谟、黄奭所辑内容相同者较多，但也存有差异。相较而言，本文所作工作具体体现于以下两方面：

其一，对清人辑本的剔减与增补。具体而言，今辑本共30例，对清人辑本剔减1例，增补7例。所剔减者为王谟、黄奭辑本中的“日食例”。此例存于“隐公三年，春，王二月，己巳，日有食之”下杨《疏》中，范宁注只是引用了杜预注与京房《易传》，自己并未做任何阐发，故杨士勋云“未审范意如何”[①]。而下云“《穀梁》之例，书日食凡有四种之别”实为杨氏所总结，并不属于范宁“略例”内容。具体增补者有“地震例”“还例”“称弟例”“在例”“诸侯例”“会葬例”“入例”等，于杨《疏》中它们皆直接冠名“范例”“范氏例”而提出，应属“略例”范畴，然清人未辑，今明列以补阙略。

其二，例名的更改。杨《疏》所称引范宁“略例”多云“凡 × 有 ×”，并未列具体的例名。清人与笔者辑佚时皆拟定了名称，具体名称略不同：如上列例20“乞师例”，王谟、黄奭皆命名为“乞例”。通过本条杨士勋《疏》文“乞例六者，乞师五，乞盟一，并之为六。乞师五者，公子遂、晋郤锜、栾黡、荀罃、士鲂是也。乞盟一者，郑伯是也”，可知“乞”与“乞师”有着不同内涵，“乞”包括“乞师”与”乞盟”，而“乞师”则专指请求援军。结合此处经文作“晋侯使荀罃来乞师”，范注称“乞师例有三”，其实是将“乞师”单独立例。且范氏言“乞师例有三”与杨《疏》“乞师五”相抵牾，故今辑佚范宁“略例”，依范注改称“乞师例”。

① 经文：隐公三年，春，王二月，己巳，日有食之。范注：“杜预曰：‘日行迟，一岁一周天。月行疾，一月一周天。一岁凡十二交会。然日月动物，虽行度有大量，不能不小有盈缩，故有虽交会而不食者，或有频交而食者。唯正阳之月，君子忌之，故有伐鼓用币之事。’京房《易传》曰：‘日者阳之精，人君之象。骄溢专明，为阴所侵，则有日有食之灾。不救，必有篡臣之萌。其救也，君怀谦虚下贤，受谏任德，日食之灾为消也。’”〔晋〕范宁集解，〔唐〕杨士勋疏：《春秋穀梁传注疏》卷一，第5134页。

(三) 范宁“略例”述论

今范宁“略例”存于杨《疏》中，由上所列不难察知其特色。从表面上看，大部分“略例”书写有着相似性，如例4、5、6、7、8、9、10、11、14、16、21、28等。仅以例4、例7、例16细观之。

例4“迁例”：

> 范略例云：“凡迁有十。亡迁有三者，齐人迁阳，宋人迁宿，齐师迁纪是也。好迁有七者，邢迁夷仪，卫迁帝丘，蔡迁州来，许迁于叶，许迁于夷，许迁白羽，许迁容城是也。余迁皆月，许四迁不月者，以其小，略之如邑也。迁纪不月者，文承月下，蒙之可知也。”①

此中，范宁首举《春秋》经文“迁”例总数目，然后分别条例经文的“亡迁”“好迁”，并阐述许、纪“迁”而不书“月”之原因。

例7“内女卒葬例”：

> 范氏别例云：“内女卒葬例有六，葬有三，卒亦有三。卒者，此文一也；僖十六年鄫季姬二也；成八年杞叔姬三也。葬者，庄四年葬纪伯姬，三十年葬纪叔姬，襄三十年宋葬共姬是也。文十二年子叔姬不数之者，与此伯姬同是未适人，故总为一。”②

此中，范宁亦先举“卒葬例”数目，然后分别罗列“卒例”“葬例”各三处，并诠释“文十二年子叔姬不数”的缘由。

例16“作例”：

> 范别例云：“作例有六，直云作者三，云新作亦三也。云作三者，谓作丘甲，一也；作三军，二也；作僖公主，三也。云新作三者，谓新作南门，一也；新延厩，二也；新作雉门及两观，三也。言作者不必有新，言新则兼作也。”③

此例亦同于上两者，先计“作”例数目，然后分别列“作”“新作”各三

---

①〔晋〕范宁集解，〔唐〕杨士勋疏：《春秋穀梁传注疏》卷一，第5171页。

②〔晋〕范宁集解，〔唐〕杨士勋疏：《春秋穀梁传注疏》卷一，第5200页。

③〔晋〕范宁集解，〔唐〕杨士勋疏：《春秋穀梁传注疏》卷一，第5248页。

处，并分析“作”与“新作”的区别。

由上述“迁例”“卒葬例”“作例”等，可知范宁“略例”内容大约可分为三个部分：一全面统计《春秋》中该例之书写次数；二详细条列该例在经文中的出处；三归纳该例的书写章法，并剖析个别特殊书写的具体意涵。由此“略例”的特色亦显而易见，即其为范宁对《春秋》经文的论析总结，主要是比勘、统计《春秋》经文所书，剖析异同，进而彰显经文的褒贬之意和书法义理。概而言之，即比经成例，由例释经。职是之故，上列例17虽未冠名“范例”“范略例”“范氏例”等，而用的是“范氏云”，但内容明显包含着“略例”的三个主要组成部分，也应属于“略例”范畴，故今列之。而综观杨《疏》中的“略例”，其更偏重于对《春秋》记“事”的归纳与分析，有着较详细完整的格式，彰显了《春秋》属辞比事之笔法。

值得注意的是，因为杨士勋在征引范宁“略例”时，采用了直接引用、转述、摘录引用、大意引用等各种不同方式，《疏》中的“略例”并非全部都包含上述完整的三方面内容。如例12杨《疏》引“范例”只云“地震五，例日”，并未详列该例五处经文。另有少数“略例”如例22、例26、例29，只是对《春秋》经文记载内容以及遣词用字、时间书写的阐述，亦与上述诸例差异明显。

简单地看，杨《疏》中对范宁“略例”主要是征引之。细而绎之，这种征引并非简单照录，又内含着他对范宁“略例”的深入研究。具体如例9，杨士勋先云“范例‘犹’有五等，发传者三”，此为转述范“略例”，然后依据范宁“略例”常用笔法分别列“发传者”与“不发传者”，并作具体诠释。如所列“宣三年不发传者”“成七年亦不发传者”，杨《疏》皆以“从例”或“从例可知”进行解释，此“例”应为范宁所立“略例”中“犹三望”之不发传者。杨士勋疏解时亦有对范宁“略例”提出质疑并补正者。如例13，杨《疏》云：“还例有四，范别例云三者，盖直据内为三，不数外臣故也。”对于“还例”，“范别例”云“三”，而杨士勋依据经文指出“还例四”，并对范宁归纳此例的标准进行推测性的诠解，即“盖直据内为三，不数外臣故也”，由此解释了二者数目差异的原因。

在梳理中，我们还发现杨《疏》中的“略例”与范宁其他例法具有相通性。具体如上辑“略例”中的“案语”所示，“略例”例5、7、21、30与前文“范自例”28、30、29、22、6相互文。今以”灾例”为例列表细察之。

例之类别	例名	例之内容
略例	例5“灾例”	范例云：“灾有十二，内者书日，外者书时。”
范自例	例28“内灾例”	范宁注：“内灾例日。”
	例30“外灾例”	范宁注：“外灾例时。”

“略例”例5内容与“范自例”28、30皆于“灾”立例，具体又有内灾、外灾之分，但“略例”与“范自例”核心要义相通，即常例为内灾日、外灾时。

“略例”例7“内女卒葬例”与“范自例”例29“内女卒例”虽内容有异，但皆就“内女”“卒”与“葬”立例，相互补充，共同诠释《春秋穀梁》内女卒葬的书写规则；“略例”例21“蒐狩例”与“范自例”例22“蒐狩例”二者皆诠释“蒐狩”，阐明其书时为常例，内容也几近完全一致。“略例”例30“入例”与“范自例”例6“入例”，皆就“入”之时间书写阐释经文褒贬之意，指出“入”书时为常例，次恶则月，恶甚则日。故而“范自例”与“略例”相互文者，虽表述形式略有差异，但内含的例法是相通的。这亦为考察“范自例”与“略例”关系提供了重要线索。

五、结语

范宁承继《穀梁》家法，商略名例，敷陈疑滞，阐释《春秋》本旨。其解经先通《传》，《集解》中的“传例”即是范宁对《穀梁传》内含义例的归纳、勾提，据例而通经，申说经义。“传例”之外，范宁进一步剖析《春秋穀梁》经传文，构建“范自例”，以补充“传例”，并于注中一一明示，由例而明义。今杨《疏》中所称引的“范氏例”“范氏略例”“范略例”“范氏别例”“范别例”等，皆异名同指，可统称“略例”。《疏》中“略例”由范宁贯通《春秋》经文，究其异同，比经而推得，并别录而传世。“传例”“范自例”“略例”三者各具特色，从例之创发性上而言，“范自例”“略例”都是范宁的新建构，可合称“范宁例”。清儒余萧客于杨《疏》中钩沉“略例”一条，而径称“范宁例”，盖即因此。从例之归属上看，三者皆是范宁《穀梁》例学的重要内容，互为补充，相得益彰，共同建构了范宁《穀梁》例学体系。而范宁《穀梁》例学的构建反过来有助于深入诠释经文之阃奥，亦进一步加强了《春秋》“一字之褒，宠逾华衮之赠；片言之贬，辱过市朝之挞”[①]奖善惩恶的功能。

《隋书·经籍志》著录的范宁《春秋穀梁传例》一卷，此为例学专著，而今《集解》中的“传例”亦是《春秋》例学之专用名词。从书名及篇幅上看，《春秋穀梁传例》一卷极可能是辑录《集解》中38条“传例”而成。“略例”与“传例”特色迥异，不应录入。王谟、黄奭等人对《传例》一书的辑佚有失妥当，误将“略例”录入，系因对范宁义例失于详查所致。

杨士勋称：“商略名例者，即范氏别为“略例”百余条是也。”[②]《略例》一书书名盖从范宁“商略名例”一语得之，其作为范宁《穀梁》例学之专著，内容盖应涵括“传例”“范自例”与杨《疏》中的“略例”。而本文对三类义例的区辨与考察已对笔者此观点提供进一步佐证，兹再总结简述如下：

一、范宁《春秋穀梁传序》称《略例》为其撰《集解》时与门生故吏、兄弟子侄等“商略名例”而成书。而今所辑“传例”正有“徐邈曰：传例曰”“泰曰：传例曰”，可谓是当时他们“商略名例”的明证，此类“传例”应属于《略例》一书。由此推之，则今辑《集解》中的其他“传例”亦可能属于《略例》一书。

二、“范自例”与“略例”内容互文者四则，而杨士勋《疏》称引时直接称“范略例云”“范氏例云”等等，而《疏》中的“范略例”“范氏例”皆引自《略例》一书，进而可知与之相互文的几条“范自例”亦应归属《略例》一书。而从此角度推衍，其余的“范自例”应具有一致性，即同属于《略例》，只是杨《疏》没有全部称引而已。

三、统计上文，“传例”“范自例”“略例”三类例法共计101条，与杨士勋《疏》中所称“别为略例百余条”一致，契合《略例》一书的数目。

故而，《略例》实是将范宁由《穀梁传》所勾提的“传例”以及自己建构

①〔晋〕范宁集解，〔唐〕杨士勋疏：《春秋穀梁传注疏》序，第5125页。

②〔晋〕范宁集解，〔唐〕杨士勋疏：《春秋穀梁传注疏》序，第5128页。

的“范宁例”（“略例”与“范自例”）汇整编集而成的总结之作，也是《穀梁》例学归纳积累的成果。

《传例》署名范宁见载于正史，为单行本传世，其主体内容为《集解》中的“传例”。如此，《略例》一书应包含着《传例》，内容更丰富。进而言之，范宁解经以《穀梁传》为依归，作《集解》需先通《传》，故《传例》成书应较早。《略例》则作为范宁例学的集成之作，成书或当晚于《传例》《集解》。

由此再反观四库馆臣之论点，认为范宁《略例》被杨士勋“割裂”于注疏中，则言嫌随意，有失谨慎。一方面，“割裂”说忽略了《略例》与杨《疏》的关系。杨士勋旨在借助范宁《略例》一书疏解《春秋穀梁集解》，面对《集解》中经、传、注已定的编排，他将别行于世的《略例》中三类义例置于相应注、疏下，以便更清晰阐析范注内涵；这种“散入”“名例”的义疏方式，看似割裂拆分了例学著作，实是贯通经、传、注的重新编次。另一方面，“割裂”说也无视杨士勋对范宁例学的研究。今于杨《疏》中多见“略例”，细而考之，这些“略例”的三分之一多已非原貌。而杨士勋无论是直接征引还是摘录、转述，都内含着其深入的思考，同时还作了勘误、补正的工作。而这些工作都是杨士勋全面把握范宁义例之后的进一步阐发。故而，“割裂”一词实为皮相之见，失审之至，本文厘正之。

要而言之，《集解》中的“传例”“范自例”与杨士勋《疏》中的“略例”之建构，不仅使范宁例学之要旨得以清晰呈现，还使《春秋穀梁》经传之微言大义得到深刻彰明。杨士勋在作义疏时，对《穀梁》例法亦进行了发展和引申。经过《穀梁传》、范宁《集解》、杨士勋《疏》的层层扩衍、细化与补充，《穀梁春秋》义例体系得到系统性构建。《穀梁春秋》学亦赖其义例体系的构建、完善得到进一步发展。

（本文刊发于叶翰、李纪祥主编《圣域麟经：世界汉学与春秋学论集》，台北：唐山出版社，2020年版。）

经史之间：侯康《穀梁礼证》诠释理路研究

许超杰

侯康(1798—1837)，字君谟，番禺人，道光十五年(1835)举人，撰有《穀梁礼证》《春秋古经说》《补后汉书艺文志》《补三国志艺文志》《后汉书补注续》《三国志补注》等书。[①]《穀梁礼证》为侯康《春秋》学之代表作，亦是清代《穀梁》学的重要著作。《穀梁礼证》实为侯康遗著，由其弟侯度整理刊印。今本《穀梁礼证》分为二卷，卷一为二十九条，卷二为二十三条，共五十二条，

① 参见赵尔巽主编：《清史稿》卷四八二，北京：中华书局，1977年版，第13286页。吴连堂认为侯康之字为“君模”而非“君谟”，其言曰：“‘模’据陈澧《穀梁礼证序》《二侯传》；《续皇清经解》及《清史稿》作‘谟’。案，侯康原名廷楷，取字‘君模’较为切合，且陈澧与侯康交谊甚久，陈氏当不误，以作‘模’为是。”(吴连堂：《清代穀梁学》，新北：花木兰出版社，2016年版，第324页。)附记于此，以备一说。

要皆考求《穀梁》礼仪、礼义者也。[1] 此书篇幅虽短小，但就前人对此书之探讨而论，其属性却颇为复杂。陈澧、伍崇曜分别为《穀梁礼证》安排了一个面向史学的体系与接续《春秋》礼学的经学脉络，可谓《穀梁礼证》的两种最为重要也颇有歧异的理解模式。然前贤对此二家之说似尚无深入探讨，故笔者不揣鄙陋，分疏二家对侯康《穀梁礼证》之诠解，以就教于大方之家。

一、伍崇曜论侯康《穀梁》学之经学脉络与“《春秋》礼学”源流

《穀梁礼证》经侯度整理之后，由伍崇曜为之刊印，伍氏跋《礼证》曰：

> 按《左传发凡》，杜预谓皆周公礼典。韩起见《易象》《春秋》，亦谓周礼在鲁。孙复作《春秋尊王发微》，叶梦得讥其不深于礼学，故其言多自抵牾。盖礼与《春秋》本相表里，故自宋张大亨《春秋五礼例宗》、魏了翁《春秋左传要义》、元吴澄《春秋纂言》、明石光霁《春秋钩元》、国朝万斯大《学春秋随笔》、毛奇龄《春秋毛氏传》、惠士奇《半农春秋说》，皆于典礼三致意焉。三代之文章、礼乐犹可以考见其大凡，然要皆详于《左氏》而略于《公》《穀》。夫典制莫备于《左氏》，而义理莫精于《穀梁》，惟《公羊》杂出众师，时多偏驳耳。[2]

自伍崇曜跋语视之，“礼与《春秋》本相表里”，故自可由《春秋》而论礼也。伍氏所列虽以《左传》为主，然其以为“典制莫备于《左氏》，而义理莫

---

① 学界对于《穀梁礼证》之研究较少，要言之，盖唯文廷海、吴连堂二家。文廷海从诠释的角度对《穀梁礼证》予以概述，以点及面。吴连堂《清代穀梁学》是今见对《穀梁礼证》最为详细的考论，吴氏分为“作者传略”“概述”“成就”“价值”四部分对《穀梁礼证》予以考察，尤其是“成就”部分，对十余条《礼证》文本予以详尽的梳理、分析，对侯康《礼证》“证礼”之得失作了深入的探讨，颇有价值。但无论是文氏还是吴氏，多是从具体礼仪入手对《礼证》予以考察，但笔者以为，除分析《礼证》之内容、方法外，亦应对侯康的学术倾向及《穀梁礼证》的定位予以研究。唯其如此，才能更好地认识《穀梁礼证》，也更易于从侯康的学术体系及清代学术史的角度予以探讨。由于吴氏对《礼证》之内容已有详尽分析，故笔者只就吴氏研究尚可深入或其未曾涉及之点予以探讨，侧重就其学术史意义予以研究。

②〔清〕伍崇曜：《穀梁礼证跋》，〔清〕侯康：《穀梁礼证》，《岭南遗书》，道光三十年刻本。

精于《穀梁》”，则认为《春秋》礼学仍当以《穀梁》为义理之据，故伍崇曜此跋可谓为《穀梁礼证》编排了一个《春秋》礼学的传承脉络，也就是将《穀梁礼证》摆置在接续《春秋》礼学的经学体系之中。事实上，伍氏此跋并非特创，要皆得之于《四库全书总目》。《总目·春秋五礼例宗提要》曰：

考《左传发凡》，杜预谓皆周公礼典，韩起见《易象》《春秋》，亦谓周礼在鲁。孙复作《春秋尊王发微》，叶梦得讥其不深于礼学，故其言多自抵牾。盖礼与《春秋》本相表里。大亨是编，以杜预《释例》与经踳驳，兼不能赅尽，陆淳所集啖、赵《春秋纂例》亦支离失真，因取《春秋》事迹，分吉凶军宾嘉五礼，依类别记，各为总论。……元吴澄作《春秋纂言》，分列五礼，多与此书相出入。[①]

由此条提要可知，伍崇曜跋语自是袭于此文而来，非但与张大亨、吴澄等源流一致，即便述“礼与《春秋》本相表里”之言、叶梦得批驳孙复之语，亦原文照录。然伍氏为侯康《穀梁礼证》勾勒一《春秋》礼学之脉络，亦不为无功，伍崇曜将其摆置到《春秋》经学的传承脉络之中，从中亦可看出侯康《礼证》之所以是“礼证”，便是自叶梦得所源出。伍氏历数叶氏以下，自宋迄清以礼治《春秋》之诸家，不仅为侯康勾勒了一个系谱，也为侯康论证了以礼治《穀梁》之可能。就《春秋》礼学之建构而言，叶梦得可谓最具代表者。叶氏《春秋考·序》曰：

去古既远，圣人之道不明，先王之典籍残缺几亡。《春秋》立大法而遗万世者也，不知圣人之道，孰与发其义；不见先王之典籍，孰与定其制。当孔子时，夏商之礼已无可据。韩宣子适鲁，始见周礼尽在鲁地，他国盖无有也。至于论爵之辨，孟子已不能得其详。……故吾读《周官》至五等诸侯封国之数，大国、次国、小国之军制，与夫诸侯之邦交、世相朝者，喟然皆知其出于僭乱者之所为，而上下数千余载之间，卒未有辨者。则居今之世而求古之道，兹不亦甚难而不可忽欤？虽然文武之道未

① 魏小虎编撰：《四库全书总目汇订》卷二七“春秋五礼例宗”条，上海：上海古籍出版社，2012年版，第805页。

坠于地，六经之所传、百世之所记犹在。吾所谓失者非苟去之也，以其无当于义也，盖有当之者焉。吾所谓非者，非臆排之也，以其无验于事也。盖有验之者焉，则亦在夫择焉而已。[①]

叶梦得认为，当孔子之时，礼崩乐坏，夏商之礼无可据，周礼独在鲁，而他国无焉。及至孟子之时，已不能论爵制。即当孔孟之时，礼文礼典缺失，以孟子之圣，亦不能知之者。故而，叶氏认为《周官》所载之礼虽号为周礼，然并不能为其所信，而当是后世伪书。然“不见先王之典籍，孰与定其制”，要之，盖以《春秋》定之。周礼独在鲁，夫子据之以修《春秋》，则《春秋》者，夫子所定大经大法，亦即夫子所定之礼典也。张大亨《春秋五礼例宗》与之相仿佛，其言曰：“盖周礼尽在鲁矣，圣人以为法。凡欲求经之轨范，非五礼何以质其从违观者，或无间于古今，则当信予言之不妄也。”[②]

其所以可自《春秋》考求夫子之礼者，吴澄、石光霁之论可为之据。吴澄论曰：“凡《春秋》之例，礼失者书出于礼则入于法，故曰刑书也。”[③]《四库全书总目》“春秋钩元”条亦曰：“以《春秋》书法分属五礼，凡失礼者则书之以示褒贬。”[④]夫子因礼崩乐坏、礼乐征伐自诸侯出而作《春秋》，褒贬讥绝，要皆在“礼”。吴氏、石氏认为《春秋》“失礼则书之”，是亦的论。故以《春秋》而求夫子之礼，其礼可得也。

但在《春秋》礼学的脉络中，历代学者多认为《左传》较之《公》《穀》更为重要。如伍跋所论及之《春秋左传要义》《春秋毛氏传》皆持此论。《四库全书总目》“春秋左传要义”条曰：

其书节录注疏之文，每条之前各为标题，而系以先后次第，与诸经

①〔宋〕叶梦得：《春秋考·原序》，《景印文渊阁四库全书》第149册，台北：台湾商务印书馆，1986年版，第248页下—249页上。

②〔元〕张大亨：《春秋五礼例宗·原序》，《景印文渊阁四库全书》第148册，台北：台湾商务印书馆，1986年版，第460页下。

③〔元〕吴澄：《春秋纂言·原序》，《景印文渊阁四库全书》第159册，台北：台湾商务印书馆，1986年版，第336页下。

④ 魏小虎编撰：《四库全书总目汇订》卷二八“春秋钩元”条，第846页。

《要义》体例并同。……凡疏中日月名氏之曲说烦重琐屑者，多刊除不录。而名物度数之间，则削繁举要，本末灿然。盖《左氏》之书详于典制，三代之文章礼乐，犹可以考见其大凡，其远胜《公》《穀》，实在于此。了翁所辑，亦可谓得其要领矣。[①]

《四库全书总目》“春秋毛氏传”条曰：

奇龄是书分改元、即位、生子、立君、朝聘、盟会、侵伐、迁灭、昏觌、享唁、丧期、祭祀、蒐狩、兴作、甲兵、田赋、丰凶、灾祥、出国、入国、盗杀、刑戮，凡二十二门。……其说以《左传》为主，间及他家。[②]

由是可见，无论是魏了翁还是毛奇龄，皆认为“《左氏》之书详于典制，三代之文章礼乐”，故说《春秋》礼学，当以《左传》为主，亦即胜于《公》《穀》。然则，侯康何以舍《左传》而论《穀梁》呢？即侯康为什么要撰写《穀梁礼证》呢？且郑玄有“《左氏》善于礼”之论[③]，陈澧言侯康“尤好《左氏传》”，然则“尤好《左氏传》”之侯康，何以不作《左氏礼证》，而撰《穀梁礼证》呢？盖《左传》与《公》《穀》有别也。叶梦得可谓以《春秋》说礼最为重要之一家，其论《左传》与《公》《穀》之别曰：

《春秋》为鲁而作乎？为周而作乎？为当时诸侯而作乎？为天下与后世而作乎？曰为鲁作《春秋》，非鲁之史也。曰为周作《春秋》，非周之史也。曰为当时诸侯作《春秋》，非当时诸侯之史也。夫以一天下之大，必有与立者矣。可施之一时，不可施之万世，天下终不可立也。然则，为天下作欤？为后世作欤？故即鲁史而为之经，求之天理则君臣也、

① 魏小虎编撰：《四库全书总目汇订》卷二七“春秋左传要义”条，第817页。

② 魏小虎编撰：《四库全书总目汇订》卷二九“春秋毛氏传”条，第872页。

③ 杨士勋《穀梁疏》曰：“三家之传，是非无取，自汉以来废兴由于好恶而已，故郑玄《六艺论》云：‘《左氏》善于礼，《公羊》善于谶，《穀梁》善于经。’是先儒同遵之义也。言《左氏》善于礼者，谓朝聘、会盟、祭祀、田猎之属不违周典是也；《公羊》善于谶者，谓黜周王鲁及龙门之战等是也；《穀梁》善于经者，谓大夫曰卒、讳莫如深之类是也。”（〔晋〕范宁集解，〔唐〕杨士勋疏：《春秋穀梁传注疏》序，阮元校刻《十三经注疏》附校勘记本，第七册，台北：艺文印书馆，1973年版，第3页上。）

父子也、兄弟也、朋友也、夫妇也，无不在也；求之人事则治也、教也、礼也、政也、刑也、事也，无不备也；……夫《春秋》者，史也；所以作《春秋》者，经也。故可与通天下曰事，不可与通天下曰义。《左氏》传事而不传义，是以详于史而事未必实，以不知经故也。《公羊》《穀梁》传义不传事，是以详于经而义未必当，以不知史故也。[①]

叶梦得将《春秋》分为史、事、经三个层面，"《左氏》传事而不传义"，"《公羊》《穀梁》传义不传事"，各得一偏。以叶氏之论观之，"《左氏》之书详于典制，三代之文章礼乐，犹可以考见其大凡"云云，"典制莫备于《左氏》"之说，莫非"传事而详于事"者也。至于其义，则当以《公羊》《穀梁》为主。与之相仿，惠士奇"承其家学，考证益密，于《三礼》核辨尤精"。《半农春秋说》："以礼为纲，而纬以《春秋》之事，比类相从，约取三传附于下，亦间以《史记》诸书佐之。"其论则"大抵事实多据《左氏》，而论断多采《公》《穀》"[②]。惠氏之说，实亦祖述叶梦得之论，事实即事与史，论断之依据即义。惠氏以事实、论断分《左传》与《穀梁》《公羊》之所偏重，实继叶氏而发。

我们从伍崇曜跋文入手，对其所排列的"《春秋》礼学"源流予以考察，可以发现伍氏为侯康编排了一个以《春秋》治礼的经学脉络。如伍氏所论非虚，则以《春秋》礼学源流脉络上溯下探，可知学人之钻研《春秋》礼学，其要在希图借助《春秋》而重探以至恢复夫子之礼。沿此脉络而论，则侯康《穀梁礼证》之目的，盖亦在恢复夫子之礼，则其鹄的在"经"而不在"史"。

二、侯康《春秋》学之史学面向：以《春秋古经说》为中心

相较于伍崇曜为侯康编排《春秋》礼学的经学脉络及其可能性，陈澧则更倾向于将侯康之学指向于"史"。陈氏与侯康交游甚久，其论侯康之学，颇有知人论世之感。陈澧尝为侯康撰传曰：

君模幼孤好学，喜读史……后乃研精注疏，尽通诸经，而史学尤深。

①〔宋〕叶梦得：《叶氏春秋传·原序》，《景印文渊阁四库全书》第149册，第2页下—第3页上。

② 魏小虎编撰：《四库全书总目汇订》卷二九"半农春秋说"条，第883页。

正史之外，旁搜群籍，仿裴松之注《三国志》例，注隋以前诸史。尝曰：国初以梅氏《算书》、顾氏《读史方舆纪要》、李氏《南北史合钞》称天、地、人三奇书。论者谓李书未可鼎足，吾书成，其将取而代之。[①]

陈东塾虽然说侯康"尽通诸经"，但其为侯氏所撰之传，述其学术，其要仍在于史，即所谓"史学尤深"者也。而就《春秋》三传而言，陈东塾亦径言侯康"尤好《左氏传》"[②]。"尤好《左氏传》"的提出，一定程度上似乎亦可视为"史学尤深"论在侯康《春秋》学中的延续。东塾之论自非无据，侯康曾撰《春秋古经说》一书，分上下卷，共辑录《春秋》三传《春秋》经异文五十八条。凡此数十条之异，侯氏皆以"古经"为是，而以《穀》《公》为非。东塾"尤好《左氏传》"之说，或即由此而来。《春秋古经说》篇幅虽与《穀梁礼证》相仿，然条目遍布《春秋》十二公，非随意选取，而是遍该全书异文之论，当为完书。自此书观之，侯氏之《春秋》学似有偏于《左传》之倾向。如其于"隐三年夏四月君氏卒"条曰：

"君"，《公》《穀》作"尹"，云天子之大夫。按：左氏亲见国史，不应以男子为妇人，乖谬至是。盖经本作君氏，后字脱其半而成尹，如《战国策》以"赵"为"肖"、以"齐"为"立"。[③]

侯氏以"左氏亲见国史"为说，认为《春秋》三传"君氏""尹氏"之别，当时流传过程中字有脱漏，故讹"君"为"尹"。此说之前提在于"左氏亲见国史"，亦即将《春秋》经文指向鲁史旧文。但夫子修《春秋》，《春秋》之经固不必等同于鲁史之文。是以，当侯康提出"左氏亲见国史"之时，已将《春秋》经文与鲁史旧文混同，《春秋》的"经／史"属性也有所混淆。即便回到三《传》，亦非是"亲见国史"一语即可解尽三《传》文字之异。《左传》此条曰：

夏，君氏卒，声子也。不赴于诸侯，不反哭于寝，不祔于姑，故不曰

①〔清〕陈澧：《二侯传》，《陈澧集》第一册《东塾集》卷五，上海：上海古籍出版社，2008年版，第195—196页。

②〔清〕陈澧：《二侯传》，《陈澧集》第一册《东塾集》卷五，第196页。

③〔清〕侯康：《春秋古经说》卷一，《岭南遗书》第五集，第1页b。

薨；不称夫人，故不言葬。[①]

《左传》将“君氏”指向“声子”，“声子”即隐公之母：

> 惠公元妃孟子，孟子卒，继室以声子，生隐公。宋武公生仲子，仲子生而有文在其手，曰“为鲁夫人”。故仲子归于我，生桓公而惠公薨。是以隐公立而奉之。[②]

因为“仲子生而有文在其手，曰‘为鲁夫人’”，故惠公薨后，隐公虽立，但仍有奉仲子之子桓公为太子之意。故隐公“不书即位，摄也”[③]。但“声子”一说，只是《左传》一家之言，《公羊》《穀梁》并无“声子”“仲子”出现。故无论是“君氏卒”还是“尹氏卒”出现在《春秋》经文中时，如何指向“声子”，这是《穀梁》《公羊》所不能承担也不必承担的课题。我们不妨来看《穀梁》《公羊》如何言说“尹氏卒”。《穀梁》曰：

> 尹氏者何也？天子之大夫也。外大夫不卒，此何以卒之也？于天子之崩为鲁主，故隐而卒之。[④]

《公羊》说与此有同有异，其言曰：

> 尹氏者何？天子之大夫也。其称尹氏何？贬。曷为贬？讥世卿。世卿，非礼也。外大夫不卒，此何以卒？天王崩，诸侯之主也。[⑤]

从上引文字可以看出，《穀梁》《公羊》皆上探经文“三月庚戌，天王崩”条为说，即将“尹氏”的身份指向上一条的“天王崩”，认为尹氏“于天子之崩为鲁主”。《公羊》以“讥世卿”为说，则更是指向昭公二十三年“尹氏立王子朝”[⑥]，以尹氏为世卿，故《春秋》贬之。但无论是讥世卿，还是为诸侯

---

①〔晋〕杜预注，〔唐〕孔颖达疏：《春秋左传注疏》卷三，阮元校刻《十三经注疏》附校勘记本，第六册，台北：艺文印书馆，1973年版，第50页下。

②〔晋〕杜预注，〔唐〕孔颖达疏：《春秋左传注疏》卷二，第28—29页。

③〔晋〕杜预注，〔唐〕孔颖达疏：《春秋左传注疏》卷二，第34页上。

④〔晋〕范宁集解，〔唐〕杨士勋疏：《春秋穀梁传注疏》序，第15页上。

⑤〔汉〕何休解诂，〔唐〕徐彦疏：《春秋公羊传注疏》卷二，阮元校刻《十三经注疏》附校勘记本，第七册，台北：艺文印书馆，1973年版，第27页下。

⑥〔汉〕何休解诂，〔唐〕徐彦疏：《春秋公羊传注疏》卷二四，第300页下。

主，《公羊》《穀梁》都是在经文脉络中寻找“尹氏”之经义。《左传》有“声子”“仲子”之说，将“君氏”指向“声子”，亦是《左传》体系内的诠释。但侯康以“亲见国史”四字说《春秋》经文当作“君氏”而非“尹氏”，则是忽略了《穀梁》《公羊》的传文脉络，同时也是忽略了《左传》作为《春秋》之“传”，而非“国史旧文”的“史学”指向。侯康在一定程度上将《春秋》经文的是非指向了“史”，而不是“经”。易言之，从对此条异文的分析中可以看出，侯康对《春秋》经传之研究，具有一定程度的史学指向。

如果说“尹氏”之论只是经文异文选择倾向的一种体现，那么，“隐五年春，公矢鱼于棠”条则可明显看出侯康并不遵守经学脉络。侯康曰：

> “矢”，《公》《穀》作“观”，《史记·鲁世家、十二诸侯年表》《汉·五行志下上》皆作“观”。按臧僖伯有“则公不射”之语，故叶氏梦得云古者天子、诸侯必亲射牲，因而获禽以共祭。春，献鱼之节也，公将盘游，托射牲以祭焉。惠氏《补注》亦引《周礼·射人》祭祀则赞射牲、司弓矢，共射牲之弓矢，及《外传》“左史猗相”语证之。又《淮南·时则训》“季冬命渔师始渔，天子亲往射鱼”，则矢鱼更有明文矣。《淮南》以夏令纪事，夏之季冬，正周之春。盖公本意在观而托名于矢，言矢则观见，言观则矢不见，古经为长。①

对于《左传》“矢鱼”与《穀梁》《公羊》“观鱼”的文字差异，侯康以《周礼·射人》《淮南子·时则训》为据，认为周代有诸侯春行矢鱼的记载，即春行矢鱼之礼的存在，从而认为“矢鱼”为周礼，当以“矢鱼”为是。侯康对“矢”与“观”的分析，都是从“文献有征”的角度所作的史学探讨，但作为“经说”而言，却难以使人信服。

侯康曰“《史记·鲁世家、十二诸侯年表》《汉·五行志下上》皆作‘观’”，不妨先来看看《史记》《汉书》之说。《史记·鲁世家》曰：“隐公五

①〔清〕侯康：《春秋古经说》卷一，《岭南遗书》第五集，第2页。

年，观渔于棠。”[①]《十二诸侯年表》曰：“公观鱼于棠，君子讥之。”[②]《鲁世家》文同于《公羊》《穀梁》所附经文，但更为重要的是《十二诸侯年表》直接提出“君子讥之”，则太史公并不是单单将“公观鱼于棠”放在“史”的脉络中，而是将“公观鱼于棠”视为“君子”视域下的讥贬事件。也就是说，《史记》是在循着经学的脉络论述“公观鱼于棠”这一事件。易言之，在太史公的视域中，“公观鱼于棠”是一“经学书写”，而非简单的“公矢鱼于棠”之“史学事件”。

《汉书》亦如是。《汉书·五行志》曰：“隐公五年‘秋，螟’。董仲舒、刘向以为时公观渔于棠，贪利之应也。”[③]也就是说，《汉书·五行志》在论说“隐公五年‘秋，螟’”之时，是将“秋，螟”拉到了此年春的“公观鱼于棠”。“公观鱼于棠”在此不是简单地作为历史事件出现在《汉书》中，而是作为灾异感应的触发点予以提出。

也就是说，《春秋》经文“矢鱼”还是“观鱼”的争议，在《史记》《汉书》中都不仅仅是“文献有征”就能解决的。至少在《史记》《汉书》的汉人经学观念中，只有“观鱼”才能成立。就此而言，最终仍需回到《穀梁》《公羊》的传文脉络之中。《穀梁》曰：

> 传曰：“常事曰视，非常曰观。”礼：尊不亲小事，卑不尸大功。鱼，卑者之事也。公观之，非正也。[④]

《公羊》曰：

> 何以书？讥。何讥尔？远也。公曷为远而观鱼？登来之也。[⑤]

无论是《穀梁》的“常事曰视，非常曰观，……尊不亲小事”，还是《公羊》的“讥”公“远而观鱼”，都是建立在“观鱼”为“非常之事”的基础之上，

---

①〔汉〕司马迁撰：《史记》卷三十三，北京：中华书局，2013年版，第1841页。

②〔汉〕司马迁撰：《史记》卷十四，第683页。

③〔汉〕班固撰，〔唐〕颜师古注：《汉书》卷二十七下之上，北京：中华书局，1962年版，第1445页。

④〔晋〕范宁集解，〔唐〕杨士勋疏：《春秋穀梁传注疏》卷二，第21页上。

⑤〔汉〕何休解诂，〔唐〕徐彦疏：《春秋公羊传注疏》卷三，第34页上。

因其非常，故而非正，故而可讥。但侯康将“矢鱼”指向“射鱼”，并进一步指出这是天子、诸侯之常礼。在《穀梁》《公羊》的传文脉络中，“常事不书”。如“矢鱼”为常礼，则本不必书。故此处之所以需要特书“公观鱼于棠”，则“观鱼于棠”非为常事可知。以《穀梁》《公羊》传文体系回溯，亦可知《穀梁》《公羊》所附经文必不能为“矢鱼”。易言之，以《穀梁》《公羊》体系衡之，夫子书写下的《春秋》本就不能是“矢鱼”。

侯氏以叶梦得说为基础，又以《周礼·射人》《淮南子·时则训》为据，提出春秋之时有天子、诸侯射鱼以祭之礼，并进而提出《春秋》经文当以“矢鱼”为是。侯康虽然以《左传》所附经文为是，但事实上，却也没有在《左传》的传文脉络中予以分析。《左传》曰：

> 五年春，公将如棠观鱼者，臧僖伯谏曰：“凡物不足以讲大事，其材不足以备器用，则君不举焉。君，将纳民于轨物者也。故讲事以度轨量谓之轨，取材以章物采谓之物。不轨不物，谓之乱政。乱政亟行，所以败也。故春蒐、冬狩，皆于农隙以讲事也。三年而治兵，入而振旅，归而饮至，以数军实，昭文章，明贵贱，辨等列，顺少长，习威仪也。鸟兽之肉不登于俎，皮革、齿牙、骨角、毛羽不登于器，则公不射，古之制也。若夫山林川泽之实，器用之资，皂隶之事，官司之守，非君所及也。”公曰：“吾将略地焉。”遂往，陈鱼而观之。僖伯称疾不从。书曰“公矢鱼于棠”，非礼也，且言远地也。[①]

在《左传》体系中，虽然《春秋》经文书“矢鱼”，但《左传》传文仍指向“观鱼”，并以臧僖伯之口讥“公观鱼于棠”之事。如果按照侯康以“矢鱼”为正礼的说法，《左传》以“观鱼”代换为“矢鱼”，自不合理。事实上，侯康引叶梦得为据，但叶梦得在《春秋左传谳》中，却是在论述《左传》以“观鱼”说“矢鱼”之非，其言曰：

> 经书“公矢鱼于棠”，《公羊》《穀梁》以为“观鱼”，今传亦以为“观

①〔晋〕杜预注，〔唐〕孔颖达疏：《春秋左传注疏》卷三，第58—60页。

鱼”，盖传不晓“矢”之义，误训为陈，故曰“陈鱼而观之”。若然，当云“观鱼”，不得言“矢鱼”。古者祭君必亲射牲，田而获禽，亦以共祭。今公以春行则冬田之时也，盖欲因冬田射鱼为名而纵其淫猎，然鱼亦非所射也，故臧僖伯以不射为谏。矢者，射也。以鱼为非所射，则固矢鱼，非观鱼也。①

叶梦得显然不同意《左传》以“观鱼”释“矢鱼”之说，认为是“传不晓‘矢鱼’之义，误训为陈，故曰‘陈鱼而观之’”。叶氏的诠释，臧僖伯所以谏止隐公者，在“古者祭君必亲射牲”，隐公借“冬田射鱼为名而纵其淫猎”，“然鱼亦非所射也，故臧僖伯以不射为谏”。也就是说，叶梦得认为臧僖伯谏止的是隐公用射牲之礼行射鱼之事。叶氏的诠释，虽有乖离《左传》之处，但大要仍以《左传》臧僖伯之谏为核心。

但侯康比叶氏走得更远。在侯康的笔下，《左传》经传体系固然不见，即便是叶氏之说，似乎也没有被摆置在《春秋》经传体系之中予以探讨，而仅是作为一种“矢鱼”的可能性予以提出。其所以论证《春秋》经文当以“矢鱼”为是者，则是以惠栋《春秋左传补注》所引《周礼·射人》《国语·楚语》为据。但我们来看《左传补注》原文，会发现侯康与惠栋之间，其实存在着南辕北辙之异。惠栋曰：

五年传“则公不射”：此指祭祀射牲。《夏官·射人》云：“祭祀则赞射牲，司弓矢，共射牲之弓矢。”《外传》“左史倚相曰：天子禘郊之事必自射其牲，诸侯宗庙之事必自射其牛、刲羊、系豕”是也。朱子据传曰：“则君不射，是以弓矢射鱼，如汉亲射蛟江中之类。”恐未然。②

惠栋之说，虽在论天子、诸侯禘郊、宗庙之事“必自射”，但要其归，则是在释臧僖伯所谓“则公不射”。也就是说，在惠栋的《补注》中，仍然是在

①〔宋〕叶梦得：《春秋左传谳》卷一，《春秋三传谳》，《景印文渊阁四库全书》第149册，台北：台湾商务印书馆，1986年版，第504页上。

②〔清〕惠栋：《春秋左传补注》卷一，《景印文渊阁四库全书》第181册，台北：台湾商务印书馆，1986年版，第124页上。

指向“公矢鱼于棠”之非。也正是在这一理解下，当朱子提出“则君不射，是以弓矢射鱼，如汉亲射蛟江中之类”之时，惠栋予以反驳，认为“恐未然”。即惠栋仍是在《左传》贬斥隐公“矢鱼”的传文体系中阐释“公矢鱼于棠”。

但在侯康笔下，惠栋之论则成了论证古有射鱼之礼的佐证，加之以《淮南子》之说，更证“矢鱼更有明文”。至是，《左传》贬斥隐公矢鱼之说，叶梦得、惠栋不以射鱼为是之论，完全转化为以“矢鱼”为是。在这一转化过程中，侯康完全抛弃了《左传》的“矢鱼”诠释理路，而将古代是否有“矢鱼”之礼作为衡量《春秋》经文的依据。易言之，侯康是将对《春秋》文本的分析从经学降为史学，“矢鱼”与“观鱼”的异文也从经学脉络降为史学脉络。就此条而言，侯康虽以《春秋古经说》为名，然实未考求“经说”，只是一种“史说”罢了。在这种“经／史”倾向下，侯康对《春秋》三传之选择必然导向于《左传》。盖《左传》虽亦为《春秋》经之传，但就文本而言，《左传》最为近史。故其于《春秋古经说序》曰：

> 《春秋经》一而已，自三传分而经分，并其卷数亦分。《汉志》载《春秋古经》十二篇者，《左》经也；经十一卷者，《公》《穀》经也。今以三传参校之，……大要《古经》为优。而自汉以来，即有取《公》《穀》乱古经者，……宋元诸儒避实蹈虚，尤好舍古经而用二《传》。[①]

由是可见，上文虽只是管窥蠡测，但就侯康对三《传》附经之异文而论，确乎倾向于《左传》。故从总体上说侯康倾向于《左传》，亦非无稽之谈。而从上文分析亦可知，侯氏之所以倾向于《左传》，亦不无“史学”倾向之影响。易言之，侯康之《春秋》学虽以“经”“传”为名，然要其归，实可谓“出于经而入于史”，将经学指向了史学。陈东塾直言侯康尤好《左氏传》、精于史学，实看到侯康《春秋》学的史学倾向。

侯康于礼学专研颇深，陈澧谓：“君模之学，最精《三礼》，以《三礼》贯串汉、晋、南北朝诸史志，精深浩博，为诸儒所未有。”[②] 从东塾此言可知，侯

①〔清〕侯康：《春秋古经说·序》，《岭南遗书》本。

②〔清〕陈澧：《穀梁礼证序》，《东塾集》卷三，第117页。

康之学，以礼最为专家。侯康撰有《汉魏六朝礼仪》[①]一书，当即“以《三礼》贯串汉、晋、南北朝诸史志”之作。但东塾续言：“此编虽未成之书，亦略见一斑矣”[②]。东塾之意，《穀梁礼证》虽未完书，然亦可见侯康之礼学。然自东塾序文观之，可推知另一层意义，即《穀梁礼证》亦与“以《三礼》贯串汉、晋、南北朝诸史志”相仿佛者也。以是言之，则《穀梁礼证》虽为证《穀梁》之作，然就其“经／史”属性言之，似亦在经史之间。即《穀梁礼证》非纯粹《穀梁》家学，而是面向于史学者也。

三、经史之间：侯康《穀梁》学的“经／史”两面性

陈澧序《穀梁礼证》，提到侯康曾言“此传今为绝学”云云，陈澧亦以“绝学”视《穀梁》。陈澧《穀梁礼证序》曰：“余异时得读二君书，或《释例》竟可不作，但使海内有人明此绝学，何必其书之出于己耶！”又序柳兴恩《穀梁大义述》，开篇即曰：“《穀梁春秋》，千年以来为绝学。”[③]东塾所以如此言者，盖《穀梁》学历来不受学人重视，自范宁作注、杨士勋作疏之后，久无《穀梁》学专门之家、专门之书。及至清中后期，《左传》《公羊》皆多有专门之学，而《穀梁》则阙如。阮元亦多次以“绝学”言《公羊》，如“六朝时何休之学犹盛行于河北，厥后《左氏》大行，《公羊》几成绝学矣。”[④]盖叹其学不传之义也。然阮元又言梅文鼎之算学，“近世推绝学”[⑤]。则“绝学”之义有二，一则无人赓续前修，是为绝学；二则，造诣独到之学。陈澧以“绝学”视《穀梁》，则是前义，即无人赓续之学，亦以此义属之侯康。而伍崇曜跋言“惜其未完而竟卒，此绝学也”云云，则是将《穀梁礼证》放在“造诣独到之学”的

①《（同治）番禺县志》卷二十五，同治十年刊本。侯康此书今已难觅踪迹，未知天壤间是否存有一孤本，待查。

②〔清〕陈澧：《穀梁礼证序》，《东塾集》卷三，第117页。

③〔清〕陈澧：《柳宾叔穀梁大义述序》，《东塾集》卷三，第117页。

④〔清〕阮元撰，邓经元点校：《揅经室集》一集卷十一《春秋公羊通义序》，北京：中华书局，1993年版，第246页。

⑤〔清〕阮元撰，邓经元点校：《揅经室集》二集卷四《李尚之传》，第482页。

脉络中予以梳理，则与陈澧之论不同。这种对“绝学”理解的不同，似乎亦指向了伍、陈二家对《穀梁礼证》性质的不同理解。

“《春秋》礼学”有“事”“义”二途，伍崇曜虽为侯康构建了一条偏于“义”的经学路径，陈澧则暗示侯康之学实近于“史”。事实上，伍氏、陈氏皆得《穀梁礼证》之一偏。就侯康学术倾向而言，其学实近于“史”。但就《穀梁礼证》而论，侯康却是希望通过考求经典文本中的礼典、礼仪，以求得礼义，并进一步以《春秋》《穀梁》等经典之礼义而“正”当下之礼。这无疑是指向经学致用的一条路径。伍崇曜无疑看到了侯康的此一企图，故为侯康构建了一个“《春秋》礼学”的脉络体系。但就陈澧而言，其就侯康整体学术出发，将《穀梁礼证》置于侯康学术体系之中予以考察，故更多地指向偏于“史学”的礼学研究。事实亦如是，《穀梁礼证》中虽有如“妾子为君”等考求“礼义”以“正”当下之礼的条目，然要之则以考求礼制、礼仪、礼典为主。这是由侯康的学术取向所决定的。易言之，伍崇曜更倾向于抓住侯康撰写《穀梁礼证》的鹄的，而陈澧则更多地看到了侯康的整体学术观。只有将二者结合起来，我们才能真正了解《穀梁礼证》之“义”。要言之，只有看到《穀梁礼证》“经史之间”的学术特色，我们才能知道何谓“穀梁礼证”。

四、余论：再论《穀梁礼证》之“完”与“未完”

伍崇曜《穀梁礼证 · 跋》曰：“是书据《穀梁》以证《三礼》，而排诋《公羊》者独多，惜其未完而竟卒。此绝学也，爰与孝廉弟子琴大令假得丛稿，厘为二卷，与《春秋古经说》并刊焉。”[①] 侯度于刊刻《穀梁礼证》之先，曾请陈

①〔清〕伍崇曜：《穀梁礼证跋》，《穀梁礼证》，《岭南遗书》本。《清儒学案》述侯康《穀梁礼证》多据伍崇曜跋为说，然其以为：“全书未竟，仅存丛稿五十余条，其弟度厘为二卷。”（徐世昌：《清儒学案》卷一三三《月亭学案下》，北京：中华书局，2008年版，第5217页。）似二卷之分，由侯度所厘。《清儒学案》此文既源自伍氏之跋，又未曾提出二卷本为侯度所分之依据，故笔者以为仍当以伍崇曜跋为是，即此二卷当是伍崇曜刊刻之时所分，非侯度所分者也。

澧为之序。陈澧《东塾集》收有《穀梁礼证序》一则[①]，陈氏曰：

> 《穀梁礼证》者，吾友侯君模孝廉未成之书也。甲午岁，余治《穀梁春秋》，君模出示此编曰："此传今为绝学，君当努力，吾方治诸史，未暇卒业也。异时君书成，当以此相付。"因举郑康成、服子慎说《左传》事语，相与欢笑。未几，而君模卒。……此编虽未成之书，亦略见一斑矣。[②]

陈澧序文"郑康成、服子慎说《左传》事"云云，见于《世说新语》所载，其文曰：

> 郑玄欲注《春秋传》，尚未成时，行与服子慎遇宿客舍，先未相识，服在外车上与人说己注传意。玄听之良久，多与己同。玄就车与语曰："吾久欲注，尚未了。听君向言，多与吾同。今当尽以所注与君。"遂为服氏注。[③]

郑康成注《春秋传》未成而将己稿付之于服子慎，则付稿之后，自己已无续完之意。侯康于《补后汉书艺文志》"服虔《春秋左氏传解谊》"条引及此文，[④]则侯康以郑康成、服子慎之事为比，自是亦无完成《穀梁礼证》之念，而欲将《穀梁》之业托之于陈东塾。东塾虽念念以"未成之书"为憾，更在《柳宾叔穀梁大义述序》中言："昔吾友侯君模著《穀梁礼证》，未成而殁。"[⑤]然究察是时侯康之心曲，即以"郑康成、服子慎《左传》事"为比，则是时侯康当本无"完书"之念。故《穀梁礼证》之未完，虽有其"未成"的无奈，实亦是侯氏自己的选择，即便假以时日，侯氏似亦不拟再作补苴、完稿，而期

① 今《岭南遗书》本无陈澧此序，未知伍崇曜何以不收。中山大学图书馆藏有《穀梁礼证》稿本一种，有陈澧跋文，此本笔者尚未寓目。

②〔清〕陈澧：《穀梁礼证序》，《陈澧集》第一册《东塾集》卷三，上海：上海古籍出版社，2008年版，第116—117页。

③ 余嘉锡撰，周祖谟、余淑宜整理：《世说新语笺疏》，北京：中华书局，1983年版，第192页。

④〔清〕侯康：《补后汉书艺文志》卷一，《岭南遗书》本，第21页b。

⑤〔清〕陈澧：《柳宾叔穀梁大义述序》，《陈澧集》第一册《东塾集》卷三，第117页。

《穀梁》之学于陈东塾矣。

结合侯康偏于“史”的学术特色与《穀梁》偏于“义”的理论体系，我们可以看到，在侯康与《穀梁》之间实存在“史学”与“经学”的抵牾，这或许也是侯康未能最终卒业《穀梁》的一大缘由。或许正是因为偏于史学的学术倾向的影响，侯氏虽曾欲撰《穀梁礼证》一书，然终未能卒篇。但就侯康学术倾向和学术转向而言，这种未卒篇的“未完”，事实上却代表了侯康本人的“已完”，盖《穀梁礼证》虽为未完之书，然实亦侯氏已告“终结”之文也。

（本文发表于《中国经学》第二十四辑，广西师范大学出版社，2019 年版。）

《春秋》中的"二姬"书写与"纪"国史

李 翠

一、前言

《春秋》经中书鲁女者凡十四人，其中"伯姬"者六见，"叔姬"者六见；余见"季姬"与"宋荡氏妇"。本文聚焦于"纪伯姬"与"纪叔姬"。《春秋》经文书妇女者，多因婚与媵制而书写诸侯异姓通婚结盟下的女性，故或书"逆"，或书"归"，夫人则有时书"卒"书"葬"。本文所讨论之纪伯姬、叔姬，《春秋》中"逆、媵、归、卒、葬"皆见书于经文中，但三《传》并非对每条经文的二姬书写都有发传，或以彼或以此，因之三《传》何以发传？又如何释经义？便引人关注。三《传》的何休注、范宁注、杜预注亦各自视野进路不同，由是注、疏的歧异与差别，越发引人深思。《白虎通义》云："姬者，姓也。"①又云："妇人十五称伯仲。"释义"归于纪"的纪伯姬、纪叔姬皆为姬姓；伯姬为鲁君长女，叔姬为鲁君第三女。《春秋》经文中书写纪伯姬、纪叔姬处共八见，自隐公二年始，迄于庄公三十年：

九月，纪裂繻（履緰）来逆女。②（隐公二年）

冬，十月，伯姬归于纪。③（隐公二年）

春，王三月，叔姬归于纪。④（隐公七年）

三月，纪伯姬卒。⑤（庄公四年）

六月，乙丑，齐侯葬纪伯姬。⑥（庄公四年）

---

①《白虎通义》云：男女异长，各自有伯仲，法阴阳各自有终始也。《春秋传》曰："伯姬者何？内女也。"妇人十五称伯仲何？妇人质少变，阴道促蚤成。十五通乎织纴纺绩之事，思虑定，故许嫁，笄而字。故《礼经》曰："女子十五许嫁，笄。礼之称字。"妇人姓以配字何？明不娶同姓也，故《春秋》曰："伯姬归于宋。"姬者，姓也。见〔清〕陈立撰，吴则虞点校：《白虎通疏证》（上）卷九，北京：中华书局，1994年版，第416—417页。

②〔晋〕杜预集解，〔唐〕孔颖达正义：《春秋左传注疏》，阮元《十三经注疏》附校勘记本，台北：艺文印书馆，1993年版，卷二，第41页；〔汉〕何休解诂，〔唐〕徐彦疏：《春秋公羊传注疏》，阮元《十三经注疏》附校勘记本，卷二，第25页；〔晋〕范宁集解，〔唐〕杨士勋疏：《春秋穀梁传注疏》，阮元《十三经注疏》附校勘记本，卷一，第13页。《左氏》作"裂繻"，《公羊》《穀梁》作"履緰"。

③〔晋〕杜预集解，〔唐〕孔颖达正义：《春秋左传注疏》，卷二，第42页；〔汉〕何休解诂，〔唐〕徐彦疏：《春秋公羊传注疏》，卷二，第26页；〔晋〕范宁集解，〔唐〕杨士勋疏：《春秋穀梁传注疏》，卷一，第13页。

④〔晋〕杜预集解，〔唐〕孔颖达正义：《春秋左传注疏》，卷四，第71页；〔汉〕何休解诂，〔唐〕徐彦疏：《春秋公羊传注疏》，卷三，第37页；〔晋〕范宁集解，〔唐〕杨士勋疏：《春秋穀梁传注疏》，卷二，第22页。

⑤〔晋〕杜预集解，〔唐〕孔颖达正义：《春秋左传注疏》，卷八，第139页；〔汉〕何休解诂，〔唐〕徐彦疏：《春秋公羊传注疏》，卷六，第76页；〔晋〕范宁集解，〔唐〕杨士勋疏：《春秋穀梁传注疏》，卷五，第47页。

⑥〔晋〕杜预集解，〔唐〕孔颖达正义：《春秋左传注疏》，卷八，第139页；〔汉〕何休解诂，〔唐〕徐彦疏：《春秋公羊传注疏》，卷六，第78页；〔晋〕范宁集解，〔唐〕杨士勋疏：《春秋穀梁传注疏》，卷五，第47页。

春，王三月，纪叔姬归于酅。[①]（庄公十二年）

冬，十有二月，纪叔姬卒。[②]（庄公二十九年）

八月癸亥，葬纪叔姬。[③]（庄公三十年）

虽然“二姬”系于经文只有寥寥数条，但当我们将考察点放于经文中的“伯姬”“叔姬”时，就会发现“编年式”的经文，其实是循着时间轴上的顺序来书写伯姬、叔姬的。笔者也注意到所书写中的关键词字，正是一个联系女性的顺时性身份转换之词字，此即是“逆”“归”“卒”“葬”。由此，笔者首先对为其释义发传的三《传》文本及后世注文、疏文进行探讨，考见其释义之若干变化，亦考见范宁在《春秋穀梁传集解》中对江熙经学释义的吸纳与认同。其次，笔者从“逆→归→卒→葬”的时间轴作出某种“生平式”的联系。一个女性的“葬”，不能书写在“卒”之前，不仅是因为凡“人”皆先“卒”后“葬”，女子亦然；同时，也因《春秋》经本身的“时间先后序次”特性，故在《春秋》“编年”中，“逆”在“归”前，“卒”在“葬”前。这本不是阅读经文时所当有的一种常态性读法，乃是笔者由关注二姬且聚焦于二姬作出的另一种互文式的叙事性阅读法。

因此阅读法，笔者由二姬“生平”读及经文之“纪”国命运，继而延伸，读至二姬与“纪”，个体生命与“国”之命运的息息相关。一部“纪国命运史”竟由二姬之“逆”始“葬”末可考见。而经文所呈现的特书之笔，乃是纪国灭后，纪叔姬“以一人系一国”的“纪未亡”。由此，本文即以《春秋》学为视

---

①〔晋〕杜预集解，〔唐〕孔颖达正义：《春秋左传注疏》，卷九，第153页；〔汉〕何休解诂，〔唐〕徐彦疏：《春秋公羊传注疏》，卷七，第90页；〔晋〕范宁集解，〔唐〕杨士勋疏：《春秋穀梁传注疏》，卷五，第52页。

②〔晋〕杜预集解，〔唐〕孔颖达正义：《春秋左传注疏》，卷十，第178页；〔汉〕何休解诂，〔唐〕徐彦疏：《春秋公羊传注疏》，卷九，第90页；〔晋〕范宁集解，〔唐〕杨士勋疏：《春秋穀梁传注疏》，卷五，第64页。

③〔晋〕杜预集解，〔唐〕孔颖达正义：《春秋左传注疏》，卷十，第179页；〔汉〕何休解诂，〔唐〕徐彦疏：《春秋公羊传注疏》，卷九，第109页；〔晋〕范宁集解，〔唐〕杨士勋疏：《春秋穀梁传注疏》，卷六，第64页。

域，探析二姬在“经”及《传》、注、疏互文脉络中的所书所系；以及其作为“春秋”历史中的人物，如何构成一“纪国命运史”之始末，并成为事件主角；以此考见《春秋》书写中“我”之意识的注入，即“我”与“一人系国”之纪叔姬，“我”与“读者”间构建起的联系及其微意。

二、《传》及注、疏释义之歧

如上述，二姬见于经之“逆”“归”“卒”“葬”者凡八。《左》《公》《穀》三传经文虽同，但传文却各执不同之释；甚至各自所执而释者亦不同。《左氏》仅于伯姬释“逆”条，于叔姬皆无传；《公羊》于“叔姬归于纪”“伯姬卒”与“纪叔姬卒”三条无释，余皆有之；《穀梁》于“纪叔姬卒”一条无释，余皆有之。据此可见，《春秋》在作为“经”被三《传》来诠释时，已成为含有叙事意义的三个整体，条与条之间亦有其形成整体意义的相互性。三《传》注家之解经传，也是努力寻求经文之间的互文关系以为解经传的依据。显然，许多注家的相异观点便源自互文的差异性。

（一）“逆”与“亲迎”

1.《左氏》之卿为君逆

春秋经文书“逆”者凡十二见，首见隐公二年“九月，纪裂繻来逆女”条。《左氏》发传释云：

> 九月，纪裂繻来逆女，卿为君逆也。①

杜预注云：

> 裂繻，纪大夫。《传》曰“卿为君逆也”，以别卿自逆也。逆女或称使或不称使，昏礼不称主人。史各随其实而书，非“例”也。他皆仿此。②

依杜预之释，《左氏》书“卿为君逆”仅为分别“卿自逆”而已。孔颖达《正义》曰：

> 此书“逆女”，《传》曰：“卿为君逆也。”宣五年齐高固来逆叔姬，

①〔晋〕杜预集解，〔唐〕孔颖达正义：《春秋左传注疏》卷二，第41—42页。

②〔晋〕杜预集解，〔唐〕孔颖达正义：《春秋左传注疏》卷二，第41—42页。

《传》曰："书曰叔姬，卿自逆也。"是为君逆则称女，自逆则书字，故云"以别卿自逆也"。《释例》曰："天子娶则称逆王后；卿为君逆则称逆女；其自为逆则称所逆之字，尊卑之别也。"[①]

由《正义》引《春秋释例》之释可见"天子娶""卿为君逆"与"卿自逆"三条"逆"，即"天子逆""诸侯逆""卿、大夫逆"，各有其称谓，以为尊卑之别。然，此为杜注孔疏之"三逆"，《左氏》解经亦有同义"三逆"否？

《春秋》经文桓公八年"祭公来，遂逆王后于纪"条，《左氏》云：

礼也。[②]

《春秋》经文襄公十五年"刘夏逆王后于齐"条，《左氏》发传云：

官师从单靖公逆王后于齐。卿不行，非礼也。[③]

杜预注云：

官师，刘夏也。天子官师，非卿也。[④]

两见皆为"逆王后"，《左氏》阐明了"卿（祭公）来"为"礼"，"卿不行"则为"非礼"，此为左氏"天子逆"之礼。

"诸侯逆"者，《左氏》以"裂繻"之"卿为君逆"立例。其"例"又见于经文桓公三年"公子翚如齐逆女"条，《左氏》云：

修先君之好，故曰"公子"。[⑤]

杜预注云：

礼，君有故，则使卿逆。[⑥]

《左传正义》疏云：

天子尊，无与敌，不自亲逆，使卿逆而上公临之。诸侯则亲逆，有

①〔晋〕杜预集解，〔唐〕孔颖达正义：《春秋左传注疏》卷二，第41—42页。
②〔晋〕杜预集解，〔唐〕孔颖达正义：《春秋左传注疏》卷七，第118—119页。
③〔晋〕杜预集解，〔唐〕孔颖达正义：《春秋左传注疏》卷三十二，第565页。
④〔晋〕杜预集解，〔唐〕孔颖达正义：《春秋左传注疏》卷三十二，第565页。
⑤〔晋〕杜预集解，〔唐〕孔颖达正义：《春秋左传注疏》卷六，第103页。
⑥〔晋〕杜预集解，〔唐〕孔颖达正义：《春秋左传注疏》卷六，第103页。

故得使卿。八年“祭公逆王后于纪”,《传》曰“礼也”。是当使人,天子不亲逆也。襄十五年,《传》曰:“官师从单靖公逆王后于齐,卿不行,非礼也。”是知天子之礼,当使卿逆而上公临之也。《礼记·哀公问》曰:“冕而亲迎,不已重乎?”孔子对曰:“合二姓之好,以继先圣之后,以为天地宗庙社稷之主,君何谓已重乎?”此对哀公指言鲁事,是诸侯正礼当亲逆也。庄二十四年“公如齐逆女”,丘明不为之传,以其得礼,故也。文四年“逆妇姜于齐”,《传》曰:“卿不行,非礼也。”以卿不行为非礼,知君有故得使卿逆也。①

孔疏先以“天子至尊无敌”来释“天子逆”礼当使卿逆而上公临之,再引《礼记·哀公问》孔子答“冕而亲迎”来论“诸侯逆”礼当亲逆,君有故则使卿逆,“卿不行”则非礼;而其列举“卿不行”之条目,正可参看。经文文公四年“逆妇姜于齐”条,《左氏》传文述云:

逆妇姜于齐,卿不行,非礼也。君子是以知出姜之不允于鲁也。曰:“贵聘而贱逆之,君而卑之,立而废之。弃信而坏其主,在国必乱,在家必亡。不允宜哉?《诗》曰:‘畏天之威,于时保之。’敬主之谓也。”②

左氏以“君子”之言释“卿不行”之“贱逆”者,必乱国亡家也。然,君有故可使卿逆。经文宣公元年“公子遂如齐逆女”条,《左氏》云:

尊君命也。③

案《春秋释例》云:

婚礼虽奉时君之命,其言必称先君,以为礼辞。故公子翚逆女,《传》称“修先君之好”;公子遂逆女,《传》曰“尊君命”,互发其义也。④

可见,卿尊君命为“礼”,卿不行为“非礼”,君自逆则无释,此为《左氏》

①〔晋〕杜预集解,〔唐〕孔颖达正义:《春秋左传注疏》卷六,第103页。

②〔晋〕杜预集解,〔唐〕孔颖达正义:《春秋左传注疏》卷十八,第306页。

③〔晋〕杜预集解,〔唐〕孔颖达正义:《春秋左传注疏》卷二十一,第361页。

④〔晋〕杜预撰,〔清〕孙星衍、〔清〕庄述祖辑校,《春秋释例》卷二,台北:台湾中华书局,1980年版,第14—15页。

“诸侯逆”之礼。

“卿、大夫逆”者，见于经文宣公五年“齐高固来逆叔姬”条，《左氏》云：

秋九月，齐高固来逆女，自为也。故书曰“逆叔姬”，即自逆也。①

可见《左氏》以“天子逆”“诸侯逆”“卿大夫逆”为其“逆”礼之别。由此观“裂繻”之“卿为君逆”，是为“礼”也。

2.《穀梁》之“逆之道微”

《穀梁》显然并未如《左氏》读、释此条，《穀梁》传文释云：

逆女，亲者也。使大夫，非正也。以国氏者，为其来交接于我，故君子进之也。②

《穀梁》于此仅言“使大夫”而未言“使大夫”者何人、“大夫”者何人，且因大夫“来交接于我”，君子反美而“进之”。“进”之亦不言之为何？《穀梁》发传释经文隐公二年“冬，十月，伯姬归于纪”条，云：

其不言使，何也？逆之道微，无足道焉尔。③

范宁释“逆之道微”，云：

言君不亲迎，而大夫来逆，故曰“微”也。既失其大，不复稍明其细，故不言“使履緰”也。④

范注于此处书“亲迎”，君不亲迎而失其大，故不言“使履緰”。而经文隐公七年“春王三月，叔姬归于纪”处《穀梁》传文亦有“逆之道微”之释，其云：“其不言逆，何也？逆之道微，无足道焉尔。”此处范注释为“逆者非卿。”《穀梁》传文于“伯姬归纪”言逆不言使，于“叔姬归纪”不言逆，皆因“逆之道微”。言“逆”不言“使”，以明君不亲迎；不言“逆”，以明君使微者代之亲迎。可见，《穀梁》言“逆之道微”之“微”，在君而非在使也。

经文桓公三年“公子翚如齐逆女”条，《穀梁》亦发传文“逆女，亲者也。

---

①〔晋〕杜预集解，〔唐〕孔颖达正义：《春秋左传注疏》卷二十二，第376页。

②〔晋〕范宁集解，〔唐〕杨士勋疏：《春秋穀梁传注疏》卷一，第13—14页。

③〔晋〕范宁集解，〔唐〕杨士勋疏：《春秋穀梁传注疏》卷一，第13—14页。

④〔晋〕范宁集解，〔唐〕杨士勋疏：《春秋穀梁传注疏》卷一，第13—14页。

使大夫，非正也”。值得注意的是，《穀梁》于此条发“冕而亲迎”之论，与孔疏引《礼记·哀公问》存有异辞。孔疏引作“哀公问”，《穀梁》引作“子贡问”，皆为借此以申己论。然《穀梁》并未详述“亲迎”，《公羊》则不然。

3.《公羊》之“讥始不亲迎”

《公羊》于此条经文发传直书“亲迎”，云：

> 外逆女不书，此何以书？讥。何讥尔？讥始不亲迎也。[①]

何休注云：

> 礼所以必亲迎者，所以示“男先女”也。[②]

徐疏则指出何注“男先女”是据《昏义》而言。案，《礼记·昏义》是以“父命子迎”的具体形制释义“男先于女”，《昏义》云：

> 父亲醮子而命之迎，男先于女也。子承命以迎，主人筵几于庙，而拜迎于门外。婿执雁入，揖让升堂，再拜奠雁，盖亲受之于父母也。降出，御妇车，而婿授绥，御轮三周，先俟于门外。妇至，婿揖妇以入，共牢而食，合卺而酳，所以合体，同尊卑，以亲之也。[③]

郑玄注云：

> 婿车在大门外，乘之先者道之也。男率女，女从男，夫妇刚柔之义，自此始也，皆“男先女”之义也。[④]

孔疏释郑注“男先女”为“男子先迎，女从后至”，并引《礼记·郊特牲》云：

> 男子亲迎，男先于女，刚柔之义也。天先乎地，君先乎臣，其义一也。……男女有别然后父子亲，父子亲然后义生，义生然后礼作，礼作

①［汉］何休解诂，［唐］徐彦疏：《春秋公羊传注疏》卷二，第25页。

②［汉］何休解诂，［唐］徐彦疏：《春秋公羊传注疏》卷二，第25页。

③［汉］郑玄注，［唐］孔颖达疏：《礼记注疏》卷六十一，阮元校刻《十三经注疏》附校勘记本，台北：艺文印书馆，1980年版，第1000页。

④［汉］郑玄注，［唐］孔颖达疏：《礼记注疏》卷六十一，第1001页。

> 然后万物安。无别无义，禽兽之道也。[①]

此“刚柔之义”的核心在于阳倡阴和，男女有别；而“男女有别”乃是“万物安”的前提。“亲迎”意在提醒此一差别，从而序夫妇，理人伦。离乎此，则入禽兽之行，生聚麀之乱。亲迎之义，可谓大矣。

《公羊》传文既发传言“讥”，乃是为了“讥始”。故发传云：“始不亲迎，昉于此乎？前此矣；前此，则曷为始乎此？托始焉尔；曷为托始焉尔？春秋之始也。”何休于传文下注云：

> 《春秋》正夫妇之始也。夫妇正则父子亲，父子亲则君臣和，君臣和则天下治。故夫妇者，人道之始，王教之端。内逆女常书，外逆女但疾始，不常书者，明当先自正，躬自厚而薄责于人，故略外也。

案《春秋》书“逆”者凡十二见，内逆女凡五见：翚逆女，为内逆女之始；庄公为亲迎，示法；文公逆妇姜略之，示其贱；宣公，遂逆女，讥丧娶；成公，侨如逆女，讥其晚；襄公以下不书，盖皆从同。故何休于经文成公十四年“秋，叔孙侨如如齐逆女”条下注云：“凡娶，早晚皆不讥者，从履緰一讥而已。”[②]何注之意，成公十四年侨如逆女后，不再讥不亲迎。外逆女凡七见：纪履緰逆女为外逆女之始，其余如杞伯姬、宋荡伯姬之来求妇，齐高固来逆子叔姬之类，书各有为，不常书也；此处何注从“先自正”，“躬自厚而薄责于人”的角度释其外逆女不常书；从人伦之始、王教之端的角度强调夫妇之伦于君臣、父子、兄弟、朋友之伦的特殊性；其注已经上传文而抵达了《春秋》经文书“逆”之大义与微言矣。自天子至庶人，皆需亲迎，“纪履緰来逆女”不亲迎，《公羊》发传“讥之”，何休以为“讥之”者，“托《春秋》之始”义也。

（二）“归”与“来归”

《春秋》经文书“归”者凡六十九见，书“来归”者凡十见，本文仅对“妇人”之“归”与“来归”而言。经文鲁隐公二年“伯姬归于纪”条，《公羊》发

---

①〔汉〕郑玄注，〔唐〕孔颖达疏：《礼记注疏》卷二十五，第490页。

②〔汉〕何休解诂，〔唐〕徐彦疏：《春秋公羊传注疏》卷十八，第229页。

传释云：

妇人谓嫁曰归。[①]

何休注云：

妇人生以父母为家，嫁以夫为家。故谓嫁曰归，明有二归之道。[②]

何休所欲明者，为妇人有“二归”：前以生父母为“归”，嫁以夫家为“归”；皆以“家”为“归”。何休注又云：

《礼》：“男之将取，三日不举乐，思嗣亲也；女之将嫁，三夜不息烛，思相离也。”内女归例月，恩录之。[③]

何注所云，引《礼记·曾子问》篇中孔子语：

孔子曰：“嫁女之家，三夜不息烛，思相离也。”[④]

盖《曾子问》所记孔子、曾子间对话。曾子问曰：“除丧则不复昏礼乎？”孔子曰：“祭，过时不祭，礼也，又何反于初？”孔子曰：“嫁女之家，三夜不息烛，思相离也。”郑玄注云：

亲骨肉也。

又曰：“取妇之家，三日不举乐，思嗣亲也。”郑玄注云：

重世变也。[⑤]

感亲之衰老，思嗣亲之义。何注引之，亦为明其父母“恩录之”义也。徐疏循何注之义释云：

即此“伯姬归于纪”，宣十六年“秋，郯伯姬来归”之属是也。[⑥]

徐疏以伯姬之“归”与郯伯姬之“来归”释何注“二归之道”。案经文宣公十六年“秋，郯伯姬来归”条，《公羊》无传。何休注云：

---

①〔汉〕何休解诂，〔唐〕徐彦疏：《春秋公羊传注疏》卷二，第26页。

②〔汉〕何休解诂，〔唐〕徐彦疏：《春秋公羊传注疏》卷二，第26页。

③〔汉〕何休解诂，〔唐〕徐彦疏：《春秋公羊传注疏》卷二，第26页。

④〔汉〕郑玄注，〔唐〕孔颖达疏：《礼记注疏》卷十八，第365—366页。

⑤〔汉〕郑玄注，〔唐〕孔颖达疏：《礼记注疏》卷十八，第365—366页。

⑥〔汉〕何休解诂，〔唐〕徐彦疏：《春秋公羊传注疏》卷二，第26页。

嫁不书者为媵也，来归书者后为嫡也。[①]

何休此注为嫡、媵女之归立其书例，即嫡女书归，媵女不书归；媵女“后为嫡”者书来归。然，媵女“后为嫡”亦有书归者。徐疏云：

今此不书，故知为媵。若然，案“隐七年叔姬归于纪”，注云：“叔姬者，伯姬之媵也。”媵贱，书者，后为嫡；然则彼后为嫡初去则书，此亦后得为嫡而初嫁不书者，盖以不贤故也，是以彼。注云：“媵贱，书者，后为嫡，终有贤行。纪侯为齐所灭，纪季以酅入于齐；叔姬归之，能处隐约，全竟妇道，故重录之。”[②]

徐疏于此处案引“叔姬归于纪”条下何注，以其为“郯伯姬来归”条之参照。叔姬为伯姬之媵，书归者，“后为嫡，终有贤行”，“故重录之”。据此，“后为嫡”之郯伯姬不书归，“不贤故也”。“不贤”之由，何注明书为“弃妇”，并专立“弃妇例”于此，其云：

“弃妇例”有罪时，无罪月。[③]

案，经文成公“五年，春王正月，杞叔姬来归”条，《公羊》无传。何注云：“始归不书，与郯伯姬同。”[④] 即妇人为媵，后为嫡者，书来归；而杞叔姬则书月。徐疏云：

“弃妇例”有罪时，无罪月，是也。然则今书月者，无罪之文也。[⑤]

即杞叔姬非“弃妇”也。又案，《春秋》经文妇女书“来归”者凡三见：一见文公十五年“十有二月，齐人来归子叔姬”，《公羊》传文书“来”因“闵之也”；何休敏感于经文书“齐人来归”而非“子叔姬来归”，故释此为“弃妇例”之特例，即有罪书月。二见宣公十六年“秋，郯伯姬来归”，此即何注“弃妇例”有罪书时。三见上述杞叔姬，即“弃妇例”无罪书月。

①〔汉〕何休解诂，〔唐〕徐彦疏：《春秋公羊传注疏》卷十六，第209页。
②〔汉〕何休解诂，〔唐〕徐彦疏：《春秋公羊传注疏》卷十六，第209页。
③〔汉〕何休解诂，〔唐〕徐彦疏：《春秋公羊传注疏》卷十六，第209页。
④〔汉〕何休解诂，〔唐〕徐彦疏：《春秋公羊传注疏》卷十七，第218页。
⑤〔汉〕何休解诂，〔唐〕徐彦疏：《春秋公羊传注疏》卷十七，第218页。

经文庄公二十七年“冬，杞伯姬来”条，《公羊》发传有“来”与“来归”之对待，其云：

其言来何？直来曰来，大归曰来归。[1]

何休注云：

直来，无事而来也。诸侯夫人尊重，既嫁，非有大故，不得反。唯自大夫妻，虽无事，岁一归宗。

大归者，废弃来归也。[2]

何注此处云及“直来”与“大归”，并及“诸侯夫人”非大故不得返，“大夫妻”无事岁一归宗，即“归宗”之妇为大夫之妻。案，《公羊义疏》释何注之“归宗”为“归宁”，其云：

“宁”，原讹作“宗”，丛书本同，据注文改。[3]

据徐疏之云，何注之“归宗”亦应为“归宁”，其云：

其大故者，奔丧之谓。文九年夫人姜氏如齐，彼注云“奔父母之丧也”，是也。

自，从也，言从大夫妻以下，即《诗》云“归宁父母”，是也。案：《诗》是后妃之事，而云大夫妻者，何氏不信毛叙，故也。[4]

盖“归宁父母”见于《诗经·周南·葛覃》第三章：

言告师氏，言告言归。薄污我私，薄浣我衣。害浣害否，归宁父母。

毛传于“归”字的训诂是明确的：“妇人谓嫁曰归。”在“归宁”处发传则略有模糊：“宁，安也。父母在则有时归宁耳。”郑玄笺注云：

后妃在父母家，则志在于女功之事，躬俭节用，服浣濯之衣，尊敬师傅，

①〔汉〕何休解诂，〔唐〕徐彦疏：《春秋公羊传注疏》卷八，第105页。

②〔汉〕何休解诂，〔唐〕徐彦疏：《春秋公羊传注疏》卷八，第105页。

③〔清〕陈立撰、刘尚慈点校：《公羊义疏》卷二十四，北京：中华书局，2017年版，第920页。

④〔汉〕何休解诂，〔唐〕徐彦疏：《春秋公羊传注疏》卷八，第105页。

则可以归安父母，化天下以妇道也。[①]

《毛诗序》以《葛覃》为“后妃之本也”[②]，何休之“岁一归宗（宁）”者则是“从大夫妻以下者”，故徐疏有何氏不信《毛诗》之言也。

综上，妇人嫁曰“归”，情境位所为夫之“家”；“归宗（宁）”亦曰“归”，情境位所为生父母之“家”，复返其“夫家”；弃妇“大归”曰“来归”，情境位所亦为生父母之“家”，绝不复返“夫家”，此情境位所之“二家”方为何休“二归之道”也。

《穀梁传》于此同条经文传文为：

> 礼，妇人谓嫁曰归，反曰来归，从人者也。妇人在家，制于父。既嫁，制于夫。夫死，从长子，妇人不专行，必有从也。[③]

此处以“妇人在家制于父”“既嫁制于夫”与“夫死从长子”三端来论妇女之情境位所，与《公羊传》及何注有同有不同。同者为妇女“在家”与“外嫁”；不同者为《穀梁传》又增一“夫死从子”。案，《穀梁传》所指“夫死从子”者，仍在“嫁归之所”，不论夫与子，皆同姓。但以《春秋》而言，“父子之论”却又实于此妇人所在位所之“夫”与“子”息息相关。《春秋》文本世界中所涉及的国君之“妻、媵、侄、娣”及其子之嫡庶，却又确实是一个两代之间必须成立的“礼”之世界。故《穀梁传》论“夫死从长子”确有意义，此亦是《公羊传》在隐公元年条下发传言“立嫡以长不以贤”之义谛。

《左氏》发传与《公羊》《穀梁》有歧义。经文庄公二十七年“冬，杞伯姬来”条，《左氏》发传云：

> 冬，杞伯姬来，归宁也。凡诸侯之女，归宁曰来，出曰来归；夫人归宁曰如某，出曰归于某。[④]

---

①［汉］毛亨传，［汉］郑玄笺，［唐］孔颖达疏：《毛诗正义》卷一，阮元校刻《十三经注疏》附校勘记本，台北：艺文印书馆，1980年版，第30页。

②［汉］毛亨传，［汉］郑玄笺，［唐］孔颖达疏：《毛诗正义》卷一，第3页。

③［晋］范宁集解，［唐］杨士勋疏：《春秋穀梁传注疏》卷六，第62页。

④［晋］杜预集解，［唐］孔颖达正义：《春秋左传注疏》卷十，第175页。

传文中直书“归宁”，且提出几组相对概念：“诸侯之女与夫人”“归宁与出”“来与来归”“如某与归于某”。同为“归宁”，于诸侯之女称为“来”，夫人则称为“如某”；同为“出”，诸侯之女称为“来归”，夫人称为“归于某”；而“归宁”与”出”之位所皆为父母之家，“归宁”是还需回夫家，而“出”是被夫家遣回生父母家不复返。循此，左氏于“郯伯姬来归”释为“出”；于“杞叔姬来归”无释，因“来归”者前文已释，此处亦为“出”；于“齐人来归子叔姬”之特例仅释为“王故也”。

(三) 二姬之“归于纪”

二姬之“归于纪”，伯姬为主体，叔姬为媵，“媵”为主体嫁女的一环。三《传》于此发传各异，《左氏》于二姬无传；《穀梁》于二姬有传；《公羊》于伯姬发传，叔姬无传。然，三《传》注家于二姬经文下皆有注，《三传》注文云伯姬者前已述之；叔姬者，杜预注云“伯姬之娣”，范宁注云“伯姬之娣”，何休注云“伯姬之媵”，皆书其“待年父母国”。故本节笔者关注之重点为三《传》之注文、疏文，且重在叔姬。

经文隐公七年“春，王三月，叔姬归于纪”条，唯《穀梁》发传，传文与隐公二年“伯姬归”条同辞，即“逆之道微，无足道焉尔”。故《穀梁》发传仍在“逆”例，其云：“亲逆例时，不亲逆例月。”然，三《传》之注家皆聚焦于叔姬“媵”之身份，即关注于媵者之归。首先，关于媵之年龄，杜预注云：

> 至是归者，待年于父母国。[①]

范宁注云：

> 至此归者，待年于父母之国，六年乃归。[②]

何休注云：

> 至是乃归者，待年父母国也。妇人八岁备数，十五从嫡，二十承事君子。[③]

---

①〔晋〕杜预集解，〔唐〕孔颖达正义：《春秋左传注疏》卷四，第71页。

②〔晋〕范宁集解，〔唐〕杨士勋疏：《春秋穀梁传注疏》卷二，第22页。

③〔汉〕何休解诂，〔唐〕徐彦疏：《春秋公羊传注疏》卷三，第37页。

三注家于此处释同，媵本指陪嫁，叔姬即伯姬之陪嫁。因嫡妻出嫁时此“媵”尚未成年，故在本国“待年”，待六年后成年乃归。

《春秋》经传之媵例不绝于书，其类可分为二：一为“侄娣从嫁”，即有血亲关系的姊妹共嫁一夫，其为嫁女本国的媵女；二为“他国来媵”，他国者既有异姓国又有同姓国，且来媵国的数量也有等差。此处叔姬之媵显然为前者。案，从范宁注文引《周易·归妹》“归妹愆期，迟归有时”来看，姬周前即有此。《周易·归妹》云：

> 初九，归妹以娣……六三，归妹以须，反归以娣。

孔疏释“归妹”卦，云：

> 此卦名“归妹”，以妹从娣而嫁，谓之“归妹”。……古者诸侯一取九女，嫡夫人及左右媵皆以侄娣从，故以此卦当之矣。[①]

孔疏释“归妹”即是“以妹从娣”，而当时诸侯娶皆以此卦当之。三传注文于叔姬“从嫁”伯姬释义各异，杜注云：

> 不与嫡俱行，故书。[②]

范注云：

> 媵之为言送也，从也。不与嫡俱行，非礼也。[③]

何注云：

> 媵贱，书者，后为嫡，终有贤行。纪侯为齐所灭，纪季以酅入于齐，叔姬归之，能处隐约，全竟妇道，故重录之。[④]

同为“不与嫡俱行”，杜注以其“故书”，范注以其云“非礼”，何注却不言“与嫡俱行”而言其“贤行”，录其“妇道”。杜注云“其书固是常例”，而范注与何注释义一褒一贬，何注之褒，褒叔姬“能处隐约，全竟妇道”；范宁

---

①〔晋〕王弼、〔晋〕韩康伯注，〔唐〕孔颖达正义：《周易正义》卷五，阮元校刻《十三经注疏》附校勘记本，台北：艺文印书馆，1980年版，第119页。

②〔晋〕杜预集解，〔唐〕孔颖达正义：《春秋左传注疏》卷四，第71页。

③〔晋〕范宁集解，〔唐〕杨士勋疏：《春秋穀梁传注疏》卷二，第22页。

④〔汉〕何休解诂，〔唐〕徐彦疏：《春秋公羊传注疏》卷三，第37页。

之贬，非贬叔姬，而是贬媵礼之“道微”也，其义同于“逆之道微”。

他国为媵者见于《春秋》经文庄公十九年：

秋，公子结媵陈人之妇于鄄，遂及齐侯、宋公盟。

《左氏》于此条经下仅补记两段史事，而《公羊》《穀梁》皆释其媵制。《穀梁》发传曰“媵，浅事也，不志”“媵，礼之轻者也；盟，国之重也”，又曰“其不日，数渝，恶之也”。[①] 与“叔姬归纪”发传义同，亦是贬其“逆之道微”。然《公羊》于此条发传，云：

媵者何？诸侯娶一国，则二国往媵之，以侄娣从。侄者何？兄之子也。娣者何？弟也。诸侯壹聘九女，诸侯不再娶。[②]

传文之“二国往媵”，即他国为媵的情形之一。何休注云：

言往媵之者，礼。君不求媵，二国自往媵夫人，所以一夫人之尊。

必以侄娣从之者，欲使一人有子，二人喜也。所以防嫉妒，令重继嗣也。因以备尊尊、亲亲也。九者，极阳数也。不再娶者，所以节人情，开媵路。[③]

“所以一夫人之尊”明贵贱与等级，是为尊尊；“防嫉妒，令重继嗣”重血缘与家族，是为亲亲。何注将尊尊、亲亲之意涵注之于媵制。

案经文成公八年“卫人来媵”条，《左氏》发传云：

卫人来媵共姬，礼也。凡诸侯嫁女，同姓媵之，异姓则否。[④]

卫为姬姓国，与鲁是同宗兄弟，“共姬”即鲁公之女宋共姬（伯姬）；共姬归宋，同姓卫人来媵，故左氏发传云其“礼”也；同“来媵共姬”者还有晋国，晋亦为姬姓国，经文成公九年“晋人来媵”，左氏亦发传云其“礼”也；[⑤] 而同“来媵共姬”者还有齐国，齐为姜姓，经文成公十年“齐人来媵”，左氏则无传，

①〔晋〕范宁集解，〔唐〕杨士勋疏：《春秋穀梁传注疏》卷六，第57页。

②〔汉〕何休解诂，〔唐〕徐彦疏：《春秋公羊传注疏》卷八，第97页。

③〔汉〕何休解诂，〔唐〕徐彦疏：《春秋公羊传注疏》卷八，第97页。

④〔晋〕杜预集解，〔唐〕孔颖达正义：《春秋左传注疏》卷二十六，第447页。

⑤〔晋〕杜预集解，〔唐〕孔颖达正义：《春秋左传注疏》卷二十六，第448页。

杜注曰："异姓来媵，非礼也。"[①]《春秋》经文中"同姓来媵"者较为多见，"异姓来媵"者仅两见，且皆发生于齐，左氏皆无传。

（四）纪叔姬之"归于酅"

1.《公羊》之"隐"与《穀梁》之"喜"

如前节所言，《春秋》归例甚多，笔者于此处讨论经文庄公十二年"春，王三月，纪叔姬归于酅"条，因其异于前述，为归之特例。《左氏》于此条无传，《公羊》《穀梁》发传异辞。异者，经文何以于此处书"归"。一曰"隐之也"，一曰"吾女也"。无论"隐之"与"吾女"有何书写与内容上的差别，均是一试图通达经文"归"字所赋义书写的释义行为；而吾人在观其行为时所不可忽略的是"归"之主语与宾语，即"纪叔姬"与"酅"。书"纪叔姬"者，前有经文隐公七年"春，王三月，叔姬归于纪"；书"酅"者，前有经文庄公三年"秋，纪季以酅入齐"。《公羊》发传云：

> 其言归于酅何？隐之也。何隐尔？其国亡矣，徒归于叔尔也。[②]

传文以"隐之"答"言归"。隐其"国亡，徒归于叔尔。"传文此处又书一"归"，即"归于叔"，此"归叔"之归是彼"归酅"之归否？何休于《公羊》传文下注云：

> 据国灭来归不书，酅非纪国而言归。
>
> 叔者，纪季也。妇人谓夫之弟为叔。来归不书，书归酅者，痛其国灭无所归也。[③]

何休是以"酅非纪国"为前提，纪已"国灭"，国灭之时叔姬来归鲁不书"来归"；而叔姬此时归酅非归纪，是"归于叔尔"，便可言归；而言"归于叔"却又"痛"其"无所归"也，《公羊》故而隐之。可见，《公羊》释经文书"归"之隐义是纪国灭，纪叔姬无所归。而《穀梁》则发传云：

> 国而曰归，此邑也，其曰归，何也？吾女也，失国，喜得其所，故

---

①〔晋〕杜预集解，〔唐〕孔颖达正义：《春秋左传注疏》卷二十六，第449页。

②〔汉〕何休解诂，〔唐〕徐彦疏：《春秋公羊传注疏》卷六，第76页。

③〔汉〕何休解诂，〔唐〕徐彦疏：《春秋公羊传注疏》卷六，第76页。

言归焉尔。[①]

传文以“吾女”答何以曰归。“吾女”即吾之叔姬，吾之叔姬虽其“国”灭但“邑”犹存，故而归酅即是归纪，是“得其所”也，故而“喜”，故而言归。可见，《穀梁》释经文书“归”之隐义是喜吾女虽失国却得其所，即“有所归”也。

“酅非纪国”与“酅为纪邑”[②]是二家异义之源，故纪叔姬“无所归”与“有所归”，“痛无所归”与“吾女得其所”，导向《公羊》之“隐”与《穀梁》之“喜”。

《公羊》《穀梁》发传“隐”、“喜”二义已隐然可见一种情感关怀，而二《传》之注家、疏家显然应对此有所认同，并应循其关怀取向为其《传》释义。然，二家于此条发传释、注释时却出现类似之论，论皆引自一人：江熙。

2. 江熙之义

江熙于《晋书》无传，《隋书·经籍志》未录其著作。《册府元龟》则录：“江熙，字太和，为兖州别驾。注《毛诗》二十卷，又注《论语》十卷。”[③]《旧唐书·经籍志》录其撰《春秋公羊穀梁二传评》三卷。[④]《玉函山房辑佚书》有辑本二卷。[⑤]其书现已散佚。本文此处所以特别讨论江熙者有两点：其一，为何《公羊》《穀梁》两传不同家，但何休与范宁注文却同引江熙？其二，范注《穀梁》引申江熙处较何休注尤多，为何？

《公羊》《穀梁》二家笔下的“江熙”，一见范注，一见徐疏。范注云：

江熙曰：“四年，齐灭纪。不言灭而言大去者，义有所见尔，则国灭

①〔晋〕范宁集解，〔唐〕杨士勋疏：《春秋穀梁传注疏》卷五，第52页。

② 范宁于经文庄公十二年“春王正月纪叔姬归于酅”条下释云：“酅，纪邑也，纪季所用入于齐者。纪国既灭，故归酅。”

③〔宋〕王钦若等编纂，周勋初等校订：《册府元龟》第七册卷六百五，学校部（九），南京：凤凰出版社，2006年版，第6982页。

④〔唐〕刘昫等撰：《旧唐书·经籍志》卷上，《丛书集成》本，北京：商务印书馆，1936年版，第18页。

⑤〔清〕马国翰辑：《玉函山房辑佚书》，经编，论语类，扬州：广陵书社，2004年版，第1689页。

也。叔姬来归，不书，非归宁，且非大归也。叔姬守节，积有年矣。纪季虽以酅入于齐，不敢怀贰。然襄公豺狼，未可阇信。桓公既立，德行方宣于天下。是以叔姬归于酅，鲁喜其女得申其志。”①

范宁注文全引江熙，未再加释，可见深以江熙之义为然。江熙先言“四年齐灭纪”，即经文庄公四年“纪侯大去其国”；后解其不言“齐灭纪”而言“大去”者，虽国灭而“义”见，此义是“纪侯义”也，此为范注深以为然之一义。江熙再以归例作析，国灭之时叔姬来归既非“归宁”又非“大归”，故不书之，此为范注深以为然之二义。而江熙所言之义核恐是在“鲁喜其女得申其志”。联系到本文前节《穀梁》发传之“喜”义，虽传文之喜字前未书“鲁”，但其书“吾女”二字已可见“鲁”，即鲁喜其女叔姬得其所；而江熙之“喜”则直书“鲁”字，鲁喜其女叔姬得申其志，此为范注深以为然之三义也。

范注《穀梁》引申江熙处甚多，例：《穀梁》于成公八年“卫人来媵”条发传，云：

媵，浅事也，不志。此其志何也？以伯姬之不得其所，故尽其事也。②

范注申述传文宋伯姬“不得其所”是因灾而致，又引江注为其补充，云：

不得其所，谓灾死也。江熙曰：“共公之葬由伯姬，则共公是失德者也。伤伯姬贤而嫁不得其所。”③

江熙贤伯姬而贬共公之义，亦被范宁所取。又例：《穀梁》于僖公元年“冬，十月，壬午，公子友帅师败莒师于丽，获莒挐”条发传，云：

莒无大夫，其曰莒挐何也？以吾获之目之也。内不言获，此其言获何也？恶公子之绐。绐者奈何？公子友谓莒挐曰：“吾二人不相说，士卒何罪？”屏左右而相搏。公子友处下，左右曰“孟劳。”孟劳者，鲁之宝刀也。公子友以杀之。然则何以恶乎绐也？曰“弃师之道”也。④

①〔晋〕范宁集解，〔唐〕杨士勋疏：《春秋穀梁传注疏》卷五，第52页。

②〔晋〕范宁集解，〔唐〕杨士勋疏：《春秋穀梁传注疏》卷十三，第134页。

③〔晋〕范宁集解，〔唐〕杨士勋疏：《春秋穀梁传注疏》卷十三，第134页。

④〔晋〕范宁集解，〔唐〕杨士勋疏：《春秋穀梁传注疏》卷七，第70页。

公子以欺诈之术逞匹夫之勇，《穀梁》发传恶其不自厚而施诈，贬其为“弃师之道”。而范注却引江注直斥传文之失，云：

江熙曰：“《经》书‘败莒师’，而《传》云‘二人相搏，则师不战，何以得败’，理自不通也。夫王赫斯怒，贵在爰整。子所慎三，战居其一。季友，令德之人，岂当舍三军之整，佻身独斗，潜刃相害，以决胜负者哉？虽千载之事难明，然风味之所期，古犹今也，此又事之不然，传或失之。”①

江熙于此处有二义：一以书法义例而言，经文既书“师败”，传文又怎可书“师不战”？一以季友之德而言，其为“令德之人”，怎可逞匹夫之勇？范注于此处全引江注以为其义，且言传文理不通也，疑其“《传》或失之”。可见，范注引申江熙处，或为传文作申说贯通，或为传文作回护弥缝，甚至直斥传文之失，实为深然江氏义矣。

徐彦疏中二云江熙。一云见于何注“据国灭来归不书”条下，徐疏云：

即上四年，纪侯大去其国，不书叔姬来归是也。叔姬来归所以不书者，江熙云：“叔姬来归不书，非归宁，且非大归。”是也。②

“一云”为解注文“来归不书”。庄四年纪国灭，国灭之时叔姬来归既非“归宁”又非“大归”，故不书之。徐疏与范注于此处义同，故亦引江熙释归例之言。而徐彦并未如范注般尽以江熙为释，而是将话语转为“至此乃归”，由此二云江熙，曰：

然则纪国之灭在庄四年，至此乃归酅者，江熙云：“叔姬守节，积有年矣。季虽有酅入于齐，不敢怀二。然襄公豺狼未可闇信，桓公既立，德行方宣于天下，是以叔姬归于酅，鲁喜其女得申其志也。”③

“二云”显然是为解其“至此乃归酅”。纪侯去国九年之后，纪叔姬至此乃归酅，何也？徐疏此处虽取江熙言却未取江熙义。取其言叔姬积年守节，又恐齐之不能容之，至此桓公德于天下方归酅，故鲁喜纪叔姬申其志也。未

①〔晋〕范宁集解，〔唐〕杨士勋疏：《春秋穀梁传注疏》卷七，第70页。

②〔汉〕何休解诂，〔唐〕徐彦疏：《春秋公羊传注疏》卷七，第90页。

③〔汉〕何休解诂，〔唐〕徐彦疏：《春秋公羊传注疏》卷七，第90页。

取其义在于“得申其志”之“其”之为何。

“得申其志”之“其”可为鲁，可为桓公，可为纪叔姬。《穀梁》家言“鲁”喜“吾女”叔姬得其所，取江熙“纪国灭而纪侯义见”之义，归酅显然是申纪叔姬之志。而联系《公羊》传文之“隐”与徐疏之释，似未明示“其”之为何。然观经文隐公七年“春王三月叔姬归于纪”条，《公羊》无传，何注云：

> 媵贱，书者，后为嫡，终有贤行。纪侯为齐所灭，纪季以酅入于齐，叔姬归之，能处隐约，全竟妇道，故重录之。[①]

可见，叔姬归酅是申“鲁”之志，而“鲁志”就在于叔姬守节，不以国亡而亏妇道也，故为“贤行”也；而徐疏于此“二云”江熙，仅取其言不取其义之举，恐有不慎，因江熙之义实在《穀梁》也。

3. 杜注略取《公羊》《穀梁》意

经文庄公十二年“春，王三月，纪叔姬归于酅”条，《左氏》无传。杜注云：

> 纪侯去国而死，叔姬归鲁。纪季自定于齐而后归之，全守节义以终妇道，故系之纪而以初嫁为文，贤之也。来归不书，非宁，且非大归。[②]

杜注之“来归不书，非宁，且非大归”与江注辞同、义同，范注、徐疏亦引之，即《左》《公》《穀》三家于纪侯去国，叔姬归鲁之归例释义皆同；故孔颖达疏文言“《释例》与此尽同”，其云：

> 《正义》曰：“《公羊传》曰：‘其言归于酅何？隐之也。何隐尔？其国亡矣，徒归于叔尔。’《穀梁传》曰：‘其曰归何？吾女也，失国，喜得其所，故言归焉尔。’杜略取彼意为说，《释例》与此尽同；大意以其贤，愍其国亡，乃依附于叔，故书之耳。”[③]

孔颖达《正义》并引《公羊》《穀梁》之言，复再言杜注略取二《传》之意为说，“略取”者，其一在例，其二在大意。杜注“全守节义，以终妇道”之言与何注同，其云经文书纪叔姬是系之纪也；叔姬归酅虽是非嫁而归，却仍

---

①〔汉〕何休解诂，〔唐〕徐彦疏：《春秋公羊传注疏》卷三，第37页。

②〔晋〕杜预集解，〔唐〕孔颖达正义：《春秋左传注疏》卷九，第153页。

③〔晋〕杜预集解，〔唐〕孔颖达正义：《春秋左传注疏》卷九，第153页。

以"初嫁之归"书之其文，大意贤叔姬也，确有略取《公羊》《穀梁》意之处。故孔颖达《正义》引二《传》陈之。

三、纪国史：寓"国史"于二姬

当观者通过《春秋》文本了解二姬的生平历程，脑海中会浮现一个以其为主角的空间场景。空间同典籍文本一样，对于书写者来说是必不可少的，时间不会倒流，只有依靠它们，才有可能进行空间书写的溯回；而场景和典籍是书写得以藏身和施展身手的地方，它们是有一定疆界的空间，主角的生平历程充仞其间，错综交织，构成一份复杂的混合体，主角的历史由此得到体现。故当《春秋》经文书写者开始以某种方式构筑此场景时，"我"之意识即已注入，主角二姬于其中的登场与退场，即已安排到位；而当笔者以观者、读者的身份意识进入其中，自会浮现一部由二姬谱写的"纪国命运史"：鲁隐公二年，《春秋》经文始见"纪"，见于来鲁逆二姬的"纪裂繻"；鲁庄公四年"三月，纪伯姬卒"后"纪侯大去其国"，纪国灭；然，鲁庄公二十九年，经文再见"纪"，见于已"归于酅"之亡国妇人纪叔姬；直至鲁庄公三十一年"八月，癸亥，葬纪叔姬"，"纪"自经文而没。

经文书写者未曾对"纪"进行历史或事件性的有序编年，但在二姬"逆→归→卒→葬"的书写中，经文"纪始见→纪灭→纪再见→纪灭"之事序随之浮现；而此事序中一特书之笔，乃是纪国灭后，纪叔姬"以一人系一国"的"纪再见"；书写者寓"国史"于二姬之微义亦由此浮现。故此"纪国命运史"之序在《春秋》的时间领域内，在二姬的叙事场景内，切割为三：《春秋》经中的"纪"之始、姬之亡与国之亡、姬未亡与国犹存。

（一）《春秋》经中的"纪"之始

鲁隐公二年，《春秋》经文始见"纪"。"始"是始于一事，即"纪裂繻来逆女"；"见"是见于一人，即来鲁逆女的卿大夫"纪裂繻"。《左氏》以其受纪侯之命书"卿"，《公羊》《穀梁》皆以其为"大夫"。《白虎通义》释其为

"下大夫"，其云：

推褒犹称且字，知履緰盖下大夫，名见者，以接内也。纪侯爵当从大国例，凡大国之下大夫，与小国之卿同，非接内不录其名氏。唯大国之上大夫然后书名氏，若褒之，则以伯仲书。礼，五十不称且字，所以示法未五十不得命为卿也。①

《公羊义疏》引《通义》之义为释，云：

惟纪虽侯爵，实由嫁女天子增爵称侯，此时犹不得为大国也。②

陈立以裂缟逆女之时，纪未称侯，犹不可称大国，言"纪裂缟"此时仅为小国之下大夫。小国之君使下大夫来逆，陈疏合于《公羊》传文之讥义。《公羊》发传"讥始不亲迎"，托始以正"春秋之始也"，《穀梁》发传"以国氏者，为其来交接于我，故君子进之也"，或进或讥皆一事，即逆女，且是来鲁逆女。然，无论是纪裂缟其人还是逆女其事，于经文中纪之始见皆为一种阅读的背景铺垫。

案《左氏》于此"纪裂缟来逆女"条前已见"纪"：隐公元年《左氏》有云：

八月，纪人伐夷。夷不告，故不书。③

杜注释"纪""夷"及"不书"，其云：

夷国在城阳庄武县，纪国在东莞剧县。隐十一年，《传》例曰："凡诸侯有命，告则书，不然则否。"史不书于策，故夫子亦不书于经传，见其事，以明春秋例也。他皆仿此。④

杜注于此以《传》例释之，阐述经文不书此事，是因"诸侯有命，告则书，不然则否"。孔颖达《正义》释"纪人伐夷"是"非唯史策、兼采简牍"，并引《世族谱》释"纪"，其云：

《世族谱》："纪，姜姓，侯爵。庄四年齐灭之。"⑤

①〔清〕陈立撰，吴则虞点校：《白虎通疏证》卷一，第46页。

②〔清〕陈立撰，吴则虞点校：《白虎通疏证》卷一，第46页。

③〔晋〕杜预集解，〔唐〕孔颖达正义：《春秋左传注疏》卷二，第39页。

④〔晋〕杜预集解，〔唐〕孔颖达正义：《春秋左传注疏》卷二，第39—40页。

⑤〔晋〕杜预集解，〔唐〕孔颖达正义：《春秋左传注疏》卷二，第40页。

可见，“纪”于《左氏》之始见，与经文及《公羊》《穀梁》传文不同；而杜注以例释经之不书，亦仅为《左氏》传例之释。经文不书“纪人伐夷”，纪于经文之始见便不在“夷”；经文书“纪裂繻来逆女”，纪于经文之始见便在“鲁”也。虽纪人伐夷之因与果，《左氏》并未书，但此处亦显现一种阅读背景，即纪虽小国，此时国力尚强。

主角二姬经由种种铺垫于鲁隐公二年登场：“九月，纪裂繻来逆女；冬十月，伯姬归于纪；纪子帛、莒子盟于密。”三条经文间贯穿密不可分之关联。虽叔姬于经文隐公七年“春王三月，叔姬归于纪”条初见，实其六年前已入场，即作为伯姬之媵女系于经文“纪裂繻来逆女”条，即此逆之女为嫡女伯姬与媵女叔姬也。

《左氏》于经文“纪子帛、莒子盟于密”条发传曰“鲁故也”。杜注云：

> 子帛，裂繻字也。莒，鲁有怨。纪侯既昏于鲁，使大夫盟莒以和解之，子帛为鲁结好息民。故《传》曰：“鲁故也”。比之内大夫而在莒子上称字，以嘉之也。字例，在闵元年。密，莒邑城阳淳于县东北有密乡。[①]

纪国之“大夫”与莒国之“国君”盟，书写者却将大夫“子帛”放到国君“莒子”前，并用裂繻之字称，是因纪侯婚于鲁，“子帛”为鲁与莒结好，调和鲁莒关系。《穀梁》于此条发传以伯叔仲季之序释“纪子以伯先”，《公羊》发传云“纪子伯者，无闻焉尔”。无论闻或未闻，经文中“纪子帛”是被书于二姬之“逆→归”之后，三条经文中逐渐浮现出一个纪鲁结盟的叙事场域，并于“纪”之始见中发展成型。

此场域于隐公年间初建，于桓公年间完成。经文鲁桓公六年“夏四月，公会纪侯于成”，“冬，纪侯来朝。”前者是鲁往会纪，后者是纪来朝鲁。这一往一来，一会一朝皆由经文桓公五年“夏，齐侯郑伯如纪”条而起；此条《穀梁》无传，《公羊》发传以如立例，《左氏》则以事发传。《左氏》传云：

> 齐侯、郑伯朝于纪，欲以袭之。纪人知之。

①〔晋〕杜预集解，〔唐〕孔颖达正义：《春秋左传注疏》卷二，第42页。

纪人识破齐郑袭纪之计。孔疏云：

纪人知之，明其惧而告鲁，故书也。[①]

纪人告鲁，鲁书之，是因此时纪鲁结盟的叙事场域已初建。据经文考推，桓公年间，纪之资援于鲁者甚切，鲁之图援于纪者亦甚勤：鲁为纪与他国盟者二：

夏六月，壬寅，公会纪侯莒子，盟于曲池。（桓公十二年）

春正月，丙辰，公会齐侯、纪侯，盟于黄。（桓公十七年）

鲁为纪与他国战者一：

春二月，公会纪侯、郑伯。己巳，及齐侯、宋公、卫侯、燕人战。齐师、宋师、卫师、燕师败绩。（桓公十三年）

终鲁桓之世，纪未亡者，鲁桓不为无功；而鲁桓之竭力于纪者，亦是由二姬归于纪始，纪内求助于“家”，亦外求援于“国”也。

纪侯嫁女周室，亦为此内外之求。经文桓公八年“祭公来，遂逆王后于纪。”三《传》于此条发传各异，异辞因其逆例而起，其中隐见一段纪鲁叙事。《左氏》于此条发传云“礼也”，[②]杜注云：

王使鲁主昏，故祭公来，受命而迎也。[③]

《左氏》以王者至尊，无敌体之义；故不亲迎，祭公受王命逆，鲁受王命而迎。《公羊》发传云：

成使乎我也。其成使乎我奈何？使我为媒可，则因用是往逆矣。[④]

何注云：

时王者遣祭公来，使鲁为媒，可则因用鲁往迎之，不复成礼。疾王者不重妃匹，逆天下之母若逆婢妾，将谓海内何哉？故讥之。[⑤]

---

①［晋］杜预集解，［唐］孔颖达正义：《春秋左传注疏》卷二，第105页。

②［晋］范宁集解，［唐］杨士勋疏：《春秋穀梁传注疏》卷四，第36—37页。

③［晋］范宁集解，［唐］杨士勋疏：《春秋穀梁传注疏》卷四，第36—37页。

④［汉］何休解诂，［唐］徐彦疏：《春秋公羊传注疏》卷五，第60—61页。

⑤［汉］何休解诂，［唐］徐彦疏：《春秋公羊传注疏》卷五，第60—61页。

《公羊》以天子至庶人皆亲迎之义；故讥王不亲迎，谓其不重妃匹也。《穀梁》发传云：

> 不正其以宗庙之大事即谋于我，故弗与使也。……其曰遂逆王后，故略之也。[①]

范注云：

> 天子命祭公就鲁共卜，择纪女可中后者，便逆之，不复反命。
>
> 以其遂逆无礼，故不书逆女而曰王后。略谓其不以礼称之。[②]

《穀梁》亦以天子需亲迎之义，故以其谋于鲁书不正，以其遂逆书无礼。三《传》及其注家、疏家于此处笔饱墨酣，明处见其逆例之歧，隐处见纪内外求援之困与纪鲁结盟之成。

（二）姬之亡与国之亡

纪鲁结盟成于“纪”之始，止于“姬”之亡。鲁庄公四年，“纪”系于经文者见三：“三月，纪伯姬卒。”“纪侯大去其国。”“六月，乙丑，齐侯葬纪伯姬。”经文自浮现一篇“姬亡与国亡”的叙事，此篇叙事之亡姬为纪伯姬。

“六月，乙丑，齐侯葬纪伯姬。”《左氏》无传。杜预《春秋释例》云：

> 纪侯大去其国，令弟纳邑附齐，齐侯嘉而愍之，恩及伯姬。伯姬，鲁女，故以来告，大夫会葬，故书齐侯葬纪伯姬也。……不书谥者，盖亡国之妇，夫妻皆降，莫为之谥。而贾、许方以诸侯礼说，又失之也。[③]

《春秋释例》是从“内女夫人卒葬例”，以纪国夫人礼葬之；书葬，鲁往会葬之故；而纪伯姬被杜预释以亡国之妇的身份。《公羊》发传云：

> 外夫人不书葬，此何以书？隐之也。何隐尔？其国亡矣，徒葬于齐尔。

何注云：

> 国灭无臣子，徒为齐侯所葬，故痛而书之，明鲁宜当闵伤临之。卒

---

①〔晋〕范宁集解，〔唐〕杨士勋疏：《春秋穀梁传注疏》卷四，第36页。

②〔晋〕范宁集解，〔唐〕杨士勋疏：《春秋穀梁传注疏》卷四，第36页。

③〔晋〕杜预撰，〔清〕孙星衍、〔清〕庄述祖辑校：《春秋释例》卷二，第16页。

不日葬日者，鲁本宜葬之，故移恩录文于葬。[1]

《公羊传》书纪国亡，纪伯姬葬于齐国。案，齐侯已葬纪伯姬，鲁国何以再书葬？何注之意鲁亦当葬之。然鲁未葬，故移恩录文于葬，即移“外夫人不书葬”者于此，以录文而“移恩”之。

《穀梁》发传云：

外夫人不书葬，此其书葬，何也？吾女也。失国，故隐而葬之。

范注云：

隐，痛也。不曰卒而曰葬，闵纪之亡也。[2]

杨疏云：

知非为危者，纪国已灭而齐葬之，非复纪之臣子能葬，故知闵之，非为危也。又三十年八月，癸亥，葬纪叔姬”，《传》曰：”曰葬，闵纪之亡也。”知此亦是闵之也。不于卒闵之者，葬者送终大事，故也。[3]

由杨疏可知，《穀梁》于葬纪叔姬处书“闵纪之亡”，而范注于葬纪伯姬处亦书此，仅取“闵”之字义非其隐义；传文不书于此而书于叔姬自有道理，后节有述。齐侯葬纪伯姬，姬亡矣，而由此系出的国亡是在经文“纪侯大去其国”。

经文庄公四年“纪侯大去其国”条，《穀梁》发传云：

大去者，不遗一人之辞也。言民之从者，四年而后毕也。纪侯贤而齐侯灭之，不言灭而曰大去其国者，不使小人加乎君子。[4]

“不言灭而曰大去其国”，纪国已灭，《穀梁》贤纪侯而传之。

《左氏》于此条发传云：

纪侯不能下齐，以与纪季，去其国，违齐难也。

杜注云：

以国与季，季奉社稷，故不言灭；不见迫逐，故不言奔。

①〔汉〕何休解诂，〔唐〕徐彦疏：《春秋公羊传注疏》卷六，第78页。

②〔晋〕范宁集解，〔唐〕杨士勋疏：《春秋穀梁传注疏》卷五，第47—48页。

③〔晋〕范宁集解，〔唐〕杨士勋疏：《春秋穀梁传注疏》卷五，第47—48页。

④〔晋〕范宁集解，〔唐〕杨士勋疏：《春秋穀梁传注疏》卷五，第47页。

孔颖达《正义》曰：

《传》称“纪侯不能下齐，以与纪季”，是往年分酅与之，纪国犹在，今则全以纪与之，故云“以国与季”。……十二年“叔姬归于酅”，则纪季虽全得纪国，亦不移就纪都，纪之宗庙、社稷皆迁之于酅，承祀如本，故为不灭。[①]

由纪伯姬卒系出的庄公四年叙事，纪国已灭。不言灭而言大去者，是以纪侯“以国与季”，先祀不废，社稷有奉。《正义》所言“往年分酅与之”是庄公三年“秋，纪季以酅入于齐。”《左氏》于此条发传云：“纪于是乎始判。”杜注云：“判，分也。言分为附庸始于此。”[②]纪国始分于“纪季以酅入齐”，其时国犹在。而此处有一须特别注意者，即《正义》将“不灭”之辞系在了经文庄公十二年“纪叔姬归于酅”条。

（三）姬未亡与国犹存

时间之不可逆性，注定编年的“时间序”之不可逆；然，历史叙事的编序，即“事序”却可被书写者编次。当《春秋》书写者于“纪叔姬归于酅”处启笔，纪国亡之“事序”即被重新编次，纪国命运便于“亡”与“未亡”间开始了一段新的叙事。庄公四年，纪侯大去其国，齐侯葬纪伯姬，我们似乎已经可以见出一种“昭告”，昭告纪国灭，昭告“纪国命运史”落幕于此；但经文书写者显然并未以此种形式发出昭告，反而以另一“活”着的生命继续着“纪国命运史”。由此，纪叔姬以“一人系一国”的姿态，暗示着纪国命运必须重读的书写。

《公羊》于经文庄公十二年“纪叔姬归于酅”条发传云：

其言归于酅何？隐之也。何隐尔？其国亡矣，徒归于叔尔。

何注云：

据国灭来归不书。酅非纪国而言归。

叔者，纪季也，妇人谓夫之弟为叔。来归不书；书归酅者，痛其国

①〔晋〕杜预集解，〔唐〕孔颖达正义：《春秋左传注疏》卷八，第139页。

②〔晋〕杜预集解，〔唐〕孔颖达正义：《春秋左传注疏》卷八，第138页。

灭无所归也。不系齐者，时齐听后五庙，故国之起有五庙存也。月者，恩录之。[①]

庄公四年“齐侯葬纪伯姬”，《公羊》传云“徒葬于齐尔”；此处却言“徒归于叔尔”，何注直书“酅非纪国而言归”。“酅”成为此段叙事中一个特殊的场景坐标。酅之属，关乎主角纪叔姬之归属，经文书写者之微言隐义便寄于此处。

“酅”于《春秋》经文庄公三年“秋，纪季以酅入于齐”条始见。《左氏》发传云“纪之始判”，杜注云“分为附庸始于此”。孔疏云：

> 《正义》曰：“《公羊传》曰：‘纪季者何？纪侯之弟也。何以不名？贤也。何贤乎纪季？请后五庙以存姑姊妹。’《穀梁传》曰：‘酅，纪之邑也。入于齐者，以酅事齐也。’杜取彼为说，知季是纪侯之弟，以酅邑入齐，为附庸之君，附属齐国也。诸侯之卿，例当书名，善其能自存立，故书字贵之也。”[②]

孔颖达《正义》并引《公羊》《穀梁》之言，可见三家于“酅”之异辞。《左氏》以分酅为齐之附庸，《穀梁》以酅为纪邑，入齐是以其事齐；《公羊》则未有酅乃纪邑之言，亦未有附庸之说，而以“请后五庙以存姑姊妹”言隐之，所隐者乃纪国灭，即何注之“酅非纪国”也。案，“请后五庙以存姑姊妹”之言，《公羊》传文书为“鲁子曰”，《正义》引时并未载之；徐疏云：“《传》所以记鲁子者，欲言孔氏之门徒受《春秋》，非唯子夏，故有他师矣。”[③]

三家于“酅”异辞，却有同义，义同于贤纪季也。何注云其“以酅首服先祖有罪于齐，请为五庙后，以酅共祭祀，存姑姊妹。称字贤之者，以存先祖之功”；范注引邵雍言云其“深睹存亡之机，大惧社稷之倾，故超然遐举，以酅事齐，庶胤嗣不泯，宗庙永存”；杜预《春秋释例》云“先祀不废，社稷有奉，季之力也”。三家同贤于纪季，在于“酅”为纪国宗庙之地也。案，《汉

---

①〔汉〕何休解诂，〔唐〕徐彦疏：《春秋公羊传注疏》卷七，第 90 页。

②〔晋〕杜预集解，〔唐〕孔颖达正义：《春秋左传注疏》卷八，第 138 页。

③〔汉〕何休解诂，〔唐〕徐彦疏：《春秋公羊传注疏》卷六，第 7—77 页。

书·古今人表》将纪侯与纪季并列于“下上”人等。[①]

可见，纪季以酅入于齐之“酅”与纪叔姬归于酅之“酅”并非同义。前者“分纪”，后者“存纪”也。纪季以酅入齐，入齐之时纪国未灭，分酅于齐地为附庸以存五庙，此为“分纪”；而纪叔姬归于酅，归酅之时纪国已灭，纪叔姬以纪之“亡妇”的身份归于纪之五庙所存之地，此为“存纪”也。

纪存，纪叔姬即有归属；纪叔姬存，纪国命运即延续；国犹存，亡国之歌便未奏响，书写者之微言隐义即可继续。经文庄公二十九年“冬，十有二月，纪叔姬卒”条，三《传》无文，杜注与范注同辞，云：

> 纪国虽灭，叔姬执节守义，故系之纪，贤而录之。

二家皆从“节义”申论，系之纪，书其贤。案，顾栋高《春秋大事表》特立两位鲁女入“节行”十二人之列[②]，一为宋共（伯）姬，一为纪叔姬。宋共（伯）姬守节不见传，母不下堂，逮火而死者；《春秋》于其女书纳币，并详录其礼以殊之。而纪叔姬执节守义，系纪存纪，《春秋》贤而录以殊之也。而公羊家却是从另一视角书写纪叔姬。徐疏于何注“国灭，卒者，从夫人行，待之以初也”条释云：

> 案，隐七年，则此叔姬乃是伯姬之媵。而言“从夫人行”者，正以十二年春叔姬归于酅。传云：“其言归于酅何？隐之也。何隐尔？其国亡矣，徒归于叔尔也。”然则初去之时，虽为媵妾，至庄四年三月伯姬卒之后，纪国未灭之前，纪侯立之为夫人。其年（言）夏，纪侯大去其国，叔姬乃归于鲁。至十二年春归于酅之时为夫人。故曰“从夫人行”也。

徐疏此“案”，将叔姬之生平叙事尽致淋漓，呈现出纪叔姬以“待年之媵”归纪，再以“亡国之妇”归酅，终“卒”“葬”于纪之五庙存地酅。此案文于《春秋》经文世界之洪流，不啻一篇《叔姬列传》。

---

①［清］翟云升撰：《校正古今人表》，《二十五史补编》（第一册），北京：中华书局，1995年版，第380页。

②［清］顾栋高撰，吴树平、李解民点校：《春秋大事表》卷五十，北京：中华书局，1993年版，第2629页。

媵女，本非一个被强调的角色，而《春秋》经传中的纪叔姬却比其“媵”之嫡女纪伯姬更富生命力。齐侯葬纪伯姬“纪之亡”后，经文不书纪叔姬来归鲁，却书其八年后归于酅，此归已走向“义”，此义非妇道之节义，而是国之大义。纪叔姬“以一人系一国”，独吟出一曲纪未亡之女音也。

经文庄公三十年“八月，癸亥，葬纪叔姬”，《穀梁》发传以一言终其人其事，云：“不曰卒而曰葬，闵纪之亡也。”纪叔姬亡，纪亡矣，纪国命运于此处奏响亡国哀歌。

四、结论

“二姬”系于经文之“逆”“归”“卒”“葬”，虽《春秋》书写者委婉其说，隐晦其文，但三《传》及注文、疏文在层累推衍中，为其重构了可供理解之语义场。《左氏》以王者至尊，无敌体之义，释逆女不亲迎为礼；《公羊》讥其归之无亲迎，隐其葬之无可归，痛其国亡而不书；《穀梁》以二姬为“吾女”，喜其有可归，闵其失国而书之，三家释义同在于贤纪叔姬也，或异或同，均是一试图通达经文所赋义书写的释义行为。本文已隐约指出：二姬不仅是《春秋》经文世界中被书写的两位女性，同时还是鲁女，此一特殊身份，使书写者必须思考“我”的执笔角度。

经文编年时间轴下的二姬叙事系出的纪国之“亡”与“不亡”义，经文婉转传达纪叔姬“一人系国”微意，以女音悼亡国。则书写者的“悼亡”处，究竟是“纪姬”还是“鲁女”，书写中的“我”之意识，注入了经文世界中的身份认同。释义者若只以“贤”视之，恐怕尚有一间之隔。

（本文发表于《孔子学刊》第十一辑，青岛出版社，2020年版。）

理学诠析

两种文本：《大学》与《大学》
——《礼记》本与《四书》本的比较

李纪祥

有关欧洲对中国古代经典中的《四书》《五经》之翻译与东传，其源肇始于欧洲东来的耶稣会士，此点已为学界之共识；换言之，欧洲汉学（Sinology）的起源，系由在华的欧洲传教士们发轫，此亦今日学术界无异言者。中西文化交流史的前辈学者、已故之方豪神父，在其《十七八世纪来华西人对我国经籍之研究》中，即对《四书》《五经》之西译及其与阐道之关系，作了详尽的介绍；[①] 美国的学者孟德卫（D.E.Mungello）亦在其《奇异的国度：耶稣会适应政策及汉学的起源》（*Curious Land: Jesuit Accommodation and the Origins*

① 方豪：《十七八世纪来华西人对我国经籍之研究》，《方豪六十自定稿》上册，台北：燕京印书馆，1969 年版，第 185—202 页。

of *Sinology*）一书中，作了相同的研究工作；可惜的是，后者至少在《四书》的部分，无论对于欧洲图书馆中拉丁译本之典藏，还是翻译内容与经典选择之取向，所述皆有不如前者处。①

著名的英国汉学家、牛津大学汉学讲座的首任教授理雅各（James Legge，1815—1897），在他与王韬合译的著名的《四书》英译本中，将《大学》一书的书名译作“*The Great Learning*”，②“Learning”的译法表明了理雅各乃是遵循朱熹的定义：“大学”是“大人之学”，也就是“学，是为了如何成为大人”。在理雅各之前，英国伦敦会会士马士曼（Joshua Marshman, 1768—1837），便将朱子《大学章句》中的首句“大学之道”译作“ The path or course of Learning proper for Men”，“Learning proper for Men”非常明显地是追随了朱熹对《大学》的观点：“大人之学。”③ 虽然马士曼对《大学》书名的译名是音译的：*Ta Hyoh*。④ 与他同期来华布道传教的马礼逊（Robert Morrison）牧师，是学界认为第一位来华的基督教牧师，则是继承了明末天主教耶稣会士的译法，将《大学》首句之“大学之道”译作“The great science”，“ science”源自

---

① 参考孟德卫《奇异的国度：耶稣会适应政策及汉学的起源》（*Curious Land: Jesuit Accommodation and the Origins of Sinology*）一书的第八章，特别是有关《大学》《中庸》的拉丁文翻译部分。〔美〕孟德卫：《奇异的国度：耶稣会适应政策及汉学的起源》，陈怡译，郑州：大象出版社，2010年版，第267—328页。

② James Legge，*The Great Learing*，*The Chinese Classics* Vol. Ⅰ，台北：南天书局，2001年版，第355—381页。

③ 参见王辉、叶拉美：《马礼逊与马士曼的〈大学〉译本》，广东省哲学社会科学十一五规划项目“基督教传教士儒经英译研究”（07YK01），第417页。马士曼对《大学》的另一译法是：*Great or important Doctrine*。

④ 在Joshua Marshman、Robert Morrison、James Legge之前，英语世界并非没有人对中国的儒家经典作出翻译之贡献，包括《大学》在内，比如活动于17—18世纪的Nathanael Vincent（d. 1722），即被研究者Matt Jenkinson誉为“However, his greatest contribution to the intellectual history of the Restoration is located in his 1685 translation of Confucius's ‘Great Learning’, which seems to be the first time that a Confucian book began to be printed in the English language.” see Matt Jenkinson, “Nathanael Vincent and Confucius's ‘great learning’ in restoration England”, http//rsnr.royalsocietypublishing.org/content/60/1/35.full

拉丁文的“sciendi”。[①] 在明季耶稣会士来华传教的时代，拉丁文仍是他们的正式语言，因此明季天主教士翻译中国典籍是用拉丁文的。当初耶稣会士选用此词以译“学”字，本意是要指“知识”或“学问”。但显然在马礼逊的年代，“science”一词势必已不能引起此种阅读感受，用“science”反而会遭致19世纪的英语世界读者的误会，错导向“科学”的理解。因此，至理雅各时，便明确地将“大学”译为“Great Learning”，《大学》的书名译作 *The Great Learning*。《大学章句》的首句“大学之道，在明明德，在新民，在止于至善”理雅各则译作：

What the Great Learning teaches, is—to illustrate illustrious virtue; to renovate the people; and to rest in the highest excellence.[②]

很明显，首句中的“大学”一词，与作为书名的《大学》，理雅各是采取了同样的译词；而在《礼记·大学》中的“亲民”，理雅各也是追随了朱熹的“改字”，改为“新民”，理雅各还特别在译注文中对于朱熹何以“change 亲 into 新”作了说明与解释，对于“亲民”一词，他认为“亲民＝亲爱于民”，因此，理雅各的译词是：“to love the people”。[③] 理雅各除了四书（*Four Books*）之外，也译有五经（*Five Classics*），在五经中的“礼经”部分，刚好，他所选择的正是《礼记》，因此我们不免要问，作为《礼记》组成部分的单篇《大学》，本来应当是追随汉代郑玄的注解系统才是，然则理雅各是如何翻译《礼记》中的《大学》呢？我们发现，理雅各对《礼记》中的《大学》，完全是照搬《四书》中《大学》的译法，将此篇篇名亦译作“The Great Learning”，并未遵照汉唐学术体系中郑玄、孔颖达的注疏解题。理雅各的这种做法，并非新创。中国本身，从元代开始，对于《大学》的版本与解说，便已经是朱子学的一尊化，从《四书》中的《大学》，进入到《礼记》中的《大学》，“大学”都已是采用了

① 参见王辉、叶拉美：《马礼逊与马士曼的〈大学〉译本》，广东省哲学社会科学十一五规划项目“基督教传教士儒经英译研究”（07YK01），第417页。

② James Legge, *The Great Learning*, p.356.

③ James Legge, *The Great Learning*, p.356.

朱子对《大学》改动后的新编章句之改本与解释。理雅各在翻译《礼记》时，对《大学》篇名的译名，同于《四书》中《大学》的译名，亦是译作"*The Great Learning*"。

《大学》的译名在法国汉学界的传统，也是如此。法文的译本亦是以早期传教士们的拉丁译本为基础，首先的工作是将拉丁文译成法文，译文被现今学界视为最早的法文译本。这些翻译都是以《四书》为主要对象，并未将《大学》视为主要与首先应当的翻译文本，这一点倒是十分有趣，显然在英国或法国的汉学历史中，《大学》并未在"翻译史"中追随朱熹的观点，被放置在首要的翻译位置上！但笔者并不主张用此现象来反对传教士与汉学家的《四书》文本是朱熹之学的认知。法国的汉学界一直要到18世纪末叶（1776年）才出现了完整的《大学》译本，由隶属于耶稣会的会士 Pierre-Martial CIBOT（1727—1780）译出：Ta-Hio, ou la Grande Science［Great Science］，[①]可以看出，他的法文译本也依然是在早期耶稣会士的传统中，将《大学》译为"*Ta Hio*"，将"大学"视为是"Great Science"！八年之后，还有一本由 François-André-Adrien Pluquet（1716—1790）所翻译的译本：Livres classiques de la Chine, recueillis par le P. Noël, précédés d' Observations sur l' origine, la nature et les effets de la philosophie morale et politique de cet empire,（Paris, Debure et Barrois, 1784—1786, 7 vol. ）François-André-Adrien Pluquet 是神学家、历史学家、哲学家，他的译本系以卫方济（Francois Noël）神父的拉丁译本——1711 出版的 *Sinensis Imperii Libri Classici Sex*（《中国帝国的六本经典》）为基础而译成法文，其中《大学》被翻译成 *La Grande Science, ou la Science des adultes*，"ou la Science des adultes"意指"成人之学"，仍然是朱熹的学术传统。在此之后，便进入了以"Grande Etude"翻译《大学》书名的时代：首先是 Guillaume PAUTHIER 的 *Ta-Hio*, ou La Grande Etude（1837）；后来则是近代以来最有影响力的法文译本，由耶稣会士 Séraphin COUVREUR （1835—

① published in Mémoires concernant l' histoire, les sciences, les arts, les moeurs, les usages etc. des chinois par les missionnaires de Pékin, vol. I, pp. 432-458. 1776.

1919）翻译而成，他所译的《大学》之书名为“*La Grande Etude*”（1895）。不论是“*La Grande Science*”或是“*La Grande Etude*”，都是指朱熹的“*Ta-Hio*”，都没有离开朱熹的《大学》诠释基调与体系。

由上所述，可见无论是英国还法国，在译文的传统继承之脉络中，关于《大学》的译名，都是在朱熹《四书章句集注》的笼罩之下，鲜有在《五经》体系的《礼记》视野下翻译“大学”的，而且并没有考虑到其为“篇”还是“书”的问题！

无论是早期传教士的翻译，或是后来如英国与法国各自的译文、译本传统，他们对于朱熹版本的继承，都不是独出心裁的，仍是受到了中国自身的学术背景之影响。自朱子学在元代定于一尊成为国家科举考试的官方之学后，有关元明清以来的《礼记》解说，便在朱学影响笼罩之下，

元代陈澔的《礼记集说》便是如此。在陈澔的书中，《大学》一篇系编在卷十的第四十二篇，但翻阅至第四十一篇《儒行》之后，出现的却只有“大学第四十二”的篇目，以及其下作为小字注的“朱子章句”四字；[①] 显然陈澔以为《大学》只要至朱子的《四书章句集注》中观看《大学章句》即可；《中庸》一篇亦是如此，翻阅陈澔的《集说》至第三十篇《坊记》之后，出现的只有“中庸第三十一”的篇目，以及“朱子章句。《大学》《中庸》已列四书，故不具载”[②] 的说明。因此，陈澔其实可以说是在继承朱子的《四书》之学后，亦是在程朱学脉的新儒学体系下，新编了又一部的新《礼记》。这个版本的新《礼记》与汉代戴德所编、郑玄所注的《礼记》，差别在于《中庸》与《大学》有目而无本文。是故陈澔在《礼记集说 · 序》中言：

前圣继天立极之道，莫大于礼；后圣垂世立教之书，亦莫先于礼。礼仪三百，威仪三千。孰非精神心术之所寓，故能与天地同其节。四代损益，世远经残，其详不可得闻矣。《仪礼》十七篇，《戴记》四十九篇。先儒表彰学、庸，遂为千万世道学之渊源。其四十七篇之文，虽纯驳不

①［元］陈澔：《礼记集说》，台北：台湾世界书局，1990 年版，第 322—323 页。

②［元］陈澔：《礼记集说》，第 290 页。

同，然义之浅深同异，诚未易言也。[①]

陈澔在序文中说得很清楚，原本在《戴记》中的《中庸》与《大学》，已经在先儒的表彰下，其地位提升成为千万世道学之渊源，二篇已另有编纂，与其他四十七篇亦已无可同语。是故陈氏的《礼记集说》亦只有四十七篇而已。因依戴圣之《礼记》为底本，故书目中仍依原编序次与卷目篇名，然抽去两篇之文不必再作集注新说，盖其二篇已在《四书》中也！

陈澔《礼记集说》，在明代为胡广的《礼记大全》所继承吸收。明代作为士子考试的科举举业，如果在考试的内容方面是以《四书大全》与《五经大全》为主，那么定于一尊的朱子学及其著作，显然已通过试子所必读的科举范本，使得《四书大全》与《礼记大全》中的《大学》，都是以朱熹的《大学章句》为主。这很可以解释为何明代士子不容易看到旧本《礼记》中由郑玄所注、孔颖达所正义的《礼记正义》；换言之，唐代作为官学体系的《五经正义》，至少在《礼记正义》中的《中庸》《大学》两篇，已经被元明两代的官学——朱子学的《大学》《中庸》新编文本所取代。

另一本同样是《礼记》名著、由清人孙希旦集解的《礼记集解》，亦是如此，其做法完全是继承了陈澔模式的四十七篇“新礼记”本（孙希旦全书共六十一卷），亦是只在书中放入《中庸》《大学》的篇次与篇名，而将正文完全抽去；孙希旦《礼记集解》卷五十于“中庸第三十一”篇题之下，小字云：“朱子章句”[②]；而于卷五十七“大学第四十二”篇题之下，亦小字云：“朱子章句”。[③] 陈澔与孙希旦二氏的做法十分明白，《礼记》中的《中庸》与《大学》，必须要至朱子的《四书章句集注》中去阅读，或阅读《中庸章句》，或阅读《大学章句》，不必并存两印；何况阅读的序次与解释体系也全然不同。清人朱彬则在其《礼记训纂》中，依郑玄注本《礼记》而别作训纂，因之于卷四十二所次便是旧本之《大学》，但在其后，朱彬却又收入了朱熹的《大学章句》，题

---

①〔元〕陈澔：《礼记集说》，序。

②〔清〕孙希旦：《礼记集解》卷五十，台北：文史哲出版社，1988年版，第1186页。

③〔清〕孙希旦：《礼记集解》卷五十七，第1289页。

曰：《朱子考定大学》。[①] 朱彬此举，不啻又将朱熹所“抽取”出别为章句的《大学》，“放回”到《礼记》中使之成为《礼记·大学》，朱熹将“篇”为“书”，朱彬复又将“书”为“篇”。朱彬虽然在《朱子考定大学》中依据朱子之章句而列其本文，但有几点却可指出：1. 朱彬所列的朱子改本，仍列“亲民”而非“新民”；2. 在“此谓知本此谓知之至也”之下，并未列朱注：“此谓衍文”，于此句之上亦未列朱熹自作之《格致补传》；3. 朱彬仅列朱熹所次之章句本文，于其“注”皆未列出。朱彬已身在清代乾嘉汉学之时代，在上位者虽推尊宋学，然在下之士大夫学问主流已为尊汉而反宋，故于《大学》一篇，必宗《礼记》本而非《四书》本；朱彬仍列出《朱子考订大学》为附录者，则当因清代诸朝仍以朱学为官学，并仍为举业之故。

在郑玄注本《礼记》中，《中庸》的编目的序次在《大学》篇之前；但在《四书》中，《大学》的编次反在《中庸》之前，而且是居于《四书》之首。朱熹在新编《大学章句》时便将二程的一段话放在全书正文之前，以指示《大学》一书的重要性。其云：

> 子程子曰：“《大学》，孔氏之遗书，而初学入德之门也。”于今可见古人为学次第者，独赖此篇之存，而《论》《孟》次之。学者必由是而学焉，则庶乎其不差矣。[②]

在朱熹引用程子的文字中，我们可以注意到其中有两处提到了《大学》的篇籍属性，一是“孔氏之遗书”，一是“独赖此篇之存”；如果用今天的眼光来看，“大学，孔氏之遗书”所谓的“大学”，究竟是书名，还是篇名？朱熹似乎在此暴露出了一处“译古为今”意识中未察的小矛盾！朱熹在《大学章句序》中云：“《大学》之书，古之大学所以教人之法也。”显然确实已将《大学》视为“书”的属性。在北宋二程的时代，纵然朝廷与士大夫都已经开始强调《礼记》中《大学》的重要性，皇帝亦有亲赐单篇《大学》《中庸》给朝臣

①〔清〕朱彬撰，饶钦农点校：《礼记训纂》，北京：中华书局，1988年版，第870—873页。

②〔宋〕朱熹：《大学章句》，《四书章句集注》，北京：中华书局，1983年版，第3页。

的，但此时《大学》仍然是一篇文章而非一册书籍！因此，如果要翻译子程子之言，则“大学孔氏之遗书而初学者入德之门”经过标点之后的句读，应当是“《大学》，孔氏之遗书，而初学者入德之门”。当然，程氏之言出现在朱熹的《大学章句》中，而朱熹对于《大学》的尊重又源自程氏，所以才会尊称其为“子程子”。由是，经过北宋而至南宋的历史发展，我们在朱熹的《大学章句》中，确实可以看到北宋的“子程子之言”在南宋被朱熹引用时，“引文”的历史化姿态已经是作为书名的《大学》而不是作为篇名的《大学》了。理雅各因此在翻译这段引文时，便以朱熹的立足点而将之译成：

My master, the philosopher Cheng, says:— “The Great Learning is a book left by Confucius, and forms the gate by which first learners enter into virtue.” ①

因此，理雅各的做法反映的，正是明代耶稣会士以来所见之朱子学影响下的风气：明清以后，无论《礼记》中的《大学》篇还是《四书》中的《大学》一书，都是朱子学式的：这可以解释从马士曼、马礼逊到理雅各，为何俱将一书、一文，均译作“Great Learning”之故。

对于程子所说的“孔氏之遗书”一句，理雅各注意到“孔氏”这一词，不仅能译作“孔子”，单指一个人；也能当作复数词。因此，理雅各在他的译注文中特别标注出“孔氏＝孔门”，而将“孔氏”译为“the Confucian school”。② 理雅各注意到这一个词是有锐见的，对朱熹而言，《大学》一书并非成于孔子一人之手，由于朱熹认为《大学》有“经”有“传”，因而应当是孔子门人、再传共同完成的一本书籍。理雅各将程子之文“孔氏之遗书”译作“a book left by Confucius”，但在译注中却对“孔氏”一词做了“the Confucian school ／孔门”的翻译，值得注意。

作为译词的“learning”，还原到原文中，是指“学习”意义的“学”；但是在《礼记》中的许多篇中有关于“学”字的使用，却并不是指向“学习”，而是指向“学习的场所”，也就是“学校”；因之在译法上，就不能译作“learning”，

① James Legge, *The Great Learning*, p.355.

② James Legge, *The Great Learning*, p.356.

而应当译为“school”，或者是其他类似的词语。对于《礼记》中提到“学习场所／学校”的篇章及其文词，理雅各所译大多是使用“school”或是“college”等词，譬如《礼记·祭义》篇，文云：

祀乎明堂，所以教诸侯之孝也。食三老、五更于大学，所以教诸侯之弟也。祀先贤于西学，所以教诸侯之德也。

这里的“大学”“西学”，理雅各的译词为：“the Great college”“the western school”。[①] 又如《礼记·学记》篇，文云：“古之教者，家有塾、党有庠、乡有序、国有学。”

理雅各译文为：

According to the system of ancient teaching, for the families of there was the village school; for a neighborhood there was the hsiang; for the larger districts there was the hsu; and in the capitals there was the college.[②]

“国有学”之“学”，理雅各译为“college”。不论是译为“school”还是“college”，都不是指向“learning”，而是指向国家体制中学习的场域。《文王世子》篇：

凡学，春官释奠于其先师，秋冬亦如之。凡始立学者，必释奠于先圣先师；及行事，必以币。凡释奠者，必有合也，有国故则否。凡大合乐，必遂养老。

理雅各之译文为：

In all the schools, the officer （in charge）, in spring set forth offerings to the master who first, taught （the subjects）; and in autumn and winter he did the same.

In every case of the first establishment of a school the offerings must be set forth to the earlier sages and the earlier teachers; and in the doing of this, pieces of

① James Legge，*Li Chi*：*Book of Rites*（Montana: Kessinger Publishing），Part 2，Ki I/The meaning of Sacrifices（祭义），Section Ⅱ，第 20 条，p.231。

②James Legge，*Li Chi: Book of Rite*，Part Ⅱ，Hsio Ki/Record on the Subject of Education，（学记）第 4 条，p.83。

silk must be used.

In all the cases of setting forth the offerings, it was required to have the accompaniments （of dancing and singing）. When there were any events of engrossing interest in a state （at the time), these were omitted.

When there was the accompaniment of music on a great scale, they proceeded immediately to feast the aged.①

《王制》篇：

将出学，小胥、大胥、小乐正简不帅教者以告于大乐正。大乐正以告于王。王命三公、九卿、大夫、元士皆入学。不变，王亲视学。不变，王三日不举，屏之远方。西方曰棘，东方曰寄，终身不齿。

理雅各译文为：

When the time drew near for their quitting the college, the smaller and greater assistants, and the inferior director of the board, put down those who had not attended to their instructions, and reported them to the Grand director, who in turn reported them to the king. The king ordered the three ducal ministers, his nine （other） ministers, the Great officers, and the （other） officers, all to enter the school （and hold an examination）. If this did not produce the necessary change; the king in person inspected the school; and if this also failed, for three days he took no full meal nor had music, after which the （culprits） were cast but to the remote regions. Sending them to those of the west was calleda（temporary） expulsion; to the east, a temporary exile. But all their lives they were excluded from distinction.②

《王制》篇中的三个词汇：出学、入学、视学，理雅各或用“school”，或

① James Legge, *Li Chi: Book of Rite*, Part Ⅰ, Wen Wang Shih Tzu/King Wan as Son and Heir（文王世子），第9—12条，pp.347-348。

② James Legge, *Li Chi: Book of Rite*, Part Ⅰ, Wang Chih/The Royal Regulations（王制），Section Ⅳ，第5条，pp.233-234。

用“college”译之。特别是《学记》中的一句“大学之教也时”，理雅各译为“In the system of teaching at the Great college, every season had its appropriate subject”；以“Great College”译“大学”。[①] 先秦以前的“学”字可以指向学制中的“学校”，已经在理雅各的译词中显示出两个“学”字的差异：“school / learning”。“大学”，无论是作为篇名或是书名，我们在阅读时，均应注意“宋明理学”体系形成以后的汉学、宋学之两种学术系统的差异性。因之，“大学”的“学”在郑玄注本那里应当被译为“school”。译为“Great Learning”只是朱子学兴起之后的一家之言。于是，“大学”一词究竟应当如何训诂或翻译，便成了一个阅读起点（the starting point for reading）便开始存在的分歧与争议。

二、《大学章句》与“大学之道”

（一）《大学》与“入道之始”

朱熹之女婿、高弟黄榦，在《朱先生行状》中谓：

> 先生教人，以《大学》《论》《孟》《中庸》为入道之序，而后及诸经。以为不先乎《大学》，则无以提纲挈领而尽《论》《孟》之精微；不参之以《论》《孟》，则无以融会贯通而极《中庸》之旨趣。然不会其极于《中庸》，则又何以建立大本，经纶大经，而读天下之书，论天下之事哉！[②]

其意谓：朱子在教人时，必定是以《大学》《论语》《孟子》《中庸》四部书作为学习上的“入道之序”，而且必须要阅读完这四部书之后，才能开始阅读五经。黄榦这样的表述，是我们所熟悉的。但是朱熹的另一位高足陈淳，却有着不同的观点，“黄、陈之歧”是许多学者曾经忽略过的主题！陈淳在他的《严陵讲义》之中，曾经以极为精练的语言，表述了朱门何以重视“入道之

---

① James Legge, *Li Chi: Book of Rite*, Part Ⅱ, Hsueh Chi/Record on the Subject of Education（学记），第 6 条，p.85。

②［宋］黄榦：《朱先生行状》，《勉斋集》卷三十六，《景印文渊阁四库全书》第 1168 册，台北：台湾商务印书馆，1986 年版，第 44 页。

序”的根本原因，他说：

道之浩浩，何处下手？[①]

开门见山即提出“求道”的问题。在《严陵讲义》的《读书次序》篇也再次提到了“读书”的重要。“书”，是圣人垂训之所在，圣人已往，存于今者，唯有“书”而已；所以今人必须要“读书”，通过“读书”，才能得到圣人“留下／流传”的“道”。请读者注意，陈淳自题的标题就是《读书次序》，对陈淳而言，“读书之序”就是“入道之序”，对“入道之序”的关注，本来就是朱子为学与朱门教学的重要特色。确实如此，朱熹为学，深惧世人流禅、堕虚，因此不论在修养功夫与读书阶序上，皆主张学有等第，方符合孔门下学上达之宗旨。于是，凡朱门之后学，皆循此而讲求入手之基，从“何处入手”到“入道之序”，都可以是朱门弟子中正视的一个大课题！于是，同是朱子门下的两位高弟，竟在这一问题上形成了重大的分歧与书信式的公开争论！陈淳主张在阅读《四书》之前应当先读朱熹、吕祖谦合编的《近思录》。陈淳的依据，在于《朱子语类》中的一条记录，记云：

《四子》，《六经》之阶梯；《近思录》，《四子》之阶梯。[②]

宋理宗时期的重要人物真德秀，显然便是陈淳主张的追随者，在他的《西山读书记》中即云：

淳熙二年，东莱吕公自东阳来，留止寒泉精舍旬日，相与掇周子、程子、张子书，关大体而切日用者，汇次成十四篇。……号《近思录》。先生尝语学者曰：“《四子》，《六经》之阶梯；《近思录》，《四子》之阶梯。”以言为学者，当自此而入也。[③]

在真德秀的笔下，朱子的语言告知，已经成了一段真实可信的故事版本。

---

①〔宋〕陈淳：《北溪大全集》，《严陵讲义》卷十五，《景印文渊阁四库全书》第709册，台北：台湾商务印书馆，1986年版，第4页。

②〔宋〕黎靖德编，王星贤点校：《朱子语类》卷一百五，北京：中华书局，1986年版，第2629页。

③〔宋〕真德秀：《西山读书记》卷三十一，《景印文渊阁四库全书》第705册，台北：台湾商务印书馆，1986年版，第77页。

在陈淳所记录的这条师弟对话“记言文”中，从说到听、从听到记、再到“记言文”的被刊刻，终成有关“朱子说”的书中文字。于是，后世的人不再是“听到朱子如何说”，而是“阅读到朱子如何说”。从观者的阅读角度，显然《朱子语类》是在“文”的情境下使后世人相信了陈淳的“听到”与“记录”；也就是说，对后世人而言，并不存在陈淳的“听到”场景，只有“阅读到”的“记言文”。可是，如果我们回到当时呢？当时的对话显然是一种师弟间“言”的对话情境，稍纵即逝，即便有同门是当时的在场者，亦不能改变《语录》的这一属性。于是，《语录》的“语”字在“当下即逝”的时间性上成了“语录体”的致命伤，毕竟，“语录体”不是作者本人的直接书文，而是作为弟子们的“记言体”——“代言”之现身；作为“语录体”的“文”，记录者反而成了“作者”。[①]黄榦的主张便与此有关，与“言”与“文”的认知分歧有关。黄榦认为，“听到的言”不足为据，因为他没有听见朱子有此言；应当依据的，是来自当事人自己亲笔书写下来的“文”，方为可信。黄榦在《书晦庵先生语录》中云：

> 晦庵朱先生所与门人问答，门人退而私窃记之。先生殁，其书始出。记录之语，未必尽得其本旨，而更相传写，又多失其本真。[②]

其一“窃”字，充分显示出黄榦对“记语”之“文”的不信任感。黄榦在《答李方子》的书信中，也正式提出对陈淳的反驳，云：

> 真丈所刊《近思》《小学》皆已得之，《后语》亦得拜读。“先《近思》而后《四子》”，却不见朱先生有此语。陈安卿所谓“《近思》，《四子》之阶梯”亦不知何所据而云。朱先生以《大学》为先者，特以为学之法，其条目纲领莫如此书耳。若《近思》则无所不载，不应在《大学》之先。……如安卿之论亦善，但非先生之意。[③]

《答李方子》书信中所提及的“真丈”，即是真德秀；李方子在《宋元学

① 这样的观点，参考李纪祥：《“近思”之〈录〉与“传习”之〈录〉》，《道学与儒林》，台北：唐山出版社，2004年版，第15—66页。

② 参见〔宋〕黄榦：《书晦庵先生语录》，《勉斋集》卷二十二，第6页。

③ 参见〔宋〕黄榦：《书晦庵先生语录》，《勉斋集》卷八，第17—18页。

案》中列于《沧洲诸儒学案》中。依黄榦的观点，一是据“师说”则未尝闻朱子有此言，二是据“师文”则圣门之学的“入道之始”，应当要从朱子所亲笔的文字来寻觅何者才是首先阅读的第一个文本。黄榦更是明确地表示：他从未“听过”朱老师说了陈淳所记载的那些话。显然，黄榦与陈淳在“记言文”与“亲笔文”上发生了严重的分歧，而这个分歧，却正好涉及何谓“入道之始文本”的依据。黄榦的重点显然是在《四书》中的“入德之门”，也就是《大学》，这是立足于“程朱学统”的观点；而陈淳则是立足于朱子，在“后朱子时代”提出了新文本置入学统中发生效应。“黄、陈之歧”正是朱子过世之后，朱门弟子在有关“入道之始”如何认知方面产生争议的一个显例！当然，如果我们将“入道之始／入道之序”的研究课题放置在“后朱子时代”的“东亚理学”脉络中来考察，便会发现在不同的国度、地域亦有不同，如古韩国时的著名学者——被尊称为“海东朱子”的李滉，又有着不同于中国境内的“入道之始”观。李滉从不同的角度与不同的立足点所提出者，乃是另一部“入道之始”的文本，此文本既非《近思录》也非四书本《大学》，而系另一部文本《心经》。所以李滉连带对于《心经附注》的注者程敏政，也相当推崇，在朝鲜还引起过一段李滉与门人争论的公案。跨地域国度的比较视野，使此一“圣人之学／入道之始”的议题变得更为复杂也更吸引人。

（二）“大学之道”的揭示——作为《大学》术语的“三纲”与“八目”

“黄、陈之歧”有关“入道之始”的争议，乃是发生于“后朱子时代”的事件。如果回到朱熹的生前，则对其而言，《大学》方是“入德之门”。我们遂可以立足此处，来考察何以朱子如此在意《大学》一书必须编为《四书》之始之故。不仅如此，现行各家朱熹的年谱、史传，记载了朱熹易箦之前最后的一件大事，便是他仍在改动《大学章句》的《诚意章》；生时、死前的学术大事，都在《大学》一书，《大学》确实是朱子念兹在兹所欲留于后世的名山事业！也只有《大学》的作者是署名为孔子、孔门的圣人之经时，才能吸引朱子如此付出！如果从这点来反观《大学》文本在汉代的地位，则显然尚未有如此的崇高。《礼记》本的《大学》只是作为儒家文献中的“记”文，迄今笔者未曾读到有任何汉儒将其视为“经”的！

朱熹继承了北宋二程的遗说，将《大学》视为圣人之亲笔、孔子之遗书；因此，不同于汉人视《大学》只是解经的“记”，他从根本上就视其为应当被解释的“经”。朱熹在《书临漳所刊四子后》云：

> 圣人作经以诏后世，……欲求道以入德者，舍此为无所用其心矣。然去圣既远，讲诵失传，……故河南程夫子之教人，必先使之用力乎《大学》《论语》《中庸》《孟子》之书，然后及乎六经。盖其难易、远近、大小之序，固如此而不可乱也。故今刻四古经而遂及乎此四书者以先后之。①

因此，朱熹在《大学》首章之前，便置入了引述于程子的经说之文，曰：

> 子程子曰：大学，孔氏之遗书，而初学入德之门也。②

所谓“独赖此篇之存”，“独赖”一词已道出了《大学》一篇的无可取代性。正是在汉儒的忽略下，朱熹才必须将《大学》抽出另视为一书。而“独赖此篇”的“独”，其独特性便是在于《大学》昭示圣人“为学次第”的唯一性。在《礼记》中当然不只《大学》一篇能昭示古人之为学次第，因此，《大学》能被程、朱慧眼看出它的独特性，便在于它所揭示的“为学次第”与“入德之门”有着密切的关系！《大学或问》上便明确地载录了朱熹设为问答体而写出的再解释，云：

> 是书垂世立教之大典，……首尾该备而纲领可寻，节目分明而工夫有序，无非切于学者之日用。……此程子所以先是书而后《论》《孟》。③

《大学或问》又曰：

> 以是观之，则务讲学者，固不可不急于《四书》，而读《四书》者又

①〔宋〕朱熹：《朱文公文集》下册卷八十二，台北：台湾商务印书馆，1965年影印明刊本，第1493页。

②〔宋〕朱熹：《大学章句》，《四书章句集注》，第3页。

③〔宋〕朱熹撰，〔日〕友枝龙太郎解题：《大学或问》，京都：中文出版社，1977年版，第18—19页。

不可不先于《大学》，亦已明矣。[①]

《大学或问》的文字问答已将朱熹对“四书”的安排顺序阐明得很清楚；也对二程将《大学》定位为“入德之门”之义作了十分畅然的解释。《大学或问》中朱熹进一步阐发《大学》一书所以能为圣人垂世教大典者，完全在于唯此篇能“首尾该备而纲领可寻，节目分明而工夫有序”。在《大学或问》的文字叙述中，我们读到了一组专门的语言，它的出现支撑起《大学》何以为“孔氏遗书”“入德之门”“圣学之始”“入道之先”：原来在于《大学》中对于“圣学”“大学”的规模、工夫次第，特别是对于“入道之序”“工夫次第”的“纲领”与“节目”的阐述。对朱熹而言，《或问》中这样的拟问答书写并不是场面话、夸饰语，而是刻意的书写；因为《大学》一书就是圣人所亲自通过门人的笔书写传下的圣典，“大学之道”的精义就是在于其“纲领”与“节目”！“纲领”是“三纲领”，这是孔子在《大学》文中的垂教昭示，即：“大学之道，在明明德，在新民，在止于至善。”“大学之道”的纲领有三：“明明德、新民、止于至善”。朱熹在《大学章句》中注曰：

此三者，大学之纲领也。[②]

朱熹明白地在其“注”中，指出了“此三者”即是“明明德、新民、止于至善”，而此三者便是“大人之学”的“纲领”！《大学或问》中也一再申释何以此三词为《大学》全书的“纲领”。

所谓节目、条目，是曾子所述所释的八节目，即：格物、致知、诚意、正心、修身、齐家、治国、平天下八个条目。此八个条目又具有一定的先后次序、彼此间相互作用。朱子在《大学或问》中所谓：“节目分明而工夫有序”者，便是指此。在《大学章句》“欲诚其意者，先致其知；致知在格物”下，朱熹注云：

此八者，大学之条目也。[③]

---

①〔宋〕朱熹撰，〔日〕友枝龙太郎解题：《大学或问》，第20页。

②〔宋〕朱熹撰：《大学章句》，《四书章句集注》，第3页。

③〔宋〕朱熹：《大学章句》，《四书章句集注》，第4页。

所谓的“此八者”，指的便是《大学》本文中所出现的八个成词：格物、致知、诚意、正心、修身、齐家、治国、平天下。对于此“八者”，朱熹用的是“节目”“条目”的术语，由于其成词之数是“八”，相对于“纲领”之有“三”，因此亦可以对称之为“三纲领、八条目”或“三纲、八目”。其中“汉魏以来，诸儒之论，未闻有及之者”，所论则正好针对了《礼记》中的郑玄之注、孔颖达之正义，在郑玄与孔颖达那里，是没有这一组成对的术语概念的。

《大学》本文之破题在“大学之道”。“大学之道”朱子释之为“大人之学”。“大人之学”的“大人”并非先秦古文的“君”之义，而系指成人成圣的“大人之学”。而如何能成其为“大人之学”的“大学之道”，朱熹认为：《大学》本文在“道”下明白指示了三个“在”字，此即是“三纲领”！而在“三纲领”的经文之后，《大学》本文立即接以“八条目”。《大学或问》中，朱熹并且明言“八目”就是“三纲”的“条目”。则“大学之道”，其“纲”言“规模”，其“目”言“次序”，有阶有序，有等有第；因此，为学之次第，依朱熹的《大学章句》所指示，在于“八条目”；而“八条目”之始，则在于“格物致知”；这是朱熹认为汉魏儒者所未能发明的圣学之精义所在！

在理雅各的译书中，对于《大学》中的“纲领”“条目”，也特别于一开始就在译注中提出来：对于“纲领”，理雅各的译词是：“the heads”；对于条目，理雅各的译词是：“the particulars”，《大学》文本中的三个“在”，指示出了朱熹的“三纲领”，对于文本中的“在”，理雅各的译词是“is in”。①

(三) 圣人之亲授：“经、传之分”与“作者／述者”问题

在《大学章句》中的另一个必须要注意之处，便是朱子对于《大学》一书所作的“经、传之分”。将《大学》区分为两大部分，是我们阅读朱熹《大学章句》文本时，所需留心者，这不仅与朱熹诠释《大学》的基础深相关联，也与“经、传”之作者／述者及其所构成的“道统”深相关联。首先，三纲与八目都是出现在“经”，因此，三纲八目是孔子的遗言与遗文。其次，经的部分

① James Legge, *The Great Learning*, p. 356.

为孔子所述、曾子所记；传的部分则是曾子所述、门人所记。“传”的文本孰记之，在朱注部分未有明言，但在《或问》中却说得明白分了：门人是指子思！不仅如此，子思还以此一经传文本传授孟子。于是，《大学》一书便同时含括了四子，也缕述出了一个源自孔子的道统与学统；它不仅是圣人孔子之遗书，也是“孔—孟”之书，更是“孔—曾—思—孟”的学统与道统之书！在《大学章句》中，朱熹曰：

右经一章。盖孔子之言，而曾子述之。其传十章则曾子之意而门人记之也。[①]

《大学或问》中则载：

或问：子谓正经盖夫子之言，而曾子述之，其传则曾子之意，而门人记之。何以知其然也？

曰：正经辞约而理备，言近而旨远，非圣人不能及也，然以其无他左验，且意其或出于古昔先民之言也，故疑之而不敢质。至于传文，或引曾子之言而又多与《中庸》、《孟子》者合，则知其成于曾子门人之手，而子思以授孟子无疑也。[②]

在朱熹的章句化之下，《大学》之文本中，有经、有传，有三纲领、有八条目，其所以支持朱熹如此为之的源头，却仍要溯至北宋的二程。对于经与传、纲与目的发明，以及用三与八之数词来作出强调的组合、序次，正是朱熹所以章句化大学的根据之基础。于是，三个“纲领”、八个“条目”，便成了后世完全与《大学》联结在一起的“三纲、八目”。注释的影响已经诠释了本文，本文的阅读全然被注释所笼罩！朱熹所言汉唐儒者未闻有以此说《大学》者的自负，已经成为继承“孔—孟圣学”的一家之言！

上述中，笔者所谓朱熹对北宋二程的三纲领、八条目之继承，还不只是一种思想承继的说辞而已，更要者，是北宋的二程——无论是程颢还是程颐，在今传本《二程遗书》中，确实收录了二程的《大学》改本，两人的改本不尽

---

①〔宋〕朱熹：《大学章句》，《四书章句集注》，第4页。

②〔宋〕朱熹撰，〔日〕友枝龙太郎解题：《大学或问》，第18页。

相同，却皆有朱熹成立三纲领、八条目的影子！二程的《大学》改本，在明代尚有流传，明代刘思原所纂辑的《大学古今本通考》中便有收录。二程的《大学》改本皆收录在《二程遗书》中，但是，过去的学人似乎很少留意到，因此，便也不曾以此而来论朱熹对于《大学》阐释上的两个既重要又属独创的术语：三纲领、八条目，其实也与二程的《大学》改本有关。二程的《大学》改本，最早均收录在其《程氏经说》之中，属程明道者题为《明道先生改定大学》、属程伊川者题为《伊川先生改定大学》，然均仅列出两人《大学》改本的全文，未分章，亦无解说之文。[①] 据笔者在《两宋以来大学改本之研究》一书中的研究，认为程明道《大学》改本与程伊川《大学》改本在“《大学》研究史”上有如下几点首出之特色：[②]

(1) 两人的改本均有三纲、八目的概念出现。在“《大学》改本史”上，以“三纲八目”作为《大学》一篇之主体结构，其首出首见者，应当便是二程的《大学》改本。

(2) 程明道的《大学》改本之结构形式为：三纲、三纲释文、八目、八目释文。而程伊川的《大学》改本之结构形式为：三纲、八目、格致释文、三纲释文、诚正修齐治平释文。

(3) 对于《大学》的改订，是否有经传之分，清人朱鹤龄以为确然，《大学》之分经、传，当始自程伊川。[③] 若然，则朱熹的《大学章句》之有经、传，其源头便在程伊川。

(4) 在《伊川先生改定大学》中，于“大学之道在明明德，在亲民”之下，伊川自注云“当作新”，可见伊川主张“三纲领”中的是“新民”。这

① 见〔宋〕程颢、程颐：《程氏经说》卷五，《二程全书》，台北：台湾中华书局，1976年版，第1—5页。

② 参见李纪祥：《两宋以来大学改本之研究》，台北：台湾学生书局，1988年版，第44—52页。

③〔清〕朱鹤龄：《与杨令若论大学补传书》，《愚庵小集》卷十，台北：台湾商务印书馆，1973年，第5页。

亦影响《礼记·大学》篇中“汤之盘铭曰……无所不用其极”一段文字，自本来释“诚意”的脉络中，被抽出而视为是专释三纲领中的“新民”之专文。

(5)既然二程改本均提揭出“八目”的概念，则有关“格物、致知”两目也应当有释文，比较特殊的是程伊川改本中的“格致”释文，自其改本结构推之，伊川应当是以“子曰听讼”一节作为“格致传”的释文，此当与此传文之下有“此谓知本，此谓知之至也”有关，故也。

朱熹显然是熟稔二程之改本的，尤其是对程颐的《大学》改本更是如此；《大学或问》中详细讨论二程改本的文字甚多，特别是对于程颐改本更是一讨论的焦点，朱熹以问、答方式呈现他对程颐改本追随与否的记录。《大学或问》云：

曰：程子之改亲为新也，何所据？子之从之，又何所考而必其然耶？

曰：若无所考而辄改之，则诚若吾子之讥矣。今亲民云者，以文义推之则无理；新民云者，以传文考之则有据；程子于此，其所以处之者亦已审矣。矧未尝去其本文，而但曰某当作某，是乃汉儒释经不得已之变例，而亦何害于传疑耶！[①]

《大学或问》又云：

或问：听讼一章，郑本元在“止于信”之后“正心修身”之前，程子又进而置之经文之下，“此谓知之至也”之上，子不之从，而置之于此，何也？

曰：以传之结语考之，则其为释“本末”之义，可知矣。以经之本文参之，则其当属于此，可见矣。二家之说，有未安者，故不得而从也。[②]

以上《大学或问》所述问、答二则，一从伊川改本之改“亲”为“新”；一

---

①〔宋〕朱熹撰，〔日〕友枝龙太郎解题：《大学或问》，第9—10页。又见赵顺孙纂疏，黄珅点校《大学纂疏》(上海：华东师范大学出版社，1992年版，第26页)所引述。

②〔宋〕朱熹撰，〔日〕友枝龙太郎解题：《大学或问》，第30页。又见赵顺孙纂疏，黄珅点校《大学纂疏》(第30页)所引述。

则不从伊川改本之移“听讼章”于经文之下，而视为释经文“本末”之传文。凡此，皆可见朱熹之作《大学章句》，成其“朱子改本”，虽曰新意，然实有所承，依然有一个历史的脉络，是故，朱熹的“章句化”《大学》，便可被视作一经学史的事件而寻其源。

(四) 明代的古本论与纲目论

明代的王阳明，在正德、嘉靖朝兴立其学，复又凭借《古本大学》的刊刻注入一己之学，为的是批判作为士子科举官学的朱子学，很显然王阳明极为清楚朱子的一家之学所据的最重要文本在何处！因此，他要自汉代文本原《礼记》中“挪取”《大学》篇单独刊行，并命了一个“新名”：《古本大学》，正是要从圣人之典的文本入手，以提倡一己的“良知／致知／致良知”新说。从“古本大学”入手，自八条目的“致知”立学以反对朱熹的“格物”之学，不仅从学说观点也从刊刻文本上与朱子学颉颃。王阳明之学既从《古本大学》的场域兴起，遂因此而开启了明代学人争相在此领域立己新说的立学模式。无论如何，过去我们曾经不能理解为何王阳明刊行《古本大学》之后，明代的学子与士大夫会有如此大的震惊反应，现在则已能够释然。王阳明刊行《古本大学》的事件，实宛若近代以来考古学上的地下千年古物之出土。堪注意之处，系王阳明将“旧本《礼记》”中的《大学》给予一个立足明朝时间坐标的“古本”称呼，不仅表示朱熹的《大学章句》是“今本”，也同时指涉了明代的《礼记》版本是新编之“今本《礼记》”；因为对王阳明而言，明代的“今本《礼记》”中实未收《中庸》与《大学》，或者说仅仅留下了书中的“路标”，指示着今本《中庸》《大学》的坐落处在《四书》中。同时，也可以说明为何当丰坊伪造出一本标明为魏石经的《大学》时，不仅明代士大夫相信者众多，而且诸家收录此一石经伪造本者，还特意要以“古石经大学”[①]“大学石经古本”[②]标示其“古”。“古”之所对，自然是作为“今”的朱子《大学章句》。丰坊伪造魏政和年间《石经大学》之问世，追随于王阳明之刊行“古本”，更

①〔明〕唐伯元：《古石经大学》，《醉经楼集》（旧抄本），第29—36页。

②〔明〕王文禄：《大学石经古本》二卷，《百陵学山》本，上海：商务印书馆，1938年版。

是为一“古物出土、再现风华”事件，推其波而扬其澜。[①] 现藏于日本内阁文库的孤本明代管志道《重订古本太学章句》（抄本），更是直接用了“太学”一词，来作为书名，不仅是“以今称古”的“古本”，抑且更是直接反对朱熹的“读如字”之说，回复到郑玄的“读音泰”之说。[②] 是以王阳明在时间坐标上为其“新书”作“再现式”的取名时，便用了“古本”一词。王阳明所撰的《古本大学序》《大学问》，伴随着原在汉唐旧本《礼记》中《大学》原文刊行的出场，启动的并不是汉唐与宋元学术之争，而是宋明理学（Song-Ming Neo-Confucianism）脉络中的朱学、王学之争。关键之一，便在于王阳明所刊行的《古本大学》，完全没有将郑玄的注文、孔颖达的正义一并刊出见世，他要的只是作为“古本”的“经文”。在注疏的解释性上，王阳明有自己的文字解说，这也意味着王阳明要启动的，是王阳明之学与诸子之学的诠释之争。这点，很可以与清代惠士奇、惠栋明揭“汉学”的立场与做法，作出一对照与比较；虽然他们都是在“复古意识”下进行“古文”的再现与出场，但是在措辞以及“挪古”的方式上，却不尽相同；王阳明显然是“挪古”以立“王学”式的，被其“再现”的《古本大学》，仍是“明代的单行本”。

在今传《王阳明全书》中，收入了王阳明的《大学问》，见证当时的王门师生对答所为何来。今本《大学问》之前附有其弟子钱德洪所撰的序言，表明了此篇的讲者是王阳明，而录者则是钱德洪，其云：

> 吾师接初见之士，必借《学》《庸》首章以指示圣学之全功，使知从

① 明代的刘斯原云：“藏之民间，近代始出，亦犹后汲冢竹书也。”见刘斯原著：《大学古今本通考》卷三，影印明万历间刊本，《中国子学名著集成》珍本初编儒学子部015，台北：《中国子学名著集成》编印基金会，1978年版，第186—187页。

②〔明〕管志道：《重订古本太学章句》，抄本，无页码，日本内阁文库藏本。此本前有管志道明万历丙午年《重订古本太学章句序》，后附《古本太学辨义》32条并附录《子思亲承尼祖道统说》，《辨义》32条皆仿朱子《大学或问》，以问答体述明管氏何以宗丰坊《石经大学》又出以管氏自定义改本之故。管氏所以标题明定“太学”之故，可参其《序》及《辨义》第1条所述。

入之路。师征思、田将发，先授《大学问》，德洪受而录之。[①]

《大学问》的首条问答所记，便是“大学”之意义为何？其文记云：

> 《大学》者，昔儒以为大人之学矣。敢问大人之学何以在于“明明德”乎？阳明子曰：“大人者，以天地万物为一体者也，其视天下犹一家，中国犹一人焉。”[②]

文中的“昔儒”显是指朱子。而王阳明的回答显示了他仍然是追随朱熹的解释，以为是“大人之学”。不仅如此，王阳明在《大学问》中对于朱子所创立出的“三纲领”“八条目”也是全盘地接受，他所反对的主要是在两点文本性上：一、反对朱熹的“经传之分”，以为《大学》篇完全出自一人之手，所谓“吾师接初见之士，必借《学》《庸》首章以指示圣学之全功”中的“首章”，便是反对朱熹“经传之分”的措辞。二、反对朱熹将三纲领中的“亲民”改为“新民”。因此，正如笔者所言，王门提倡与刊刻《古本大学》，虽然其动作是自《礼记》“旧本”中挪用，但是并未追随郑玄、孔颖达之说，反而是在“宋明理学”的学脉与系统中建构他自己的学说，他所继承的是宋学的程、朱，而非汉学的郑玄。

另外，特别值得注意的一点，是《大学问》的原称题名，这显然也是过去的研究学者未曾注意之处。钱德洪在《大学问后叙》中不经意地透露出此点文字上的信息，其云：

> 德洪曰：《大学问》者，师门之教典也。学者初及门，必先以此意授，使人闻言之下，即得此心之知。……《大学》之教，自孟氏而后，不得其传者几千年矣。赖良知之明，千载一日，复大明于今日。[③]

①〔明〕钱德洪：《大学问前序》，〔明〕王守仁撰，吴光、钱明等编校：《王阳明全集》中册卷二十六，上海：上海古籍出版社，2011年版，第1066页。

②〔明〕王阳明：《大学问》，〔明〕王守仁撰，吴光、钱明等编校：《王阳明全集》中册卷二十六，第1066页。

③〔明〕钱德洪：《大学问后叙》，〔明〕王守仁撰，吴光、钱明等编校：《王阳明全集》中册卷二十六，第1071—1072页。

钱德洪的后叙之言，表明了即使在“王门”，其授受圣人之学，亦是以此《大学》为“初及门”的“师门之教典”，凡始入道求学者，在圣人文本的“入道之序”上，王门完全没有改变二程与朱子的模式，《大学》依旧被王门视为“入道之始”。不惟此也，对于朱熹在《大学章句序》中所言的孟子之后不得其传的语言，王阳明及其弟子亦是照章接受：这也成为“程朱—陆王”之在“宋—明学史”上的一个“学术脉络”之共性！阳明所欲兴学者，在于孟子之后的学统与道统之承接，也就是谁才是正传正统的课题；显然钱德洪的《后叙》中，已经作了此种语言之陈述：“赖良知之明，千载一日，复大明于今日。”大明于今日的“今日”，非朱熹书写《大学章句序》的“今日”，而系王阳明于明代提倡良知之学与刊刻《古本大学》时的“今日”。

因此，我们可以知道，《大学问》的原称，本来是《大学或问》！这又是与朱子有关的一证。在《王阳明全集》收录了王阳明给钱德洪的亲笔书信，其中一封《与德洪》云：

> 《大学或问》数条，非不愿共学之士尽闻斯义，……是以未欲轻出。且愿诸公与海内同志口相授受，俟其有风机之动，然后刻之非晚也。①

“未欲轻出”“海内同志口相授受”，皆可以表明此一《大学或问》当时尚未刊行，是以绝非朱熹已刊行传世的《大学或问》，而是《大学问》在王门流传问世之初，最早的名称！由《大学问》在王门被称为《大学或问》这一点发现上，似乎可以让我们更清楚地认知到，王阳明在建构良知学的过程中，与朱子学的纠缠、颉颃、自树立，是如何的辛苦与深刻，以及与“《大学章句》/《古本大学》”之关系！

三、《礼记》本《大学》篇与郑玄的注释

（一）今本《礼记》的“编纂史”

“《礼记》的编纂成书”居然也是一个经学史上的“问题”！如果我们不

---

①〔明〕王阳明：《与德洪》，〔明〕王守仁撰，吴光、钱明等编校：《王阳明全集》中册卷二十七，第1117页。

做仔细的考察，便会误以为这是一个不成问题的问题，而且应当是已经有了一个确定的常识化成说。这个常识化成说，便是汉代人将“后孔子时代”的诸“孔门”之弟子、儒者解说《礼经》或“礼容”的“记”文，也就是“礼之记”编成了一本书的形式，称之为《礼记》；主要的编辑者有二人：戴德和他的侄子戴圣。戴德所编的称之为《大戴礼记》或《大戴记》；而戴圣则在戴德的基础上，做了再编辑，将其删减精选，称之为《小戴礼记》或《小戴记》。这便是一般我们所认知的有关《礼记》的“经学史常识”！

那么，关于大、小戴《礼记》的成书，其“经学史故事”的“叙事”史源究竟来自何处？我们不妨先从中国最重要的两部正史的“书志”入手：一部是以“七略”作为分类之法的《汉书·艺文志》，另一部则是以“四部”作为分类的《隋书·经籍志》（《五代史志》）。戴德与戴圣都是汉宣、元帝时候的人，也都是汉代礼学大家后苍（《汉书》作“后仓”）的弟子。据《史记·儒林列传》所载，汉初礼学经师始自高堂生，高堂生所传为《士礼》，共十七篇。又据《汉书·儒林传》所载，后苍之学系自高堂生而来，故后氏之《礼经》当是高堂生所传者，即《士礼》十七篇；后苍说礼数万言，当时号为《后氏曲台记》，传后苍之学者共三家：庆氏、大戴、小戴，世称之为三家学。由于宣帝已在武帝之后，因此司马迁的《儒林列传》不可能有载录。后苍关于礼学的传授乃系依据班固《儒林传》的记载，但班固只记载了后苍与二戴间关于礼经的授受，对于二戴有关“礼之记”的编纂却完全没有提到。班固《儒林传》述云：

> 汉兴，鲁高堂生传《士礼》十七篇，而鲁徐生善为颂。[①]

又述云：

> 孟卿，东海人也。事萧奋，以授后仓、鲁闾丘卿。仓说礼数万言，

①〔汉〕班固撰，〔唐〕颜师古注：《汉书》卷八十八，北京：中华书局，1962年版，第3614页。又，陆德明《经典释文·叙录》则云：“汉兴，有鲁高堂生，传士礼十七篇，即今之仪礼也。而鲁徐生善为容，孝文时为礼官大夫。”见〔唐〕陆德明：《经典释文》，卢文弨抱经堂本，台北：汉京图书文化公司，1980年版，第11页上。

号曰《后氏曲台记》（服虔曰：在曲台校书著记，因以为名。师古曰：曲台殿在未央宫），授沛闻人通汉子方、梁戴德延君、戴圣次君、沛庆普孝公。孝公为东平太傅。德号大戴，为信都太傅；圣号小戴，以博士论石渠，至九江太守。由是礼有大戴、小戴、庆氏之学。……由是大戴有徐氏，小戴有桥、杨氏之学。[①]

班固《艺文志》中《六艺略》“礼类”则载云：

礼古经五十六卷。

经十七篇。

记百三十一篇。七十子后学所记也

……

曲台后仓九篇。

中庸说二篇（师古曰：今《礼记》有《中庸》一篇，亦非本礼经，盖此之流。）[②]

显然在《艺文志》中，确实亦无法发现有关二戴之《礼记》的著录之痕。唯一有关于《记》的，是标明为百三十一篇的“七十子后学者所记”的“记”。如是，班志所录，只录了二戴编辑《礼记》之前的《记》；这显示二戴并非最早将孔子以后儒家关乎《礼》之《记》进行纂辑的学者。因此，班固的《艺文志》所述显然只能是戴德、戴圣《礼记》的“编纂前史”。

我们将目光移转至第二部正史之“书志”，也就是唐人编纂的《隋书·经籍志》中考察。在此《隋书·经籍志》中，我们发现了大量有关《礼记》的注、疏、训义等书之编目：

《大戴礼记》十三卷　汉信都王太傅戴德撰

《礼记》十卷　汉北中郎将卢植注

《礼记》二十卷　汉九江太守戴圣撰，郑玄注

《礼记》三十卷　王肃注

①〔汉〕班固撰，〔唐〕颜师古注：《汉书》卷八十八，第3615页。

②〔汉〕班固撰，〔唐〕颜师古注：《汉书》卷三十，第1709页。

《礼记新义疏》二十卷　贺瑒撰

《礼记讲疏》九十九卷　皇侃撰

《礼记义疏》四十八卷　皇侃撰

《礼记义疏》四十卷　沈重撰

《礼记义》十卷　何氏撰

《礼记义疏》三十八卷

《礼记疏》十一卷

《礼记大义》十卷　梁武帝撰

《中庸讲疏》一卷　梁武帝撰

《私记制旨中庸义》五卷

《三礼目录》一卷　郑玄撰[①]

由《隋志》之载，我们可以见到，当时戴德所编者称《大戴礼记》，而戴圣所编者则已专称《礼记》。《隋志》所录为戴圣之《礼记》作“注”者有三家：卢植、郑玄、王肃。而为《礼记》作“义疏”者则至少五家以上；其中皇侃所作者，不惟《礼记讲疏》九十九卷而已，更有《义疏》四十八卷。另一值得我们特别赋予注意的一点，是在六朝时已有为《中庸》单篇作注、解之成书出现，一是梁武帝所撰之《中庸讲疏》、一是未著撰人的《私记制旨中庸义》。然此《中庸》之为单篇，与《汉志》所录而为颜师古注所论非属今《礼记》之《中庸》，究为何种？如以《隋志》已出现戴圣《礼记》之名而《中庸讲疏》又序列其下看来，此本《中庸》应已是《礼记》中的《中庸》。

在《隋书·经籍志》“经部”《礼类叙》中，有关于大、小戴《礼记》二书的身世陈述。《叙》云：

汉初有高堂生传十七篇。又有古经，出于淹中。而河间献王，好古爱学，收集余烬，得而献之，合五十六篇，并威仪之事。……无敢传之者。唯古经十七篇，与高堂生所传不殊，而字多异。自高堂生，至宣帝

①〔唐〕魏征等：《隋书》卷三十二，北京：中华书局，1973年版，第921—924页。

> 时后苍，最明其业，乃为曲台记。苍授梁人戴德及德从兄子圣、沛人庆普，于是有大戴、小戴、庆氏，三家并立。[①]

《隋志》此段所叙今本《仪礼》之身世，与诸家叙事皆同。唯《隋志》又叙云：

> 后汉唯曹元传庆氏，以授其子褒。然三家虽存并微，相传不绝。汉末，郑玄传小戴之学，后以古经校之，取其于义长者作注，为郑氏学。其《丧服》一篇，子夏先传之，诸儒多为注解，今又别行。[②]

案：此段叙事仍沿《仪礼》为轴，意在述郑玄如何复振礼学、于今古文传学，成其一家郑氏学上；"并微"一词已见故事之转折处即在郑玄，高堂生一脉传授系谱所以能得未断、间、绝者，则其功在郑氏，而郑氏所传之后苍学，则为小戴之学。《隋志》又述云：

> 汉初，河间献王又得仲尼弟子及后学者所记一百三十一篇献之。时亦无传之者。至刘向考校经籍，检得一百三十篇，向因第而叙之。而又得《明堂阴阳记》三十三篇、《孔子三朝记》七篇、《王史氏记》二十一篇、《乐记》二十三篇，凡五种，合二百十四篇。戴德删其烦重，合而《记》之，为八十五篇，谓之《大戴记》；而戴圣又删大戴之书，为四十六篇，谓之《小戴记》。汉末马融，遂传小戴之学。融又定《月令》一篇、《明堂位》一篇、《乐记》一篇，合四十九篇；而郑玄受业于融，又为之注。今《周官》六篇、古经十七篇、《小戴记》四十九篇，凡三种。唯郑注立于国学，其余并多散亡，又无师说。[③]

到此，我们很清楚地阅读到戴圣《小戴记》的出场，以及其上溯之源、流传发展中与郑玄之关系等情节的勾勒。郑玄与三礼的关系及唐人之立于国学者均为郑氏学，《隋志》也俱做了交代。从《隋志》的"叙史"中，我们看到了唐代人如何本于其所立的"现在"，去追溯其手上所有的、立于国学的三本

---

①〔唐〕魏征等：《隋书》卷三十二，第925页。

②〔唐〕魏征等：《隋书》卷三十二，第925页。

③〔唐〕魏征等：《隋书》卷三十二，第925—926页。

郑注之三家《礼》学之身世，同时也在其对身世的叙事中，交代出了此史中的系谱之主轴为何。笔者可以将其中有关于《小戴记》/《礼记》的相关人物、成书演变情节，做成一表，以见《隋志》是如何立叙事轴、编织串连其情节，及成立后世经学常识中的"《礼记》学史"之一段"《礼记》编纂史"的：

孔子礼学→仲尼弟子及后学所记共一百三十一篇→刘向第而叙之一百三十篇→刘向共校雠五种二百一十四篇→大戴始删其烦、编为《大戴记》八十五篇→小戴据大戴为本又删减编为四十六篇→马融受小戴《小戴记》学新编为四十九篇本→郑玄受业马融以此四十九篇本为据而为之作注。

以"人"而言，其系谱为：

孔子→七十子及后学→河间献王→刘向→戴德→戴圣→马融→郑玄

以"文本"成书而言，其情节史为：

孔子→七十子及后学之《记》→河间献王献《记》与"记"→刘向校书、叙录诸《记》→大戴始编成《大戴记》，是为《记》之成为授学合成文本之始→小戴减编为《小戴记》→马融受之，增篇为定本篇数→郑玄为作注→郑氏学独尊，立于国学。

笔者案：《隋志》的叙事突出的乃是有关戴德的"编纂史"位置，关键在其述文用的是"合而《记》之"，此一"记"字与前文之"记"字皆语义不同！《隋志》为戴德所勾勒出的情节，乃是一部"删其烦重，合而《记》之为八十五篇"，作为复数性的"记"，可谓是新出了一部有文本、有师说的新经书。"合而《记》之"表示在戴德之前，尽管《艺文志》已经著录了仲尼弟子及后学之《记》亦被合成而录为一百三十一篇，但是却无师说亦无传者，故司马迁《儒林列传》未载授受；河间献王之功亦在献书而非授受之学。关于刘向，则史志所载，其情节所述重点在"考校经籍""第而叙之"。唯至戴德，始出现了可以被视为"《礼记》学"的"《礼记》文本"！迄戴圣之后，《隋志》更加详记其做为汉代学术特色的章句、注解等，以及授受之传。

《隋志》所载，有关当时"今本"《礼记》的一段"编纂史"中，"小戴删

大戴”一段情节，此叙事据唐人陆德明《经典释文》所引述，知晋时司空长史陈邵之《周礼论序》所云较之犹早。唯《隋志》所述与陈邵《周礼论序》所述间有异同，如《隋志》云刘向所校录之《记》共二百一十四篇，而《释文》引《周礼论序》则云古《记》为二百零四篇；又如《隋志》云小戴删大戴后所成之《记》为四十六篇，马融受之而增为四十九篇，而《释文》引《周礼论序》则直云小戴删大戴后即是四十九篇。故《隋志》当另有所本，未必皆同于陈邵所述。然“小戴删大戴”一段情节，则皆然，故知唐人或皆信此。陆德明《经典释文》云：

> 《礼记》者，本孔子门徒共撰所闻，以为此《记》，后人通儒各有损益；故《中庸》是子思伋所作，《缁衣》是公孙尼子所制，郑玄云《月令》是吕不韦所撰，卢植云《王制》是汉时博士所为。陈邵《周礼论序》云：戴德删古《礼》二百四篇为八十五篇，谓之《大戴礼》；戴圣删《大戴礼》为四十九篇，是为《小戴礼》。后汉马融、卢植考诸家同异，附戴圣篇章，去其繁重及所叙略，而行于世，即今之《礼记》是也。郑玄亦依卢、马之本而注焉。[①]

笔者案：陆德明之叙事文中所谓大、小《戴礼》者，皆当作大、小《戴记》读，以免与大、小戴所传后苍氏之《礼经》混淆。陆德明又云：

> 范晔《后汉书》云：中兴，郑众传《周官经》，后马融作《周官传》，授郑玄，玄作《周官注》。玄本治《小戴礼》，后以古经校之，取其于义长者、顺者，故为郑氏学。又注小戴所传《礼记》四十九篇，通为三礼焉。……今庆氏《曲台》久亡，大戴无传学者，唯郑注《周礼》《仪礼》《礼记》并列学官，而《丧服》一篇又别行于世，今三礼俱以郑为主。[②]

则知陆德明引据晋人陈邵《周礼论序》所述者，《礼记》四十九篇实成于戴圣，而今本所传之郑玄所注本《礼记》，则是戴圣之《小戴礼记》递传于

---

①〔唐〕陆德明：《经典释文》，卢文弨抱经堂本，台北：汉京图书文化公司，1980年版，第11页下。

②〔唐〕陆德明：《经典释文》，卢文弨抱经堂本，第11页下—12页上。

卢植、马融后再修订而成，唯篇数则仍四十九，郑玄所注者，即自其师马融所授本。

虽《经典释文》所叙述与《隋志》有差，然“小戴删大戴”一节，以及郑玄所注之《礼记》本即今传本《礼记》之身世相同。则奠定《礼记》成书之规模者为戴圣、成其为今本之样态与夫诸篇内容者为马融，此则《隋志》与陆德明《经典释文》皆同。故知有关今本郑注的《礼记》四十九篇之身世故事，两叙事文本所言之基本情节结构，已展示了戴圣、马融的“师”与“文本”在“《礼记》编纂史”上的地位。

由两部正史，我们看到了由《汉志》到《隋志》的转变，不仅在于“七略”与“四部”，就“经学史”上的“礼学史”而言，还应包含着有关《礼记》成书的“编纂史”。现存最早的“《礼记》史”之叙事文本，是出现在标明为“郑玄《六艺论》”之中；但从后世人的阅读角度，郑玄此书的现身方式，却非直接，而系间接以“引文”的姿态出现，引用者则为唐代的孔颖达《礼记正义》：一是《礼记正义序》，一是《礼记正义·曲礼疏》。今人如果使用清代学者发明的“辑佚学”，并且相信其辑佚学操作下之辑佚文具有一定的可信度，则最早有关“《礼记》史”的“叙事文本”，应当便是被孔颖达“引用”、被清人“辑佚”标示其作者为郑玄“佚文”的《六艺论》。但是，笔者必须指出，以上所论乃是从清人“辑佚学”的角度立言。笔者相信，近代的许多学人仍然深信清人有关辑佚之学的成果，并且从之立论；但堪注意者，笔者特别强调“辑佚学”乃是清儒的发明，此一发明的特色，便是特别聚焦于从“引文”入手意图恢复“已经失传”的原书可能的残貌，是故其“引文”即称“佚文”，辑此佚文则称“辑佚”。要之，“辑佚学”成立的先决条件之一便是被辑者须是已佚之书。缘此，若我们从孔颖达当时的“引文”背景来重新思考被其所引用的郑玄《六艺论》，则清人所谓的“辑佚学论述”对孔颖达并不适用，孔颖达的“引文”对他而言也并非“佚文”！孔颖达当日引用郑玄《六艺论》时，其书一卷尚在世间，此据《隋志》著录可知。是故，清代人是在郑玄《六艺论》已佚的时空下，言说孔颖达之“引文”，其历史语境与孔颖达当日是不同的。所处

历史时空坐标又更后于清代人的我们，是否便必须追随清代人的“辑佚学论述”呢？可否将清代人与唐代人有关“引文”的不同视野一并考虑而并存于今世呢？在“《六艺论》已佚”的今日，只尾随清代人关于“引文”的“佚文”思考，而不考虑孔颖达时代“引文”与“原文”并存于世的背景，是否合理？孔颖达于“《六艺论》犹存”下“引用《六艺论》”是另一种学术动作，与清人发明的“辑佚学”是两种不同的“引文”指涉。是故，今日的我们，在“引用孔颖达之‘引用’”时，更应当注意到“引文”这一学术动作所已涉及的历史语境之别，唯其有别，所以阅读自觉亦不同。据孔颖达《礼记正义序》文引用郑玄之遗文云：

> 《六艺论》云：“今《礼》行于世者，戴德、戴圣之学也。”又云：“戴德传《记》八十五篇”，则《大戴礼》是也；“戴圣传《礼》（《记》）[①]四十九篇”，则此《礼记》是也。[②]

孔颖达引文前句之《礼》，指《仪礼》而言，亦即自高堂生所传下之《士礼》十七篇；后句所引，则是现今传于世的《礼记》之身世来源了。据孔氏所引、郑氏所论，则《大戴礼记》之身世当源本于戴德，而《礼记》则源本于戴圣，并且郑玄的说法中戴圣之本当为四十九篇，与陈邵《周礼论序》相合；孔氏的文字是“则此《礼记》是也”，其意盖谓“此《礼记》”系指戴圣所编、郑玄所注、孔氏所正义之《礼记》。盖当时为《礼记》作注者必不止一家，据《隋书·经籍志》，则尚有卢植、王肃等注本，故孔颖达方云“则此《礼记》是

①《礼记》大题下孔颖达疏：郑康成《六艺论》云：“戴德传《记》八十五篇，则《大戴礼》是也。戴圣传《礼》四十九篇，则此《礼记》是也。”（〔汉〕郑玄注，〔唐〕孔颖达注疏：《礼记注疏》卷一，台北：艺文印书馆，1989年版，第11页）《礼记正义序》与《礼记大题疏》两引文差别只在一字，即《礼》或《记》上。笔者案，当以《记》为是也。郑玄虽注小戴之《记》，然未便即径称戴圣之《记》为《礼》，以此区别于戴德之《记》。否则当置后苍所传之《礼经》于何称！此处应是唐人已以小戴《礼记》为九经、又以《礼记》为“五经正义”之后之笔误。

②〔唐〕孔颖达：《礼记正义序》，参见〔汉〕郑玄注，〔唐〕孔颖达注疏：《礼记注疏》卷前，台北：艺文印书馆，1989年版，第9页。

也”。孔颖达既引郑玄之言，交待《正义》所据底本《礼记》的身世、文本、编注者，其所“叙事”则曰据在郑玄，则至少就孔颖达而言，其信郑玄之“叙事”也无疑。且郑玄之《六艺论》一卷单行本，至唐时犹存，此见《隋志》之著录：“《六艺论》一卷，郑玄撰”。然则，为何郑玄《六艺论》所言者，不见载于班固《汉书》之《艺文志》《儒林传》？由大、小戴迄郑玄，历经两百余年，由郑玄迄于唐，又历经多少代？唐人为何未见起疑窦者，却偏偏要待民国时的洪业编纂“哈佛燕京引得”系列引得书时，才在1932年1月发表的《仪礼引得序》一文中，得出了推翻唐人见解的结论：

然则大戴并未尝纂集后汉所流行之《大戴礼》也。大戴不曾为之，小戴更何从而删之哉？[①]

四年后，洪业更在1936年12月所撰之《礼记引得序》中云：

或曰：郑玄固以《礼记》为小戴所传，而《大戴礼》为大戴所传矣。岂以康成之博学精思而亦误乎？……窃疑二戴之后，郑玄之前，“今礼”之界限渐宽，家法之畛域渐泯，而记文之抄合渐多，不必为一手之所辑，不必为一时之所成，故经说之抵牾，不必整别；文字之重迭，不曾剪芟；其至多而滥之《大戴礼》，以遍注三《礼》及礼纬之郑玄，且不为之注，顾尚信其为大戴所传；则其于篇幅较小之四十九篇，遂亦误会其为小戴所传者耳。[②]

洪业的结论，显然假设了对孔颖达说法的不信任；意在言外的，其实便是对孔颖达所据为“引文”的“作者”——郑玄的《六艺论》的不信任。对于孔颖达的不信任，意味着郑玄的《六艺论》只是“孔颖达的引文”而已，于是清儒的“辑佚”以及将“辑佚文”系在“作者郑玄”的名下，竟成了不可靠的“寻觅史源”之溯源方法，经不起“再考订”的检视。而对于郑玄的不信任，就必须与今本《礼记郑注》结合起来一并思考其真确与否。对于现存的《礼记郑注》而言，到目前为止，尚无人质疑此书的注者是否为“郑玄”，因此，

① 洪业：《仪礼引得序》，《洪业论学集》，台北：明文书局，1982年版，第47页。

② 洪业：《永记引得序》，《洪业论学集》，第219页。

当注者郑玄言其所注本书的“编者”为“戴圣”时，特别是连篇数之四十九篇亦相符时，要驳倒郑氏之说，显然是不太容易的。虽然洪业在《礼记引得序》中特别从“郑玄对自己所注的《礼记》”有着认识上的盲点来作反推论，说“郑玄对自己所注的《礼记》一书之身世”没弄清楚，以至于对大、小两本《礼记》都产生了“误会”！显然，洪业对于郑玄所注《礼记》的“身世故事”，是以郑玄“依托为戴圣所辑”为解。追随于清儒的再考订之后，洪业对于今本《礼记》的“编纂史”，所叙述的又是另类版本的“故事情节”；相较于六朝与唐人的“编纂史”版本，确然是“大有不同”！

笔者认为，提问的方式还是以“为何孔颖达所据郑玄之言者，不见载于班固《汉书》之《艺文志》《儒林传》”问法较佳。对于此一问题，笔者以为，有两种可能的推测与忖度：其一是孔颖达虽信但未必表示郑玄所言必无可疑，其所注《礼记》之编者年代，虽为先于郑玄之汉儒，但未必便是戴圣；换言之，郑玄《六艺论》所言有其不可信者。这一推论似乎与洪业的思路无甚差别。其二，在《汉书·艺文志》与郑玄《六艺论》之间，尚有一段“经学史”上的“空白”，有待我们去“补阙”，“补阙”的方式便与叙事者之叙事息息相关。笔者其实较倾向于后者，“多闻阙疑”与“吾犹及史之阙文”，至少还是一可行的态度与方法论，特别是针对孔颖达与郑玄的“叙事”（戴圣编《礼记》）及“文本”（戴圣本《礼记郑注》）时。

清代研治《大戴礼记》的名家王聘珍，系最反对晋陈邵《周礼论序》与《隋志》中“小戴删大戴”说法之学人，见其《大戴礼记解诂叙录》。由王聘珍《叙录》中的考订，我们看到了比近代学人洪业还早出现的考辨之文。清代人王聘珍由大戴的立场而出发的辨“小戴删大戴”，又是另一种“今本《礼记》”的“编纂史”。王聘珍从《大戴礼记》出发的观点，让我们看到郑玄选择戴圣《小戴记》的宗传脉络，以及唐人已在称《小戴记》为《礼记》的普及化之学术氛围。换言之，唐人一统后的“三礼之学”，已是以郑氏学为宗主！为王聘珍《大戴礼记解诂》作《叙》的阮元、汪廷珍，想必看到了这一特点，是以在两氏之《叙》文中，皆极称述王氏“非小戴删大戴”“大戴礼为孔壁古文，非小戴删余”之主张；[①]阮、汪两氏的叙文或有隐笔，称述并不一定代表赞成，但确实有赞叹之意。则王聘珍之说法与观点，是否能被我们视为在宗戴圣、据郑玄的系谱叙事之外，复有另外的故事版本？因而有关今本《礼记》的“编纂史”，确实还有待“补阙”，便是目前的暂定之论了。我们在今日唯一应当据以为第一史料来源的，应当是郑玄注的《礼记郑注》及郑玄注、孔颖达疏的《礼记注疏》，由现在的手持版本之现象做为基础才能追寻这一文本的历史之身世。在身世的探源中，刘向《别录》佚文、班固《艺文志》、郑玄之注、孔颖达之正义及所引郑玄《六艺论》、陆德明之《释文》及所引陈邵《周礼论序》、《隋书·经籍志》等等的共构造说，构成了一个可以取用编排的“数据库”，古人与近人、今人的造说述史、叙事，皆在此数据库中运作，运作的文章便成了编纂数据库网络中的“编次数据”之“新编”，我们遂可以称其为“《礼记》史”的“编纂史”。

总之，二戴所编的大、小戴《礼记》，其书的身世在汉人本身的记载中是未见的，而我们所见的史述已在较后的时代。这当然不能说成于后世的史述是未足信的或是编造的，应当有其他的原因，但这不是本文讨论的范围。本文认为，至少在唐代编纂《五经正义》的时代，小戴所编的《礼记》已经正式上升为一“经”，其书名虽称《记》，但却是“经”的地位，因此唐人修《五经正义》才会在三《礼》中选择《礼记》。此后迄宋代以下，小戴的《礼记》“经书”地位未变。而传世的《礼记》注本，在北宋二程与南宋朱熹的时代，也都是以郑玄的注本为宗，《隋书·经籍志》中的他家注本如卢植、王肃，《经典释文》中的孙炎注本、业遵注本等，[②]都已无传本行世。当北宋二程与南宋朱熹要面对《礼记》时，他们所面对的编者是戴圣、面对的注家是郑玄、面对的疏文是孔颖达的《礼记正义》。这也就是说，为何今日我们谈论朱子的《大学章句》时，所必须面对的参照系，必定应当是郑玄注、孔颖达“正义”的《礼

①〔清〕王聘珍：《大戴礼记解诂叙录》，〔清〕王聘珍撰，王文锦点校：《大戴礼记解诂》，台北：文史哲出版社，1986年版，第1—2页。

②〔唐〕陆德明：《经典释文》，卢文弨抱经堂本，第12页上。

记正义》，其历史背景的脉络当如是。

(三) 郑玄注本的诠释要义

1. 郑注与版本

今世传本中，除了作为经—传—注—疏之宋本《礼记正义》外，尚有清代阮元所主持刊刻、附有《校勘记》及《音注》的《礼记注疏》本。至于经—传—注的版本，则有相台岳氏刊的《礼记郑注》本，但新兴书局的相台岳氏刊本《礼记郑注》实有其问题，不足为本文所据。如在“则近道矣”之下，其载“郑玄注文”云：

> (大)旧音泰，刘直带反。文公云：今读如字。
>
> (亲)程子云：当作新。[①]

显然，在上引两条郑玄注文中，新兴书局所据的南宋相台岳氏刊本，竟羼入了不应出现的文字，其一是“文公云”及其以下，其二是“程子云”及其以下，此当是明人覆刻相台岳氏刊本时所擅自羼入，要之此必后来者所为，非相台岳珂所刊之旧。然新兴书局所刊行的黄色封面之十三经各本，在台湾学界流传颇广，具有一定之阅读量及影响，但至少就《礼记·大学》篇之郑注而言，此本实不可据！

另外，台北的学海出版社亦在台湾刊出了题为“宋绍熙建安余氏万卷楼校刊本”的《礼记郑注附释音》，则是经—注本中之善者。学海出版社所据印者，乃是民国二十六年(1937)的求青阁之影印本。此本共别为二十卷，每卷之后皆有“校记”，末附《王苍虬跋》《王大隆跋》《杨彭龄跋》。[②] 据《王苍虬跋》文所云：

> 此宋余仁仲万卷堂刊《礼记郑注附释音》二十卷，每半页十一行、行大十九字、小二十七字，白口双鱼尾，上鱼尾上间有数字，下细鱼尾下记页数，每卷后记经注、音义字数及余氏刊于万卷堂余仁仲刊于家塾仁仲

---

①〔汉〕郑玄：《礼记郑注》卷十九，台北：新兴书局，1971年影印校相台岳氏刊本，第212页。

②〔汉〕郑玄：《礼记郑注附释音》，台北：学海出版社，1979年影印建安余氏刊本。

比校讫等字样。[①]

跋文又云：

岳倦翁《九经三传沿革例》谓：九经有建安余氏、兴国于氏二本，称为善本，廖氏世彩堂更合诸本参订版行，倦翁复据廖本采唐石经以次二十三本反复参订，刻梓家塾，即所谓相台本。是岳本源出余本，多经刊正，宜为传世经籍最佳者。然以此《礼记》与岳本对勘，多有岳本误而此不误者。[②]

相台岳本为世所传九经刻本中号为善本者，传世亦广。然据王苍虬跋文可知王氏对建安余氏本之评价，是知此本犹在相台岳氏本之先且为其底本一据。建安余本《礼记郑注》之《大学》，系编次于卷十九中，其大题为："大学第四十二"。下附双行小字，曰：

陆曰：郑云大学者，以其记博学可以为政也。[③]

再下则题"郑氏注"三字。随即接以经文，经文皆大字，注文与释音则双行小字，如王氏跋文所云。经文"则近道矣"之下，郑玄所注云：

明明德，谓显明其至德也。止，犹自处也。得，谓得事之宜也。[④]

又云：

大，旧音泰，刘直带反。近，附近之近。[⑤]

建安余氏本相较于明覆刊之相台岳氏本，最可勘见明覆刻本郑注中已羼入朱注。

本文于本节所据，则仍以阮元所刻附《校勘记》的《礼记注疏》为主，一者阮刻本为清人在返汉意识下所刻之《礼记》最有代表性者，二者阮刻本有孔颖达之《正义》疏文，而建安余氏刊本则无。以阮元本为据，俾以诠释郑玄

①〔汉〕郑玄：《礼记郑注附释音》，第 861 页。

②〔汉〕郑玄：《礼记郑注附释音》，第 861 页。

③〔汉〕郑玄：《礼记郑注附释音》，第 791 页。

④〔汉〕郑玄：《礼记郑注附释音》，第 792 页。

⑤〔汉〕郑玄：《礼记郑注附释音》，第 792 页。

所注的《大学》之义；同时，下所云之郑玄注要义，仍须以朱熹《大学章句》为对象比较，将视野移动于汉、宋之间，以诠郑玄所注、孔颖达所疏之《礼记》本《大学》初义。

2. 郑注与阅读

清人陈澧于《东塾读书记》中，以为《礼记》之四十九篇应当以“分类”方式来阅读，并举孔疏所引郑玄《三礼目录》为据，言郑玄《目录》所云“此于《别录》属某某”者，知“礼之记”有“分类”，当始于刘向，而郑玄从之，孔疏引之。则刘向校雠诸“记”之文共二百一十四篇，已有订其篇属性的分类之举；然则大戴之纂集《大戴记》是否亦如此，小戴之更为减删为四十九篇，而成《小戴记》，是否亦有所据之理，其理与分类意识有关？要之，清儒陈澧发此意，并提出读《礼记》之法，谓当循孔疏、郑《目录》、刘向《别录》，从“礼”的“分类”切入来作“阅读”的依循策略，其有功于今本《礼记》也无疑！陈澧云：

> 孔疏每篇引《郑目录》，云：“此于《别录》属某某”。《礼记》之分类，不始于孙炎、魏征矣。今读《礼记》，当略仿《别录》之法，分类读之，则用志不纷，易得其门径。张说驳奏用魏征《类礼》，谓不可改古本篇第耳，非谓不可分类读之也。①

若然，则据陈氏梳理，《王制》《礼器》《深衣》属制度，《月令》《明堂位》，《别录》属“明堂阴阳记”，陈氏谓亦是制度之属；《曾子问》《丧服小记》《杂记》《丧大记》《奔丧》《问丧》《服问》《三年问》《丧服四制》，《别录》皆属丧服，此最可见今本《礼记》之重“丧制”也！《郊特牲》《祭法》《祭义》《祭统》，《别录》则属“祭祀”；《坊记》《表记》《缁衣》《礼运》《儒行》《哀公问》《仲尼燕居》《孔子闲居》《学记》《中庸》《大学》等，《别录》皆属“通论”。是则吾人所欲论之《大学》并朱子抽取之《中庸》，于刘向、于郑玄、于孔疏，盖属于“礼学”之“通论类”。由孔疏对此分类情况的保存及

---

①〔清〕陈澧撰，杨志刚校点：《东塾读书记》，北京：三联书店，1998年版，第159—160页。

陈澧的发明，我们得知了郑玄对于《礼记》是有“分类”意识及阅读途径的，这与朱子的“以慧眼抽取”且置于“入道之始”的阅读意识，显然是不同的。

近代日本京都学派学人武内义雄尝撰文考略大、小戴《礼记》，曰《两戴记考》，其中援引陈澧之说而更为扩充，并整理出今本《礼记》四十九篇在刘向《别录》中分类属性，其文云：

> 陈澧《东塾读书记》谓“《礼记》当从刘向别录之法，分类而读。”刘向聚《礼记》四十九篇，分作十门：曰制度、曰明堂阴阳、曰世子法、曰子法、曰丧服、曰祭祀、曰吉礼、曰吉事、曰乐记、曰通论是也。其中自制度至乐记九门，皆礼学专家之记，异于一般儒家之著述。吾人得补儒家著述之阙者，皆属于通论一门。刘氏列于通论者，为《檀弓》上下、《礼运》、《玉藻》、《大传》、《学记》、《经解》、《哀公问》、《仲尼燕居》、《孔子闲居》、《坊记》、《中庸》、《表记》、《缁衣》、《儒行》、《大学》等十六篇。①

由武内氏所云可知，其将“礼学专家”与“一般儒家”做了区别，这显然是被元明以下史志艺文著述中的分类意识以及《宋史》中《儒林》与《道学》传经、传道之区别所误。早期儒家者，本以来自孔门之礼乐诗书之学为宗，焉有所谓“礼学专门之学”可以别于“一般儒家著述”外之说法？武内氏此一认知意识显然有所误解也。

笔者案，陈澧原文系云“今读《礼记》，当略仿《别录》之法，分类读之，则用志不纷，易得其门径”。而武内义雄径改其文而剪裁其意，使仿若为“当从刘向别录之法，分类而读”。一为“从”字、一为“略仿”词，其义大异。盖“略仿刘向”意指四十九篇之分类未全，故陈澧云“略仿”；而“从刘向”则云刘向已分类完成。陈澧并未将戴圣之《礼记》联系于刘向之参与再编辑；而武内义雄则以为戴圣所编之《礼记》本为四十六篇，逮刘向时新增三篇：《月令》《明堂位》《乐记》，是故《礼记》之有四十九篇，实成于刘向，武内氏称

①〔日〕武内义雄：《两戴记考》，江侠庵编译：《先秦经籍考》，台北：河洛图书出版社，1974年版，第175页。

为“刘向新定本”；迄马融时始又改定为今本《礼记》四十九篇，郑玄所作注者，即此马融本。[①]虽然，武内义雄对《礼记》诸篇之分类，则确系继清儒陈澧之后，更详其分类属性者，其所谓“十门”，有其贡献。至于戴圣所编是否为四十六篇，则武内氏之意见，仍需斟酌！

皮锡瑞于《经学通论》中对于陈澧所提倡的“分类而读”《礼记》，亦深表赞同，唯其推尊郑玄门人魏孙炎与唐魏征，则与陈澧有异耳。其论之标题为《论〈礼记〉文多不次，若以类从，尤便学者，惜孙炎、魏征之书不传》，云：

> 《礼记》四十九篇，众手撰集，本非出自一人，一篇之中，杂采成书，……故郑君门人孙炎已有《类抄》，而书不传。魏征因之以作《类礼》，而书亦不传。……锡瑞案，《戴记》不废，张说有存古之功；《类礼》不传，说亦有泥古之失。当时若新旧并行，未为不可。朱子惜《类礼》不复见，是以有《仪礼经传通解》之作。吴澄作《礼记纂言》，更易次序，各以类从。近人惩于宋儒之割裂圣经，痛诋吴澄，并疑《通解》之杂合经传。平心而论，《礼记》非圣人手定，与《易》《书》《诗》《春秋》不同，且《礼经》十七篇已有附记，《礼记》文多不次，初学苦其难通，《曲礼》一篇即其明证。若加分别部居，自可事半功倍。据《隋志》“《礼记》三十卷，魏孙炎注”，则其书唐初尚存。炎学出郑门，必有依据，魏征因之，更加整比，若书尚在，当远胜于《经传通解》《礼记纂言》，而大有益于初学矣。[②]

如此，在“分类而读”意识下属于“通论”类别的《大学》篇，郑玄又是如何来看待此篇的功效呢？先儒亦有引郑玄之言者，曰“以其记博学可以为政也”。陆德明《经典释文》与孔颖达《疏》文，均引此而曰郑玄之言。陆德明曰：

---

①〔日〕武内义雄：《两戴记考》，江侠庵编译：《先秦经籍考》，第160—161页。

②〔清〕皮锡瑞著，吴仰湘点校：《经学通论》，北京：中华书局，2018年版，第343—345页。

陆曰："郑云'大学者，以其记博学可以为政也。'"①

孔颖达则疏曰：

正义曰："案：郑《目录》云：'名曰大学者，以其记博学可以为政也。此于《别录》属通论。'此《大学》之篇，论学成之事，能治其国，章明其德于天下，却本明德所由，先从诚意为始。"②

何以郑玄云《大学》此篇之总义在"博学为政"？笔者认为，这要与《礼记》中的《经解》之疏文一起参看，孔疏于此篇题下疏云：

正义曰："案：郑《目录》云：'名曰经解者，以其记六义政教之得失也。此于别录属通论。'"③

陆德明《经典释文》亦云：

郑云："经解者，以其记六艺政教得失。"④

将陆氏之《释文》与孔氏之《正义》两相比较，可以发现《释文》均无"名曰"二字，尤其无"此于别录属某某"之文，而孔氏《正义》则有之；此则牵涉后人考据郑玄《三礼目录》、刘向《别录》对《礼记》诸"记"之分类观点所据处。《经解》一篇之解题，则陆德明《释文》作"六艺政教"而孔疏作"六义政教"，当以陆德明之"六艺"为是，盖班书《艺文志》即以"六经"称"六艺"，此盖汉时复古之旧名而以之称新名也，故即以"古六艺"称孔子所传之"新六经"，一示其王官学为法周复古，一示其王官学为尊孔所传诸经。班固《汉书·儒林传》云："古之儒者，博学乎六艺之文"，何以须"博学六艺"？班固又云："六艺者，王教之典籍，先圣所以明天道，正人伦，致至治之成法也。"⑤是"博学乎六艺之文"其目的即在"致王教至治"，故曰"博学可以为政"！孔颖达疏文释《经解》篇何以入于"礼"类之故，云：

①〔唐〕陆德明：《经典释文》卷十四，卢文弨抱经堂本，第220页。
②〔汉〕郑玄注，〔唐〕孔颖达注疏：《礼记注疏》卷六十，第983页。
③〔汉〕郑玄注，〔唐〕孔颖达注疏：《礼记注疏》卷五十，第845页。
④〔唐〕陆德明：《经典释文》卷十三，卢文弨抱经堂本，第209页。
⑤〔汉〕班固撰，〔唐〕颜师古注：《汉书》卷八十八，第3589页。

> 正义曰："经解一篇，总是孔子之言，记者录之，以为经解者，皇氏云：'解者，分析之名，此篇分析六经体教不同，故名曰经解也。'六经其教虽异，总以礼为本，故记者录入于礼。①

则于朱子曰理学、曰道学，于郑注、孔疏则曰礼学。陈澧则并尊之，云理学即是礼学，反之则礼学即是理学。然礼、理以释《大学》或《大学》之首句"大学之道"，两者之视野与路径及立足点，必有其异同，在这个有异同的立足点及其视野下的文本及章句、训义之阅读，亦有其文本世界观的整体、部分之异同，是故双方在阅读或是解释首句"大学之道"时，所引发的阅读认知感受亦自有其异同。对于将《经解》之篇收入《礼记》的解释，孔颖达所引据的熊安生之言，是因为作为总析"六艺五经"的《经解》，其根本当在于"礼"，所以将此篇入于"礼类"之中。同样的思考，如果《大学》之篇是对中央层级的"太学"之所学作出"总类式"的篇属定位，则"太学"所学为"治国平天下之道"，其事亦总以"礼"为本，则自然《大学》之篇是应当入于"礼类"了。我们对于郑玄《三礼目录》中的"通论"，应当有这样的理解方是。"通论"有着相当于今日"图书目录学"上的"总类"之意，但更有著作为"总论五经""总论六艺"的"通论总义"之归类意义。因此，对郑玄而言，"以礼为本"视野中的"博学"，便与后世宋明理学中"以理（心）为本"的"博学"之义不同。"以礼为本"下的"大学"与"大学之道"，便是《大学》中所述"止于至善"的关怀，而如何可以自"治国者／为人君"的位阶达到此一关怀理想之道的实践？郑玄认为必须要自"大学如何可以博学为政"来思考：对郑玄而言，"为政"是指治国平天下，"大学"是指"学宫"，故是一专门教授世子学习"为人君／治国平天下"的学问之场所，其所学即是在天子、诸侯之"博学可以为政"；"博学"是由为人君的位阶向外推展，期能将明明德外推外治达于"止于至善"之地。然此尚不能有"本"，尚不能明作为"为人君"位阶上的"明德"如何才能够与外推的"至善／天下"相联系且互为保证，故阐释

①〔汉〕郑玄注，〔唐〕孔颖达注疏：《礼记注疏》卷五十，第845页。

其“本”，作为其“本”者当然是“礼”。但作为其本的“礼”，又是什么呢？于是，“自天子以至于庶人壹是皆以修身为本”的语言便交待了唯有人君之自能“明明德”，才能为民之典范，而风化天下，令天下归一。要之，在“为人君”的位阶上者，必须先要求自己，先从自己做起，方能外推于天下，这也就是“太学”要教导世子在此所学习的。

从孔颖达来说，只谈“修身为本”的实践法够吗？比“修身为本”更为先行可为根柢的，孔氏认为，是“诚意为始”。是故言博学、言明明德，必须归约于“诚意”，唯诚意方可以使博学有所践履得其德功。

3. 孔疏以“三在”为“三事”

无论是郑注的《礼记》本《大学》篇，还是朱注的《四书》本《大学章句》，两种文本的本文之首句，皆是：

> 大学之道，在明明德，在亲／新民，在止于至善。①

除去内容性的“亲”抑或“新”不论，就两部文本的首句而视之，两者在语言结构上，同有三个“在”字，并由此带出所谓“大学之道”的“三在”。对于此“三在”与“大学之道”的关系，郑玄并未下注，而仅仅是在“则近道矣”之下，注曰：

> 明明德谓显明其至德也。止犹自处也。德谓得事之宜也。②

由此，可知郑玄于注中不仅未显示其有朱熹所谓的“三纲领”之概念，即便是作为《大学》篇本文结构所出现的“三”个“在”字，郑玄也并未特别重视“在”之为“三”的语义！

倒是孔颖达在《正义》中，将《大学》篇本文的三个“在”句，作了一番义疏，《正义》疏曰：

> 在明明德者，言大学之道，在于章明己之光明之德，谓身有明德而更章显之，此其一也；在亲民者，言大学之道，在于亲爱于民，是其二也；在止于至善者，言大学之道，在止处于至善之行，此其三也。言大学之

①〔汉〕郑玄注，〔唐〕孔颖达注疏：《礼记注疏》卷六十，第983页。

②〔汉〕郑玄注，〔唐〕孔颖达注疏：《礼记注疏》卷六十，第983页。

道，在此三事矣。[①]

孔颖达的"言大学之道，在于此三事矣"，仍诠释了"在"与"三事"之联系。

4. 郑注、孔疏无八目但以"诚意"为"知本"

在郑注、孔疏中，也没有朱熹于《大学章句》之"经"中所揭出的"八条目"之概念及其成词。郑玄在《礼记·大学》篇本文"欲诚其意者先致其知"之下，注曰：

> 知谓知善恶吉凶之所终始也。[②]

而在本文"欲诚其意者先致其知"下句"致知在格物"下，郑玄则仍本上句以"知善恶吉凶"之"知"为说，谓此句之义为"知事之善恶"且"知深则善深"。郑注云：

> 格，来也。物，犹事也。其知于善深，则来善物；其知于恶深，则来恶物。言事缘人所好来也。此致或为至。[③]

是故郑玄意谓"致知"当须"至知"，故以为"致知在格物"或当为"至知在格物"；而"致知"则在能知善恶，能知善恶则可以"至知"，一旦"至知"则"事之善恶缘人所好而来"。对郑玄而言，《大学》本文只有"至知"而无"致知"这一词语，是故郑注方谓"致知在格物"或当应为"至知在格物"！《大学》本文虽有"欲诚其意者先致其知"，但郑玄显然不认为"致知"当成一词，只有"至知"能成其词，是故《大学》本文在反说之文中亦只有物格，只有意诚、心正、身修、家齐、国治、天下平；同时，亦只云"知至"，而不云"知致"。是故郑玄释"致知在格物"一句，以为当作"至知在格物"！同时，对于朱熹于《大学章句》的"经"中所强调的"三纲领"与"八条目"之概念，我们在郑玄的注释中，是完全领会不到的。能够领会到的乃是郑玄对于"至知在格物""物格而后知至"的训解，完全在于知善、行善，乃至止于至善的

①〔汉〕郑玄注，〔唐〕孔颖达注疏：《礼记注疏》卷六十，第 984 页。

②〔汉〕郑玄注，〔唐〕孔颖达注疏：《礼记注疏》卷六十，第 983 页。

③〔汉〕郑玄注，〔唐〕孔颖达注疏：《礼记注疏》卷六十，第 983 页。

主轴上。而这一切的根本，都是在于“诚其意”！是故郑玄同时亦将“知本”之“本”训作“诚其意”。特别是在经文“子曰，听讼，吾犹人也，必也使无讼乎！无情者不得尽其辞，大畏民志，此谓知本”之章句，朱熹在《大学章句》中系将之作为释《大学》经文“物有本末”的“本末”之“传”。[①]郑玄将“子曰，听讼，吾犹人也，必也使无讼乎！无情者不得尽其辞，大畏民志”完全视作对于“诚意”的释词，郑玄于此句下注云：

情犹实也。无实者多虚诞之辞，圣人之听讼与人同耳，必使民无实者，不敢尽其辞，大畏其心志，使诚其意，不敢讼。[②]

尤其是在本文“此谓知本”下，郑玄则以为只是接续“子曰听讼”一段申释“诚意”之意，系《大学》本文中专释诚意之章句的总结，故经文“此谓知本”，郑注释曰：

本，谓诚其意也。

孔疏《正义》云：

此谓知本者，此从上“所谓诚意”以下，言此“大畏民志”以上，皆是诚意之事。意为行本，既精诚其意，是晓知其本，故云“此谓知本”也。

又云：

此一经广明诚意之事，言圣人不惟自诚己意，亦服民使诚意也。孔子称断狱犹如常人，无以异也，言吾与常人同也。[③]

由此，更可证郑玄之注与孔颖达之疏，两者皆无所谓“八目”之“八”义在。经文“此谓知本”与其上“子曰听讼”一节的衔接，在郑玄、孔颖达看来均极为合理，且均在申释“诚意”之事！经文所欲反复申说者，只在如何通过以诚意为本，而使之能正心能修身能齐家能治国与平天下。是故就本篇经文“欲诚其意者先致其知”以及“至知在格物”两句而言，实无所谓“格物”与

① 朱熹云：“右传之四章，释本末。”并云：“此章旧本误在‘止于信’下”。见〔宋〕朱熹：《大学章句》，《四书章句集注》，第6页。

②〔汉〕郑玄注，〔唐〕孔颖达注疏：《礼记注疏》卷六十，第986页。

③〔汉〕郑玄注，〔唐〕孔颖达注疏：《礼记注疏》卷六十，第988页。

"致知"之"两目"，而亦不能成其为"两目"。

《大学》篇本文另一个"此谓知本"，系连读"此谓知之至也"而出现于经文"所谓诚其意者，毋自欺也"之上，"自天子以至于庶人，壹是皆以修身为本。其本乱而末治者否矣，其所厚者薄，而其所薄者厚，未之有也"之下。对于朱熹而言，他的《大学章句》之经文便止于"未之有也"处，而对于其下的一句"此谓知本"，则从程颐，朱注曰："程子曰：'衍文也。'"[①] 并保留其下句"此谓知之至也"作为其自撰的《格致补传》之结句，故其注云：

> 此句之上别有阙文，此特其结语耳。[②]

因有阙文，故作补传，补传之结语二句为："此谓物格，此谓知之至也。"[③] 朱熹并云："右传之五章，盖释格物、致知之义，而今亡矣。闲尝窃取程子之意以补之"。[④] 并自注曰："此章旧本通下章，误在经文之下。"[⑤] 对此，朱熹《大学或问》中有更详尽的解说，云：

> 或问："此谓知本"，其一为听讼章之结语，则闻命矣；其一郑本元在经文之后，"此谓知之至也"之前，而程子以为衍文，何也？[⑥]

盖朱子自设之问，亦是注意到了《大学》本文中原有两个"此谓知本"，为何郑玄不以为有衍文，可以成其解释，朱子却从程子认为是衍文呢？对于朱子取以为"格致补传"结语的"此谓知之至也"，《大学或问》中亦有其问，云：

> 然则子何以知其为释"知至"之结语，而又知其上之当有阙文也？[⑦]

对此问，朱熹则答云：

> 以文义与下文推之，而知其释"知至"也；以句法推之，而知其为结

---

①〔宋〕朱熹：《大学章句》，《四书章句集注》，第6页。

②〔宋〕朱熹：《大学章句》，《四书章句集注》，第6页。

③〔宋〕朱熹：《大学章句》，《四书章句集注》，第7页。

④〔宋〕朱熹：《大学章句》，《四书章句集注》，第6页。

⑤〔宋〕朱熹：《大学章句》，《四书章句集注》，第6页。

⑥〔宋〕朱熹撰，〔日〕友枝龙太郎解题：《大学或问》，第31页。

⑦〔宋〕朱熹撰，〔日〕友枝龙太郎解题：《大学或问》，第32页。

语也；以传之例推之，而知其有阙文也。[①]

在朱熹的《格致补传》传文中，有一句极为重要，亦与朱熹成立“八条目”之序有关者，即为“是以大学始教，必使学者即凡天下之物，莫不因其已知之理而益穷之，以求至乎其极”。此传文之义，正在发挥以及成立“格物致知”必须在“诚意”之先，是《格致补传》首据必用郑本《大学》本有之句式，曰：“所谓致知在格物者。”《大学或问》中之再问，亦触及此处，问曰：

此经之序，自诚意以下，其义明而传悉矣。独其所谓格物致知者，字义不明，而传复阙焉，且为最初用力之地，而无复上文之语绪之可寻也。子乃自谓取程子之意以补之，则程子之言，何以见其必合于经意？而子之言，又似不尽出于程子，何耶？[②]

《大学或问》之所问，其实已经道出了其所欲回答的要点所在：何以自朱熹的角度，郑本《大学》只有诚意以下有“所谓”的句法，而独于格物致知无此句式出现？如是，导致《大学》篇本义的蒙昧不清，尤其至为关键处有二：一是阙了传文，一是少了对“格物致知”的阐义。遂致《大学》“八目”之首二目不明，大学之始教与最初用力之地亦不能明。有意思的是，朱熹在《大学或问》中的设问，却并非郑玄与孔颖达看待《大学》的焦点，郑注与孔疏显然既不认为《大学》本文中有两个“此谓知本”是个问题，也不认为在“大学之始教”有个所谓“在诚意之前”的问题！自朱熹以下迄于元明两代，两个“此谓知本”历来号称难解，难解之故即在于自程子、朱子以来即以为此句之上或有阙文、或为衍文，故朱熹自作“格致补传”以补之。朱熹此举，遂更启南宋董槐以下元明两代儒者有关“新格致传”的探讨。[③]但对于郑玄而言，《大学》之本文于“未之有也”之下接以“此谓知本此谓知之至也”是极为明白的章句，无需训解，是故郑注仅对“壹是皆以修身为本”之何谓“壹是”而

①〔宋〕朱熹撰，〔日〕友枝龙太郎解题：《大学或问》，第 32 页。

②〔宋〕朱熹撰，〔日〕友枝龙太郎解题：《大学或问》，第 32 页。

③ 参见李纪祥：《两宋以来大学改本之研究》，第 85—131 页。

下注，曰：

> 壹是，专行是也。[①]

故知郑注仅欲对何谓“壹是皆以修身为本”作注，则此一“此谓知本”之“本”，即指经文“修身为本”为言。“修身为本”与“诚意为本”，两者各有所重，经文之意，由一人之身以至天下人之身，皆同此“修身”，故曰“壹是皆以修身为本，其本乱而末治者否矣”；“治国平天下”既以“修身”为“知本”，则比“知修身为本”还要更根本的，便是“知诚意为本”；故经文随即在“此谓知本，此谓知之至也”之下接以释“诚意”之本文，云“所谓诚其意者毋自欺也”，则经文之意，当在使受教者受学者能明唯毋自欺方能诚其意，若能诚意，则身自修矣！云“诚其意”之功与“此谓知本”之关系，则以能知能明善恶，方能行道为善；若知善愈深则能使来事成其善也深，善益深则恶益浅，故曰止于至善。孔颖达《正义》云：

> 其本乱而末治者否矣。本乱谓身不修也。末治谓国家治也。言己身既不修，而望家国治者，否矣。否，不也，言不有此事也。[②]

《正义》又云：

> 此谓知本此谓知之至也者。本谓身也。既以身为本，若能自知其身，是知本也，是知之至极也。[③]

然则，除了以《大学》本文的阅读来作阅读者的“自证”，证明在《大学》本文中有两个“知本”，而以“诚意”为本的“知本”，较诸以“修身”为本的“知本”，是一个“诚意为修身之本”的语意诠释，我们如何能证明此“自证式”的“阅读”？若然人人皆以“自证式”阅读来读本文，则朱熹果然便能在不同时代与背景下重读出不同的“三纲八目”脉络？对此，笔者以为，孔颖达在《大学》之篇题下的疏文解题，很可以视作是对《大学》总篇旨的阅读，《正

①〔汉〕郑玄注，〔唐〕孔颖达注疏：《礼记注疏》卷六十，第983页。

②〔汉〕郑玄注，〔唐〕孔颖达注疏：《礼记注疏》卷六十，第984页。

③〔汉〕郑玄注，〔唐〕孔颖达注疏：《礼记注疏》卷六十，第984页。

义》云：

> 此《大学》之篇，论学成之事，能治其国，章明其德于天下，却本明德所由，先从诚意为始。[①]

依此，孔颖达《正义》在两个“此谓知本”经文的比较上，已经做出了“诚意为始”的解读！在两个“此谓知本（此谓知之至也）”之间的《大学》本文，皆是阐明“诚意”之经文，故孔疏云：“所谓诚其意者，自此以下，至此谓知本，广明诚意之事。”[②]不仅是“诚意为始”，而亦更是“诚意为本”。在孔疏视域中的《大学》本文结构，确然并无后世所谓的“八条目”，虽然《大学》经文中有“古之欲明明德于天下者，先治其国”，然后接以“欲治其国者先齐其家”，直至“欲诚其意者先致其知，致知在格物”；然后便是反之复说“物格而后知至”，继接以“知至而后意诚”，直至“国治而后天下平”。然而，上句主意在言“古之欲明明德于天下”，下句主意则在言“壹是皆以修身为本”。上句言明明德于天下者，其结语在于“致知在格物”，依郑注，则实应为“至知在格物”，仍须归穴于“致其知”与“至知”，而归本于“知善恶”；下句则归穴于“修身”为本，故以“此谓知本此谓知之至也”作结。上言之“致其知”与“至知在格物”，与行其事有关；下言之“壹是皆以修身为本”，依郑注，“壹是，专行是也”，亦言其行事。是故经文于反说既毕，随即接以“所谓诚其意者，毋自欺也”，这是在《大学》本文中首度出现的“所谓”之句法。在《大学》经文中，共有五次出现此句法，继“所谓诚其意者”之后，分别是“所谓修身在正其心者”“所谓齐其家在修其身者”“所谓治国必先齐其家者”“所谓平天下在治其国者”等。在正心与诚意之间，并未以“所谓正其心在诚其意者”之“所谓”句式来连结，在诚意与致知之间，亦无“所谓成其意在致其知者”之句式；而且在五句“所谓”之句式中，唯有“诚意”是以“所谓诚其意者” 的单说方式来提揭的，与其他四句系连结两者关系的句法不同。可见，对于《大学》本文而言，在提出第一个“知本”为“以修身为本”之后，接

①〔汉〕郑玄注，〔唐〕孔颖达注疏：《礼记注疏》卷六十，第983页。

②〔汉〕郑玄注，〔唐〕孔颖达注疏：《礼记注疏》卷六十，第984页。

着便是阐说何以“诚意”是第二个“知本”，以及何以“以诚意为本”是“以修身为本”之本。

孔疏《正义》又云何以“慎独”为“诚意之本”，其曰：

> 所谓诚其意者，自此以下至此谓知本，广明诚意之事。此一节明诚意之本，先须慎其独也。①

孔疏所谓“此一节明诚意之本，先须慎其独也”，其义则在“广明诚意之事”的诸节经文中，阐明经文何以言诚意以慎独为本之义。然堪注意者，为孔疏所言诚意之本须先慎独，只能于诚意系统内而说，而不能就整个《大学》篇来作总题之提揭；其因在于慎独并无与“此谓知本”联系，是故孔疏在篇题之下只做“从诚意为始”的提揭。

（本文发表于《文史哲》2016年第4期，原题为《〈四书〉本〈大学〉与〈礼记·大学〉：两种文本的比较》。）

①〔汉〕郑玄注，〔唐〕孔颖达注疏：《礼记注疏》卷六十，第984页。

聆听经典的声音

——有关《传习录》的"阅读"

李纪祥

一、《传习录》：文本的传世形态

从王阳明生前即已开始，直到他逝世以后，由王阳明弟子们陆续编纂而成的三卷本《传习录》，自行世以来，迄今已流传四百多年之久；从某方面来说，这本书已经被许多人认为是一部中国人所必读的经典。钱穆先生曾将《论语》《孟子》《大学》《中庸》《六祖坛经》《老子》《庄子》《近思录》《传习录》列为中国人必读的九部经典。[1] 其中《近思录》《传习录》两部书籍被选入，反映的是宋明新儒学（Sung-Ming Neo-Confucianism）在中国文化与思想领域的地位。《近思录》由朱子与吕祖谦编纂，采摭了北宋时期四位思想家

① 钱穆：《中国文化丛谈》，台北：三民书局，1975年版，第359—383页。

的文本与语录；而《传习录》则由王阳明弟子所编纂，初刻本在阳明生前即已刊刻，编纂与刊刻的目的都是为了传播王阳明的思想。

现在我们看到的《传习录》版本，也就是一般通行的本子，都是三卷本，可以称之为"定本"，这是在王阳明过世后才完成其演变的版本。从王阳明生前到其死后，初刻的本子从一卷本而逐渐向三卷本演变，参与编纂与刊刻的弟子包括徐爱、薛侃、陆澄、南大吉、钱德洪等人；从最早的手抄本到初刻本、续刻本、合刻本、重编本，从一卷本到两卷本、三卷本。通行于今日《传习录》三卷本的成型年代，迄今在学界还没有形成定论，比较可能的年代是在明代嘉靖三十五年(1556)或是三十七年；当时王阳明已经过世。《传习录》中"传习"之名，出自《论语》，其义则阳明门人多有言之者，如聂豹云：

> 《传习录》者，门人录阳明先生之所传者而习之，盖取孔门"传不习乎"之义也。[①]

蔡汝楠云：

> 《传习录》者，阳明先生之门人录师传之指，图相与习之者也。[②]

有关《传习录》的注本，坊间现存者甚多，甚至有将之作为善书而印行者，视为儒教之导人入善的宗教文本；此外，未通行于坊间之明清古籍注释评本、收录于各家文集条录散评之资料，邻邦日、韩之诸家评注本，凡此，皆甚多。诸本虽各有其长，然自广东开平陈荣捷之《传习录详注集评》出，再无如此本详尽佳善者。当然我们在今日亦可以仿照明代凌稚隆所编纂的《史记评林》般，编辑出一部以广博取胜的《传习录评林》本，然迄目前为止，笔者认为：广东陈荣捷本实已为研读《传习录》所当必备的一部评注辑本。[③]

今所传世之通行本《传习录》共分三部分，亦即上、中、下三卷。卷上包

---

①〔明〕聂豹：《重刻传习录序》，〔明〕王守仁撰，吴光、钱明等编校：《王阳明全集》下册卷四十一，上海：上海古籍出版社，2011年版，第1758页。

②〔明〕蔡汝楠：《叙传习录后》，〔明〕王守仁撰，吴光、钱明等编校：《王阳明全集》下册卷四十一，第1761页。

③ 陈荣捷：《王阳明传习录详注集评》，台北：台湾学生书局，1992年版。

含三种：即分由徐爱、陆澄、薛侃所录之王门师弟答问。卷中则包括《答顾东桥书》等书信八通，俱属于通信以讨论学问者；另附有《训蒙大意示教读刘伯颂等》及《教约》，他本亦有删去者。卷下则包括五种，分由陈九川、黄直、黄修易、黄省曾、黄以方所录之王门师弟问答。大抵上述为今传《传习录》三卷本之所共，各本所增收附录者不一，有增收《大学古本序》者，有收《大学问》者，亦有收《朱子晚年定论》者。吾人若细心考究《传习录》在王阳明生前及死后之收录与刊行实况，则知其版本传刻实甚复杂，其能形成现在流行之三卷本，系经历一段长时间演变之结果，且仍在演变中，此即陈荣捷之辑补《拾遗》五十一条附见于其《传习录详注集评》中，亦收于新编上海古籍本《王阳明全集》中。陈氏此举，显然在传统三卷本之外，加上了一卷“别卷”——即《拾遗》，而非仅止于《大学问》《朱子晚年定论》等之充作附录而已。陈氏显已参与进行了一种新的版本之构造，而陈氏的编辑行为系增“文”的、是再“辑”的，因为陈氏显然已无机会再处于“录”阳明“言”之场域。对他而言，“王门师弟传习”已是一不能亲临的“在场情境”，彼只有在“言”已成“文”的状态中方能得到所谓“传习的历史”，也只有借着“选文”“辑文”来增添此一历史场景再现之可能性。

在《传习录》三卷中，其实有两卷严格说不能算是“写作”，而只能称之为“记录”——一如《论语》那样；虽然其经过流传之后，已经以“文”的形态向我们传递王学的知识讯息，这点迫使我们必须以“阅读”的方式来对此书进行讯息的重组，从这点来说，《传习录》作为经典，与其他经由“作者写作”而来的经典，在表象上并没有什么不同。但实际上，经过“阅读”的中介，“阅读者”还必须进入书本中原初的场景：师生之间的对话场景，才算是真正地进入了“记录型经典”所想要保存的世界；这也就是说，在“阅读”之后，“阅读者”还需要“聆听”，才能“听见”王门师弟对话的声音。因此，这使得“阅读”《传习录》有了一个极为特别的路径：这便是阅读其声音的传达。如此，“阅读”便不再是一般措词意义上的“视觉阅读”而已，而更是一种“聆听”。

《传习录》作为一种“语录”论学的书面作品形态出现，始于阳明早逝之高足徐爱。徐爱于正德二年(1507)受业，正德七年十二月与阳明同舟归越，遂有成《录》之举；此书或未刊刻，然确为文字书写之作品。正德十三年，阳明四十七岁时，门人薛侃得徐爱所录及其序跋之言，又得陆澄所录，乃并本人所录共一百二十九条，刻于江西虔州，为三卷，是为初刻《传习录》本，即今本《传习录》上卷。《传习录》之首以文字见世者，实由徐爱。自然，我们无由了解此系因为徐爱的“抄本”较诸其他同门的记录本为善、较为详尽，或是曾经博得阳明的称道认可，或是其他的原因。但在阳明初起传学授受之时，徐爱确实被认为系阳明之高弟，这个印象不断保存并流传于同门的文字之间，也由于徐爱早逝，因此“早期阳明授学史”便在后来与其同门者的刻意书写下，印下了徐爱是“阳明高弟”的历史之痕，构造了王阳明学派以及王门史的早期传说甚至历史、神话的氛围。而这个氛围中的“徐爱”，又与三卷本《传习录》结合在一起，进入了“王门文本史”，复在此三卷本中，嵌入徐爱之读后感文字而刊行于世，且告知世人正是由于徐爱的抄录形成“抄本”，才有后来的两卷本、三卷本的“今本”之形成！今本所塑成的，不仅是一个学术门派的形成历史之书写，也是对阳明称“师”的“王门”编辑史；同时，也在王阳明之阳明学或是王门的编史过程中，有意地编次了徐爱的位置。此后《传习录》作为王门之经典的地位，已然成形。

笔者认为，从《传习录》最早的版本——抄本形态来看，这本书从一问世就已经决定了它的性格：显然是“记录性”的，也就是以“文”来追记“言”的。学者们多认为《传习录》的最初原型，应当是一卷本，而且是以“抄本”的形态传抄、流通于王门内部的。这个作为《传习录》原型的“抄本”，起初当然无所谓“卷数”，有之则系后来增编卷次之后，方出现了相对于“录本”“初抄本”“初刻本”“续刻本”“增编本”等在“《传习录》流传史”上的“卷次”回溯，称其最早的“徐爱抄本”为“一卷本”。但是在阳明授学之时，可以想见，当时有“录本”“笔记”或“札录”者，必不只于徐爱而已，以当时王阳明授学与朱子之异而言，受学者之惊与骇，可以想见当时“授—受”“传—

习”场景之盛况，否则便不会有后来《传习录》三卷定本的形成史。定本的形成史一方面反映了阳明之学与王门薪火的流传不绝，另一方面也反映着原初之传习盛况，这个盛况必定冲击激荡着来学者的回忆，原初回忆中留下来的物质性文本便是“诸种记录文本”。这些“弟子们”的“复数”文本，皆系在原初现场之授学与受学场景中写下，表达了一种“文字”与“现场”间的微妙关联：既是受激荡于现场、又未必被承认能代表现场，最终仍必须“在时间之中”形成比人的有限生命还要长久的“记录”文本！旷日经久，且超过一个人的生命存活长度之后，便须有文字记录来锁定当时的原初场景，否则无以将历史与记忆流传。王门中早有此体认，是故尽管其学重视当下拨点提豁，然终是在第一代及门便展开此一阅读文本的抄录，此所以《传习录》的完成史，其参与者皆系第一代王门之诸高弟也！只是，吾人在此其实大可以一问：如若来闻阳明之教与接受阳明传学者，皆有其各自之记录，则为何仅仅是徐爱的“记录”成为后来普及传世的《传习录》之“第一本原型”呢？这个历史文本的首出，作为一种起源式事件来看待时，是如何形成的？因此，今本三卷本的定型化过程，其实隐藏了另一条“隐性叙事”的轴线，建构了一条“早期《传习录》的起源神话”之叙事，这个起源叙事与起源神话建构，向我们昭示的是：为何是徐爱而不是其他在场亲聆弟子们的抄录文本？从徐爱而下的参与构成今定型化文本的诸门人是否有一条后王门时代的分化谱系？

不论如何，当三卷本《传习录》在阳明逝世之后继续编纂发展而终至定型于钱德洪手中时，一种以阳明与门下“传—习”作为起源的历史发展意识已然形成，诸王门之传人与再传者捧读此一或三卷本时，心中所涌现者，不仅是创派立说者之言论学说思想之精义大旨，同时也是历经多少岁月而来的历史感受。此时，若是意欲回溯其源头的初起状态，这个“源头”必是落在徐爱的身上无疑。唯何以徐爱的受学笔记之“录本”会成为后来王学经典《传习录》的源头？恐怕这个问题引发的联想，便是何以选中的是徐爱的“录本”，何以是徐爱的“录本”成为传播于诸同门之中的“抄本”？薛侃的“初刻本”何以即以徐爱之抄本作为增编而刻的底本，何以未改徐爱抄本之名——“传

习录”而沿用之？要之，这样的提问，已经为我们点出了一个重要的提醒：不论在哪一个年代，一部钱德洪完成后的“三卷本《传习录》”在任一人的手中持有时，道出的不仅是一部“此书之此在”必有其“《传习录》之历史”；同时，也道出了“徐爱”在此“《传习录》史”中的角色、位置；更者，此一“此书之此在”的“历史”已经在为“徐爱”塑形，为“早逝的徐爱”于“《传习录》之史”中塑形为某种“历史的徐爱”——此点告知我们：我们能得知徐爱的抄本，来自三卷本的“此时此在”，唯有在此种“记言”之“成文”脉络中，我们才能自“文”而追溯“记言”中的“言”，忖度作为原初发生场景之下已逝的“言”！

徐爱将受学笔记之抄录编成《传习录》之目的，据其所云：

> 先生于《大学》格物诸说，悉以旧本为正，盖先儒所谓误本者也。爱始闻而骇，既而疑，已而殚精竭思，参互错纵以质于先生，然后知先生之说，若水之寒，若火之热，断断乎百世以俟圣人而不惑者也。……世之君子，或与先生仅交一面，或犹未闻其謦欬，或先怀忽易愤激之心，而遽欲于立谈之间，传闻之说，臆断悬度，如之何其可得也！从游之士，闻先生之教，往往得一而遗二。见其牝牡骊黄，而弃其所谓千里者。故爱备录平日之所闻，私以示夫同志，相与考而正之，庶无负先生之教云。[①]

由上引徐爱之言，可考知者有两点：(1)《大学》古本的问题，盖阳明欲批评朱学，而援引郑玄注之古本《大学》，并有《大学古本序》《大学古本傍释》及《大学问》等为之阐说，欲从圣门典籍以抨弹朱子所改造之朱本《大学章句》也。由徐爱之言，可知当时人已少见古本——即《礼记》郑注本《大学》，甚且在常识上俱已由朱本出发而视古本为“误本”。当然，所谓的“古本”一词，系阳明于时代坐标上立基于明代，视宋代以来传下的朱本为“今本”，因而称远较“宋代”为“古”为“远”的汉代《礼记》本中之《大学》，为《古本大学》。而实则相对于汉唐人之视《大学》，阳明的《古本大学》显然

---

①〔明〕徐爱：《传习录》卷上《前序》，〔明〕王守仁撰，吴光、钱明等编校：《王阳明全集》上册卷一，第1页。

为一新的构词，其解释脉络亦与郑玄、孔颖达无关，这点可以从阳明仍然承继着朱熹之《大学章句》，使用“三纲”“八目”之措词术语可以看出。在郑玄注与孔颖达疏中，是没有“三纲”“八目”之概念与用词的。在孔颖达《正义》中，孔氏只用了“三在”一词。郑玄甚且反对“致知在格物”一句而释为“至知在格物”，是故在郑玄的视野中，《大学》一篇只有“至知”“致其知”，而实无阳明最为强调的“致知”。从此点来说，阳明的《大学古本》又不啻自《礼记》中抽出的一篇新的《大学》文本，不仅在其无章句，亦在于此一新的文本有着新的名称：即《大学古本》或《古本大学》。(2)徐爱有鉴于“口传”师门之学所可能有的“流传”性流弊，遂有记录师门传习之口语为“文字”——即书面文本，不论是手抄本抑或刻本均是——之举。此一举动值得分析与注意之处，吾人以为仍然在“口语”与“文字”两种“传道”形态所引起的种种值得探究之处。

徐爱所书：“故爱备录平日之所闻，私以示夫同志，相与考而正之，庶无负先生之教云。”[①] 可见《传习》之称《录》，正是以徐爱用了“录”字来表达“传习”过程的师弟问答。最早的《传习录》，至少以徐爱之抄本看来，确乎是一种“语录”式的“记言”体裁类型。一方面它要记录的是当下的老师与学生之对话发声的场景，没有声音就无所谓“记录”；另一方面，最初的版本之所以是“抄本”，那是因为最初以《传习录》来命名书名的本子，就是从徐爱所记录的本子而来的。徐爱既然将他从老师王阳明那里所接受的“声音”留下了“文”的“记录”，而这样的“记录”又在王阳明生前就被称为《传习录》而传抄于同门之中，这已经表示“传抄”以及“抄本”作为王门经典的历史，是在王阳明生前还在世之时，便已经出现了初步的“文本”——抄本的。这最初的一卷本《传习录》，意味着《传习录》的问世与诞生，是“以文记言”的、是“记录声音”的类型，也意味着比徐爱的“记言之文”还要早、还要原本的时空，即阳明传授其学术知识与弟子们对话的声音时空。这提醒我们在

①〔明〕徐爱：《传习录》卷上《前序》，〔明〕王守仁撰，吴光、钱明等编校：《王阳明全集》上册卷一，第1页。

"阅读"《传习录》时，应当将此文本植入它的原时空情境，不论这种还原的企图能否达成，至少在认知上我们须有这样的体认："聆听经典的声音"。换言之，原时空的"对话"发生在追记的"记录"之前，"声音"是此一经典的根基，而不是"文字"；但"文字"却是《传习录》作为经典并且流传的传世样态。《传习录》是一本需要"阅读"的"文字性"经典，既非"录像文本"也非"录音文本"。但是，如果仅以"文字阅读"来作为"接受史"的根源，却又会失去一种对原初情境意图理解的尝试之可能性！

一篇虽未收于今本《传习录》中，而只收于《王阳明全集》中的徐爱之《传习录序》，其中亦有一段极有意思的叙述：

> 门人有私录阳明先生之言者。先生闻之，谓之曰："圣贤教人如医用药，皆因病立方，……今某与诸君不过各就偏蔽箴切砥砺，但能改化，即吾言已为赘疣。若遂守为成训，他日误己误人，某之罪过可复追赎乎？"爱既备录先生之教，同门之友有以是相规者。爱因谓之曰："如子之言，即又拘执一方，复失先生之意矣……吾侪于先生之言，苟徒入耳出口，不体诸身，则爱之录此，实先生之罪人矣；使能得之言意之表，而诚诸践履之实，则斯录也，固先生终日言之之心也，可少乎哉？"录成，因复识此于首篇以告同志。①

首先，其曰"先生闻之"，而不赞成"门人私录"者，盖阳明意在"记言"亦为"痕迹"也。显然，缘于"私录"一词所传达的讯息，可知"私录"者恐已不在少数，故谓之"私"，以其必是未能得到"认可"也；既然有门人"录"阳明之言已成不可免之趋势，则徐爱或者欲"统一"师门之教言于"录"中，不论其意是得到阳明之默许还是以自己在门人中的分量而有此考虑，总之，徐爱的"录此""斯录""录成"等措词，皆可以作为一份"记言"的"正统性"之"录"来作解读，是以方有"录成""以告同志"之文字。其次，由阳明本人的角度，已透彻地看到了"记言"书写的本质中，有着"拘执——固定——

①〔明〕徐爱：《传习录序》，〔明〕王守仁撰，吴光、钱明等编校：《王阳明全集》下册卷四十一，第1737—1738页。

僵化”之性质；然而，阳明若仅仅依赖于口耳之传教，推广其说，终究对于其提倡与朱子不同之说与立学上，有其局限，这也是基于对“言”不如“文”的传播广度的认知与体会。王门中于徐爱的手中，有了作为文字形态的“记言文本”，此即是徐爱称之为“录其言”而成文本之“录”。从徐爱开始，此一“录本”便称之为《传习录》；以“传习”命名，自然是缘于阳明师弟之间的授受传学之实况。

二、三卷本中的“两卷”与“一卷”

嘉靖三年（1524）时，阳明五十三岁，南大吉得同门所录阳明论学书之已刻本后，欲为广刻，遂将薛侃所刻之《传习录》三卷作为上册，而以己所搜录之阳明论学书之另刻本续为下册，命其弟南逢吉“校续而重刻之”，成续刻《传习录》。此二册本之下册中所收录的，为阳明之书信八通，而实为九篇，即《答徐成之》二篇、《答人论学书》（即《答顾东桥书》）、《启问道通书》、《答陆原静书》二篇、《答欧阳崇一》、《答罗整庵少宰书》、《答聂文蔚》第一书。与今本《传习录》卷中之目略有不同，其原因当在于钱绪山之增录去取，据钱绪山存于今本《传习录》卷中前叙所云：

> 德洪曰：昔南元善刻《传习录》于越，凡二册。下册摘录先师手书，凡八篇。其《答徐成之》二书，吾师自谓：“天下是朱非陆，论定既久，一旦反之为难。二书姑为调停两可之说，使人自思得之。”故元善录为下卷之首者，意亦以是欤？今朱、陆之辨明于天下久矣。洪刻先师《文录》，置二书于外集者，示未全也，故今不复录。其余指“知行之本体”，莫详于《答人论学》与答问道通、陆清伯、欧阳崇一四书，而谓“格物为学者用力日可见之地”，莫详于《答罗整庵》一书。平生冒天下之非诋推陷，万死一生，遑遑然不忘讲学，惟恐吾人不闻斯道，……此孔、孟以来圣贤苦心，虽门人子弟未足以慰其情也。是情也，莫详于《答聂文蔚》之第一书。此皆仍元善所录之旧。而揭“必有事焉”即“致良知”功夫，明白简切，使人言下即得入手，此又莫详于答文蔚之第二书，故

增录之……今所去取，裁之时义则然，非忍有所加损于其间也。[1]

此前叙对原南大吉刻本下册中所收录之阳明亲笔书函，之所以增删去取之故，及其与"阳明学"之关系，实已详且尽矣。是钱绪山对南大吉二册本《传习录》之下册所更动者唯在"阳明论学书"之"去取"而已，尚未牵涉今本《传习录》中卷所形成的"问答书信体"。今本《传习录》中卷虽源于南大吉与其弟南逢吉之校刻于浙江的续刻《传习录》二册之下册，然其间自有甚不同者，钱德洪在今本卷中《前叙》已叙之详矣。南大吉《传习录序》云："是'录'也，门弟子录阳明先生问答之辞、讨论之书，而刻以示诸天下者也。"[2]故陈荣捷氏谓：

> 南序有云："是录也，门弟子录阳明先生问答之辞，讨论之书，而刻以示诸天下者也。"观此，可知不特薛侃已刻问答之辞，而其他门人亦已刻论学之书。所谓续刻传习录者，乃南大吉并合已刻之语录与另刻之论学书为传习录二册也。[3]

其中可堪注意者，为南本既刻竟而传世，而阳明门生及世人当犹以《传习录》而称之，并未称南本为《续刻传习录》；南氏所自著之序以《传习录序》为序名，及上引钱绪山《传习录卷中前叙》中凡称南大吉所刻者，皆称其为《传习录》即可以为证。是至此一阶段，《传习录》之称《传习录》者，已指二册本也，而此时阳明犹在世，且亲见此一刻本之《传习录》。

南本续刻之《传习录》，其下册与今本《传习录》中卷相异之处，除"阳明亲笔论学书"之"去取"外，尚有一点重要之牵涉，即今本卷中之"阳明论学书"何以为"今貌"——即所谓的"书信问答体"？"今貌"系何人所为？系南本原有，抑钱德洪于"去取"阳明论学书信时一并所为？据收于上海古

①〔明〕钱德洪：《传习录》卷中《钱德洪前叙》，〔明〕王守仁撰，吴光、钱明等编校：《王阳明全集》上册卷二，第45—46页。

②〔明〕南大吉：《传习录序》，〔明〕王守仁撰，吴光、钱明等编校：《王阳明全集》下册卷四十一，第1754页。

③ 陈荣捷：《传习录略史》，《王阳明传习录详注集评》，第9页。

籍本《王阳明全集》中之钱德洪《续刻传习录序》云：

> 洪在吴时，为先师裒刻《文录》。《传习录》所载下卷，皆先师书也。既以次入《文录》书类矣。乃摘《录》中问答语，仍书南大吉所录以补下卷。①

序中所提之《传习录》，系指南刻本《传习录》无疑；然其中殊不可解者，为“乃摘《录》中问答语”之《录》，究系何《录》？指已刻之《文录》，抑或指南大吉本《传习录》册下之书信，抑或南本中较诸薛本为多出之所辑而仍属语录者，因之钱氏“摘”出而以为新的下卷，故曰“以补下卷”，故曰“仍书南大吉录”？陈荣捷以为钱氏后来所更动者为：

> 德洪并易论学书为问答体。此即今之《传习录》中卷。②

则其系认为钱氏所更动者，即增录《答聂文蔚》第二书，移置《答徐成之》二书等，并易此一新的“论学书”为问答体，即今本《传习录》卷中之现貌。案：此亦为目前诸家研究《传习录》版本者之通行看法。即钱德洪所易为“问答语”者在改南刻本之书信原貌为稍似问答语体制，以符传习书名之实。然吾人若重观钱氏《续刻传习录序》，则知未必如此，序云：

> 洪在吴时，为先师裒刻《文录》。《传习录》所载下卷，皆先师书也。既以次入《文录》书类矣。乃摘《录》中问答语，仍书南大吉所录，以补下卷。复采陈惟浚诸同志所录，得二卷焉，附为续录，以合成书。③

案：今本《传习录》卷中之钱氏前叙，并未署年，依笔者所揣，此前叙当与卷下跋语同时而撰，当在嘉靖三十五年（1556）之时；而已收于新编上海古籍本《王阳明全集》中之钱德洪《续刻传习录序》，则已知系撰于嘉靖三十三年。可知至少在嘉靖三十五年或三十三年以前，南刻本犹称《传习录》，袭旧

①〔明〕钱德洪：《续刻传习录序》，〔明〕王守仁撰，吴光、钱明等编校：《王阳明全集》下册卷四十一，第1758页。

② 陈荣捷：《传习录略史》，《王阳明传习录详注集评》，第10页。

③〔明〕钱德洪：《续刻传习录序》，〔明〕王守仁著，吴光、钱明等编校：《王阳明全集》下册卷四十一，第1758页。

称而未易，即此二册之越刻本；至钱德洪之《续刻传习录》本，虽对南本已作更动，犹是如此。今本《传习录》卷中之《前叙》作时较晚，虽仍称南本为《传习录》，然三卷本《传习录》已刊于世矣。今重观此《续刻传习录序》中所云者："既已次入《文录》书类矣。乃摘《录》中问答语，仍书南大吉所录，以补下卷。"既称"以补"，则知钱氏所续刻，乃削去南本之录书信者，故曰"乃摘……以补"，而非习成看法之以为钱氏续刻《传习录》以成《续刻传习录》时，南本下册犹存大要也。钱氏之附南本论学书信于《传习录》中，并易为问答语、去取"论学书"以成今本之貌者，系在嘉靖三十五年的崇正书院刻本，今本卷中《前叙》可为之证，故云今本卷中钱氏之前叙与卷下之跋语，系同时而作也。而由此亦可知嘉靖三十三年的水西精舍刊本，乃如《续刻传习录序》中所云，系一种"以合成书"的刻本。水西精舍本包含两部分：钱氏所重编而仍书南大吉所录的《传习录》，与钱氏所续编且为二卷的《传习续录》。今人陈来在北大所发现并据以考校之《传习录》版本，馆题为"嘉靖三年南大吉序重刊本"。陈来考释其为嘉靖三十三年之水西精舍本，据其所云，此本共有二部分四册，即首为南大吉序之《传习录》二册，与《传习续录》二册。笔者无由过眼北大本，谨据陈来考文所描述，试另作推论。陈来以为，此本"现'仅'存四册"，已无南本所收之"论学书"也。然陈氏既已考出此本为嘉靖三十三年由钱绪山刻成于宁国府之水西精舍本，则应知此本本无"论学书"，盖已遭钱氏削去，故钱氏嘉靖三十三年之《续刻传习录序》中所云"以合成书"者，正与北大本合。北大本《传习录》首为南大吉《刻传习录序》，内容则为徐、陆、薛三人所录传习之语，二册；《传习续录》则首为钱绪山《续刻传习录序》，亦是二册，若与钱序"得二卷焉"相符。故知北大此本或当系完本，而非"仅存四册"，陈氏仍以不见"论学书"为有阙也，其盖以为《传习录》部分仍全南本原貌，而钱氏三十三年所刻则仅为《传习续录》本。然依钱氏序中所云"以合成书"者，正以见钱氏之《续刻传习录》，已并南本之更易而合刻之矣。故水西精舍本为合刻本而非《传习续录》之单刻本，陈氏未审。然若北大本果为嘉靖三十三年之水西精舍合刻本，则仍有不可解，所疑者在序中所云“乃摘《录》中问答语，仍书南大吉所录，以补下卷”一段文字，未知北大本《传习录》部分有分卷或分卷之痕，足知下卷有更动之迹而非仅南本册上之旧否？

据上所述，是此时犹可见钱氏似较南氏更能掌握《传习》称“录”之本质当为“语”式之问答体裁，故欲统一南氏之《传习录》上下两册。钱氏此一认知，至少与后来他对《传习录》之再刊刻与广搜遗言、语录为“文”以成“三卷本”者有异。

三卷本的《传习录》的“卷中”部分，是从王阳明与同时的学者、学生的亲笔书信中取材，改编成为对话的体裁，而仿佛“远距离通信者”就是“近距离对话者”。至于“卷上”与“卷下”都是属于“记录”的性质，记录了王阳明与弟子们之间的论学对话，这里面可以让人产生声音回响于人物发言场景的想象。

对于“卷中”而言，虽然王阳明的弟子，从南大吉到钱德洪，都把这些“书信”编成了“对话”的体裁，但实际上，“卷中”仍然是属于标准意义上的书写与阅读，只是加上了对话的戏剧化效果，仿佛“编写剧本”那样。因此，我们有理由相信，《传习录》的编者想要加入一些由王阳明“亲笔书写”的数据作为此一经典文本的成分。将《传习录》由弟子的“编辑”改换装扮，成为可以冠上“王阳明”之名的作品，以便在当时宣扬王阳明对抗朱熹的思想，应当便是这一换装举动的真正目的。但是，一方面是加入王阳明亲笔的文本之换装，一方面却又是为了配合原来的体例——这意味了即使《王阳明全书》已经刊行，但是《传习录》的影响力还在；因此，有必要保留这一书的原来形式：也就是以“对话”为主的“记言”形态。于是，遂有将王阳明的亲笔书信变成“对话体裁”的“改编举措”。这样的改法其实有些奇特与奇怪，迄今尚未有学者提出质问：为何会如此——既要冠上王阳明之名的亲笔“写作”作品，又要“改编”此一作品成为“对话文本”？那么，究竟《传习录》的作品定位，是应当朝向“原初场景”的“言”呢？还是要朝向以“流传为主”的“文”呢？这一问题实在不好回答，也是我给自己提出的一个“我的难题”！笔者

认为，《传习录》的定位应当是“记言”的。换言之，它既是“言”的，也是“文”的。就“文”这一部分而言，我们应当由“阅读”进入它的世界，就如同读一部剧本或是历史、小说中的对话情节一样；就“言”这部分而言，则我们应当学会“聆听”，学会倾听经典中由文字所发出的“声音”，宛如王阳明的亲身再现，在与弟子们面对面的对话现场中，发出教诲与指点的声音。“记言体”在中国产生得甚早，《汉书·艺文志》中记载了汉代人对于上古史官书写体裁的认知：“古之王者，世有史官，左史记言，右史记事。”而历史流传下来的文本类型典范，记言的是《尚书》，记事的是《春秋》。特别是《春秋》作为“记事”典范的类型，显然与后世将之视为“编年体”典范与源头的认知有历史时间上的早期、后起之差异；这也反映出在汉人的眼中，对古代两大史官传统及其书写文本的历史认知，是以“记言／记事”之体裁及“《尚书》／《春秋》”二经为聚焦的主轴。而《尚书》这一部经典不仅是“六艺五经”中的一部经典，同时也源于古代史官以“记言”体裁来书写的文本类型。这一种认知，我们可以称之为“古二体论”。重点是：后世的史学史家们，不论是刘知几的《史通》还是章学诚的《文史通义》，他们在讨论“记言”这一体裁时，极少将《论语》纳入讨论，而宁溯其源头至圣王之典，以“六艺”之一的《尚书》来求其“记言”之源！

参与过《传习录》编纂的王阳明学生南大吉在《传习录序》中曾提到了《录》与“录”的意义：“是录也，门弟子录阳明先生问答之辞，讨论之书，而刻以示诸天下者也。”极有意味的是，第一个“录”字显然是指“书”而言，因此标点符号上应当作《录》；第二个“录”字，则指向了一种动作，尤其是对现场式的“言”所作的“文”之“记录”的动作。没有“记录”的动作将“对话”或是“声音”记录下来转换成为“文字”，也就不可能有“刻”的文本传世与流传！“刻”之一字表达了文本的刊刻乃是以“文字符号”为主，“录”的操作表示当下场景的“录言”。动作式的“录”在完成之后，其书名仍然称之为名词式的“《录》”，应注意这是近代以来“录音”“录像”词汇形成之前的“录”字或是“录”词的含义，可以视为“前录音／像时代”的“录”字之义：

以文字为主体的“录言”，也就是“记言以成文”的“记言”体裁的历史视域。南大吉文中的两个“录”字，其实已经混同了两种不同性质的“问答之辞”与“讨论之书”，可见该《录》已不仅指徐爱与薛侃的问答之语——作为对“阳明之语”追记乃成文者为录；也指阳明亲笔——属于“书写”的讨论之书亦视为录。前者虽记阳明之言，然作者实为徐爱与诸弟子，后者则作者为阳明本人。是故南氏之“录”字用语，已反映了两种类型的书写：“语录”与“文录”在《传习录》中的混同。《传习》之“录”已由最初的“语”与“记言”，而有渐趋“文录”的走向，这正与“阳明的生命与学问”生生相息。“记言”者，多在阳明生前，因属“现场”也，故必“记言”；“成文”者，则多在阳明殁后，因已为“追摹”，故其“文”之属性甚强，即便原属“言”者亦然，此所以“记言”终亦成“文”也。

三、结论：由阅读经典进入聆听师教

笔者曾经撰写过一篇论文：《“近思”之〈录〉与“传习”之〈录〉》，详细讨论了这两部代表宋明理学的经典，尤其是两部书的书名中各有一个看来相同的“录”字，看起来是相同的符号，而意义指涉却大不相同。《近思录》是由朱子所编纂的北宋四位理学大儒的著作选编，因此朱子是一位亲自参与的编者；但《传习录》却是由王阳明的学生们陆续编纂而成，由王阳明学生作为编者的书却归到了王阳明的名下，仿佛王阳明便是一位作者。我们对于这两部书的印象常常是与朱熹、王阳明联系在一起的原因便是源自这样的一种背景。因此，这两部书的书名中的“录”字看起来虽然相同，但是意义的指涉却是大不相同：一种是属于阅读的，阅读朱子所选编的文字，来追求阅读者的自得于内心；一种则是倾听的，阅读王阳明与其学生们的对话，从文字中去倾听对话的发言声音，也要聆听自身内心的自得与感受。有意义的是：这两部经典中的“录”字，便刚好在书名的书写与刊印流传中见证了自己的存在属性，也见证了宋明理学（Sung Ming Neo-Confucianism）中所显示出的“两种教化文本”传世传学的类型。

笔者在求学时代，曾经有过这样的经验。某一个晚上，明月当空而皎洁，笔者忽然感受到历史像一条长河，而古人们的声音便透过这条长河而传来。笔者当下能亲切地感受到为我所阅读的文字之中的先贤的“声音”，仿佛正在叮咛与教诲。我们都知道，夜晚我们所看到的银河之中的每一颗星星之光，虽说是现在的光，但实际上却是几千万光年以前的存在，也可以说它是由已经成为历史的天穹之星所传来的光。如果我们现在能看到已经是过去的星星之光，那么，从传世的文本之中，我们也能聆听到古人被文字所转录下来的“声音”，并且得到教诲！

（本文发表于《第十八届明史国际学术研讨会暨首届阳明文化国际论坛论文集》下，2017年8月16日。）

由内圣到外王：费密及其王统论

李纪祥

一、前言

“道”是宋明儒学（Song-Ming Neo-Confucianism）视域中意义世界的核心，天地间大化流行，生生不已，这个“不已”，就是“道”，遍于万物而无所不在。就宋明儒学而言，因为偏重于“内圣”，所以“道以德弘”，成就的是一种理想人格的“教化世界”。但这样的学问，在晚明以来已被学者质疑，视为与“现实世界”之贫富强弱、抵御外侮无关的封闭系统。他们开始思索儒学应如何方能裁成天地万物、宁境安民、平虏御寇。因而，当晚明的士大夫开始重新反省“儒者之学，当如何与世为体”这个命题时，便开启也强调了另一种视野下的“世”——外王视野下的“世”，其学问便形成一股“经世之学”的动向与思潮，我们也可以将之称为晚明儒学新动向。本文即以晚明费密为聚焦点，通过费密的主要著作《弘道书》来研究其书所反映的“道”，是如何企图面对

时代变局而转向另一种意义世界的建构。对费密而言，书名称之为“弘道”便已经反映了他的论述以及著作的意图，一种由内圣而朝向外王的儒学新动向，已在其著作论述中重新建构起“道”的内涵与范畴体系，从外王视野出发，现实世界的重视、生民百姓的主体性、以时王为核心之轴的王统论、辅佐王统的弼辅论、汉唐儒林传经教化者的师儒论，在在皆成为费密论述的核心。

二、费密生平与著述

费密，字此度，号燕峰，生于明天启五年（1625），卒于清康熙四十年（1701）[①]，享年七十七岁。一生经历了张献忠入蜀及明亡清兴两件大事。

崇祯十七年（1644），张献忠入蜀。时费密年二十，上书巡按御史刘之渤，进言四事：练兵一，守险二，蜀王出军饷三，停征十六、十七两年钱粮四。以仓卒不及行，成都遂陷，密辗转迁徙，得不遇害。费密之父费经虞当时正仕官于滇，以家遭大乱，屡乞休。费密闻之，遂只身从兵戈蛮峒中入滇。顺治四年（1647），奉父入建昌卫。十月，至黎州省母；十二月，复入建昌；过相岭，被凹者蛮掳去。明年，赎归。

顺治五年十月，费密同杨展之子璟新复屯田于荣经瓦屋山之杨村，入叙州府，遇督师吕大器，署为中书舍人。内江范文荧见密所撰文，大惊曰：“始以吾此度有经济才，不知吾此度词客也！”

顺治六年秋，杨展为降将武大定、袁韬所害，密与璟新整师复仇，身自环甲。时营在峨眉，裨将来某与花溪民有隙，诈称花溪民下石击吾营，势且反，以激璟

① 这是根据胡适的考证。见胡适：《费经虞与费密——清学的两个先驱者》，《胡适文存》第二集第一卷，台北：远流出版公司，1988年版，第55页。清戴望作《费舍人别传》，以燕峰卒于康熙三十八年（1699），章学诚《书贯道堂文集后》（《章氏遗书》上册卷八，台北：汉声出版社影印，1973年版）同此。《江都费氏族谱》与《新繁县志》皆作1701年卒。胡适据成都唐氏怡兰堂刻本《费氏遗书三种》中之《弘道书》前张含章于康熙三十四年（1695）的序，“吾师……今七十一矣”，考订费密生卒年如上。笔者案：费氏遗书三种为《弘道书》《荒书》《燕峰诗钞》。唐氏刊本今存台北市“中研院”傅斯年图书馆中，胡适所据，当即此本。

新。璟新遽署缴讨之，密力争，……乃止。率残卒复与璟新屯田于瓦屋山。

顺治九年，费密乃究心《内经》《伤寒论》《金匮》诸书，为长沙指挥。后闻二程见人静坐，便以为善学。十三年，与僧通醉论禅，四入静明寺，杂僧徒静坐，坐六七日，心不能定，自励曰："百日之坐尚不能定，况其大者乎？"誓不出门，半月余乃定。一夕，闻城壕鸭声，与身隔一层，如在布袋；良久，忽通，鸭声与水流入身中，甚快，乃叹曰："静坐，二氏之旨，吾儒实学，当不在是。"自是益有志古学矣。

康熙十年(1671)，以父遗命往事当时声震天下之孙奇逢，为其门人，费密学问虽不以王学为辙，然其并非未经历此一学程，孙奇逢的理学对他虽有一定程度的影响，但费密的学问，仍当以家学及离乱中所经历体会者为最重要。

康熙十六年，入山东提督将军柯永蓁幕。会举博学鸿词，永蓁屡欲论荐，力辞，乃止。

康熙二十四年，修明史，颇采旧臣遗佚者。密涂泥入都，奉其父行状，入史馆，下拜，涕泣沾襟袖，在馆诸人皆为感动。

康熙二十八年，大病，寻愈；乃自定生平所著诸书。

康熙三十年六月，病下痢，遂不起，年七十有七。门人私谥中文先生。

费密著书甚多，据《新繁县志》所列，有：

中传正纪百二十卷	弘道书十卷(今本三卷)
圣门旧章二十四卷	文集二十卷
诗抄二十卷	河洛古文一卷
尚书说一卷	周礼注论一卷
二南偶说一卷	瓮录一卷
中庸大学古文一卷	中庸大学驳论一卷
太极图记八卷	圣门学脉中旨录一卷
古史正十卷	史记补笺四卷
历代纪年四卷	四礼补录十卷
古文旨要二卷	蚕此遗录二卷

答箸归来晚暇记四卷	奢乱纪略一卷
费氏荒书四卷（今本一卷）	历代贡举九十卷
二氏论一卷	题跋六卷
尺牍六卷	诗余二卷
杂著二卷	费氏家训四卷
祀先仪礼一卷	长沙发挥一卷
王氏疹论一卷	金匮本草六卷
伤寒口义二卷	集外杂存八卷
雅伦二十六卷	补剑阁芳华集二十卷
中旨定论一卷	中旨正录二卷
中旨辨录二卷	中旨统论二卷
中旨申惑二卷	历代贡举合议二卷
朝野争论二卷	老农记事二卷
天涯知己录一卷	全唐诗选十卷[①]

但今传者仅有《弘道书》等三书，坊间尚无刻本流行，足见迄今费密仍鲜有注意者。虽然明末清初的研究方兴未艾，以往较少人注意的遗民如方以智、唐甄、傅山等，近年来都陆续有人研究，但费密仍未得到应有的注意，仅梁启超在《中国近三百年学术史》中略略提到，胡适撰《记费密的学说》及《费经虞与费密》二文，将费氏学说表彰了一下而已。

在明末清初那样的时代中，自明末开始，历史便已将传统理学带到了一个尽头，“心性成德”之学主要所开显成就的世界，乃为一“教化世界”。但明末以来，不论儒者是否有此种自觉，当时人已开始警觉到外王事功的重要。儒学所面对者，已不再是旧有的世界，它所面对的是一个现实的世界。儒学必须要自我转化，否则便不能适应时代变迁，无论儒学是否已向此点开始启程，要之，当时之“实学”已经开始。

① 胡适：《费经虞与费密——清学的两个先驱者》，《胡适文存》第二集第一卷，第57—58页。

费密的经验，生民离乱、明亡，正足以于他对于旧有的儒学作一番质疑与省思。费密的《弘道书》，也正是一部系统地将儒学由内圣带向外王的作品。一般清初大儒的学问，都各自表现了大时代动荡下儒学变化的一个侧面，反映儒学由内圣向外王的变迁过程。费密的著作虽然比不上顾、黄、王等硕儒，在清代也未被赋予注意，但他的《弘道书》，确实是一部将儒学转向另一个新的意义世界的作品。一切从他的“道”展开，将传统理学的许多命题如“道”“道统”等均赋予新的意义，这便是能面对现实世界，开显事功的“外王”。笔者以为，费密的《弘道书》，很能代表清初儒学外王经世的动向，虽非博大精深，但他的一些思想议论，确实是系统之言，本文也是从这个角度来看他的《弘道书》。

三、费密的”王统论”

“道”是儒家眼中意义世界的核心，天地间大化流行，生生不已，这个不已，就是“道”，遍于万物而无所不在。就宋明理学而言，因为偏重“内圣”，所以“道以德弘”，这就是以“道德”为主的宋明理学的“教化世界”。但这样的学问，在晚明以来已被学者质疑，视为与现实世界之强弱贫富、抵御外侮无关的“封闭系统”，而开始思索儒学应如何方能裁成天地万物，宁境安民，平虏御寇。这样的质疑与思考也存在费密心中，当他历经战乱，并看到生民流离之苦时，他体会到，成德固然重要，但最起码的应当是赋予人民一个“生”的条件与环境，让人民生活安定，饮食无忧。这才是费密心目中的儒者所当面对的。

因此，费密将“道”自“教化世界”拉回现实——也即王者统治的世界中，无论现实中的“王”是否优秀，但他与此世之兴衰、人民之安宁与否却是休戚相关。费密并不赞同以宋儒为主的“道统论”。这一“道统论”为：

“道学”之名，古无是也。……道学之名，何自而立哉。文王、周公既没，孔子有德无位，既不能使是道之用渐被斯世，退而与其徒定礼乐，明宪章，删《诗》，修《春秋》，赞《易象》，讨论《坟》《典》，期使五三圣人之道昭明于无穷，故曰：“夫子贤于尧、舜远矣”。孔子没，曾子独得

其传，传之子思，以及孟子，孟子没而无传。两汉而下，儒者之论大道，察焉而弗精，语焉而弗详，异端邪说起而乘之，几至大坏。千有余载，至宋中叶，周敦颐出于舂陵，乃得圣贤不传之学。……张载作《西铭》，又极言理一分殊之旨，然后道之大原出于天者，灼然而无疑焉。仁宗明道初年，程颢及弟颐寔生，及长，受业周氏，已乃扩大其所闻，表章《大学》《中庸》二篇，与《语》《孟》并行，于是上自帝王传心之奥，下至初学入德之门，融会贯通，无复余蕴。迄宋南渡，新安朱熹得程氏正传，其学加亲切焉。大抵以格物致知为先，明善诚身为要，凡《诗》《书》、六艺之文与夫孔、孟之遗言，颠错于秦火，支离于汉儒，幽沉于魏、晋、六朝者，至是皆焕然而大明，秩然而各得其所。此宋儒之学所以度越诸子，而上接孟氏者欤。[①]

及朱子与陈亮所辩论的“三代以道治天下，汉唐以智力把持天下，……三代专以天理行，汉唐专以人欲行，……千五百年之间，天地亦是架漏过时，而人心亦是牵补度日”[②]，他也不认为有成立的依据，他说：

帝王然后可言道统。[③]

合历代帝王公卿称曰道统，庶可也。无帝王则不可谓之统矣。[④]

则此“道”，在费密而言，分明是侧重裁成万物，治天下生民者，而非以汉唐为架漏过时，道无一日行于天地间者至明。由“道”的意义与指涉之转向，可知费密在《弘道书》中，已将“道”的诠释，带到另一世界中。故其必然要反对朱子的“道统论”：

至南宋遂私立道统，自道统之说行，于是羲农以来，尧、舜、禹、汤、

①〔元〕脱脱等：《宋史》卷四二七，北京：中华书局，1977年版，第12709—12710页。

②〔宋〕陈亮著：《甲辰秋书》，〔宋〕陈亮、邓广铭点校：《陈亮集》卷二八，北京：中华书局，1987年版，第340页。

③〔明〕费密：《弼辅录论》，《弘道书》卷上，成都大关唐氏怡兰堂刊本，1920年版，台北市“中研院”傅斯年图书馆藏本，第8页上。

④〔明〕费密：《统典论》，《弘道书》卷上，第3页上。

文武，裁成天地周万物而济天下之道，忽焉不属之君上而属之儒生。[1]

又云宋儒：

妄以续二帝三王，假圣贤之言，僭名道统者也，其语播流天下数百年，侻谈道不本于庙堂，何以谓之儒说；不序历代，何以知损益。[2]

也因此费密的“道”，须由“王”者“统”之，而非师儒，师儒在其另有赋义，王统论就是费密的新道统论。为了避免混淆，我们径称其新道统为“王统论”，而道统论则仍旧指称宋儒朱熹之“道统论”。

《尚书》圣绪，肇录二典，十翼本始，羲农绍休，太古邃渺，历数绵络，元睿土德，天命垂御，启礼赡器，覆泽蒸黎，开弘渍渐，累代褒宣，尧舜陟位，哲文恭濬，光格裔海，三王咸享国久远，治化敦淳，承遗谟训，周监二代，王道克茂，风教隆溢。[3]

他宗法二帝三王，但决不是一复古主义者。他既法先王，亦法后王；有先王之统，亦有后王之统。三代以下之君，无论是汉、唐、宋、明开国之君，抑或衰败残暴之君，皆为“王统”所系。其云：

上古，核也；羲农以来，根也。黄帝、尧、舜、夏、殷、周、秦、两汉而下，历代之君，本也。[4]

我们看他所作的《大统相继表》，便可明了他的“王统论”。《统典论》中的《大统相继表》曰：

上古—包羲氏—神农氏—黄帝氏—唐—虞—夏—商—周—秦—汉—后汉

以下遵二十一史相承历数次序详统典中。费密曰：……取两汉而下异姓受命之君，接三代之后，方合圣门旧法。[5]

---

①［明］费密：《统典论》，《弘道书》卷上，第1页下。

②［明］费密：《统典论》，《弘道书》卷上，第5页下。

③［明］费密：《统典论》，《弘道书》卷上，第1页上。

④［明］费密：《统典论》，《弘道书》卷上，第3页下。

⑤［明］费密：《统典论》，《弘道书》卷上，第7页上—下。

但费密也知道，二十一史中的后王，并非人人皆为尧舜之君，其中更多的是中材以下的衰败之君，否则宋儒便不会讥弹汉唐以下道无一日行于天地间了。但费密有他的观点，这便是他的“天命观”。他认为“王”之得此位与否，非人力可求，有天命在焉：

> 汉之高光，唐之太宗、肃代，皆与汤武中宣同功，而文、景、明、章，与元魏孝文、宋仁宗、明宣孝，皆与太甲、成、康同德。尧舜之德虽盛，不能安后世之民生，汤武之功虽高，不能救后世之残暴。故曰：递兴递废，胜者用事，所受于天也。[1]

观乎历史事实，至少就历代帝王之承传而言，虽然有一定的嫡长子制度，但大体通观，费密以为这是“天命”的问题，所以他不以为历代帝王之有德无德，有功无功，可以推翻这个“王统论”的一脉统系，这是历代二十一史以来帝王本纪所系的事实。然则费密何以要本于此而摧破宋儒的自孔子以下的道统论，而另将之安排到“师儒”一系中？这就关系到他的论释“道”在外王。外王之大，在于帝王，只有帝王能够拥有实质政治上的“权”与“位”，无权无位者，即使有“才”有“能”，亦仅能“弼辅”以佐其成或“师儒”以弘其道而已。所以费密将“道”系于外王，而认为“王统”才是实践此一“道”之真正所系。而历代之王者，有达有不达，皆有其种种历史成败因素。一方面，二帝三王之道不明，后儒解错经旨，是其要因；而时势推移，史有变迁，孔子已云夏商周因革损益，后代小儒，不知大道，遂泥于上古，不知因时制变，亦是一因。再一方面，费密真正要提出的“救势”之言，则在于其“弼辅论”与“师儒论”。二十一史之后王虽不如先王，然通过师儒之弘道，以及将相之辅佐，可以协助后王成就其外王帝业。

综合以上所述，费密《弘道书》中的《统典论》，可说是开宗明义之篇章，在此章中，已将其《弘道书》义旨，扼要提出。大要言之，笔者以为在《统典论》中，费密已提出下列各点：

---

①〔明〕费密：《统典论》，《弘道书》卷上，第3页下。

（一）明白抨弹以宋儒为主的“道统论”之不当。“道”应当系于“王”，无论前王、后王。

（二）古代圣王对他而言，是历史上的制作之“原”，礼乐典章之大备也是由上古迄于周代逐渐完成，所以儒者必须宗法于此。但他虽法先王，却并不主张泥古，而强调自孔子时已提出的：“殷因于夏礼，所损益可知也，周因于殷礼，所损益可知也。其或继周者，虽百世可知也。”（《论语·为政》）并认为势有推移，必须因革损益，方能行之于后代，所以他亦法后王。这种观点，实有类于荀子思想中的法先王、法后王之论。[①]

（三）道不在内圣，而在外王。内圣亦应涵摄在外王之中，故曰“教乃治中之一事”[②]，“二帝三王皆以事业为道德……非事业外又有所谓道德”[③]。

（四）费密的世界中，也是要让“道”能施之于百姓万物，但这一世界已非理学家的教化世界、心性王国，而系于此世之“王”者所统治的现实世界。至于“道”在这个世界中能实际做到多少，那是另一个问题，也是费密在“弼辅论”“师儒论”中所要处理的问题。

我们可以很清楚地看到，在儒学的变迁中，如果以费密为例，显然他掌握了儒学的核心——道，来展开他对儒学的转化与重新诠释。而这些诠释的命题，实际上，均系宋儒以来早已存在的一些旧命题，经由旧命题而赋予新诠释，费密便将儒学转化到另一世界中。旧瓶填入新酒，这似乎是传统儒学在时代转进中自我调适的一个特色与路径。尤其是费密的“王统论”，不但宗法先王，抑且衔入廿一史本纪所系之后王，而形成他“无王不成统”的“王统论”。费密在明末清初思想界中最值得注意的，笔者认为即在此。其思想虽不如三大儒或方以智等人之宏大精深，但条理灿然，自成一系统。

另一点值得注意的，即是费密之思想虽承自家学，却似乎与南宋浙东学

---

① 荀子之法先王与法后王，参见蔡仁厚：《孔孟荀哲学》，台北：台湾学生书局，1988年版，第457—460页。

②〔明〕费密：《圣门传道述》，《弘道书》卷中，第32页上。

③〔明〕费密：《弼辅录论》，《弘道书》卷上，第10页上—下。

术尤其是唐仲友颇有渊源。南宋浙东之学，无论永嘉、永康、金华诸子，皆重经世之学，此是当时浙东学风。唐仲友，字与政，号说斋，婺州金华人，为南宋浙东诸子之一。生于宋高宗绍兴六年(1163)，卒于孝宗淳熙十五年(1188)。[①]《宋元学案》载：

> 乾、淳之际，婺学最盛，东莱兄弟以性命之学起，同甫以事功之学起，而说斋则为经制之学。[②]

《宋元学案》又云：

> 所著曰《六经解》……《孝经解》……《九经发题》……《诸史精义》……《陆宣公奏议解》…《经史难答》……《乾道秘府群书新录》……《天文详辩》……《地理详辩》……《愚书》……《说斋文集》……而其尤著者曰《帝王经世图谱》十卷。周益公曰："此备六经之指趣，为百世之轨范者也。"[③]

故说斋之学，系以"经"为"经世"，而所著《帝王经世图谱》，尤本之于六经。经制、经世、帝王，此义串联，则其著书之旨与费密暗合，百年上下之遥相契合如此。清同治时，胡凤丹序说斋此书即云：

> 唐先生……留心经世之务，窃取古帝王大经大法，著在六经者，图而谱之，并为是书，以为后世帝王圭臬。[④]

其书旨趣与费密之《弘道书》何其类似！案明清之际学者因留心经世之学，故往往注意南宋浙学，如黄梨洲、颜元等，费密亦屡道及朱子与陈亮之一段学术公案，则意其或者亦知说斋之学与其书，曾受影响或未可知，然无史

---

① 唐仲友之生卒年，系据周学武的考订。见周学武：《唐说斋研究》，台大文史丛刊，台北：台湾大学印行，1973年版，第5页。

②〔清〕黄宗羲原著，〔清〕全祖望补修，陈金生、梁运华点校：《宋元学案》卷六〇《说斋学案》，北京：中华书局，1986年版，第1954页。

③〔清〕黄宗羲原著，〔清〕全祖望补修，陈金生、梁运华点校：《宋元学案》卷六〇《说斋学案》，第1954页。

④〔宋〕唐仲友：《帝王经世图谱》，金华丛书本，《百部丛书集成》，台北：艺文印书馆影印，卷前。

料佐证，姑为测语。

再者，费密之“后王之统”，实亦有其缺陷，而未能为其所触及。费密以正史之本纪统系来作为现实中治平、外王之所系，但他却未能意识到“正统论”的问题。在三国时代，魏、蜀、吴三分，尚各有所系，各持其治。但于金、于元则当如何？夷、夏之大防的问题，是顾炎武、王夫之、吕留良一辈所再三留意的，费密似未能深思及此。尤其他自己便身处一个清朝入统的时代，以“位”而言，清人已是后王之统了；但费密并未正式出仕清廷，算是明遗民身份，则他未能处理到汉族与少数民族在后王之统的问题，实是他“王统论”的一个缺陷。可见他的儒学范畴仅系在理学——内圣学、道统论，及“经”所代表的圣王之统与二十一史后王之统的意识中构建；虽然他的后王之统已然能结合现实，但对他自己所面对的明清陵替，反而未能触及。反思不及此，立道不及“世”，他之所以不如顾、黄、王等，恐怕也正是在此处。对于夷夏之防的问题，如果能够触及，则他的“后王统论”，可能便要再经历一番思索了。

四、弼辅论

费密既将三代以下廿一史本纪所系之帝王衔接二帝三王，而为“王统”，那么他应当如何从后王之统来成其外王？首先，他认为一代有一代之兴，纯系乎天命，故胜者为王，有天命焉，此天命观与王统论之关系，前已述之。虽曰天命，亦有人事，此即良臣股肱。费密云：

> 帝王所以创基保土非一人之得已也，皆有良臣为之股肱焉、心膂焉、爪牙焉，乃能永定弘业，传世葆位。夫君犹五岳四渎名山大川也；佐辅之臣则山之巨木茂草，鸟兽所栖息，川之涛波潆洄，鱼龙所鼓鬣也。苟山童而川涸，恶足以滂润雨泽，流衍田畴，蓄百谷以育士女乎！[①]

即便是尧、舜，荡荡乎民无能名；三代之德化隆盛，亦皆须良臣辅佐，方成其治：

> 惟大则天，莫过于尧，尧则四岳群牧为之辅。大知恭己，莫过于舜，

①〔明〕费密：《弼辅录论》，《弘道书》卷上，第8页上。

舜则佐以二十二人。伊尹、仲虺、甘盘、傅说、周、召、毕、散，三代之隆，咸是道也。传曰：股肱良哉，庶事康哉，济济多士，文王以宁。未有帷幄无谋臣，将帅乏忠鲠，郡邑少循良，不得群策群力而堪弘图永世，使天下蒙其休，万姓乐其生者也。[①]

汉、唐盛世，即因人才辈出，弼辅相望：

炎汉之兴，则萧何、张良、曹参、韩信、陈平、娄敬、滕公、叔孙通、郦食其、随陆、绛灌；及孝文入缵，宋昌、周勃、冯唐、张释之；孝武雄才巨略，儒雅则公孙弘、董仲舒、儿宽，笃行则石建、石庆，质直则汲黯、卜式，推贤则韩安国、郑当时，定令则赵禹、张汤，文学则司马迁、相如，滑稽则东方朔、枚皋，应对则严助、朱买臣，历数则唐都、洛下闳，协律则李延年，运筹则桑弘羊，奉使则张骞、苏武，将率则卫青、霍去病，受遗则霍光、金日磾；孝宣承统而萧望之、梁丘贺、夏侯胜、韦玄成、严彭祖、尹，更始以儒术进，刘向、王褒以文章显，将相则张安世、赵充国、魏相、丙吉、于定国、杜延年，治民则黄霸、王成、龚遂、郑弘、召信臣、韩延寿、尹翁归、赵广汉、严延年、张敞之属。世祖光复旧物，得邓禹、冯异、耿弇、来歙、祭遵、宗均二十余人；昭烈以一旅袷禘，有诸葛亮、庞统、法正、费祎、关羽、张飞、赵云、黄忠。

……

唐太宗之魏征、房玄龄、杜如晦、虞世南、李靖、李勣、王珪、薛收、高季辅、刘文静、张玄素、尉迟恭、长孙无忌、马周，玄宗之姚崇、宋璟、张九龄，其后三失京师，赖郭子仪、李光弼、张巡、李晟、浑瑊、马燧而后定。[②]

历代之得以开国立业，莫不因此。是故：

开业之君，发于草泽，名卑势微，艰危百状，久而后集。非文臣为

①〔明〕费密：《弼辅录论》，《弘道书》卷上，第8页上。

②〔明〕费密：《弼辅录论》，《弘道书》卷上，第8页上—9页上。

之谋，无以怀将帅而料敌国；非武臣为之战，无以平纷扰而定四方。[①]

守成之主则：

承祖宗丕绪，统一寰区，抚育六合，日有万几，励精勤惕。布恩膏，雍间阎，必文臣理于内；固边陲，奋威纪，必武臣振于外；国家倚之，群黎庇之。文武臣工，天子之左右手也。[②]

每一朝代中，必有虫蝗水旱，叛逆边患，亦莫不赖弼辅股肱之臣平之定之，以续其统业，如将之尽绝于道统之外，则"后儒所谓道，不知何道也"。[③]费密于是为"弼辅"作《文武臣表》，系于王统之下，以明弼辅于王道之功能与地位。《弼辅录论》中《文武臣表》云：

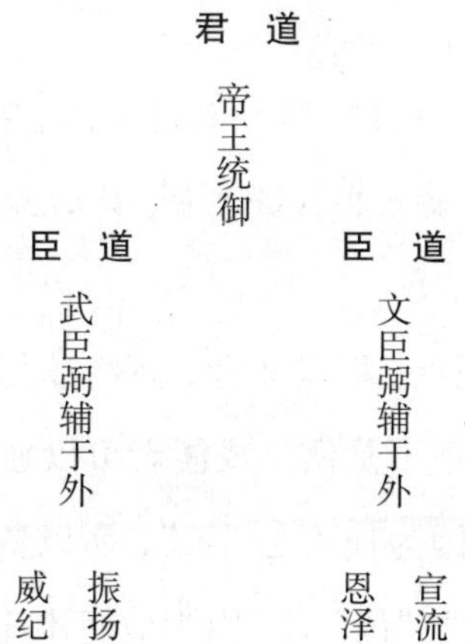

并曰：

天下之治，群黎乐业，万物遂其生，皆法制礼义所继，特君相之功也。故帝王乘天运而理物，子子孙孙，励精勤政，保育万方，此君之道也，非良臣弼辅不可。

费密以为文臣之道为：

三公论道，六卿分职，百僚庶绩，郡邑循良，博士传经、史记言行，此文臣之道也。

①［明］费密：《弼辅录论》，《弘道书》卷上，第9页下。

②［明］费密：《弼辅录论》，《弘道书》卷上，第9页下。

③［明］费密：《弼辅录论》，《弘道书》卷上，第10页上。

武臣之道则为：

翊卫京师，镇驭边陲，修缮关堡，肃勒军伍，讨擒叛逆，襄助漕运，此武臣之道也。

最后费密下结论曰：

君统于上，文武臣僚，奉令守职，自上古至今无有逾此而可致治者。[①]

此即费密之“弼辅论”。观乎费密所举列代之弼辅肱股之臣，虽皆是史书所载，却并非儒者世界中所常出现的人物，密系王道之施行于王统，统“弼辅”与“师儒”，已可见这个世界中的一切，并不尽是儒者所能完成。尤其费密亲身经历明末之乱，深知民苦，及生民对于一点点起码的生存要求之难得。故慨乎言曰：

密少逢乱离，屡受饥馑，深知朝廷者，海宇之主也；公卿者，生民之依也。稍有参差，则弱之肉，强之食，此时心在腔子，即物穷理，致良知，有何补于救世！[②]

王道既是要使天下至治，群黎乐业，万物遂其生，或保境安民，或御侮定寇，在费密而言，这似乎不是儒学或儒者可以独力办到的。“师”“儒”之所以为“师”“儒”，正是因为他不是“王”，所以费密才把天下系之于前王、后王，正视历代居于帝王之“位”者，因为他们才真正是立于与天下家国、黎民百姓休戚相关的最核心之所。但是，儒学也不是完全与前述王道无关，只是宋儒以来将儒讲偏至“以静坐谈性辨理为道，一切旧有之实皆下之，而圣门大旨尽失矣”[③]。是故费密重新“弘道”，讲外王、讲治平、讲事功；更由于他体会到百姓即便能得一“生”亦属不易，要讲“生生”，恐怕还是先得从“生”之安顿作起。所以密本此立场与心怀，而意味深长地道出：

故生命人之所甚惜也，妻子人所深爱也，产业人所至要也，功名人所极慕也，饥寒困辱人所难忍也，忧患陷厄人所思避也，义理人所共尊

---

①〔明〕费密：《弼辅录论》，《弘道书》卷上，第 15 页下。

②〔明〕费密：《弼辅录论》，《弘道书》卷上，第 15 页下。

③〔明〕费密：《弼辅录论》，《弘道书》卷上，第 15 页下。

也；然恶得专取义理，一切尽舍。[①]

因此，他引何瑭（1474—1543）之言云“学以政为大，余小节也”[②]，更发挥“才德论”：

才必出于德而后为良才，德必出于才而后为盛德。其次则德与才平而分多少焉，才而不德恐为乱阶，德而不才惧其失策。服官政，则才成其功；处乡党，则德著其善。

然朝廷所拔必先才，赏罚所加，必先功，舍是何以综理庶务，表正百僚哉！故历代人才不一，或识高而学浅，或学赡而识卑，或文多而浮，或武壮而暴，或刚德而败事，或激昂以邀名，或谋深而谤腾，或名重而毁至，或始而亡命江湖也，后能立勋钟鼎，或其初托足匪类也，继乃望重朝端，或辱身以就奸贼而曲忍全君，或畏势觉其难移而退避免祸，或公忠体国事欲核实而诸臣怨之，或招呼同类朋党害政而天下称之，或为众所攻而未尽非，或为众所宗而非无过，或规模弘远而人议其侈，或守身清介而人讥其固，或刚正之质以温厚为怯懦，或柔婉之哲以劲直为乖张。天下原非可一定不移为衡宜，百务精当，国史所书，代不数见，此伊尹不求备于一人，孔子论朱干玉戚豚肩不掩，皆贤大夫也。乌有一生事事无疵，言言中节乎，故过虽圣人不能尽无也。[③]

费密认为才德兼备是最上，然专以德而黜才，则恐不免“坐而论道，遇事张口”而使生民流离了。因此费密由才、德论进而肯定那些出现在历史舞台上安邦定国、平乱御寇、保境安民，却少出现在儒家世界中的人物，并在《天子统道表》中让他们与“师儒”并列于王统之下，[④]可见费密凸显事功的用心。费密的事功，应当不是英雄主义之事功，而系以天下生民为主，保境安民，平乱御寇的事功。于是费密的《弘道书》中，事功便成为“弘道”中极为重要的

①〔明〕费密：《弼辅录论》，《弘道书》卷上，第13页上。

②〔明〕费密：《弼辅录论》，《弘道书》卷上，第10页下。

③〔明〕费密：《弼辅录论》，《弘道书》卷上，第11页下—12页上。

④〔明〕费密：《天子统道表》，《统典论》，《弘道书》卷上，第6页上。

一环，“弼辅”亦遂进于“外王”之统系内。凡历史上开国、守成、中兴等名臣，虽不与师儒之列，却进于弼辅，这已可见费密要翻儒学史的案了。在费密的思想中，他处处反对宋儒观念中的“道”，极力批评宋儒将事功及弼辅摒于“儒”外之谬误。则儒学对费密而言，到底是扩大还是缩小呢？如是后者，则师儒仅是传述之业者——儒学被置于安邦定国、保境安民之外，这如何能与儒学的本怀“天地万物一体”“民吾同胞，物吾与也”“以天下为己任”相通！儒学真仅是在理学家的“道德世界”或费密师儒论中的“传述之业”范围中存在而已么！费密《圣门传道述》云：

> 古经圣门之教，叙三王之治，垂大法于万世，非有二也。后世国家立政，虽所因革，与古大殊，命官分土、郊祀、兵赋，皆传自三代法度之言，儒者守之，师弟讨论，可以从政。①

孔门弟子，学其师之所传，子夏则居西河为师，子游则治武城，可见儒者与弼辅仍是相通的。是后代儒者讲儒学偏于“内圣”一方，遂将外王经世之“事业”置于儒学之外。费密将弼辅进于王统之下，笔者认为正是费密要将儒学扩大，并纳弼辅于儒者之列之意。原孔夫子之学，本就是进可安邦治国，退可为师传道者。是故，费密思想体系下的“儒”，似有重新定义为弼辅之儒与师儒之意。正如颜元之强调文武合一，黄宗羲之强调“经天纬地”，皆是同一层面的思考及反省。从费密的王统论、弼辅论及反宋儒意识出发，很必然的，他一定要为汉唐翻案：

> 盖见宋儒黜削汉唐太过，自帝王与公卿儒贤莫不拨脂洗髓，遭其毁刺。故出此论以救之，乃匡谬正俗之急务也。②

而更及于朱子与陈亮的辩论。前述二帝三王皆以事业为道德，非以事业为霸术之引文，即是费密明白反斥朱子而赞同陈亮的议论。而这亦正是费密贴近历史真实世界，及远离理学家“道德世界”的表现。朱、陈之辩——“永康公案”在南宋学界是一件大事；在明末清初儒学蜕变之际，此一公案之重

---

①〔明〕费密：《圣门传道述》，《弘道书》卷中，第30页下。

②〔明〕费密：《弼辅录论》，《弘道书》卷上，第13页下—14页上。

现，自有不寻常之意义。朱子重经、重常、重德、重王道，黜三代以下；同甫重历史、重事功、重"势"、崇汉唐。这两端之对比，可以说正显示出儒学之两种脉络与路径，这两种学派自孟、荀以来便已存在；"永康公案"之学术意义之所以不止于朱、陈之辩者，也即在此。而费密对此一重公案侧重于陈同甫一边，并提出"弼辅论"，更显示出事功在费密心中的重要性。

五、师儒论

(一) "经"与"教"

何谓"经"？"经"与孔子之出现有绝对关系。夫二帝三王以降，王道既备，人文化成，于是乎臻治。然而周末王道复晦，礼乐崩坏，处士横议，于是有孔子出焉。然而孔子无"位"，不得拨乱世而反之正，只有以"传述"方式，将二帝三王之道及典章政制，载于简策。于是乎道之所传，圣王之大经大法所系，厥惟是赖，这就是"经"。"经"之重要在此，孔子之崇亦在此。《弘道书》卷上《道脉谱论》云：

> 二帝三王前规盛制，先圣孔子撰录简策，定之为经。
>
> 经传则道传。①
>
> 圣人之道，惟经存之，舍经无所谓圣人之道。②

《古经旨论》云：

> 古经之旨何也？……《尚书》者，二帝三王之鸿绩，而善政遗后之典册也。《礼》者，四代损益定制，天子诸侯以至卿大夫士庶人，取正之遗则也；《诗》者，祭祀、燕享、敦教、化俗、润色、升平之乐章也；《春秋》者，天王巡狩之典阙，方伯连帅会盟征伐以尊王室之旧事也；《易》者，先王则以开物成务，而命官掌之，乃吉凶以前民用之繇辞也。此皆实政实教，安朝廷而平诸夏者也。是六经先王以格上下，通神明，肃典章，施教育，和风俗，而安民生之宝训。③

①［明］费密：《道脉谱论》，《弘道书》卷上，第17页上。

②［明］费密：《道脉谱论》，《弘道书》卷上，第23页下。

③［明］费密：《古经旨论》，《弘道书》卷上，第32页。

于是，古经之旨及孔子所以传“经”之意，皆可以明矣。孔子虽以“经”传述先圣先王之制，然而无位，于是绛帐授徒，以倡明此道，“王统”斯至孔子而一转，为“明教”。其分别则在有位、无位；有位者行道，无位者传道，此乃孔子以上与孔子以下之分别。凡行道者系于“王统”，传道者，则系于师儒。师儒所据，悉本孔子所传述二帝三王遗制之“六经”，故布教自孔子而始。《古经旨论》云：“先圣孔子序述为教，使三代政治不散。”[①]《吾道述》引孔安国之言云：

孔安国曰：先君孔子生于周末，遂乃定礼乐，明旧章，断自唐虞以下讫于周，芟彝烦乱，剪裁浮辞，举其宏纲，撮其机要，足以垂世立教，所以恢弘至道，示人生以轨范也，帝王之制，坦然明白可举而行。[②]

又云：

夫道散事物，无可专指，人皆得言。无专指，则彼可是，此可非；人皆得言，则彼言一道，此言一道，言杂道乱，上不可以为治，下不可以为学。古经者，道之定，治所取，教所本也。治以行之，教以传之，舍实事而传空文，必入于虚浮幽寂矣。[③]

此即“王道”“经”“孔子”三者间之关系。其中当注意者，乃“舍实事而传空文”之语。费密又以有无“位”分别“圣”与“师”：

尝问先圣、先师不同之义？先子答曰：“国之大事，古之大礼，天地日月，岳渎社稷，宗庙瞽宗，皆上古神圣，立为典祀，三代遵守，汉唐不敢变也。学制祀周公为先圣，孔子为先师，周公南向，孔子东向，魏晋以来犹传典礼。”[④]

是汉晋皆以“圣”为王，其时尚周、孔并称，周公为“圣”，孔子为“师”。逮唐太宗贞观六年(632)以孔子为“先圣”，颜回为“先师”，“圣”字遂专指师儒

①〔明〕费密：《古经旨论》，《弘道书》卷上，第32页下。

②〔明〕费密：《吾道述》，《弘道书》卷中，第36页。

③〔明〕费密：《吾道述》，《弘道书》卷中，第36页下—37页上。

④〔明〕费密：《先师位次旧制议》，《弘道书》卷中，第4页上。

而称孔子，不复有“王”义。韩愈“原道”宗孟子以接仲尼，宋儒更立“道统”，孔孟始并称，此古今祀孔意义之一大转变，而其关键则在贞观六年之变化。

费密既以“道”为王道，故其复“圣”之旧义，而还孔子于“师儒”之位，其云：

> 先圣云者，立教者也；先师云者，布教者也。①

“立教”即行王道，“布教”则传述王道。是故：

> 圣与师不可以合称也，自至圣先师之号出，而先圣先师之名紊矣。嗟乎！至是圣门旧旨尽失，三代古礼尽废。②

此义并“舍实事而传空文，必入于虚浮”，两皆先于清中叶会稽章学诚而发。章学诚《文史通义》中有《原道》三篇，即详言“周公集大成在制作，孔子集大成在立教”③。《原道》上篇云：

> 周公集羲、轩、尧、舜以来之大成，周公固学于历圣而集之，无历圣之道法，则固无以成其周公也。
>
> ……
>
> 孔子学而尽周公之道，斯一言也，足以蔽孔子之全体矣。“祖述尧、舜”，周公之志也。“宪章文、武”，周公之业也。
>
> ……
>
> 故隋唐以前，学校并祀周、孔，以周公为先圣，孔子为先师，盖言制作之为圣，而立教之为师。
>
> ……
>
> 因三子之言，而盛推孔子，过于尧、舜，因之崇性命而薄事功，于是千圣之经纶，不足当儒生之坐论矣。④

又云：

> 夫子明教于万世，夫子未尝自为说也。表章六籍，存周公之旧典，

---

①〔明〕费密：《先师位次旧制议》，《弘道书》卷中，第6页上。

②〔明〕费密：《先师位次旧制议》，《弘道书》卷中，第6页下。

③〔清〕章学诚著，叶瑛校注：《文史通义》，北京：中华书局，1985年版，第130页注文。

④〔清〕章学诚著，叶瑛校注：《文史通义》，第121—123页。

故曰："述而不作，信而好古。"又曰："盖有不知而作之者，我无是也。"……所谓明先王之道以导之也。非夫子推尊先王，意存谦牧而不自作也，夫子本无可作也。有德无位，即无制作之权。空言不可以教人，所谓无征不信也。

……故夫子述而不作，而表章六艺，以存周公旧典也。[①]

其分别周公与孔子，详厘"制作"与"传述"义旨，言较费密为详，而费密实在其先。实斋之言，恐有受费密之影响而更推衍之嫌，盖实斋尝得读密子费锡璜《贯道堂文集》也。[②]

要之，"政""教"之分，"王""儒"之别，章学诚所谓"制作"与"传述"（立教），费密所谓有"位"无"位"，已显出孔子之特殊地位，在于"明教"，在于"经典"之传述，于是乎孔子之地位，明为"素王"，究其实则已为"无位"师儒之首。

（二）传经谱

二帝三王之道，为历史文化之本根，其道不可一日无存，于是自孔子以下，历代王统之外，皆有师儒以传此道，传"经"即传"道"，传经传道即为师儒。故司马迁作《儒林传》，历代正史本之勿失，故费密云史公功不在孟、荀之下：

司马迁、班固儒林之有功圣门，宁不与孟轲、荀卿并哉！[③]

传经即传道，自孔子而下，七十子之传，乃至汉、唐诸儒，无论章句、训诂、笺注，皆存此义。费密云：

道之定，遗经立其本，七十子传其绪，汉唐诸儒衍其脉。[④]

二帝三王之所行治，孔子以下师儒之所传述，皆是此"外王"之"道"而无二也。故其又曰：

古经圣门之教，叙三王之治，垂大法于万世，非有二也。后世国家

---

①［清］章学诚著，叶瑛校注：《文史通义》，第131—133页。

②《章氏遗书》卷八中有章学诚《书贯道堂文集后》一文，可见实斋至少读过密子费锡璜文集，有可能实斋是从费锡璜文集中得知费密之遗说。

③［明］费密：《道脉谱论》，《弘道书》卷上，第31页上。

④［明］费密：《道脉谱论》，《弘道书》卷上，第27页。

立政，虽所因革，与古大殊，命官分土、郊祀、兵赋，皆传自三代法度之言，儒者守之，师弟讨论，可以从政。圣门之旨，无一定之类，而有一定之教。[①]

师儒之定“位”在此，其“业”亦在此；至其所传之“道”，行与不行，则在于“王”。行亦如是，不行亦如是，守经传道，矢而勿失，此方谓之“师儒”。故孔子为万世之师表。孔子明道布教传经，后儒亦明道布教传经。《圣门传道述》云：

布教在上，吾先圣孔子……而成人材消暴乱之首事也。[②]

《祖述宪章表》云：

有位在上，立而行之为王道……无位在下，述而明之为吾道。[③]

既厘清“王统”与“传道”之分别，则宋儒提倡之“道统论”，其谬有二：一为混淆“王统”与“师儒”于一系；二为以宋儒所传之“道”，别是法门杂染释道，沦空入玄，而非先王治世之道。故费密另为师儒一系作“道脉谱”，以取代“道统论”而正宋儒之谬。道脉谱以经为主，费密自述“道脉”云：

二帝三王，前规盛制，先圣孔子，撰录简策，定之为经。所以宣演徽猷，翼赞崇化，传七十子，七十子又传之，如父于子，子于孙，使学者谨守，不敢乱紊，悠久至今，成为道脉。[④]

故道脉断自孔子始。孔子之后，为七十二门徒，盖其视承孔子之教也，故即次以七十子。又云：

秦人焚书，经文尽失，儒者壁藏之，冢藏之，子若孙，口授之，二三门人讨论纂述之，保秘深厚，幸获不坠。经已绝复存者，先秦诸儒之力也。汉兴，下诏追寻大师耆德，收理旧业，迪训后起，正定讹残，互述传义，共立学宫，七十子遗学未泯，经久亡而复彰者，汉儒之力也。[⑤]

①〔明〕费密：《圣门传道述》，《弘道书》卷中，第30页下。

②〔明〕费密：《圣门传道述》，《弘道书》卷中，第30页上。

③〔明〕费密：《祖述宪章表》，《弘道书》卷上，第37页上。

④〔明〕费密：《道脉谱论》，《弘道书》卷上，第17页上。

⑤〔明〕费密：《道脉谱论》，《弘道书》卷上，第17页上。

故次以汉儒。复云：

> 自汉而后，中罹兵事，书传佚落，六朝以来诸儒于经，注解音释，或得其遗以补亡脱，至唐始会为十二经（《孟子》古不列经，宋宣和后始入），上自朝廷，下逮草野，皆有其书，经如丝复盛者，魏晋隋唐诸儒力也。①

故再次以魏晋隋唐诸儒。并驳斥后儒贬抑汉唐诸儒传经之功：

> 何一二儒生窜乱经文，悍然自是，皆黜削不以为传也，不亦太过乎！辨曰：汉唐传遗经，信矣；未得性命微旨，不闻道也，汉唐止可言传经，宋始传道。……汉儒谓之讲经，后世谓之讲道，……世之论纷纷然异说者，皆起于讲道。②

故费密之"道脉谱"，其实即"传经谱"也。既以"经"为师儒道脉，则宋儒以下之所谓"传道"者，《宋史》中之所谓《道学传》者，皆非"道脉谱"中之师儒。

费密之所以在《道脉谱论》中征引表彰张朝瑞的《孔门传道录》、朱睦㮮的《授经图》、邓元锡的《学校志》、王圻的《道统考》等典籍，无非是因为他们彰显了孔门以降，宋以前诸儒的传经之功。③ 费密以明末清初的时代背景来看宋明理学，视他们过于倾向神秘主义，讲究虚玄、自得，甚至"道"胜于"经"，以致终于"经"坏而王道亦湮。凡此，皆为国家沦亡、不得保境安民之故，所以他要立于"王统论"、崇"经"、著"师儒"之业在于"传经"，并为汉唐经师被宋明儒讥为墨守章句、训诂、笺注翻案。但他心目中的宋明儒其实只是一个笼统的"后儒"，这在明末清初反理学潮流中，乃是一普遍现象：往往以一、二人为箭靶，而其余便统称为"宋明儒""后儒""宋儒"等。费密亦是如此。费密在《统典论》及《弼辅录论》中主要以朱子为反对核心；但在《道脉谱论》中，却转以王安石为反对核心，其故当在于安石之新学曾由朝廷推行，施于科举、学校。但费密又认为二程亦是安石新学的羽翼者，则是未

①〔明〕费密：《道脉谱论》，《弘道书》卷上，第 17 页。

②〔明〕费密：《道脉谱论》，《弘道书》卷上，第 23 页下。

③〔明〕费密：《道脉谱论》，《弘道书》卷上，第 21 页下。

能详究史实了。安石与二程不仅在当时论政有异，论学亦实不合，后来竟衍为新学与伊洛学派之争，直至南宋。[①] 所以明末清初的反理学，往往因反对者各人学思背景的差异，而只集中在少数几个与自己建立新说有关系的命题之上，环绕于主要命题者，大多皆非“历史真实”（Historical truth），而系反理学心态投射的“心理真实”（Psychological truth）。[②]

费密曾说他在当时所能见到的汉唐注疏之经书版本，竟然只有《闽本十三经》而已，[③] 无怪乎他要慨叹而将经称之为“古经”了。

自《宋史》依据程朱之道统论，分“儒林”“道学”于两途，于是乎汉、唐传经之经师遂为理学家所轻视，视他们为琐碎饤饾、墨守章句之学，而别以周张二程为“道统”之下半，遥继孟子。费密则自明清之际国不张、民不宁出发，反思到“道”应在外王，意识到此“道”之所以亡失，皆因“道统”之儒把“道”讲错讲偏之故；反之能谨守“古经之旨”的汉唐经师，才是真正的传道之儒。所以，费密复位的“道脉谱”——也就是“传经谱”，根本上就是一篇反对“道统”之下半部的作品。传经谱上接孔子，崇扬汉、唐，表彰史、汉立《儒林传》之功；斥黜宋、明儒及《宋史·道学传》，则实已开乾嘉学派崇“古学”、以“经典”为中心的尊汉反宋之先声了。

六、结论

费密早年在四川的生命经历，使其对“道”的质疑与思考存在心中，当他亲身历劫并看到生民流离之苦时，他体会到：成德固然重要，但最起码应是赋予人民一个“生”的条件与环境。保障百姓生民自由与生命，才是费密心目中的儒者所应当要面对者。

因此，费密将“道”自“教化世界”拉回“现实”，也即王者统治的世界

① 参见：蒋义斌《宋代儒释调和论及排佛论之演进——王安石之融通儒释及程朱学派之排佛反王》，第三章第二节，台北：台湾商务印书馆，1997 版。

② 此一分别，余英时曾用来分析章学诚作《浙东学术》篇的心理背景。见余英时《论戴震与章学诚》内篇，北京：生活·读书·新知三联书店，2012 年版，第 61 页。

③〔明〕费密：《道脉谱论》，《弘道书》卷上，第 20 页下。

中，无论现实世界的“时王”是优秀或昏庸腐败，但他与“现实世”之兴衰、人民之安宁与否，却是息息相关。由“道”的意义与指涉之转向，可知费密《弘道书》之书名大旨，正是在于重新定义“道”，他已将“道”的诠释，带到另一视域中。费密的道统论即是王统论，《弘道书》中的“道”即是阐述此义：“现实世界”才是他认为面对的“根本世界”，“道在世界之中” 的“道”对他而言是一个“外王课题”。

费密以明末清初的时代背景来看宋明理学，故而反宋明理学之“道统论”，反《宋史》之《道学传》，因此费密要重新论述“何谓道”。费密的《弘道书》，正是一部“以道为核心”的“当代新说”。其中，有些深层隐喻值得指出：1. 固然他以二十一史中的各代时王作为王统论中的后王之统，但是，也反过来隐喻着“时王的非永恒性”；对费密而言，这种隐喻指向的是生民百姓的常在性。检视帝王的标准，在其成就外王之道的终极目标与使命上。费密正是从生民从百姓的角度来检验其是否为合格的外王。2. 在王统论中，常变的是后王，不变的则仍是“先王制作之原”，以此而曰经、曰传经。在文臣、武臣之外，仍须有“师儒”。

费密在《弘道书》中所论述的道统论已经从宋明理学“内圣化”的格局转向，走上“外王视野”的“外王化”道论，费密以“现实世界”的“生民”作为立基之所，而建构了一套以“王统”“师儒”“弼辅”为中心的新道统论体系。费密反思到“道”在外王，所以要重新厘定《道脉谱》——《传经谱》，上接孔子，崇扬汉、唐，表彰《史》《汉》立“儒林”传经之功，斥黜宋明儒及《宋史·道学传》，从某一角度而言，则实已开启清初以来儒者尊尚经学、崇“古”返“经”尊“汉”之学的先声！

（本文为 2019 年 10 月“第二届阳明文化国际论坛”开幕式主题演讲。）

文庙释奠学研究

孔子称“师”考

李纪祥

一、前言——因《论语》中未称孔子为“师”而起提问

吾人自幼以来，进于小学、中学乃至于大学，皆闻孔子为我华夏史中第一位“有教无类”之私家教师，信矣，夫子为万世之“至圣先师”也！然则何以在《论语》中，孔子诸弟子皆未称孔子为“师”？若读者未有此印象，可重拾《论语》捧诵阅读，将与笔者有同样的发现！于是复检阅之，乃又致疑：何以《论语》中无称孔子为“师”之文？复返身自疑，曰：此必吾人学习过程中印象有误，岂有《论语》中孔子不为“师”之理！盖《论语》在常人印象中，实为华夏文化中第一部记录“师—弟”间对话之“孔门语录”，由孔子弟子、再传弟子录而传之；则孔子显然为《论语》中诸对话记录之核心角色。然《论语》中诸弟子确实无称孔子为“师”之文。以今所传世之诸本《论语》检之，无论唐写本郑氏注之《论语》残本、清刻宋本何晏注邢昺疏之《论语注

疏》、何晏集解皇侃义疏之《论语集解义疏》、明刻校永怀堂之何晏《论语集解》本、朱熹之《论语集注》等，皆同，《论语》文本中确实无诸弟子称孔子为“师”之记载。于是，疑问又起，何以《论语》中弟子不称“孔子”为“师”？《论语》中凡出现“孔子”之处，多称“子”，如：“子曰：‘学而时习之，不亦说乎！’”“子曰：朝闻道夕死可矣！”又如“子谓子贡曰：‘汝与回也孰愈？’”“子路曰：‘愿闻子之志’，子曰：‘老者安之，朋友信之，少者怀之。’”或称“夫子”，如：“夫子之文章，可得而闻也；夫子之言性与天道，不可得而闻也。”又称“孔子”、称“仲尼”，如：“孔子曰：益者三友，损者三友。”“孔子曰：益者三乐、损者三乐。”“子贡曰：‘无以为也，仲尼不可毁也。’”

若果《论语》中诸弟子不称孔子为“师”，则“称孔子为师”之历史时间必在《论语》之后，或系更在“孔子没后”而为一“孔后历史”的事件属性。则在《论语》中，孔子与四方来从其学者之间的互称关系究竟如何？“孔后历史”中的诸弟子于“孔子没后”，对“孔子为师”此一历史事件有何重要之影响？要之，缘于“《论语》中弟子未称孔子为师”而起提问，因提问而有本文。

然孔子所为，又确实可以今日词语视为“师”之分内事，亦即属“师—弟”间“学”之“授受”事；则《论语》中何以“诸弟子不称孔子为师”？或是“孔子未称己为师”之提问，固是一议题矣！笔者寻思其故，自其时代背景作初步之推断，以为：不称“师”乃相对于当时官方“授学体制”而言。曰“相对”，则因孔子在当时所为“授徒”事，实为“非学官非学职”而“授学”之举，此为“私家兴学”之义，所仿者仍在官方，即后世所谓“王官崩解”之“王官”，其中主“授学”事者其官职为“师”。孔子所以“私人授学”，当缘于周世衰微之蔽已显，其有救世之志，并以其学授徒。此在当时鲁地诚是“惊世”之举，盖以此前未有人以仿“师”、仿“授徒传学”为志业己任，且以为可以救世也，此孔子故曰“知我者”、曰“丘窃取之矣”，岂仅止于“修《春秋》”一事！《论语·微子》篇记孔子、门人与当时隐者长沮、桀溺相遇之事：

长沮、桀溺耦而耕，孔子过之，使子路问津焉。长沮曰：“夫执舆者为谁？”子路曰：“为孔丘。”曰：“是鲁孔丘与？”曰：“是也。”曰：“是知津矣。”

问于桀溺。桀溺曰：“子为谁？”曰：“为仲由。”曰：“是鲁孔丘之徒与？”对曰：“然。”曰：“滔滔者天下皆是也，而谁以易之？且而与其从辟人之士也，岂若从辟世之士哉！”耰而不辍。子路行以告。夫子怃然曰：“鸟兽不可与同群。吾非斯人之徒与而谁与？天下有道，丘不与易也！”①

由子路与长沮、桀溺两人之对话，可知“鲁孔丘之徒”在当时实已成为一受人闻知之对象，此盖源于孔子之所为，在当时虽非“骇俗”，却的确“惊世”，故知者亦不尠。《论语·宪问》篇中更有一条载鲁城司门者“晨门”之言，曰：

子路宿于石门。晨门曰：“奚自？”子路曰：“自孔氏。”曰：“是知其不可而为之者与？”②

可见此一“主晨夜开闭城门”的“晨门”守者③，亦知子路所答之“孔氏”，即是那位“知其不可而为之”的“孔氏”！

在上引诸对话中，“是鲁孔丘之徒与？”一句充分显示了孔子所为与其弟子们所引致的认知效应。其一，“鲁孔丘之徒”乃是对“孔丘”之人的特殊行为及其授学有追随之徒的认知命称；其二，“孔丘”的特殊之举，在于其有志于救此无道之世，故曰“是知其不可而为之者”“天下有道，丘不与易也”。此世既无道，故曰“天下滔滔”，可见不惟孔子，如长沮、桀溺、晨门者亦同然有此一认知，此是彼等同处。唯其如此方有对话可言。所异者，在两造面

①〔宋〕朱熹：《论语集注》卷九，《四书章句集注》，北京：中华书局，1983年版，第184页。

②〔宋〕朱熹：《论语集注》卷七，《四书章句集注》，第158页。

③ 刘宝楠引郑玄注云：“郑注云：石门，鲁城外门也。晨门，主晨夜开闭者。”（〔清〕刘宝楠撰，高流水点校：《论语正义》，北京：中华书局，1990年版，第597页）又引《太平寰宇记》：“古鲁城凡有七门，次南第二门名石门。”刘氏以“晨门”为“职司晨夜之启闭”（〔清〕刘宝楠撰，高流水点校：《论语正义》，第598页），义同郑注。

对此种滔滔之世所持的态度。所谓的“知其不可”与“天下滔滔”之世，用司马迁在《史记》中的语言，则是“周室既衰，诸侯恣行。孔子悼礼废乐崩，追修经术，以达王道。匡乱世，反之于正”。孔子显然以“有为”的“吾非斯人之徒与”的态度面对之，在鲁地仿官“师”司“教”，以“兴学授徒”之姿态出现于世；且夫求道之心更切，曰“士志于道，而耻恶衣恶食者，未足与议也”①，“十室之邑，必有忠信如丘者，不如丘之好学也”②。与弟子聚，则言学言志，曰“盍各言尔志”③；欲效古圣求仁则自视之位阶甚高，曰“若圣与仁，则吾岂敢！抑为之不厌，诲人不倦，则可谓云尔已矣”④。因其仿“师”之举独特，是故为人所特称之，曰“鲁孔丘之徒与”；亦因来学者不少，故能名闻于世，以“鲁孔丘之徒”称之；复因“鲁孔丘之徒”的事件颇为持久，是故不惟鲁地，于鲁外之地亦有知之者，笔者故曰“惊动于世”。凡此，皆可于“鲁孔丘之徒与”的问句中察见。

孔子所为，既是“私家”所从事，聚徒而“学”，授受相与，故孔门皆未以“师”名孔子。盖“师”者，于周时系职官名也，此则于《论语》本文中斑斑可考见者。

有关孔子何以称“子”？何晏《论语集解》卷一《学而》篇“子曰：学而时习之，不亦说乎。”下引汉儒马融之言曰：

> 马曰：“子者，男子之通称，谓孔子也。”⑤

近人蒋伯潜遂谓：

> 按：春秋时称卿大夫皆曰“子”，曰”夫子”，故马氏以为男子之通称。孔子曾为鲁大夫，故其弟子亦称曰“子”，曰“夫子”。私人聚弟子讲学，以孔子为最早；故此后相沿，遂称师曰夫子。⑥

---

①〔宋〕朱熹：《论语集注》卷二，《四书章句集注》，第71页。

②〔宋〕朱熹：《论语集注》卷三，《四书章句集注》，第83页。

③〔宋〕朱熹：《论语集注》卷三，《四书章句集注》，第82页。

④〔宋〕朱熹：《论语集注》卷四，《四书章句集注》，第101页。

⑤〔魏〕何晏：《论语集解》卷一，校永怀堂本，台北：新兴书局，1992年版，第7页。

⑥ 蒋伯潜：《论语新解》卷一，台北：启明书局翻刻本，（标注“沈知方主稿”无出版年），第1页。此书又称《语译广解论语读本》。

祥按：蒋氏所言有二端大者：其一，“子”为孔子之时代男子之通称；或又以为“子”为当时“卿大夫”之称。其二，孔子为中国历史上“私人聚徒之始”，故“此后相沿，遂称师为夫子”。此二端大体已反映了对于孔子称“师”的一般性说法。可予注意者，尤在第二大端，蒋氏谓“遂称师曰夫子”，恐与事实相违，亦非《论语》中书写之真意。又按：蒋氏之说实出于梁皇侃《论语集解义疏》所疏“古者称师为子”是也[①]；邢昺《论语注疏》所引《论语正义》之文亦袭之，邢疏引曰：

正义曰：“云子者，男子之通称”者，经、传凡敌者相谓，皆言吾子，或直言子，称师亦曰子；是子者，男子有德之通称也。[②]

“称‘师’”固可以曰“子”，然此“师”当系在特指之际，如与“师冕”言时，可称对方为“子”。然未闻《论语》中有称孔子为“师”之记载，盖孔子在鲁任官经历中实无任“师”之职者。敝意以为，孔子受称“子”“夫子”，较诸以“师”称“孔子”为早，故由孔子称“子 / 夫子”而至于称“师”，其间正有一历史过程可以勾勒补白，而前人尚未为之。亦知蒋氏所谓“遂称师曰夫子”，此种语法中所反映的思维，乃是一“由师至于夫子”的历史发展过程，与笔者所理解者正相反。清汪中《述学》有《释夫子》篇，其言曰：

古者孤卿大夫皆称子。子者，五等之爵也。[③]

又云：

春秋传：列国之卿，当小国之君，小国之君，则子、男也。子、男同等，不可以并称，故著子去男。……称子而不成词，则曰夫子，夫者人所指名也。……以夫配子，所谓取足以成词尔。凡为大夫，自適(嫡)以下，皆称之曰夫子。……故知为大夫者，例称夫子，不以亲别也。孔子

①[梁]皇侃：《论语集解义疏》卷一，台北：广文书局，1991年版，第2页。

②[魏]何晏注，[宋]邢昺疏：《论语注疏》卷一，阮元校刻《十三经注疏》(附校勘记)本，台北：艺文印书馆，1989年版，第5页。

③见[清]汪中：《释夫子》，《述学别录》，《述学》，四部备要本，台北：台湾中华书局，1981年版，第1—2页。

为鲁司寇，其门人称之曰子、曰夫子，后人沿袭，以为师长之通称，而莫有原其始者。[1]

汪中所言，是也。

又，由何晏《集解》，知马融已以“男子美称”解《论语》中之“子”。可见马融以“子”之爵本系贵族所专用，或“卿大夫”者之有官职，遂亦可以以“子”称言对方。而后，春秋之时周家封建体制渐松动，社会阶层上下流动，职官向下则散于四方，民间亦上仿之，于是民间转以本是行于贵族间之“子”互称，遂有“子为男子通称”之用法出现。马融此一解释，固然能得方面之实，对于“孔子始为私人聚徒讲学”之事，则完全未能在此一解释中触及！何以在“老师—学生”的授受之“学”的活动体中，“受学”的一方既可笔录“授学”的孔子为“子”、为“夫子”，又可“称其名”曰“仲尼”呢？“子”“夫子”“孔子”“仲尼”之称，在《论语》文本所营造出的“授受讲学”历史活动中，究竟与后世称“孔子”为“百世师”的定位之称名，有何关系？何以《论语》皆称孔子为“子／夫子”，何以后世终必以“师”之“概念／词”对孔子作出定位？这个“由‘子’至‘师’”的历史历程能否在有限史料中被初步地勾勒，是为笔者在本文中所欲尝试的撰文宗旨。

二、《礼记》所记主于“学”的“先师”

周代官方体制，述及“师”者，见之于《周礼·天官·太宰》，曰：

以九两系邦国之名。一曰牧，以地得民。二曰长，以贵得民。三曰师，以贤得民。四曰儒，以道得民。五曰宗，以族得民。六曰主，以利得民。七曰吏，以治得民。八曰友，以任得民。九曰薮，以富得民。[2]

郑玄注云：“师，诸侯师氏，有德行以教民者。”[3] 贾公彦《疏》释“师”云：

---

①见〔清〕汪中：《释夫子》，《述学别录》，《述学》，四部备要本，第1—2页。

②〔汉〕郑玄注，〔唐〕贾公彦疏：《周礼注疏》卷二，阮元校刻《十三经注疏》(附校勘记)本，台北：艺文印书馆，1989年版，第32页。

③〔汉〕郑玄注，〔唐〕贾公彦疏：《周礼注疏》卷二，第32页。

三曰师以贤得民者，谓诸侯已下，立教学之官，为师氏。以有三德三行，使学子归之，故云以贤得民。民则学子是也。[①]

言及“立学”者，见于《礼记・文王世子》篇、《王制》篇等文献之追述，此二篇中皆提及“先师”及“释奠”“释菜”之礼，有设为常制之“学”的“释奠先师”，有“始立学”之“释奠先圣、先师”，有“天子视学”之命有司行“释奠先圣先师”；然则“师”是周代时之“学官”也。《礼记・文王世子》篇云：

凡学，春官释奠于其先师；秋冬亦如之。[②]

凡始立学者，必释奠于先圣、先师。及行事，必以币。[③]

始立学者，既兴（衅）器用币，然后释菜。不舞不授器。[④]

天子视学，大昕鼓征所以警众也。众至，然后天子至，乃命有司行事，兴秩节，祭先师、先圣焉。[⑤]

此意当以常制之“学”，春与秋冬三时皆须祭“先师”成秩礼，“秩”者，“常也”；对于《文王世子》篇中的“春官、秋冬亦如之”句，郑玄以为是“四时”，故注云“不言夏，夏从春可知也”[⑥]。郑意盖以“四时”为“学”之期制，《礼记正义》中孔疏从之，释云：“于春夏之时，所教之官各释奠于其先师；秋冬之时，所教之官亦各释奠于其先师；故云秋冬亦如之。”[⑦]孔疏之意，盖从郑注，以为设为常制之“学”，一岁中应有四学期。《礼记・王制》篇曰：

乐正，崇四术，立四教。顺先王诗、书、礼、乐以造士。春秋教以礼乐，冬夏教以诗书。[⑧]

①［汉］郑玄注，［唐］贾公彦疏：《周礼注疏》卷二，第33页。

②［汉］郑玄注，［唐］孔颖达正义：《礼记注疏》卷二十，阮元校刻《十三经注疏》（附校勘记）本，台北：艺文印书馆，1989年版，第392页。

③［汉］郑玄注，［唐］孔颖达正义：《礼记注疏》卷二十，第395页。

④［汉］郑玄注，［唐］孔颖达正义：《礼记注疏》卷二十，第396页。

⑤［汉］郑玄注，［唐］孔颖达正义：《礼记注疏》卷二十，第403—404页。

⑥［汉］郑玄注，［唐］孔颖达正义：《礼记注疏》卷二十，第392页。

⑦［汉］郑玄注，［唐］孔颖达正义：《礼记注疏》卷二十，第392页。

⑧［汉］郑玄注，［唐］孔颖达正义：《礼记注疏》卷十三，第256页。

郑玄注云：

> 乐正，乐官之长，掌国子之教。[①]

所云之教学内容以"诗书礼乐"为主，故曰"崇四术立四教"，此种学制，以"四时"为主而有四个学期，《文王世子》又载云："春诵、夏弦，大师诏之瞽宗；秋学礼，执礼者诏之；冬读书，典书者诏之。礼在瞽宗，书在上庠。"[②]此亦是对于授学内容与掌学之官、典书与典礼器之官的追述，盖亦是从"四时"之"春夏秋冬"以言学制。

"学"须祭"先师"以释奠之礼。"始立学"时则必须并祭"先圣、先师"以释奠之礼；若为"天子视学"，则天子不亲祭，命有司祭之，亦是并祭"先圣、先师"。郑玄以为"不亲祭之者，观礼也"[③]。就《文王世子》的篇名释义，显然主在言"世子"之"学"及如何"教世子"，故又云：

> 凡三王教世子，必以礼乐。乐，所以修内也；礼，所以修外也。礼乐交错于中，发形于外，是故其成也怿，恭敬而温文。[④]

故知礼、乐为世子所"学"与"受教"之道的核心。是故《礼记·学记》篇云："君子如欲化民成俗，必由学乎！"[⑤]既"学"则须有"教"，教者为"师"，故《学记》又曰："君子既知教之所由兴，又知教之所由废，然后可以为人师也。"[⑥]

"始立学"所举行的祭礼，在"学制"显然是较为隆重的，"始立学"系指天子始立学校或命诸侯兴立学校，"始立学"所行的"释奠"礼，必须并祭先圣、先师；而兴立学校之后，则每个学期皆应举行"释奠"，但只祭先师而已。虽则吾人对于当时受祭于释奠、释菜礼的"先师"为谁，已多不能知晓，但由

---

①〔汉〕郑玄注，〔唐〕孔颖达正义：《礼记注疏》卷十三，第256页。

②〔汉〕郑玄注，〔唐〕孔颖达正义：《礼记注疏》卷二十，第393页。

③〔汉〕郑玄注，〔唐〕孔颖达正义：《礼记注疏》卷二十，第404页。

④〔汉〕郑玄注，〔唐〕孔颖达正义：《礼记注疏》卷二十，第397页。

⑤〔汉〕郑玄注，〔唐〕孔颖达正义：《礼记注疏》卷三十六，第653页。

⑥〔汉〕郑玄注，〔唐〕孔颖达正义：《礼记注疏》卷三十六，第653页。

释菜与释奠之礼的“主于学”，则可知“先师”必是与“学”有关者。“学”，不仅是一种“传—承”的行为，也指向此种行为的空间场域，而为其统称。故《礼记·王制》篇述云：“天子命之教，然后为学。”[①]“教”与“学”正相对言，故《礼记·学记》篇亦云：“玉不琢不成器，人不学不知道。是故古之王者，建国君民，教学为先。”[②]“教”与“学”皆须有场所，《王制》篇复追记云：“小学在公宫南之左，大学在郊。”“天子曰辟雍，诸侯曰頖宫。”[③]《学记》则曰：“古之教者，家有塾，党有庠，术有序，国有学。”[④]至于其礼，则“释奠”为重，“释菜”礼轻，故郑玄注云：“释菜礼轻也，释奠则舞，舞则授器。”[⑤]《孟子·梁惠王》篇上记曰：“谨庠序之教，申之以孝悌之义。”赵岐注云：“庠序者，教化之宫也。殷曰序，周曰庠，谨修教化，申重孝悌之义。”[⑥]《孟子·滕文公》篇上又记：

> 设为庠、序、学、校，以教之。庠者，养也。校者，教也；序者，射也。夏曰校，殷曰序，周曰庠。学则三代共之，皆所以明人伦也。[⑦]

赵岐注曰：“养者，养耆老；教者，教以礼义；射者，三耦四矢，以达物导气也；学则三代同名，皆谓之学。”[⑧]而《礼记·王制》篇则记云：

> 有虞氏养国老于上庠，养庶老于下庠；夏后氏养国老于东序，养庶老于西序；殷人养国老于右学，养庶老于左学；周人养国老于东胶，养庶老于虞庠。虞庠在国之西郊。[⑨]

所谓“上庠、下庠”“东序、西序”“右学、左学”“东胶、虞庠”，皆是指

①〔汉〕郑玄注，〔唐〕孔颖达正义：《礼记注疏》卷十二，第236页。
②〔汉〕郑玄注，〔唐〕孔颖达正义：《礼记注疏》卷三十六，第648页。
③〔汉〕郑玄注，〔唐〕孔颖达正义：《礼记注疏》卷十二，第236页。
④〔汉〕郑玄注，〔唐〕孔颖达正义：《礼记注疏》卷三十六，第649页。
⑤〔汉〕郑玄注，〔唐〕孔颖达正义：《礼记注疏》卷二十，第404页。
⑥〔汉〕赵岐注：《孟子章句》卷一，校永怀堂本，台北：新兴书局，1992年，第5页。
⑦〔汉〕赵岐注：《孟子章句》卷五，校永怀堂本，第47页。
⑧〔汉〕赵岐注：《孟子章句》卷五，校永怀堂本，第47页。
⑨〔汉〕郑玄注，〔唐〕孔颖达正义：《礼记注疏》卷十三，第265页。

向于“学”的空间场域之称。郑玄注云：“皆学名也。异者，四代相变耳。”又曰：“上庠、右学，大学也，在西郊；下庠、左学，小学也，在国中王宫之东。”再云：“胶之言纠也，庠之言养也。”[①] 故郑玄以为此乃“四代学制”。“四代之学”虽有名称、典制之变，然其精神皆是“先王之业教化天下”，此则一贯无异焉，故可以以“四代”统其称，“四代”者，“虞”“夏”“殷”“周”也。然此为汉时人对先秦以前之历史回顾，当孔子之时，则多言“尧、舜、禹”，言“三代：夏、殷、周”，即《论语》所谓：“殷因于夏礼，其损益可知也；周因于殷礼，其损益可知也。”汉儒立基于孔子，以其所言之古而言汉时之古，其差异则在于汉时已视孔子为“师”，故汉时“孔门”一词已蕴“师—弟子”之相对关系，且已用于汉人之用词中。又，汉时的“师”之一词，亦与汉代“官名”无关，汉时授学者于“官名”则称为“博士”！《汉书·成帝纪》引述成帝之诏文即曰：“古之立太学，将以传先王之业，流化于天下也。儒林之官，四海渊源，宜皆明于古今，温故知新，通达国体，故谓之博士。否则学者无述焉！”[②] 此义颇以“博士”为古之“师”义，所传所述则在“传先王之业”，则“先圣垂统”之义又明矣。“太学”则居于朝廷之中，向于四方所治之天下“流布教化”。吾人于此处亦可以理解何以郑玄对于《文王世子》篇中的“先师”，在注中以汉初传经之诸儒作比义之故，郑玄注盖以为《文王世子》篇中的“先师”，即是“若汉《礼》有高堂生、《乐》有制氏、《诗》有毛公、《书》有伏生”[③] 之属。郑玄以宗法封建崩后之两汉背景来推论《文王世子》中的周代“先师”，虽其意义无差，或恐与事实有违，盖平民在周代初年或更早之时必不能为天子兴学之“先师”，凡可以参与周王室中央学校成为“释奠”“释菜”礼中的“先师”者，即令不与天子同宗，亦必为百官贵族也。

是故，若孔子之时代，则“师”乃是“四代学制”中之“官名”，孔子非官方体制中之任职“师”者，于鲁国所任诸职，亦与“师”无关；故其教四方来

---

①〔汉〕郑玄注，〔唐〕孔颖达正义：《礼记注疏》卷十三，第265页。

②〔汉〕班固撰，〔唐〕颜师古注：《汉书》卷十，北京：中华书局，1962年版，第313页。

③〔汉〕郑玄注，〔唐〕孔颖达正义：《礼记注疏》卷二十，第395页。

学者，只可以视为系私人性质。四方来学孔子者，亦以“子”“夫子”敬称、尊称孔子。故孔门弟子绝无称孔子为“师”之名号焉，《论语》中所见，只有“子曰”之称“子”、称“夫子”、称“孔子”、称“仲尼”，即便是在孔子死时，众弟子之议如何为孔子居丧、服丧，在此一重要的历史事件中，也未见彼等称孔子为“师”的文献记载，其皆仍以“夫子”为称，此何故哉！

三、《论语》中的“师”

以现今传世之《论语》刻本检索，可以得出“师”字共14处。兹制表示之如下：

编次	篇卷	内文
1	为政第二	子曰：“温故而知新，可以为师矣。”
2	八佾第三	子语鲁大师乐。曰：“乐其可知也：始作，翕如也；从之，纯如也，皦如也，绎如也，以成。”
3	述而第七	子曰：“三人行，必有我师焉！择其善者而从之，其不善者而改之。”
4	泰伯第八	子曰：“师挚之始，《关雎》之乱，洋洋乎！盈耳哉。”
5	先进第十一	子贡问：“师与商也孰贤？”子曰：“师也过，商也不及。”曰：“然则师愈与？”子曰：“过犹不及。”
6	先进第十一	子路、曾皙、冉有、公西华侍坐。子曰：“以吾一日长乎尔，毋吾以也！居则曰：‘不吾知也！’如或知尔，则何以哉？”子路率尔而对曰：“千乘之国，摄乎大国之间，加之以师旅，因之以饥馑，由也为之，比及三年，可使有勇，且知方也。”夫子哂之。
7	先进第十一	柴也愚，参也鲁，师也辟，由也喭。
8	卫灵公第十五	师冕见，及阶，子曰：“阶也。”及席，子曰：“席也。”皆坐，子告之曰：“某在斯，某在斯。”
9	卫灵公第十五	师冕出。子张问曰：“与师言之，道与？”子曰：“然。固相师之道也。”
10	卫灵公第十五	子曰：“当仁，不让于师。”
11	微子第十八	大师挚适齐，亚饭干适楚，三饭缭适蔡，四饭缺适秦。鼓方叔入于河，播鼗武入于汉，少师阳、击磬襄入于海。
12	微子第十八	柳下惠为士师，三黜。人曰：“子未可以去乎？”曰：“直道而事人，焉往而不三黜？枉道而事人，何必去父母之邦？”

（续表）

编次	篇卷	内文
13	子张第十九	孟氏使阳肤为士师，问于曾子。曾子曰："上失其道，民散久矣。如得其情，则哀矜而勿喜。"
14	子张第十九	卫公孙朝问于子贡曰："仲尼焉学？"子贡曰："文、武之道，未坠于地，在人。贤者识其大者，不贤者识其小者，莫不有文、武之道焉。夫子焉不学？而亦何常师之有？"

在上表14条中，"师"字义所指凡职官之属者共6条：第2条《八佾》篇之"太师乐"、第4条《泰伯》篇之"师冕"、第8条《卫灵公》篇之"师冕"。《八佾》篇之"太师乐"，何晏《集解》解云："太师，乐官名。"[①]第9条与第8条同出《卫灵公》篇，故"师"字在同一段落中有二指：一为职官特指之人，即"师冕"，何晏《论语集解》引孔安国之言曰："孔曰：'师，乐人盲者，名冕。'"[②]一则为对话当中的"相师之道"，何晏《集解》引马融之解曰："马曰：'相，导也。'"[③]依马融之解，则"相师之道"即是"导师之道"，"师"字之义在此仍是指"师冕"。因"师冕"为"盲者"，故孔子导之及阶、及席，坐后且曰"某在斯，某在斯"，欲以声导师冕知所席者坐向也。故知前句子张所问之"与师言之，道与"之"道"，即是"导"字之义。则本句中孔子答子张之辞，或以为亦可以有二解：其一，即为何晏《集解》所引述的马融之解义，"相，导也"，如是则第8条与第9条可并为同一条，此大段文字中凡有"师"字，皆指"冕"而言，无他义；然子张所问"与师言之，道与？"与孔子所答："然，故相师之道也！"如若子张所问之"道"为"导亦有礼"的"导"义，夫子所答"相师之道"之"相"亦为"导"义，则"导师之道"的"道"当何释？笔者以为，"道当作道"，"相师之道"释为"相互为师之道"义较长。此夫子所以欲答子张"相师之道"的更深一层含意；孔子虽导引"师冕"，然如只答子张曰"是的，我导引他了"，则只是一般问答而已，不劳记言者记此问答之语，

①〔魏〕何晏：《论语集解》卷三，第17页。

②〔魏〕何晏：《论语集解》卷十五，第70页。

③〔魏〕何晏：《论语集解》卷十五，第70页。

其义不长；然若子张问以“与师冕见，导与？”而孔子则答以：“当然，我导引师冕有其导引之礼（道）；师冕在我导引过程中，又何尝没有导引我呢？这才是‘相师之道’啊！”则其义转为深长矣！又，在“相师之道”指向“相互导引之道”的释义的同时，也呈现出由职官特指转出的“师”之喻指，语词使用正不必限定在职官与人名上。如是，本大段文字仍以分排第8条及第9条为善。第11条《微子》篇“大师饭”“少师阳”皆是与职官“乐”有关的人名特指，“大师挚适齐，亚饭干适楚，三饭缭适蔡，四饭缺适秦，鼓方叔入于河，播鼗武入于汉，少师阳、击磬襄入于海”。皇侃《义疏》云：“自此以下，皆鲁之乐人名也。”[①]又云：

> 鲁君无道，礼乐崩坏，乐人散走所不同也。大师，乐师也，名挚，其散逸适往于齐国也。亚，次也，饭，飡也，干，其名也。古天子诸侯飡，必共奏乐，每食各有乐人，亚饭干是第二飡奏乐人也。……缭，名也，第三飡奏乐人。……缺，名也，第四飡奏乐人。……鼓，能击鼓者也。方叔，名也。……播，犹摇也，鼗，鼗鼓也，能摇鼗鼓者也；名武。……少师，名阳；又，击磬人名襄；二人俱散奔入海内居也。[②]

又何晏《集解》引包咸注，曰：“三饭、四饭，乐章名也；各异师。缭、缺，皆名也。”[③]所言三饭、四饭之义异于皇侃所疏，然三饭、四饭纵是乐章名，亦是因师所授而习，故由乐章之异而主乐，故亦是乐人、乐官。“大师齐”等12人共同出现在此一大段落中，故知“大师”“少师”与“亚饭”“三饭”“四饭”“鼓方”“播鼗”“击磬”皆是职官，皆是与乐有关之乐师官名。

第12、13条皆为“士师”，“士师”其阶似较低，何晏《集解》引孔安国曰“士师，典狱之官”[④]，引包咸曰“士师，典狱之官”[⑤]。故鲁下卿孟氏可令阳

①［梁］皇侃：《论语集解义疏》卷九，第659页。

②［梁］皇侃：《论语集解义疏》卷九，第659—660页。

③［梁］皇侃：《论语集解义疏》卷九，第658页。《集解》引包氏曰。

④［魏］何晏：《论语集解》卷十八，第81页。

⑤［魏］何晏：《论语集解》卷十九，第86页。

肤为“士师”，盖实即以阳肤为己“家臣”也。

第5与7条皆指子张，“师”为子张之名、“商”为子夏之名。

第6条指军旅。“师”义指军旅，系从“师”义为“众”而来，《尔雅》《释言》释“师”：”师，人也。”郭璞注云：“谓人众。”邢昺疏云：

> 释曰：师，众也。《周礼·大司马》：“二千五百人为师”，故郭云“谓人众”。①

案：《周礼·夏官·司马》云：

> 凡制军，万有二千五百人为军。王六军，大国三军，次国二军，小国一军。军将皆命卿。二千有五百人为师，师帅皆中大夫；五百人为旅，旅帅皆下大夫；百人为卒，卒长皆上士；二十人为两，两司马皆中士；五人为伍，伍皆有长。②

又：

> 大司马之职，掌建邦国之九法，以佐王平邦国。③

是“师”为“军旅”之“人、众”义。与《周礼》中他卷之诸“师”义不同。

第1、3、9、10、14条则较特别，既非指“师旅”之早期义、亦非指职官上职司的“授学”义，而系由“授学”而生出的转喻之义：如第1条之“温故而知新，可以为师矣！”何以“温故知新”即可以为“师”？此必以抽象或象征语法方能释之，故此句中之“师”字已在专称职官人名与军旅之师的意义上脱离出来，而转向“为学”与“授学”关系上使用，语法与语义已趋于价值观的表述，并且还十分频繁。第3、9、10、14条皆可归类于此种转义语法的使用类型。第3条的“三人行，必有我师焉”系在“善者”与“不善者”之间，由一个主体之“择”的动作，便可产生出一“师”的情境；第9条的“相师之道”亦然，系在相互性上产生出“相师／相导”的情境；第10条的“当仁，不让于

---

①〔晋〕郭璞注，〔宋〕邢昺疏：《尔雅注疏》卷三，阮元校刻《十三经注疏》（附校勘记）本，台北：艺文印书馆，1989年版，第41页。

②〔汉〕郑玄注，〔唐〕贾公彦疏：《周礼注疏》卷二十八，第429页。

③〔汉〕郑玄注，〔唐〕贾公彦疏：《周礼注疏》卷二十九，第439页。

师”，显示在“求仁”的道上，“仁”的位阶较“师”为高，“相师”“有师”“从师”之“学”，其目的皆是为了“仁”，如此方可言说“当仁”可以“不让于师”的语义！故何晏《集解》引孔安国之言：“孔曰‘当行仁之事，不复让于师，言行仁急。’”[①] 第14条“何常师之有”的意涵，亦正与上同，故不必泥于一师，曰“何常师之有”！

四、《论语》中的“弟子”“门人”“丘之门”

后世所谓的“弟子”，系相对于“师”而言。然究其初，无论“先生”“弟子”，皆是一“血缘体”中人伦等第之语汇，其初必与“非血缘体”无关。故“师”之字词与“先生”等，亦与“先生”所初指之“父兄”无关；“弟子”一词后来可指“来学”与“受学”者，此必是后起之转喻用法，其初固无也。在《论语》中，“弟子”一词乃是相对于“先生”而言，“先生”乃指“父兄”之先于后生而生者、“弟子”则指晚于先生而生者，此皆是人伦血缘体中的语言，故知“弟子”之转指“非血缘体”之“来学者”，已是后起之义。然《论语》中则确定已出现此义：以“弟子”一词转喻称指追随孔子之来学诸贤，如孔子所言“自行束脩以上”可以“诲”可以“教”之者，推度其初尚应无专称可以称名，是故一旦在鲁国初现此类人等、聚于孔子之居处、学于孔子，鲁人遂“仿”血缘体中“晚生”之“弟子”称名，转而称此辈“及门孔子者”为“门弟子”；此则于《论语》中最可见“弟子”一词乃源出自孔门，仿“血缘性”而转称“非血缘性”的孔门弟子也！可见，“师”与“弟子”之成对称词必是后起，虽与孔子、孔门有关，然《论语》中则只见“弟子”一词之已用于转喻“非血缘性”的“孔门”之“来学者”；关于以“先生”的“血缘性”称“非血缘性”的长者，则未见。同样，以“师”的“学官职名”转称“授学者”之类的用法称孔子者，更是绝未见之！故知此等语言从本为“血缘词态”朝向“非血缘词态”形成为一文化语言，并且内含了文化愿景与文化传统，应系在“孔后历史”中逐渐积累发展而成也。有关“孔子称师”此一课题，前人既少提问而亦甚尠注

①［魏］何晏：《论语集解》卷十五，第70页。

意，故笔者遂提问而为文焉！

"先生"一词，汉儒马融、宋儒朱子所注皆以为系"父兄"，《论语·为政》篇曰：

> 子夏问孝。子曰：色难！有事，弟子服其劳；有酒食，先生馔；曾是以为孝乎？[①]

何晏《论语集解》中引马融曰：

> 马曰：先生，谓父兄。馔，饮食也。[②]

朱子注曰："先生，父兄也。"[③]马融与朱子所注曰"父兄"，反映了朱子在此处的取舍系从汉儒，即将"先生"一词视为"血缘体"中的"人伦"语词，故曰"父、兄"，非指后世"老师"的"先生"之义！盖马、朱皆以"先生"一词及其词义正与文中"弟子"相对言也。按：此段文字中的"弟子"系指"血缘体"中"亲伦"，故"先生"亦必指"血缘体"中亲伦之"生"，无后世的"师—生"之义。又，《论语·学而》篇：

> 子曰：弟子入则孝，出则弟，谨而信，泛爱众，而亲仁。行有余力，则以学文。[④]

此处的"弟子"一词同上，亦是血缘体意义内的用词。陈澔《礼记集说》于《曲礼》篇"从于先生，不越路而与人言；遭先生于道，趋而进，正立拱手"下即引宋儒之说，视其为"父兄"之义，其云："吕氏曰：先生者，父兄之称。"[⑤]

其说实与朱子同。故知"先生"本义实指"生"在时间上的先后而言，尤指"血缘体"上的"生"；"弟子"一词则指"血缘体"中的"后生"，"父子"之"子"、"兄弟"之"弟"也，与"先生"正成一相对词。《论语·子罕》篇中

---

①［魏］何晏：《论语集解》卷二，第 12 页。

②［魏］何晏：《论语集解》卷二，第 12 页。

③［宋］朱熹：《论语集注》卷一，《四书章句集注》，第 56 页。

④［宋］朱熹：《论语集注》卷一，《四书章句集注》，第 49 页。

⑤［宋］陈澔：《礼记集说》卷一，台北：世界书局，1990 年版，第 4 页。

亦有孔子言“后生”之词，曰：“子曰：后生可畏。焉知来者之不如今也。”郑玄注《仪礼·特牲馈食礼》篇亦将“后生”一词指向血缘体的“弟子”。《仪礼·特牲馈食礼》载：

> 兄弟、弟子洗酌于东方之尊阼阶前，北面举觯于长兄弟，如主人酬宾仪。

郑玄注云：“弟子，后生也。”[①] 此注“弟子”为“后生”，正与马融、朱子解“先生”为“父兄”相对言，此二注最可见“先生/后生”“父兄/弟子”皆自“血缘体”而成其词义。其语言能指与其所指，已成一概念，故“先生”方得以注为“父兄”；反之，“弟子”得以注为“后生”。故注家所注本文与注家注文，两者已在此概念中共生出一“语境”，此“语境”即是：“先生/父兄”、“后生/弟子”皆属“血缘体”语言！

“后生”一词本义既是与“先生”同源，则其本源皆指向“血缘体”中的“先生、后生”而成其为组词。其溢出“血缘体”外而可以用于“非血缘体”中成其泛指之义，则系后起，可以指与己相处之群中一切晚生于我者之称，与专指“血缘体”中以“弟子”为“后生”之义的用法不同。前引《礼记·曲礼》“从于先生”之文，郑玄注则曰：“先生，老人教学者。”[②] 盖已见“非血缘性”之指义，系以“年龄”与“出生”之先后为言，未限定在”血缘体”中。

堪值注意者，在《论语》中，“弟子”一词已经数度使用，且是用来指称追随孔子的学生们，若然，则《论语》成文之时间在郑玄注《礼记》之前，亦在《礼记》之前，则可知“弟子”称指“异姓非血缘体”之语言使用之义，其时间当在“先生”一词转指“非血缘性”“非学官性”的“老人教学者”语义使用之前。

“弟子”“门人”“门弟子”“及门”等称呼，在《论语》中已经出现，如

①〔汉〕郑玄注，〔唐〕贾公彦疏：《仪礼注疏》卷四十六，阮元校刻《十三经注疏》(附校勘记)本，台北：大化书局，1977年版，第2575页。

②〔汉〕郑玄注：《礼记郑注》记一，宋绍熙建安余氏万卷堂校刊本，台北：学海出版社，1979年版，第9页。

《雍也》篇：

> 哀公问弟子孰为好学。子曰：有颜回者好学不迁怒，不贰过。不幸短命死矣！今也则亡，未闻好学者也。①

鲁哀公以“弟子孰为好学”为问，孔子答曰“颜回”，则知此一君臣答问间，明是问“孔子的弟子”，故知君臣间皆以“弟子”以称指“来学孔子者”。此一问答词中，“弟子”一词的用法系“他称”，亦即指称“他者”：孔子的弟子！又，《述而》篇记曰：

> 子曰：“若圣与仁，则吾岂敢！抑为之不厌，诲人不倦，则可谓云尔已矣！”公西华曰：“正惟弟子不能学也。”②

此记载反映公西华用“弟子”一词以“自称”。则可见在《论语》的行文中，已经出现了以“血缘体”的“弟子”来转称“非血缘体”的“学生”之用法，且是出现在鲁国、出现在鲁哀公与孔子之间的君臣问答之中，而亦出现在孔子与“弟子”相与问答之间——无论是“自称”或是“称他者”。或问《论语》中所以出现“弟子”一词之转义用法，转指“非血缘性”之“诸来学者”，其故安在？笔者以为：此与孔子与诸弟子居处一起、共在一室有关，是故“门”之一字实吃紧；既共居于一门之内，故孔子遂可以在语言上出现“及门”之词。《先进》篇云：“从我于陈蔡者，皆不及门也。”朱子以为“不及门”当训为“不在门”，故注曰：“孔子尝厄于陈蔡之间，弟子多从之者，此时皆不在门。故孔子思之”。③ 而何晏《论语集解》则引郑玄注云：“不及仕进之门。”④ 两义不同，笔者以为当从朱子注。今按：朱子为宋代人，较诸郑玄为汉人，固为后起，然今传何晏《论语集解》中所引述有“包曰”者，即是“包咸”，包咸于

---

①《论语·先进》篇的记载几乎完全一样，所不同者数处，大异则唯在《雍也》篇之“鲁哀公”在《先进》篇作“季康子”！《先进》篇述云：“季康子问弟子孰为好学？孔子对曰：‘有颜回者好学，不幸短命死矣！今也则亡。’”

②〔宋〕朱熹：《论语集注》卷四，《四书章句集注》，第101页。

③〔宋〕朱熹：《论语集注》卷六，《四书章句集注》，第123页。

④《先进》篇引郑玄注：“郑曰：言弟子从我厄于陈蔡者，皆不及仕进之门而失其所。”见〔魏〕何晏：《论语集解》卷十一，第47页。

东汉初年光武帝建武时曾入授皇太子《论语》，又为其章句，知是当时名家，其在郑玄之先矣。包咸解《学而》篇第二句“有朋自远方来，不亦乐乎”之“朋”字，据何晏所引：“包曰：‘同门曰朋’”[①]，其解义则近朱子而与郑玄注义不同。若据包氏，则“朋”字在当时所称，当必指向“非血缘性”的交往者无疑，而包咸则直指为“同门”关系者，以“同门”解“朋”，殊有胜义，亦将吾人对“朋”字理解的泛义，收束于可言的、有特定历史情境的“孔门”之中，此仍可见“门”字吃紧的实指之义。而以此称“朋”，虽仍指“非血缘体”，但却必须在“孔子所居之门内的一群非血缘体”中方能成立！缘此，“有朋自远方来不亦乐乎”的“同门／同学”之义方能见其“乐”之情境！《论语注疏》中引《正义》曰：

> 正义曰：“有同门之朋，从远方而来，与己讲习，不亦乐乎！”[②]

又引郑玄注曰：

> 正义曰：“郑玄注：‘大司徒云：“同师曰朋，同志曰友。”然则同门者，同在师门以授学者也。’”[③]

虽则郑注释“同门”为“同在师门”，多一“师”字，不免以今释古，增字为训。然包咸、郑玄之注，皆以“朋”为“同门受学”义，则“有朋自远方来”句，必训在“同门”之内始能道出“乐”之情状；意谓有自远方而来鲁地孔子所在之处，同受孔子之授学，与我为朋，则不亦乐乎！[④]其“所以乐”而“乐”

①〔魏〕何晏：《论语集解》卷一，第7页。

②〔魏〕何晏注，〔宋〕邢昺疏：《论语注疏》卷一，第5页。

③〔魏〕何晏注，〔宋〕邢昺疏：《论语注疏》卷一，第5页。

④ 案：《仪礼·丧服》载：“朋友皆在他邦，袒免，归则已。”（〔汉〕郑玄注，〔唐〕贾公彦疏：《仪礼注疏》卷三十四，〔清〕阮元：《十三经注疏》（附校勘记），台北：艺文印书馆，1989年版，第397页。）郑玄注：“谓服无亲者，当为之主。每至，袒时则袒，袒则去冠，代之以免。”贾公彦疏：“释曰：谓同门曰朋，同志曰友。或共游学，皆在他国而死者，每至，可袒之节，则为之袒而免。与宗族五世袒免同。云归则已者，谓在他国，袒免为死者无主，归至家，自有主，则止，不为袒免也。”（〔汉〕郑玄注，〔唐〕贾公彦疏：《仪礼注疏》卷三十四，第397页。）疏又云：“今言朋友，故知是义合之轻，无亲者也。”（〔汉〕郑玄注，〔唐〕贾公彦疏：《仪礼注疏》卷三十四，第397页。）《论语》言“同门”而学之“乐”，此则以言“朋友”游学他邦之“死”与朋友袒免服丧义。

之故，一者在于可以同与学之事也，一则在于自远方而来同学者殊为难得之事也；故注“朋”为“同门”，“远方而来”相与共“学”，此难得之事，其“乐”何如？“同门”之“门”义殊胜，此则《论语》中可有他证。《先进》篇记云：

子曰：由之瑟奚为于丘之门。[①]

可见孔子亦以自己所居宅之“门内”以喻对来学于己者之认可，故曰“丘之门”，此证孔子已以“门人”视诸来学者，此显然是一种亲近的词称用法，两造之间与“丘之门”的关系，不仅仅是“授学者与受学者”的关系，而更是一种“门内”之亲如“父兄子弟”的关系！《先进》篇续记云：

门人不敬子路，子曰：由也升堂矣，未入于室也。[②]

此句承上句孔子对子路“丘之门”的批评而来，故引起“同门”之不敬子路，孔子于是为子路缓颊[③]，曰“由也升堂矣，未入于室也”，来表达孔子对子路的真意在于勉而不在贬也，另外也传达了对子路视若“丘之门人”的定位；当然，在定位中，孔子还是用了当时居宅的内、外来传达“丘之门”的高下。而这一高下正与“堂”“室”在所居处的向内性位置有关，“堂”较“室”为外，故曰“登堂未入室”；于是“堂、室”的位所，也就成了孔门中诸弟子与孔子相熟悉度、学问造诣进阶度的转喻语言。皇侃在《论语集解义疏》中以为“此门非谓孔子所住之门，故是圣德深奥之门也”[④]。笔者则反是，谓必先有孔子与弟子“所住之门”，方能转喻“圣德深奥之门”也！《论语·八佾》篇云：

孔子谓季氏八佾舞于庭，是可忍也，孰不可忍也！

又谓：

三家者以雍彻。子曰：“相维辟公，天子穆穆，奚取于三家之堂？”[⑤]

---

①〔宋〕朱熹：《论语集注》卷六，《四书章句集注》，第126页。

②〔宋〕朱熹：《论语集注》卷六，《四书章句集注》，第126页。

③《论语集解》引马融云：“升我堂矣，未入于室耳；门人不解，谓孔子言为贱子路，故复解之。”（〔魏〕何晏：《论语集解》卷十一，第48页）

④〔梁〕皇侃：《论语集解义疏》卷六，第320页。

⑤〔宋〕朱熹：《论语集注》卷二，《四书章句集注》，第61页。

马融谓三家为仲孙、叔孙、季孙。而“雍”则是《周颂》之乐章篇名。《八佾》篇所记孔子之言者，在于《雍》乐是用于天子祭于宗庙时的乐章，歌以彻祭；而今三家不过是诸侯的家臣而已，竟然也奏《雍》于彻祭，故孔子曰“奚取于三家之堂”以讽之。今按：由三家于祭时奏歌以天子所用的乐章《雍》乐，其地点则在“三家之堂”，可知“堂”较诸于“室”，在位置上实为一更正式的空间场所；反之，亦可以证“室”相较于“堂”，实更为“内”而“私隐”也。则子曰“由也登堂未入室”之旨，实以“内、外”取譬言“门人”的亲近度与成学度也，此一譬词系以“我之门／丘之门”的门内程度而成立其取譬之旨，故愈内愈甚，“升堂而未入室”，正与三家歌祭于堂、舞于廷成一对比。故知“堂”实较“室”为正式，而孔子因用于“丘之门”的诸弟子，故反以“门内”愈深者为造诣之词。

“丘之门”的语义是孔子自称，他人对话时亦可以“门”喻称孔子之学，仍须“入于门”方能一窥其室之美，《子张》篇载云：

> 叔孙武叔语大夫于朝，曰：“子贡贤于仲尼。”子服景伯以告子贡。子贡曰：“譬之宫墙，赐之墙也及肩，窥见室家之好。夫子之墙数仞，不得其门而入，不见宗庙之美，百官之富。得其门者或寡矣！”①

此子贡为使诸大夫明了子贡与孔子之差异高下，故以极为明白的实况为譬，以喻知孔子之学。“赐之墙也及肩”而“夫子之墙数仞”“不得其门而入”与“得其门者或寡矣”，皆以譬喻孔子之学；又以见“墙内”“门内”方能窥“宗庙之美”与夫“得其门”也！“得其门者或寡矣”，“得其门”已是譬喻孔门之学造诣的言词！

盖《论语》中称“门弟子”者多处，皆指“非血缘性来学者辈”，而“弟子”以“门”冠前，为一新的用词，专称“来学者”，则必与“授学者”“受学者”皆在“入门之内”同处一室居有关，如此方可谓其为“门弟子”也。盖“不及门”有“不居于一室”之意，反之，“居于门内一室”者，以“学”之故，皆为

①〔宋〕朱熹：《论语集注》卷十，《四书章句集注》，第192页。

"非血缘来学者"，是故以"仿血缘体"而称其为"门弟子"，亦是借用"血缘体"之名称而称指"非血缘体"，其转喻转指之法与所指背景当在此处。故知此处"及门"当从此义训解，从朱注为得！

又，《子罕》篇亦见"门弟子""门人"之词，记云：

> 达巷党人曰："大哉孔子！博学而无所成名。"子闻之，谓门弟子曰："吾何执？执御乎？执射乎？吾执御矣。"[①]

又云：

> 子疾病，子路使门人为臣。[②]

依何晏《论语集解》所引郑注："郑曰：'孔子尝为大夫，故子路欲使弟子行其臣之礼。'"[③]知此"门人"与"弟子"同义。《先进》篇亦见"门人"之词，云：

> 颜渊死，门人欲厚葬之。子曰："不可"。门人厚葬之，子曰："回也视予犹父也，予不得视犹子也。非我也，夫二三子也。"[④]

此之"门人"，显然既指向颜渊之"同门"，亦指同学于孔子之"门人"。何晏《论语集解》解云：

> 《礼》："贫富有宜。"颜渊贫而门人欲厚葬之，故不听。[⑤]

又孔子虽视颜渊犹子，而亦知颜渊视其犹父，然在此一正式的葬礼上，仍须以血缘体的正式关系主于其间，"犹父"不能取代血缘体的"生父"之位，故孔子自知在颜渊之葬礼上，没有主持的合法性，此所以曰"予不得视犹子也"之真义。颜渊所以终厚葬之故，实与孔子无关，孔子亦不以为然；厚葬实系颜父之欲与同门之情谊而成之者，此孔子曰"非我也"之意。故马融

---

①［宋］朱熹：《论语集注》卷五，《四书章句集注》，第109页。

②［宋］朱熹：《论语集注》卷五，《四书章句集注》，第112页。

③［魏］何晏：《论语集解》卷九，第40页。

④［宋］朱熹：《论语集注》卷六，《四书章句集注》，第125页。

⑤［魏］何晏：《论语集解》卷十一，第47页。

曰："言回自有父，父意欲听门人厚葬。"[1] 值得注意的是"门人"一词的出现正是在"非血缘体"的关系上，表述出了"视予犹父""犹子"的血缘关系下的转语用词，而且还在"同门"的主导与颜父的默许下，涉入了颜渊葬礼的举行形式！

《述而》篇亦记"门人"，云："互乡难与言，童子见，门人惑。子曰：'与其进也，不与其退也。'"郑玄注曰："童子来见孔子，门人怪孔子见之。"[2] 是故"入门""及门""门人""门弟子"，皆与"门"字有关。"门"字本来应是表达"血缘体"在"门内"共居之界限，以"门"而区分出"内""外"；而亦惟有血缘体方可共处于一室之居，此当为其本义。今孔子与学生为"学"、为"授受"而共居于此"门"之内，而亦因居在"门内"，"非血缘体"中方有可能出现此种仿血缘体之称呼，称年少者、来学者为授学者之"门人""门弟子""弟子""入我门""丘之徒"，特别是由"门人"而来的"门弟子"与"弟子"之词，明显是由血缘体的居室而来的转仿称词，故曰"及门"，故称"门人""门弟子"或"弟子"，此即是以"血缘性"的"父兄／弟子"之真实情景来转喻"非血缘性"的"异姓诸生辈"。此等词亦必自孔门起也！是故诸异姓弟子亦以"仿父兄"而视孔子；然决未见以"师"称孔子也！

"门弟子"一词的用法亦出现于孔门"再传"之中。《泰伯》篇记曾子之门曰：

> 曾子有疾，召门弟子曰："启予足，启予手！《诗》云'战战兢兢，如临深渊，如履薄冰。'而今而后，吾知免夫！小子！"[3]

曾子使人"召门弟子"，是知在《论语》中，"弟子"一词非仅可称追随孔子"受学"者，而亦可以指称追随孔子及门的"再传者"。又《里仁》篇亦有曾子"门人"之词，云：

> 子曰："参乎！吾道一以贯之。"曾子曰："唯！"子出，门人问曰：

---

①［魏］何晏：《论语集解》卷十一，第 48 页。

②［魏］何晏：《论语集解》卷七，第 33 页。

③［宋］朱熹：《论语集注》卷四，《四书章句集注》，第 103 页。

"何谓也？"曾子曰："夫子之道，忠恕而已矣！"①

《里仁》篇此条所记，或出于曾子之弟子，故以"子"称"曾子"；文中"子曰"之"子"，自是"孔子"；然"子出"之"子"，则应是"曾子"矣！"门人问曰"之"门人"，所指系"孔子门人"或是"曾子门人"，朱子注文云：

> 吾道一以贯之，惟曾子为能达此，孔子所以告之也。曾子告门人曰："夫子之道，忠恕而已矣！"亦犹夫子之告曾子也。②

朱子之注未有明言，然睽其文意，意指"曾子门人"也。此外，又有子夏之门人，盖已为再传之词。两见于《子张》篇所记，云：

> 子夏之门人问交于子张。子张曰："子夏云何？"对曰："子夏曰：'可者与之，其不可者拒之。'"子张曰："异乎吾所闻：君子尊贤而容众，嘉善而矜不能。我之大贤与，于人何所不容？我之不贤与，人将拒我，如之何其拒人也？"③

此盖已见子张、子夏两弟子在授学门人时所出现之分歧。又：

> 子游曰："子夏之门人小子，当洒扫、应对、进退，则可矣。抑末也，本之则无。如之何？"子夏闻之曰："噫！言游过矣！君子之道，孰先传焉？孰后倦焉？譬诸草木，区以别矣。君子之道，焉可诬也？有始有卒者，其惟圣人乎！"④

此又见子夏与子游两家授学门人时，分歧在"孰先传焉"的"本、末"。子游且批评及于子夏之弟子，故曰"子夏之门人"。由上两条《子张》篇之引文，可知在孔门再传中，子夏、子张、子游皆自有门人，"再传"的出现正意味着肇自孔子的"授／受学"之现象，已经在弟子们亦授门人的延续中，成为延绵不绝的"孔门"传统。是故《礼记·檀弓下》中所记，子思亦有"门人"，记云：

---

①〔宋〕朱熹：《论语集注》卷二，《四书章句集注》，第72页。

②〔宋〕朱熹：《论语集注》卷二，《四书章句集注》，第73页。

③〔宋〕朱熹：《论语集注》卷十，《四书章句集注》，第188页。

④〔宋〕朱熹：《论语集注》卷十，《四书章句集注》，第190页。

子思之母死于卫，赴于子思，子思哭于庙。门人至，曰："庶氏之母死，何为哭于孔氏之庙乎？"子思曰："吾过矣！吾过矣！"遂哭于他室。①

郑玄注："嫁母也，姓庶氏。"② 又注云："嫁母与庙绝族。"③ 意谓子思之母已改嫁于卫之庶姓者，故门人谓不当哭于孔氏之庙。此"门人"当即是子思之门人。《檀弓上》篇又载：

子上之母死而不丧，门人问诸子思曰："昔者子之先君子丧出母乎？"曰："然！""子之不使白也丧之，何也？"子思曰："昔者吾先君子无所失道，道隆则从而隆，道污则从而污，伋则安能！为伋也妻者，是为白也母；不为伋也妻者，是不为白也母。"故孔氏之不丧出母，自子思始也。④

郑玄注："子上，孔子曾孙，子思伋之子，名白，其母出。"⑤ 此段记载乃子思与其"门人"，就其子白之出母是否服丧的讨论，结论即是子思所言的"为伋也妻者，是为白也母；不为伋也妻者，是不为白也母"。依《檀弓》所载，子思亦有"门人"，若然，则已与孟子同辈，为孔子之三传弟子矣。

在孔子之初传、再传、三传弟子中，此种"授／受"的"学"，随着其绵延性，"受学者"的指谓词性，已有扩大使用的新趋势。特别是在于新的"授学"体制可以拥有愈加扩散的"非血缘性"之社会基础时，社会流动造成"弟子"来追随而"受学"的趋向在平民间兴起，在此新兴且环绕于"学"的"授—受"体制中，其所聚成的"群"系以"非血缘性"的"师—弟子"为相互对待之两造。因此，在今传的《孟子》文本中所见，显然在孟子之视野与语词当中，对于联系"非血缘性两造"间的"学"，出现了能以"道"为其中心的频繁用

①〔汉〕郑玄注：《礼记郑注》记三，宋绍熙建安余氏万卷堂校刊本，第135—136页。
②〔汉〕郑玄注：《礼记郑注》记三，宋绍熙建安余氏万卷堂校刊本，第135页。
③〔汉〕郑玄注：《礼记郑注》记三，宋绍熙建安余氏万卷堂校刊本，第136页。
④〔汉〕郑玄注：《礼记郑注》记二，宋绍熙建安余氏万卷堂校刊本，第63页。
⑤〔汉〕郑玄注：《礼记郑注》记二，宋绍熙建安余氏万卷堂校刊本，第63页。

法，《孟子·离娄》篇下即曰："孟子曰：'曾子、子思同道。'"虽然，战国之时的诸子与诸家"授受之学群"已成一社会常态风尚时，以"道"为期未必是能吸引"来学者"的首要目标，"干禄"的致用与游于诸侯的可能与可期，更是"授—受"间的两造联系的时代主流。《孟子》中即载有只是慕名来学者即自称"弟子"之文，《公孙丑》篇下：

> 孟子去齐，宿于昼。有欲为王留行者，坐而言。不应，隐几而卧。客不悦曰："弟子齐宿而后敢言，夫子卧而不听，请勿复敢见矣。"曰："坐！我明语子。"①

在此记载中，与孟子不算熟识的"客者"，可以自称"弟子"，显然"弟子"在此已涉入了某种社交场合的对话情境之中，对话两造相互间皆无血缘性之关系；则"弟子"一词与《论语》中所反映的鲁地孔门间仿血缘性而来的初义，已有若干差距。《孟子》中有记诸家之学、道之文，《滕文公》篇曰：

> 有为神农之言者许行，自楚之滕……陈相见许行而大悦，尽弃其学而学焉。②

朱注："为其言者，史迁所谓农家者流也。"③此以"学"与"言"而言"家"也，故《汉书·艺文志》中《诸子略》载有"农家者流"，有"《神农》二十篇"，即《孟子》此篇所记"有为神农之言者"。同篇又云：

> 从许子之道，则市贾不贰，国中无伪；……从许子之道，相率而为伪者也，恶能治国家？④

其"学"、其"言"之授与旨，皆以"道"为主；《太史公书·论六家要旨》《汉书·艺文志》则以"家"、以"流"描述之，盖已成"学群"，由"授受"而有"流"也，有"流"则"仿佛"血缘体之有宗有传，以其有"师"、有"徒"也，故成其"授—受"而曰"流"、有"宗"有"传"而曰"家"！《孟子》中尚

---

①〔宋〕朱熹：《孟子集注》卷四，《四书章句集注》，第248页。

②〔宋〕朱熹：《孟子集注》卷五，《四书章句集注》，第257—258页。

③〔宋〕朱熹：《孟子集注》卷五，《四书章句集注》，第257页。

④〔宋〕朱熹：《孟子集注》卷五，《四书章句集注》，第261页。

未以“家”为言，而皆称“某者”，如《滕文公》篇称“墨者”，曰：

墨者夷之，因徐辟求见孟子。孟子曰：“吾固愿见。”

孟子曰：“吾闻夷子墨者，墨之治丧也，以薄为其道也。”[①]

同篇又云“儒者之道”，云：

徐子以告夷子，夷子曰：“儒者之道，古之人‘若保赤子’，此言何谓也？”[②]

同篇又云“杨墨之道”“孔子之道”，曰：

圣王不作，诸侯放恣，处士横议，杨朱、墨翟之言盈天下。天下之言，不归杨，则归墨。……杨、墨之道不息，孔子之道不著，是邪说诬民，充塞仁义也。……吾为此惧，闲先圣之道，距杨、墨，放淫辞。[③]

《孟子·梁惠王》篇上又记云：

齐宣王问曰：“齐桓、晋文之事可得闻乎？”孟子对曰：“仲尼之徒无道桓、文之事者，是以后世无传焉。臣未之闻也。”[④]

而《荀子·仲尼》篇则曰：

仲尼之门人，五尺之竖子言羞称乎五伯。……彼固曷足称乎大君子之门哉！[⑤]

王先谦《荀子集解》引王念孙之考释，曰：

王念孙曰：“仲尼之门人”，“人”字后人所加也。（下文同。）下文两言“曷足称乎大君子之门”，皆与此“门”相应，则无“人”字明矣。[⑥]

又引董仲舒《春秋繁露·对胶西王》篇为证，《对胶西王》篇云：

仲尼之门，五尺之童子言羞称五伯，为其诈以成功，苟为而已也，故

①［宋］朱熹：《孟子集注》卷五，《四书章句集注》，第262页。

②［宋］朱熹：《孟子集注》卷五，《四书章句集注》，第262页。

③［宋］朱熹：《孟子集注》卷六，《四书章句集注》，第272页。

④［宋］朱熹：《孟子集注》卷五，《四书章句集注》，第207页。

⑤［清］王先谦集解，沈文倬点校：《荀子集解》，北京：中华书局，1988年版，第105—106页

⑥［清］王先谦集解，沈文倬点校：《荀子集解》，第105页。

不足称于大君子之门。[①]

复引应劭《风俗通义·穷通》篇，云：

孙卿小五伯，以为仲尼之门羞称其功。[②]

遂曰："语皆本于《荀子》而亦无'人'字。"[③]是故，《荀子》《仲尼》篇此处以"孔门"为文，则知"一家之学"已起，遂以开家立学之宗为其学立名，故"孔子之门"即是"仲尼之门"，亦即是孔门之学。

总之，《荀子》所谓"仲尼之门"者，正如笔者上文所云："门"字吃紧！此一"门"字用法，行于战国，其源出于鲁地，与孔子"授学、聚徒、共处于一门之内"之事实有关。故《论语》中有"及门"、有"门弟子"之用法，其"门"字皆实指孔子所居之"门"；其后遂虚指，总称来学之徒。"门弟子""及门""门人"等词，其词所指皆与《荀子》称"仲尼之门"者义同，指向"非血缘性"的"学群"与递传也！

五、"师"在"孔后历史"中的历史形成

上节言及《论语·先进》篇中所记孔门诸弟子在颜回之葬礼上所表现出的异姓同门之谊，已在颜父的默许之下，介入了颜回的厚葬事中。而孔子视颜渊犹子，亦知颜渊视其犹父，此正两造间的情谊已"若同父子"，在《论语》之记载中反映出来者；故《先进》篇中引述孔子之言，曰："门人厚葬之，子曰：'回也视予犹父也，予不得视犹子也。非我也，夫二三子也。'"[④]孔子知颜回之视其"犹父也"，孔子亦视颜渊"犹子也"，而竟曰"予不得视犹子也"，则"视回犹子"主情谊，此言"予不得视犹子"则主血亲之礼。在正式的葬礼中，"犹父"仍不能取代以血缘为主体的"生父"之位，颜渊所以终厚葬之故，实与孔子无关。笔者故曰：厚葬实系颜父之欲、同门之谊而成之。这一段记

①〔清〕王先谦集解，沈文伟点校：《荀子集解》，第105—106页。

②〔清〕王先谦集解，沈文伟点校：《荀子集解》，第106页。

③〔清〕王先谦集解，沈文伟点校：《荀子集解》，第106页。

④〔宋〕朱熹：《论语集注》卷五，《四书章句集注》，第125页。

录值得注意的是“门人”一词所传达出的另类文意脉络，此即是“同门”的“非血缘性”关系表述，在于“同门／异姓”的非血缘性情谊已涉入了颜渊的葬礼形式，而且系在孔子的反对下完成。

《礼记·檀弓上》篇中则记载了孔子死后，其“门人”在讨论孔子丧礼之期中，为门人者当服何服？门人所以必须讨论此事，当然是缘于此事前无所本的历史情境与背景。所谓前无所本，乃是指“丧礼”的“服”制，本系血缘体中之事，作为非血缘体的异姓友朋或同事，都只能算是此血缘体外围的边缘人。孔子与门人的关系本是非血缘体的关系，但孔子的门人显然却不愿仅止于此，欲从非血缘性的位所来为孔子服一种“非常之丧”；仅止于非血缘性的丧制对这批异姓弟子而言，实已无法传达“视孔子犹父”般的实质情感，所以弟子间乃有此一“如何服孔子丧”的讨论。《礼记》的文献正可以视为对同门颜回“厚葬”行事的延续，有不寻常的意义。案：孔子之死自是大事，盖孔子在当时已是为人所关注、议论的一位知名人物，是以其丧事亦受关注，《礼记·檀弓上》篇中的一段记载，可以让吾人想见此事：

> 孔子之丧，有自燕来观者，舍于子夏氏。子夏曰：“圣人之葬人，与人之葬圣人也，子何观焉！”①

此段引文中堪注意的燕人来观者，必是孔宅所举行的丧、葬事之举行，而非弟子为孔子所“服丧”事；至于何以舍于子夏，吾人虽不知其详，然亦颇道出足供吾人想象何以“自燕远来”之情景。《檀弓上》又记云：

> 孔子之丧，门人疑所服。子贡曰：“昔者夫子之丧颜渊，若丧子而无服，丧子路亦然，请丧夫子若丧父而无服。”②

堪注意者，《檀弓》篇所用乃是“门人”之词。此事发生的时间在孔子殁后，孔门弟子方才得以不必征询孔子之意而执行之。若如颜渊厚葬事件的发生时间，则系孔子尚在、颜父亦在之时，故孔子反对门人以异姓关系介入颜氏血缘体中的葬礼，《论语》上的记载之词乃是“子曰：不可。”“非我也，夫

①〔汉〕郑玄注：《礼记郑注》记二，宋绍熙建安余氏万卷堂校刊本，第98页。

②〔汉〕郑玄注：《礼记郑注》记二，宋绍熙建安余氏万卷堂校刊本，第82页。

二三子也”。可以想见，若孔子在，亦必反对此一异姓孔门弟子来执行对自己的“服丧若父”之行为，即便孔门中两造间确然是“视夫子若父”，而孔子也是视这批弟子“犹子”。因此，弟子讨论后的结论“请丧夫子若丧父而无服”，时间上的发生点正是在孔子殁后，这也才能彻底反映出“服丧若父”的历史意义，何以能是“孔后历史”的“孔子塑形”的“首次历史事件”！此一“若”字开启的，正是非血缘性文化体中的“师生”关系与血缘体中的“父子”关系在历史发展中的平行性，联系两“伦”之间的，正是“孔后历史”之“服孔丧事件”所反映出的仿若性。

总之，孔门弟子为孔子服丧若父，等同于首次在历史上为非血缘体开出了一个异姓的人伦等第，且是首次出现了异姓弟子愿为其师在殁后行“犹父”之服丧者，“为孔子而行”乃是特殊意义的成因，因此孔门弟子遂行此事便成了历史上文化体意义的“首次事件”。这个“首次事件”，不仅是相对于“孔子生前”的“首次”，也是“孔子死后”之“孔后历史”的“首次”。孔子生前恐怕亦未想见其殁后，弟子们会为了如何行此“服丧”之礼而郑重讨论，且以“服丧若父”而别行之于“孔宅之丧”外，在“孔后历史”中开出了一个异姓非血缘体的独特传统。

《孟子·离娄》篇云：

> 公行子有子之丧，右师往吊，入门，有进而与右师言者，有就右师之位而与右师言者。孟子不与右师言，右师不悦曰：“诸君子皆与驩言，孟子独不与驩言，是简驩也！”孟子闻之曰：“礼，朝廷不历位而相与言，不逾阶而相揖也。我欲行礼，子敖以我为简，不亦异乎！”①

朱子注：“公行子，齐大夫。右师，王驩也。”②是故“右师”为官名。又，《孟子·梁惠王下》篇云：

> 孟子谓齐宣王曰：“王之臣有托其妻于其友，而之楚游者。比其反也，则冻馁其妻子，则如之何？”王曰：“弃之。”曰：“士师不能治士，

①〔宋〕朱熹：《孟子集注》卷八，《四书章句集注》，第297—298页。

②〔宋〕朱熹：《孟子集注》卷八，《四书章句集注》，第298页。

则如之何？”王曰：“已之。”曰：“四境之内不治，则如之何？”王顾左右而言他。①

赵岐注曰：“士师，狱官，吏也。”②朱子注曰：“士师，狱官也。”“其属有乡士、遂士之官，士师皆当治之。”③此是孟子时齐国犹有“士师”之职，朱子以为系治士之狱官。又有“工师”，《梁惠王》篇下云：

孟子谓齐宣王曰：“为巨室，必使工师求大木。工师得大木，则王喜，以为能胜其任也。”④

赵岐注云：“工师，主工匠之吏。”⑤然则“师”此时犹存官名，其职且非一端，故有“士师”“右师”“工师”；非仅仍存“授学之职”，亦已转喻为“可学习之对象”，或是有其长技可供来学之者。而《孟子》此文之“士师”，则为“狱官”治讼事。此一“士师”，亦见《论语》之载，如上第三节所制之表，试引《子张》篇所记，曰：

孟氏使阳肤为士师，问于曾子。曾子曰：“上失其道，民散久矣。如得其情，则哀矜而勿喜。”⑥

朱子注以为“阳肤，曾子弟子”⑦。然“士师”一词朱子未注，盖以前注已解“狱官”故也。何晏《集解》所引汉儒孔安国、包咸，皆释“典狱之官”，是故曾子以“上失道、民散久”为言，以体民众触法之情，明此语乃勉阳肤之儒言！

今按：在《孟子》的《滕文公》《离娄》篇中，皆有“师”之文，前篇更有“门人”之词，后篇则记述有关曾子为“师”之事。《滕文公》篇记曰：

吾闻用夏变夷者，未闻变于夷者也。陈良，楚产也，悦周公、仲尼

①［汉］赵岐注：《孟子》卷二，校永怀堂本，第20页。

②［汉］赵岐注：《孟子》卷二，校永怀堂本，第20页。

③［宋］朱熹：《孟子集注》卷二，《四书章句集注》，第220页。

④［汉］赵岐注：《孟子》卷二，校永怀堂本，第21页。

⑤［汉］赵岐注：《孟子》卷二，校永怀堂本，第21页。

⑥［宋］朱熹：《论语集注》卷十，《四书章句集注》，第191页。

⑦［宋］朱熹：《论语集注》卷十，《四书章句集注》，第191页。

之道，北学于中国，北方之学者，未能或之先也。彼所谓豪杰之士也。子之兄弟事之数十年，师死而遂倍之。昔者孔子没，三年之外，门人治任将归，入揖于子贡，相向而哭，皆失声，然后归。子贡反，筑室于场，独居三年，然后归。[①]

《离娄》篇所记之“师”，所述者则与曾子、子思均有关，故此条资料弥足珍贵，《离娄》篇下述云：

曾子居武城，有越寇。或曰：“寇至，盍去诸？”曰：“无寓人于我室，毁伤其薪木。”寇退，则曰：“修我墙屋，我将反。”寇退，曾子反。左右曰：“待先生，如此其忠且敬也。寇至则先去以为民望，寇退则反，殆于不可。”沈犹行曰：“是非汝所知也。昔沈犹有负刍之祸，从先生者七十人，未有与焉。”子思居于卫，有齐寇，或曰：“寇至，盍去诸？”子思曰：“如伋去，君谁与守？”孟子曰：“曾子、子思同道。曾子，师也，父兄也；子思，臣也，微也。曾子、子思，易地则皆然。”[②]

这一段文字记载追述了曾子与子思有关守城武城、卫的两种不同态度与行动。先是述曾子的决定无守，继则述子思的有守，两相较之，关键则在于两人的“身份”与“位所”：依孟子的讲法，孟子所理解者在于曾子当时的身份与位所是“师”，而子思的身份与位所则是“臣”，如此，便比较出曾子与子思的位所一在于“非官方身份”的“师”与“官方身份”的“臣”。故子思则须曰“如伋去谁与君守”，一“君”字已道出孟子眼中的“臣”在当时必须“留守”之故。而一“师”字亦道出在孟子眼中曾子所以不能也不为“守”之故。孟子并且认为“曾子、子思同道也”，是故“易地则皆然”！朱子对此亦注曰“言师宾不与臣同”。对于笔者而言，孟子的一段文字中，关键处在于出现的“师”字。本文中所出现的两次“先生”，无论是“左右曰”之下的“待先生如此”，或是“沈犹行曰”之下的“从先生者七十人”，这两次出现的“先生”，皆指向“非血缘性”的“先生”，且与“师”字同义，指向“因‘学’而聚在一

①〔宋〕朱熹：《孟子集注》卷五，《四书章句集注》，第260页。

②〔宋〕朱熹：《孟子集注》卷八，《四书章句集注》，第300页。

起的‘非血缘群体’”，“先生”者曰“师”、曰“先生”；若文中之“左右曰”的“左右”，朱子注曰“左右，曾子之门人也”。又，“沈犹行”者，朱子注云：“沈犹行，弟子姓名也。”朱注中一再出现的“弟子”“门人”，皆是用于“非血缘体”指向；若以上述《论语·泰伯》篇之记而论之，则曾子之时，“来学者”已可称“门弟子”。《孟子·离娄》中又以“先生”称“曾子”且称之者为长随“左右”之“弟子”，为已知为其弟子之“沈犹行”，则是“非血缘性”的“弟子”，不惟已可称其老师曰“先生”。“孟子曰”之文中，更已可见孟子之以曾子居于“师”位所也，且此一居于“师”位所之“先生”，与“官”、与“职”皆无关，依孟子之解释，此“师”须与“道”有关，是故“子思为臣故守之”的“君与臣”之“臣守”，便正好被孟子取来作为例子，将“师／臣”在“不守／守”的对照中，映托出孟子心目中的“师”之位所。对孟子而言，“师”是可以因自我奋起而影响及于后世者，是故“师”义必是私家性格，而非世袭的血缘之制。孟子更将“师”与“圣”联系而言，《尽心》篇下云：

> 圣人，百世之师也。伯夷、柳下惠也。①

“师”何以可以传于百世，孟子释之曰：

> 故闻伯夷之风者，顽夫廉，懦夫有立志。闻柳下惠之风者，薄夫敦，鄙夫宽。奋乎百世之上，百世之下，闻者莫不兴起也，非圣人而能若是乎！而况于亲炙之者乎！②

“师”者以授学，亲炙者之徒则受其学，在此传、承中，谓之“教”，则道传矣，此之谓“师”影响于“弟子”也；然而“百世之师”者，即便于百世之下，“闻者”亦莫不兴起，是故“非圣人而能若是乎！”于孟子，将“师”与“圣”联言，则“圣人”便是“百世之师”，其影响岂仅止于有数之世，而更曰“百世”。故“闻者”虽不能“亲炙”，然而隔代犹可以“游于圣人之门”，“私淑之”者，此孟子之言也。《尽心》篇上曰：

> 孔子登东山而小鲁，登太山而小天下，故观于海者难为水，游于圣

①〔宋〕朱熹：《孟子集注》卷十四，《四书章句集注》，第367页。

②〔宋〕朱熹：《孟子集注》卷十四，《四书章句集注》，第367页。

人之门者，难为言。[①]

在《孟子》中，《尽心》篇下引述了一段孔子之言，亦已道出孟子之时对于“孔子之门”的独特用法，其云：

孔子曰：“过我门而不入我室，我不憾焉者，其惟乡原乎！乡原，德之贼也。”[②]

此“过我门”与“不入我室”，明是以孔子与诸来学弟子所居处之屋室为喻，谓“入门”为“来学”也！《尽心》篇此文最可证所谓“门人”一词用法其源之初起，是起于孔子之在居处讲学于四方来学者，故一室之内皆曰“弟子”“入其门”可以谓之为“来学之弟子”，则“仲尼之门”与“孔门”之称，是起源于孔子之“非师”而“授学”事，明矣！

在《战国策》中有一些关于“门人”“门下”“门客”的记载，颇可反映出战国时期的一些措词场景的实录，以及相对于此前的一些变化。如《战国策·齐三》记云：

孟尝君出行国，至楚，献象床，郢之登徒直使送之，不欲行。见孟尝君门人公孙戍曰：“臣，郢之登徒也，直送象床，象床之直千金，伤此若发漂，卖妻子不足偿之。足下能使仆无行，先人有宝剑，愿得献之。”公孙戍曰：“诺！”[③]

案，文中的“郢之登徒”即是宋玉，“直使”谓“当值之使”。盖宋玉恐此“象床”有毫损，故游说公孙戍代言之于孟尝君前，使能无行，则愿赠“宝剑”以谢。值得注意的是“公孙戍”的身份乃是“孟尝君门人”。在此段文载中，我们可以看出公孙戍当然不是孟尝君“弟子 / 受学”意义下的“门人”，而是孟尝君的“门客”。战国之时诸贵族公子兴起一股“养士”之风，此一受养之士，入居于某公子或贵族为安顿此等“士”所建之居中，即称之以“某某之

①〔宋〕朱熹：《孟子集注》卷十四，《四书章句集注》，第356页。

②〔宋〕朱熹：《孟子集注》卷十四，《四书章句集注》，第375页。

③〔汉〕高诱注，〔宋〕姚宏校正：《宋本战国策》第一册卷十，北京：国家图书馆出版社，2017年版，第212—213页。

门”，又称“某某之门下”“某某之门人”，其实即是“门客”之客。此类“门客”，如公孙戍即为孟尝君之“门客”，但公孙戍并不是孟尝君的“弟子/学生”，相反，公孙戍还是因为其有学、有能力才受到供养，他的能力已在《战国策》此段叙述文中被记载下来。因此，孟尝君还对其以“先生”称之，以表尊重之意。盖公孙戍既能在关键时刻帮助孟尝君拿定主意与献策，自然便是孟尝君所以“养士”为“门客”的初衷与目的，故尊之为“先生”。此种用法下的“门人”“门下”皆是“门客”之义，而非如前所述的早期与来受学的“弟子”同义之“门人”！《齐一》载：

> 靖郭君善齐貌辨，齐貌辨之为人也，多疵，门人弗说。士尉以证靖郭君，靖郭君不听，士尉辞而去。①

《战国策·齐四》又载冯谖“入门”为“门客”之事：

> 齐人有冯谖者，贫乏不能自存。使人属孟尝君，愿寄食门下。孟尝君曰：“客何好？”曰：“客无好也。”曰：“客何能？”曰：“客无能也。”孟尝君笑而受之，曰：“诺！”②

“寄食”云云，即是谓受孟尝君之供养，而亦必须自负或自陈一己之学问与能力、技能，足以受此供养而成为“孟尝君之门”的“门客”“门下士”，故必有一初来与“主人/孟尝君”之相见过程。又，寄食或供养之门客既多，遂须有组织的管理，否则便难以“供食”，是故亦有“门吏”以负责登录各个“门客”之”身份”，这在《战国策》中系称之为“客籍”，《战国策·楚四》载：

> 汗明见春申君，候间三月而后得见。谈卒，春申君大说之。……春申君曰：“善！召门吏，为汗明先生著客籍，五日一见。”③

又，战国养士之风既大行，则宾客必先造门，而后始能入于“门内”成为“门人”“门下”与“门客”，故此一“门”字在当时亦必有其实境所指，否则

①〔汉〕高诱注，〔宋〕姚宏校正：《宋本战国策》第一册卷八，第171—172页。

②〔汉〕高诱注，〔宋〕姚宏校正：《宋本战国策》第一册卷十一，第219页。

③〔汉〕高诱注，〔宋〕姚宏校正：《宋本战国策》第一册卷十七，第91—92页。

"门内""门下""门人"不能实指为受某某贵族公子所供养尊奉之"先生"；身份的变化，实在此一"门"之内、外表现出成为"先生"还是"游民"的关键。《战国策·齐四》记云：

先生王斗造门，而欲见齐宣王。宣王使谒者延入。王斗曰："斗趋见王，为好势；王趋见斗，为好士；于王何如？"使者复还报。王曰："先生徐之，寡人请从。"宣王因趋而迎之于门，与入。[1]

这完全是一个战国游士游于诸侯，欲求为用的场景；王斗"造门"，这一"门"字，意味着"门"的象征，便在于能入不能入。能入，"门内"便是一个"游士"成为"养士"、成为受人尊敬称为"先生"的"客卿"；不能入，便仍是在"门外"，求职求用求赏识而未成。是故凡游士必有学于百家之言者，以求自身拥有才能或是学识，庶能"造门"于诸侯、贵族、公子，以求一用，甚至受尊敬称为"先生"之"门客"，或是更高地位之"客卿"。凡此游于诸国之间而欲待人赏识而用者，此际皆以"士"为之自期，故知"士"在战国之时已非专指早期贵族宗法制中的一环，随着新环境与时代的新趋势，百家言与新兴士已连成一个新的环节、新的流动阶层。在《战国策·齐四》篇中所载齐宣王与颜斶之一段对话，最能反映此种新兴"士"阶层的自觉，以及其所凭仗者已不在过去的血缘出身，而在于能否为世所用的学问与才能。其云：

齐宣王见颜斶曰："斶前。"斶亦曰："王前。"宣王不悦。左右曰："王，人君也；斶，人臣也。王曰斶前，斶亦曰王前，可乎？"斶对曰："夫斶前为慕势，王前为趋士。与使斶为趋势，不如使王为趋士。"王忿然作色曰："王者贵乎？士贵乎？"对曰："士贵耳，王者不贵。"王曰："有说乎？"斶曰："有。……"左右皆曰："……今夫士之高者，乃称匹夫徒步，而处农亩，下则鄙野，监门闾里，士之贱也，亦甚矣！"斶对曰："不然！……"宣王曰："嗟乎！君子可焉为侮哉！寡人自取病耳！及今闻君子之言，乃今闻细人之行，愿请受为弟子。且颜先生与寡人游，食

①〔汉〕高诱注，〔宋〕姚宏校正：《宋本战国策》第一册卷十一，第230页。

> 必太牢，出必乘车，妻子衣服丽都。”[①]

这一段对话，完全显示出诸侯与出身卑贱的“士”是可以有交集、相见、对话可能的。齐宣王愿见颜斶，因为不如此则不能一试是否能获得新兴阶层的人才，新兴人才不是出身贵族，反而是原来在农亩、鄙野、闾里的平民。反之，这些出身原不高的平民，凭着自己的能力与才学，或是语言的敏锐机智，演出了一场“新兴之士”究竟能否受到赏识甚至尊重的对话的戏码。显然，在齐宣王与颜斶之对手戏中，由一出场的轻视“斶来”，而至最后宣王尊称颜斶为“颜先生”、愿“请为弟子”，结局显然是颜斶的富贵可期。“士”，是这个时代新兴的阶层，不仅上下流动，也在列国间流动。有人愿意“养士”，则便成为“某某之门下”“某某之门人”“某某之门客”。

缘此，“新兴阶层”显然不再能凭借天生的血缘出身以自高标榜，所凭借的还在于自己所拥有的才能、学问、气节等等，以此来赢得社会地位与尊重，亦可曰：自孔子以私家私人身份的授学之举兴起于鲁地以来，百家效之并起，受学者遂有了可以成为新兴之游士的身份，也有了受到重用成为新兴贵族的可能。这批新兴阶层的才能、学问都是自“授学者”而来，孔子的孔门实开此一先声也！降及战国，新兴阶层皆自高标称“士”。刘文典谓：

> 周秦之际，士之治方术者多矣！百家之学，众技异说，各有所出，皆有所长，时有所用。[②]

“士”既游于诸侯欲为所用，而诸侯公卿亦乐用之养之，只要是入于一己之“门内”者，便称之为“门人”“门下”，视之为“客”，尊为“先生”。此一“客”字，正是受“主人”所养、所供、所敬之谓。

由上所述，可知原先反映于《论语》中，出自孔子与孔门间的两个重要词汇：弟子、门人，其中之一的“门人”，很明显地，降及此际，其意义所指已

---

①〔汉〕高诱注，〔宋〕姚宏校正：《宋本战国策》第一册卷十一，第226—229页。

② 刘文典：《吕氏春秋集释序》，许维遹：《吕氏春秋集释》册上，台北：鼎文书局，1978年版，卷前。

经转向于“门客”之义。缘于战国时“门”字与“门内”的场景均发生了变化，因之“门人”一词，也在上述所举诸例的文献记载中，指向新兴“士”阶层而产生新的用法；换言之，原先在《论语》中缘于空间场景的“门人”一词在后来亦因空间场景的转变而指向“门客”的含意。则源于孔子的“弟子”与“门人”，此时似乎亦唯存“弟子”一词，能够与“师”相对称，以表示“学”之两端两造的相传承义。这是不是可以解释，后来汉武帝之时的公孙弘，何以在建请为博士官设“受学者”与“受学者员数”时，用的是“博士弟子”“博士弟子员”，而不是其他的词汇呢？

六、结论

在《论语》中，本为血缘体中的“弟子”一词，已经为鲁地之人用来指称追随孔子而受学者，甚至鲁君哀公亦用此词询问“孰为好学”，可见此词已可转喻及于非血缘体。“弟子”一词指涉非血缘体时，亦可换称“门人”、称“及门”、称“门弟子”，此皆《论语》诸篇本文所已例见，皆指诸四方远来而学于孔子者。诸孔门弟子随孔子受学，孔子为“授学”故，而与“受学者”居处于一室之内，此时作为实际建筑体空间之“门”，遂出现了特义：以“门”为内、外之界，遂有“入我门”“丘之门”之用词，“门”字显然转向了“门内”一群以“好学、求学、求道”为己任的一个小群体。以孔子故，其门亦专称之为“孔门”，随孔子受学之人则以“孔丘之徒”目之。此一居室，显然非指鲁城之内孔子自家血缘亲人所居之孔宅，而系指鲁城外孔子与弟子相学时所居之室。司马迁《孔子世家》中有“故所居堂、内，即以为庙”之文，“堂”指论道之所，“内”则指“室”，以其较“堂”为内也；“即以为庙”云云者，即指此一孔子、诸弟子论学居所，如此方可曰“即以为庙”；其非指孔子与血缘体亲人所居之宅，明矣。司马迁于百年后至鲁地凭吊孔子，犹有其遗物可观可吊，则知此居室在汉武帝时犹存也！

“师”之一词，本文既已自《论语》中析出14条，一一考释各自的文脉与语境；或指转喻用法之“师”，如“三人行必有我师焉”、如“当仁，不让于师”、如“何常师之有”，凡此皆可知“师”字之义于《论语》中实可指向“授学者”或是“可学者”之转义。其得以转义之故，当与官方体制中“师”之本职与“授学”有关，故自官方私仿，“挪用”于日常学习对话中也。

《论语》中的孔子，未以“师”自名，而门人、弟子亦未称孔子为“师”，则称“师”必为后起之历史现象。“师”与“弟子”之成对称之词，一为“学”之官，一为血缘体中之“子、弟”，两相合一，则为“孔后历史”之事。其关键则在孔子殁后之丧事！诸弟子以“若丧父而无服”为孔子行丧礼，此在中国历史上为一首次事件。“首次事件”意谓“学之授受”仿“生之授受”，“师—生”关系若“父—子”关系。无此仿义、无孔子与门人间互视为“若父、犹子”，则“孔后历史”便不会开启此独特之传统，谓为“学统”仿“血统”亦可。《论语》中来学者之诸称名，只“弟子”一词属于仿血缘性用词；“门人”“门弟子”则与当时孔子门内授学实境有关。孔子之传，如子夏、曾子、子张、子游，亦皆有“门人”，仿孔子之授学事而更绵延传递之。《论语》中孔子与诸弟子问答，皆称孔子为“夫子”，以文记之则曰“子曰”。孔子逝后，卫大夫公孙朝、鲁大夫叔孙武叔与子贡之对话，子贡亦以“夫子”恭称之。可见“师”字用于“孔子”，确为后起。不惟“师”之一词为后起，“先生”一词指“师”亦为后起。“先生”一词由称指“父兄”而用于称指“长者”、“师”的转义过程中，我们再次看到了“文化体”对“血缘体”的借词仿义。

战国以至于秦汉，孔门虽称“儒家”，仍是“诸子”借用“家”词之仿义。故司马谈《论六家之要旨》以“六家”言“学术史”，刘歆《七略》与班固《艺文志》则入于“诸子略”。无论司马谈、班固所录之诸子与成家，其所宗所祖者，仅孔子之地位上升至于庙堂，封侯封王称圣，盖以孔子所授之学在六艺，后世必由之以衔接上世之统也。《史记》《汉书》且皆有《儒林》之传，以见六艺五经之有“师”，传递不绝也。无论《儒林》之传、《六艺》之略，其关键处皆在孔子。唯孔子方得有受学者来称“门人”“弟子”，唯孔子授学、弟子门人受学，方得有孔门，开启此下战国私学称诸子、言百家之风。亦唯孔子，

方得有首次非血缘性之弟子为其师服若父之丧，开启“师—弟子”间之意义传统。逮汉家称帝临朝，以古为制，遂尊孔子及其六经文本；汉法周道，则古昔居于王官之“师”，在战国、秦、汉以来之历史绵递下，发展出新的学官之名：博士。汉武时从董仲舒议、从公孙弘议，以博士为师而设从师受学者称博士弟子，皆为官方体制；则博士官与弟子员，虽系汉家帝王施设教化而须制度化者，其内里所承，实源于孔门中授受学问之非血缘性关系。要之，孔子在孔后历史的地位已然形成，战国以来迄汉人之递相发明与论述，其实正在为其塑历史之形。

〔本文发表于《北京师范大学学报》(社会科学版)2012年第4期。〕

孔庙世界的存在本质

——孔子的"祭如在"与朱子的"祭圣贤之可能"

李纪祥

一、孔庙的形上议题之面对与圣贤祭祀之可能性

已故的钱穆先生与唐君毅先生均曾为文提问过儒学中的一个重要议题，即人死了还能"在"否？又以何种方式而"在"？对笔者而言，这个议题之所以重要，不仅是一个涉及"儒学文本"之意义的重要课题，抑且是一个面对"孔庙世界"如何可能的重要课题。

笔者曾经撰写过一篇论文《理学世界中的"历史"与"存在"》，来回应唐君毅先生。[①] 唐先生在其《人生之体验续篇》中，曾提出了这个人生以及儒家

① 李纪祥：《理学世界中的"历史"与"存在"》，《道学与儒林》，台北：唐山出版社，2004年版，第263—346页。

的大课题：仰慕先贤究竟有无可能？唐先生问："人死了"究竟能以何种方式继续"存在"？[①] 钱穆先生则是在其《灵魂与心》中提出了这个儒家式的问题：人死后将如何"在"？[②]

这不仅牵涉到我们"活着"的本身对"故人（古人）"、对"已逝的人／往者"的意义，也更牵涉到"一旦我们不再活着"对"我们活着"有何意义？因此，"历史"的意义就是，"过去"对"现在"的意义何在？以及"现在"以何种态度面对"不再／不在"？

回到孔庙的议题中来，这个形而上的提问，便是："古圣先贤"对"现在的人"意义何在？为什么孔庙中必须进行对"圣贤"的祭祀，以表达"祭如在"的"今古之能共在"及"今人与古人之能相感"，其存在的根源何在？

"孔庙世界"的存在意义，究竟是如"历史世界"般的存在，在我们所熟知的"文本"与"遗物"之历史样式之外，以另类样式——"孔庙"的样式而存在，还是"孔庙世界"就是一个如"宗教"般的"神圣殿堂"的存在？如果是后者，那么"孔庙世界"存在本质的探讨，就一如英国神学家保罗·巴德汉在其著作《不朽还是消亡？》中的探索与提问："人之必死"既然是确定的，则"死后生命有无"？"死后存在"是"在此世"抑或有一个"来世"俟其来完成此一"不朽"的生命，甚或是"复活"与"永生"？[③] 巴德汉从"宗教神学"而出发的探问，极类似于中国古代儒家对于"死生"与"鬼神""祖先"的探问！也类似于宋明新儒家以及当代新儒家的探问："先圣与先贤"的"不朽"是在"此世"还是"后世"？这又返回到民国初年的课题："儒家是否为宗教？"对于这个课题，近代以及当代的学者及所谓新儒家，已经作出了许多立

---

① 唐君毅：《死生之说与幽明之际》，《人生之体验续编》，台北：台湾学生书局，全集校订本，1996年版，第97—112页。

② 参见钱穆《灵魂与心》中的《中国思想史中之鬼神观》《人生向何处去》等篇。钱穆：《灵魂与心》，台北：联经出版公司，1979年版，第59—110，159—166页。

③ 参见保罗·巴德、琳达·巴德汉合著《不朽还是消亡》中的《必死的逻辑》《复活、不朽及永生的意义》等章节。〔英〕保罗·巴德、〔英〕琳达·巴德汉著，高师宁、林义全译：《不朽还是消亡》，成都：四川人民出版社，1998年版。

场与观点不同的表达，特别是康有为、陈汉章等人从“宗教/国教”之立场所提出的“孔教论”，以及熊十力、钱穆、牟宗三、唐君毅等先生自哲学与思想的立场所作的有关于“儒家/儒学”之“宗教性”的近代探索。①

① 近代以来对孔子的儒学重新审视，并以西方的“宗教”作为参照而将儒学定位为“孔教”，企图以之为当时中国之“国教”，成立“中国孔教会”并发行《孔教会杂志》者，其中之荦荦其大者，如章炳麟、陈汉章、张尔田等皆是，其中更著名者，当数康有为。陈汉章所主编的《孔教会杂志》自民国二年（1913，孔子纪年2464年）在上海创刊发行，这是在忧患危机意识下对西方作出反应的一种“西化式”的救亡行动。此外，杜维明、秦家懿、任继愈等皆有关于孔子的儒学是否为“儒教”以及具有“宗教性”讨论的专门著作。杜维明的论说与思考，可以见其 *Centrality and Commonality: An Essay on Confucian Religiousness*（New York: State University of New York Press，1989），此书已译为中文：《论儒学的宗教性——对〈中庸〉的现代诠释》（段德智译，武汉：武汉大学出版社，1999年版），杜氏在西方的学术活动与多本论著，明显具有与西方宗教与神学碰撞及对话的意涵。秦家懿与孔汉思所合著的 *Christianity and Chinese Religions*，1989年由纽约 Doubleday 出版，德文版则更早于1988年由西德 Piper 出版，中文版《中国宗教与西方神学》（吴华主译，台北：联经出版社）则于1989年7月出版。德国学者孔汉思的《序》的标题是《世界第三大宗教：中国宗教》，标题呈现的认知其实便是以“Religion”所格义出来的“儒教”。任继愈则曾主编《儒教问题争论集》（北京：宗教文化出版社，2000年版），唯所收论文均为1978年以后的大陆学者对任氏所提出的《论儒教的形成》的论文及环绕“儒教”此一问题的反响与讨论、论辩之文章。

我尤其想引述晚清同光年间的王韬在其《弢园文录外编》卷一之开篇《原道》中的一段言论，来表明一种立场，在态度与研究路径上或许本文作者略有向此位晚清学者之衔接意。

王韬云：

儒者本无所谓教，达而在上，穷而在下，需不能出此范围。其名之曰教者，他教之徒从而强名之者也。我中国以政统教，盖皇古之帝王皆圣人而在天子之位，贵有常尊，天下习而安之。（〔清〕王韬：《弢园文录外编》卷一，上海：上海书店出版社，2002年版，第1页。）

王韬系站在“外王”之所来看此问题，与上述诸晚近学人之以“内圣”角度立言思维者，有其异同。但王韬的《原道》转向“外王”模式的视野与思考，既对应也对反出韩愈那篇划时代的《原道》之区分周、孔；则王韬在面对西法与自身危机感时，何以要继承韩愈的这篇《原道》来作为篇名，则其所谓“道”者，颇值深看。笔者以为儒学之“教”，仅能称之为“儒家”。儒者世界以“家”为本，“家”者，以血缘性为根源之“人伦体”。“儒家”之不具血缘性之师生联系的文化与传受，乃系以此为其传述与习受之主轴。如此，则由儒家而来之儒教，其教与近世所谓宗教者之教，有异焉。

本文不打算在“儒家”与“宗教”的“是否”问题上打转，换言之，源自西方语境的“宗教”一词并不构成本文“格义”的中西比较观——无论是以西为宗之同化还是平行比较之的差异区分的那种五四模式的比较观点与进路。本文只想对于“孔庙世界”作出一当代的形上提问，使“孔庙世界”在探源式的提问下成立一个学术上可以展开并且讨论的形上议题与课题，进而借此一形上议题的成立，去考察与重新思索古人——尤其是朱子对这个问题的思索与响应。我们将会发现，如果从孔子的“祭如在”出发，那么对于这个关键性的“如”字，思考与响应这个形上学提问的方式大致上有两种：一种是“相对主义”模式的，一种则是“存在论”式的。

首先提出这个问题，并追求其根源以期能予孔庙与乡祠之祭祀先贤以存在之基者，就笔者所知，当数宋代之朱熹。虽然在孔子自身以及与弟子的问答对话记录中，已有许多关于祭祀祖先和古代圣王以及祭祀鬼神的言论，但是却没有提到有关祭祀“圣贤”的言论。当然这种言论不会在孔子在世之时被讨论，因为“孔庙”与“孔庙祭祀”必是在孔子死后才会出现；并且是随着孔子及其儒学成为文化之主轴与后世历代儒者与官方之尊崇下才形成的一种历史现象。然而，无可否认，今日孔庙建置及其祀孔或祀孔后诸贤之种种礼乐仪典，仍然与孔子当时所面对的“宗庙”及其祭祀之礼制有关，因此，孔子所谈论的许多看法，仍然有其意义。毕竟，“孔庙与祭祀”是自“宗庙与祭祀”转化而来，从“血缘祭祀”到“非血缘祭祀”，此即以“孔子”与“圣贤”为轴心的历史文化所产生出的儒学文本与蕴含在“孔庙”中的儒学之圣贤存在观，其中便有许多新的儒学课题必须面对，很显然这个面对就是宋代新儒家要对孔子所言的“祭如在”进行重读与重诠。《国语》中《鲁语》云：

> 夫圣王之制祀也，法施于民则祀之，……非是族也，不在祀典。[①]

这是以血缘为之基础的“宗庙世界”之祭祀，其祀典只能是同族者参与，敬宗法祖收族皆在于此。因此，当以“孔子”所代表的圣贤文化传统自“宗

---

①〔吴〕韦昭解，〔清〕汪远孙考异：《国语》卷四《鲁语》，上海：中华书局据士礼居黄氏重雕本校刊，1936年，第6页b。

庙世界”转化而成为“孔庙世界”时，即“孔庙世界”中的“统”乃称之为“道统”——以“道”为“统”，而非以“血缘”为“宗”为“统”时，势必要面对的形上追问、质疑的存在论基础便是：“非我族类”的“先贤——后学”之关系，乃是一以“道统”而非以“血统”而成立的“敬”与“可敬”、“祭”与“所祭”的世界，虽然“孝子”行”祭“于”祖先”也是要以“敬”为根本的态度，然而，以“道”为“统”毕竟仍是要面对此一质问，质问其存在的基础何在？

虽然在孔子之后，随着鲁国哀公之诔文、汉平帝之封周公后为“褒鲁侯”、封孔子后孔均为“褒成侯”、封孔子为“褒成宣尼公”，而渐进于以周公、孔子为国家祀典的先圣与先师，“孔庙”的祭祀传统逐渐形成；在唐代更正式在各州县皆立“庙学”，将以“祭祀”为主的“庙”与以“儒学”为主的“学”合而为一，而成国家级的“庙学合一”之制。[①] 其祀典之礼仪、乐舞等仪式，据文献上的考察，实皆自周代宗庙祭祀制度而来，包括今日犹有争议的“祭孔”时用的是八佾还是六佾，也都是周代礼制中的祭典舞仪。这反映的是在祀孔已成为国家级祭典时，孔子的身份是否可以平行于国君，近世以来的“万世师表”的“师”之位所，是“国”之下还是必须以中国文化中的“师弟传统”来看待，亦即是已经超越了“国”与“朝代”？争议的八佾与六佾，仍然是春秋时代的周代宗庙制度的一环，也是在《春秋》褒贬之文中便已经出现的一个争议课题。可见“孔庙”虽然产生在“孔子死后”，但其内涵却与孔子“生前”所面对的“宗庙”有密切关系。可以这么说，睽诸史实，“孔庙”中的“祀孔”与“祀先贤”便是以周代“有血缘”的“宗庙”与“祭祖先”为模拟的蓝本。然而，对于“祭孔”与“祭贤”的“非血缘”问题，自春秋以来，从无人问过，也无人去探究过。一直到朱子自己面对了在乡祠与书院中祭祀孔子与先贤的实际行动之后，“祭孔”与“祭贤”何以可能，成了朱子首先提出的一个形上学之问题与议题。

① 此可参班固《汉书》中《平帝纪》《王莽传》所载。另，有关汉唐间庙学制的形成及其普遍化的历史，参考高明士：《东亚教育圈形成史论》第一章《汉唐间学校教育发展的特质》，上海：上海古籍出版社，2003 年版。

朱子必须追问的“祭祀先贤之可能”的议题，自然有其背景。朱子不仅必须继承北宋伊洛之学的“重接孔—孟”，抑且必须面对南宋时对于北宋的重新论述，从而形成双重面对，即直接面对“孔—孟”，与面对“周张二程”与“孔—孟”。这种双重的面对使朱子产生了“道统论”的“系谱”，一方面是以“四子书”建构了“孔、曾、思、孟”谱系，一方面则是以《伊洛渊源录》与《近思录》建构了“周—张—二程”的“孟后千年之统”。这两种“统”的建构皆是以“文本”为之。堪注意者，“文本”之“统”是以“道”为其内在性，也可以称为以“内在基因”来认定“道”的“真传”，由是而可以进入与建构其“道统”。这种“以道为统”仿佛两汉时期存于史书论述中的《儒林传》，重点在“反汉”而置换了新的内涵而称之为“道学”，是以同为史书的《宋史》改其传名而称之为《道学传》。仍应赋予注意的是，不论“儒林”还是“道学”，其间的系谱关系均为“师弟”关系。不一定要“亲受”，也可以是由与先贤先圣的“文本”来建立关系。

但是，这一套以“文本”为中心的“人与人”——前人、圣贤与后人、学习者的关系建构，使朱子在乡祠中作出“祭祀”之行为时，遭遇到了“宗庙时代”与“祭祖行为”所不曾面对过的课题：此即朱子所祭祀的是“先贤”，而不是有血缘为之基且已经被承认与接受的“祖先与子孙能相感”的文化论述。

朱子的疑问与追问，是“祖先因有血缘之根，故能相感”。“相感”即“古人与今人“能”共在”，“祖先”能在“子孙”于家庙之祭祀中，如亲临而享牲，因之在感应中，子孙感受到了祖先之在此，并且与我共在此一“祭”的世界中，故曰：“相感”即“共在”，代表着祖先的亲临，“死者”与“活者”的“面对而共在”，“逝者”与“在者”的“相感而共在”，“曾在者”因“正在者”子孙的祭祀而“相感”，因能“见在”“共在”。对朱子而言，如此的根源在于“血缘之根”，“血缘”是其根，这便是“人伦”之意义，“天地之道，肇端于夫妇”，“一阴一阳”、夫妇、子孙、宗法与宗庙，正是子孙祭祀祖先意义的源头。

然而，对朱子而言，不具“血缘”的”先贤”，能否在乡祠、书院、精舍、孔庙中成立其“仿祖先”之可祭、可拜？这正是一个追求形上之基的大问题。如果不能寻求到一个可支撑起整个“无血缘性”的“孔庙”“乡祠”中祭祀先圣先贤的形上之根源，则儒学之有“庙”亦终只能是如民间信仰中之拜神、拜英雄之“信仰观”“鬼神观”而已，而不是一个历代儒者从人伦与教化上视为大根与大本的”道统”，也不能在实存性上作为仰视圣人、圣人昭昭临在的“圣贤观”！朱子之问题正是在此。孔庙中祭统的根源课题，就是朱子的问题，也是今日我们应当面对与体悟者，此一问题何以是一形上根源的课题：“孔庙”“乡祠”中能祭祀”先圣先贤”的根、源何在？

二、朱子对祭祀先圣贤的思索与黄榦的回应

(一) 文本中的“在”与“不在之在”

朱子与象山、阳明之不同，特在于其相信“圣人之训”可以经由书写的文本在历史长河中流传下来。因而“古圣先贤”其人的生命虽已不在——由于人皆有死亡的极限，然而，“书写文本”却可以越过此一极限之边界，在圣贤死亡之后仍然在历史与后世中流传下来。后世的人“阅读”这些“圣贤典籍”时，仍然可以经由“文字与章句”或是注解，而与“文本”中的“文义”生发感知与感应，此之谓“精神”上的“相通”。因此，虽然人皆有死而精神可以不死，缘于圣贤的“遗训文本”所具之能够比死更久的“在”，阅读“遗训文本”便是阅读圣贤之“在”。古圣先贤虽已“不在”而犹可曰“在”。因此，朱子必然要为“四子书”重新作出“章句”与“集注”的“文义”解说，因为“文义”就是“圣贤之在是”；也要为“四子书”重新作出传承的历史与时间系列之系谱，此即“孔—曾—思—孟”。

然而，我们进入孔庙之时，存在于庙内世界的，并不是“文本”，而是模拟的“如在”之“神主牌位”或是“神主像(图像或塑像)”，一旦我们立于其前，相对之际，不仅有着在纵向时间上已成历史——圣贤已逝——之如何“能在”的形上学与存在论之课题，也有着“没有血缘”如何“能祭”如何“能相

感”的形上学与存在论的课题。

(二) 孔庙中的“在”与“不在之在”

祖先作为一已逝者，亦即是“不在者”，“祭”是令“不在”者“在”的礼仪，其意义则如《礼记·祭统》篇云：

> 祭者，所以追养继孝也。①

显然祭祀祖先的“宗庙之礼”在儒家者流的发挥之下，已经成了内在论述“两代之间上下关系之意义的方式”，即在由下对上——也可以说是“少对老”“子对父”“子孙对祖先”的关系上强调了“孝”。一种在世关系的“孝”与生者对死者的“孝／祭”。《礼记·祭义》篇载：

> 文王之祭也，事死者如事生。②

《礼记·中庸》篇云：

> 宗庙之礼，…事死如事生，事亡如事存，孝之至者也。③

显然，“祭先贤”乃是由“祭祖先”转来，因为“祭贤”与“祭祖”皆是“祭先”，于是“事死如事生”的态度也就成为两者共同的基调。问题是，“祭祖”乃以血缘作为“相感”之基；没有血缘，仅有师弟相传承或以文化的传承自任者，即便是“仁以为己任”，又如何能有“相感”呢？

朱子对周濂溪于乡祠中立像而行祭祀之礼，实不止一次，抑且以程颢、程颐等北宋诸儒从祀与配享，可见朱子此时已然确立周濂溪为“孔孟”千载之后的道统之传。朱子在乡祠中祭祀周濂溪时，多作有记文，如《隆兴府学濂溪先生祠记》《韶州州学濂溪先生祠记》《邵州州学濂溪先生祠记》等。《韶州州学濂溪先生祠记》记云：

> 秦汉以来，道不明于天下，而士不知所以为学。……有濂溪先生者作，然后天理明而道学之传复续。……其所以上接洙泗千岁之统，

---

①〔汉〕郑玄注，〔唐〕孔颖达正义：《礼记注疏》卷四十九，阮元校刻《十三经注疏》(附校勘记)本，台北：艺文印书馆，1989年版，第830页。

②〔汉〕郑玄注，〔唐〕孔颖达正义：《礼记注疏》卷四十八，第806页。

③〔汉〕郑玄注，〔唐〕孔颖达正义：《礼记注疏》卷五十二，第886、887页。

下启河洛百世之传者。……先生熙宁中尝为广南东路提点刑狱公事而治于韶。…乾道庚寅，知州事周侯舜元仰止遗烈，慨然永怀，始作祠堂于州学讲堂之东序，而以河南二程先生配焉。后十有三年，教授廖君德明至，视故祠颇已摧剥，而香火之奉亦惰弗供。乃谋增广而作新之。明年，即其故处为屋三楹，像设俨然，列坐有序。月旦望，率诸生拜谒，岁春秋释奠之明日，则以三献之礼礼焉。①

是韶州为周濂溪曾为官处，其后之知州事周舜元先有“祠堂”之建，主祀周子，并以二程配享，其后遂渐颓；十三年后廖德明又重建之，遂恢复乡祠以祭周子之礼。在朱子记文中，值得注意的是其“香火之奉”“遂惰弗供”的用词，正是“宗庙”与“家庙”祭祀用词的转喻之语。另外，在这里我们也必须注意，朱熹显然不是第一个为北宋诸儒建祠的人，至少在这篇文字中我们可以清楚地知道不仅韶州早有主祭周濂溪的祠堂，附于州学之中，而且以河南二程兄弟配享与从祀，也早就出现。《邵州州学濂溪先生祠记》则记云：

邵阳太守东阳潘侯焘以书来曰：“郡学故有濂溪先生周公之祠，盖治平四年，先生以零陵通守来摄郡事，而迁其学，且属其友孔公延之记而刻焉。其后迁易不常。乾道八年，乃还故处，而始奉先生之祀于其间。……焘之始至，首稽祀典，窃独惟念先生之学，实得孔孟不传之绪，以授河南二程先生而道以大明。……更辟堂东一室，特祀先生，以致区区尊严道统之意。今岁中春，释奠于先圣先师，遂命分献而祝以告焉。以吾子之尝讲于其学也，敢谒一词以记之。”②

又朱熹于庐山朝拜周濂溪之书堂时，曾有诗云：

先生寂无言，贱子涕泗旁。

①［宋］朱熹撰，曾抗美校点：《晦庵先生朱文公文集》（五）卷七十九，朱杰人、严佐之、刘永翔主编：《朱子全书》第二十四册，上海：上海古籍出版社；合肥：安徽教育出版社，2002年版，第3768、3769页。

②［宋］朱熹撰，曾抗美校点：《晦庵先生朱文公文集》（五）卷八十，朱杰人、严佐之、刘永翔主编：《朱子全书》第二十四册，第3803页。

神听傥不遗，惠我思无疆。[①]

陈荣捷先生曾将朱子自幼及长的这一类行动，包括对周濂溪的奉祭，以及为母择地而安葬等统称之为“朱子的宗教实践”[②]。田浩则认为朱子的祭祀先贤是与其“道统观”有关。

朱子对于“鬼神”的态度有着“两重世界”的倾向，因而不仅他自己有着陈荣捷先生所谓的“宗教实践”，他对于民间关于鬼神信仰的态度也倾向于“信其有”与宽容。因而使得他与湖湘学友张南轩有着明显的分歧，这在他与张氏的通信中显示得十分明显。田浩的论文《朱子的鬼神观与道统观》对此作了清楚的分析[③]。例如朱子对于民间所信有关“死于非命”之“厉鬼”，便以理气论来论证其可能与可信的存在依据：

多有是非命死者，或溺死，或杀死，或暴病卒死，是它气未尽，故凭依如此。又有是乍死后气未消尽，是它当初禀得气盛，故如此，然终久亦消了。[④]

田浩根据 Ellen G. Neskar 的研究，指出朱子和张南轩都想通过“为乡贤及先贤立祠”来扩大与深化“祭师”的传统，并且也企图为建立先贤祠提供合理的基础[⑤]。他们首要的建祠之先贤对象，当然就是北宋的周濂溪与程氏兄弟，这与其道统观念有关，也与朝廷在孔庙中合法地以国家典礼来祭祀王安石的背景有关。尽管朱子与张南轩在若干“鬼神”与“祭祀”的礼仪与礼义上

①〔宋〕朱熹撰，刘永翔、朱幼文校点：《晦庵先生朱文公文集》(一)卷七，朱杰人、严佐之、刘永翔主编：《朱子全书》第二十册，第 492 页。

② 陈荣捷：《朱学论集》，台北：台湾学生书局，1988 年，第 181—204 页。

③〔美〕田浩：《朱熹的鬼神观与道统观》，朱杰人主编：《迈入 21 世纪的朱子学：纪念朱熹诞辰 870 周年、逝世 800 周年论文集》，上海：华东师范大学出版社，2001 年版，第 171—183 页。

④〔宋〕黎靖德编，郑明等校：《朱子语类》(三)卷六十三，朱杰人、严佐之、刘永翔主编：《朱子全书》第十六册，第 2091 页。

⑤〔美〕田浩：《朱熹的鬼神观与道统观》，朱杰人主编：《迈入 21 世纪的朱子学：纪念朱熹诞辰 870 周年、逝世 800 周年论文集》，第 171—183 页。

有其分歧，如张南轩反对朱子所赞成的“召祖先之灵”之“召灵”祭礼，但朱子能以“祝文”与“告文”来“奠以告，尚其昭格，降庭止，惠我光明”，来请求祖先之灵，并扩大到孔子以及其他的先贤之灵，能够在“祭祀”中以“神”的姿态而降临，而“临在”于“祭者”并且与之相感。如《奉安濂溪先生祠文》记曰：

惟先生道学渊懿，得传于天，上继孔、颜，下启程氏，使当世学者得见圣贤千载之上，如闻其声，如睹其容。……熹钦诵遗编，获启蒙吝，兹焉试郡，又得嗣守条教于百有二十余年之后，是用式严貌象，作庙学宫，并以明道先生程公、伊川先生程公配神从享。惟先生之灵实临鉴之。谨告。①

在这篇奉安告文中，不仅出现了周濂溪的“先生之灵”与“临鉴之”，并且周濂溪还是一个有意义的“中介”，正是周氏能够上继与下启，传承先圣于千载之后，是故朱子也定然可以通过周子的“临在”，而“接上”先圣先贤的“临在”。“如睹”与“如闻”正是通过周子而得到的“圣贤之容”与“圣贤之声”，是故朱子通过周子，也能在“祭如在”的世界与“先圣之灵”得到“感通”。《屏弟子员告先圣文》中云：

熹不肖，……所领弟子员有某某者，乃为淫慝之行，……是故告于先圣先师，请正学则，耻以明刑。……唯先圣先师临之在上，熹敢不拜手稽首。②

用的也是“临之在上”的一种“临在”式的用词。因此，朱子不仅是要通过先圣先贤的立祠来确立道统而已，根本上除了“文本”与“文化”上的“道统”之外，他还企图于“孔庙世界”中成立他的“祭祀与道统”之关系，更进而，他希望周孔时代以血缘为之基的“圣王设教”，能够在今日是以孔孟为主的“圣人设教”，通过祭祀与教化而普行于民。以血缘为之基只能是宗族与家庭的“祖先”与”宗庙”，而朱子却是想以“道德教化”为其主轴，确立“作之

①［宋］朱熹撰，曾抗美校点：《晦庵先生朱文公文集》（五）卷八十六，朱杰人、严佐之、刘永翔主编：《朱子全书》第二十四册，第4038页。

②［宋］朱熹撰，曾抗美校点：《晦庵先生朱文公文集》（五）卷八十六，朱杰人、严佐之、刘永翔主编：《朱子全书》第二十四册，第4033—4034页。

师”的一种以“师——弟”为文化传承的主轴，其根源则在“孔子”。孔子之后，则系于以“先贤往圣”所传之“道”为主的“传道系谱”“宗传系谱”——一种在复古文化含意上乃是“仿”于”宗庙世界”的“道统世界”。并且在与之“联系”的“祭如在”之关系上，确立“祭祀先贤往圣先师”的“教化性”及其可普及性。一如上古的君主以“血缘”“人伦”“祭统”为“设教”精义的核心，朱子也欲以“圣人——以孔子为源”的“道”来作为“设教”精义的核心。除了国家级的孔庙之外，更欲在地方州学郡学皆能有乡祠之设，以祀“先贤”，则不仅“先贤往圣”能仍存于今日之“祭”与“所祭”之中，“圣贤之道”也能传下而行于今，使以“圣贤“为主的“教化”能因祭祀与乡祠的普及而普及于天下。一些西方学者将朱子在许多地方州郡学为周子建祠的动机，解释为建立道统并且对抗朝廷孔庙中的王安石之从祀，确实是一种颇具洞察的卓见，但若将之完全归为朱子与张南轩的首创，而且将朱子关注祭祀先贤与先圣的动机仅止于“外缘性”的考察，而忽略他对儒学理想与教化在实践方面的特殊性，则显然是不符实情的看法。

朱子具“二重世界”的倾向性是今人徐复观先生提出的观点，用以指出在朱子一生的行为中所出现的许多卜筮、觅墓以及在《易本义》上许多与程颐《易程传》相异之处，都不偶然。徐先生于是为文《程朱异同——平铺地人文世界与贯通地人文世界》[①]，指出朱子实为一“二重世界”者，并与二程之“一重世界”作出了极富意趣的比较。徐先生的这篇论文，使我们注意到在朱子的一生中，其实际行事并非只有纯粹的依“理”而已，还有“气”的世界，而徐先生也借此来判分出“程朱异同”。徐氏的观点正好与西方汉学界中关于朱子的宗教、信仰、祭祀实践等的研究成果相互呼应。事实上，《朱文公文集》的卷八十六中，充满着“祈雨文”“谢雨文”“祈晴文”“谢晴文”及《请雨谒北山神文》之类文章。这样的研究呈现了朱子的另一个面向，朱子在南宋伊洛之学南传复兴，意图为程氏之学争正统之外，朱子的独尊与独表

① 徐复观：《中国思想史论集续编》，台北：时报文化出版公司，1985年版，第569—611页。

周濂溪，并为其广立乡祠之事件，除了具有哲学意义（如对“无极而太极”的《太极图》与《太极图说》之推尊）与文本意义（如《近思录》的卷首）之外，也有着唯朱子才会赋予关注与联想的“祭祀”意义。由“伊洛之学”或“濂洛之学”的“道统”关注到“统”的祭祀性问题：祭祀孔孟、祭祀先贤往圣、祭祀“无血缘性”的先人。换言之，朱子由祭祀周濂溪于乡祠之中所开出与面对的问题与课题，亦即“孔庙世界”所以能成立的形而上的问题与存在论的课题。“祭祀世界”与“孔庙世界”如何能够有其存在之根源与基础，尤其自“宗庙世界”与“祖先—子孙”而来的“孔庙世界”与“师—弟”“先贤往圣—后学后人”如何能有存在的根源与基础而能行其“祭祀”，并且在祭典礼仪中有其神圣性而使“圣贤”受到后人景仰，成为历史文化的核心？显然朱子在南宋的洛学系统中，借着“乡祠”而“祭祀”，借着“乡祠”普行“教化”的思考，使其成为一个特殊的思考者与行动者。

朱子在祭祀祖先与先贤时，既“召其灵”，如前所述引，冀以望其祖先或先人之“灵”能降而“临在”，则显然朱子祭祀的形态已是一“祭其神”的状态，而此“神”又是一“死者”的“死后”状态，因此朱子的“召灵”实有类于《礼记》等古籍中所记之祭其“神”而祈其“临在”的形态。不论是朱子的“召灵祭神”，还是”祭鬼”，“神”与“鬼”都是一种“祭”其“死后”状态的类型，而非“祭”其“生前”状态的类型。这一点正是徐复观先生之论文《程朱异同》的意义之所在，它提醒了我们去关注朱子的“两重世界”之倾向及其“鬼神观”与祭祀祖先、祭祀先圣先贤之理的关系，以及朱子的“祭神”特色系源自其有着“召灵”以求“先人先贤”能“临在”之认识，乃是一种“祭”其“死后”状态的类型。这与朱子的编辑与注解《四书》，企图通过“在历史中”的“文本”来呈现的“先圣”与“先贤”之“生前”的路径，显然是不同调性的，分属于两种不同类型的“存在论”。一为“死后”，一为“生前”；一为“祭神”，一为“祭人”。一者是求其“神”能“临在”而与作为后人与子孙的我“相感”；一者则是求其能通过“历史之中”而得以使“已死者 / 过往者：祖先、先圣、先贤”能在“文本”中呈现出其“生前”，“文本”在“历史之中”的流传及其

与后世“阅读者”的“相遇”，即是两者之“相感”。后者显然是朱子与二程同属的“一重世界”之属性，前者却是“两重世界”。二程——尤其是程颐——的“一重世界”之属性，徐复观先生称之为“平铺的人文世界”。我认为即是指一种“理世界”的理想性，这种理想性尤其存在于古往今来的一种“往圣今在”的历史世界中绵延、传递，中间的关键便是“能学”的“士”与“能教”的“师”。因此，就“古今”的“历史世界”而言，它是“一重性”的，就“当下”的“世界”而言，它亦复是“一重性”的。此与朱子以祭神、祭祖先的“临在”，具有天地、上下的“降临”之“两重世界”义，显然是不同的。

朱子既然以“祭神”之方式来“祭先人、先贤”之“死后”，冀其“神灵”能降而临在，则在朱子那里，我人（祭者）所以能与此“已死者／神灵”相感与感通之“理”何在？朱子的思索与响应，仍然是“理气论”式的。朱子认为，祖先之灵能够“临在”之“理”，关键便在于两者之“气”能“感格”与能“感通”。对“往者／死者”而言，其虽死，“气”却未散尽，仍在此天地之中；对“活者／今人”而言，无论是死者之后代子孙，还是不具血缘性的后人，就“血缘性”而来的“祖先—子孙”、与“非血缘性”的以“道”为其“文化联系”而来的“先人（圣贤、师）—后学（仰慕者、私淑者、弟子）”，都可以从“气”上而立论其“能相感”之根与源，因为朱子的“气”，乃是一“天地万物一体”的“气”，故具“能相感”之“理”。《朱子语类》中记云：

> 夫聚散者，气也。若理，则只泊在气上，初不是凝结自为一物，但人分上所合当然者便是理。不可以聚散言也。然人死虽终归于散，然亦未便散尽，故祭祀有感格之理。先祖世次远者，气之有无不可知。然奉祭祀者既是他子孙，必竟只是一气，所以有感通之理。①

> 只是这个天地阴阳之气，人与万物皆得之。气聚则为人，散则为鬼。……祖考之精神魂魄虽已散，而子孙之精神魂魄自有些小相属。故祭祀之礼尽其诚敬，便可以致得祖考之魂魄。……看既散后，一似都无

①〔宋〕黎靖德编、郑明等校：《朱子语类》（一）卷三，朱杰人、严佐之、刘永翔主编：《朱子全书》第十四册，第158页。

了，能尽其诚敬，便有感格，亦缘是理常只在这里也。[①]

《朱子语类》又记曰：

> 问："人之死也，不知魂魄便散否？"曰："固是散。"又问："子孙祭祀，却有感格者，如何？"曰："毕竟子孙是祖先之气。他气虽散，他根却在这里；尽其诚敬，则亦能呼召得他气聚在此。"[②]

朱门弟子所问，我们可以遥想并且会心，因其所问，正是我人在今日亦想提问者，盖问者所问，正是在问"能感格"与"祭如在"的所以然与存在之理为何也！朱子的答复，显然是以理气论来思考"所以能祭祀"之"理"与"实"。"毕竟只是一气"，不仅是指祖先与子孙，亦可言先贤与后人，此所以子孙与后人能祭祀之理，在于其"气"能相"感格"与"感通"。朱子"感通"之"理"，在于"气"之聚散。故"已死者"仍复可以聚其已散之"气"，其关键在于"生者"是否能在"祭"时与"死者"借由"感格"而"相通"。故"能感通"实为"祭如在"的根源之所。就"祖先—子孙"而言，"能感通"之本在于其"血缘性"，"毕竟只是一气"，故曰"血气"，亦曰"血统"。然而，"非血缘性"的"气"能否有可以"感通"之"理"呢？朱子的答复是，其"气"仍复可以"感通"，以其"气"仍复可以来"聚"也！《朱子语类》记云：

> 陈后之问："祖先是天地间一个统气，因子孙祭享而聚散？"曰："……子孙这身在此，祖宗之气便在此，他是有个血脉贯通。所以'神不歆非类，民不祀非族'，只为这气不相关。如'天子祭天地，诸侯祭山川，大夫祭五祀'，虽不是我祖宗，然天子者天下之主，诸侯者山川之主，大夫者五祀之主。我主得地，便是他气又总统在我身上。如此便有个相关处。"[③]

---

①〔宋〕黎靖德编、郑明等校：《朱子语类》（一）卷三，朱杰人、严佐之、刘永翔主编：《朱子全书》第十四册，第169、170页。

②〔宋〕黎靖德编、郑明等校：《朱子语类》（一）卷三，朱杰人、严佐之、刘永翔主编：《朱子全书》第十四册，第171页。

③〔宋〕黎靖德编、郑明等校：《朱子语类》（一）卷三，朱杰人、严佐之、刘永翔主编：《朱子全书》第十四册，第171页。

《朱子语类》又记曰：

> 问："上古圣贤所谓气者，只是天地间公共之气。若祖考精神，则毕竟是自家精神否？"曰："祖考亦只是此公共之气。此身在天地间，便是理与气凝聚底。天子统摄天地，负荷天地间事，与天地相关，此心便与天地相通，不可道他是虚气，与我不相干。如诸侯不当祭天地，与天地不相关，便不能相通。圣贤道在万世，功在万世。今行圣贤之道，传圣贤之心，便是负荷这物事，此气便与他相通。"①

在朱子与弟子的问答当中，朱子话语一转，又提出了一个"公共之气"，并且将"血缘之气"亦统归于此"公共之气"，显然正是企图要为"子孙—祖先"的"家庙"与"宗庙"之外的"圣贤之祭"得以"感通"，寻求一个"理气论"的存在根源。"圣贤道在万世，功在万世"，故其"祭如在"以及其精神魂魄之"气"可以长存之久，显然是超过了"人伦血缘"的"五世"。问者所问，正是问到了核心：圣贤乃是上古"民不祀非族"的"非血缘性"者，则其可以"常在"之"理"何在？朱子的响应反映出他的思考仍然是企图由"气"来寻求"能祭"并且"能祭如在"的存在之根源。因此，对于圣贤之祭祀的"祭如在"之成立，关键仍复是在于"气"的"感通"。在《朱子语类》中，朱子举了一个非常有意义的特例，由此一特例，更是可以看出朱子欲为"非血缘性"的"祭如在"寻求存在论根基的用心。

《朱子语类》中记朱子之言云：

> 若说有子孙底引得他气来，则不成无子孙底他气便绝无了。他血气虽不流传，他那个亦自浩然日生无穷。……不成说有子孙底方有感格之理。便使其无子孙，其气亦未尝亡也。②

朱子自"子孙"之外言之，以"无子孙"者为例，说明其"气"亦未尝散

---

①〔宋〕黎靖德编、郑明等校：《朱子语类》（一）卷三，朱杰人、严佐之、刘永翔主编：《朱子全书》第十四册，第170页。

②〔宋〕黎靖德编、郑明等校：《朱子语类》（一）卷三，朱杰人、严佐之、刘永翔主编：《朱子全书》第十四册，第173页。

尽，“则不成无子孙他气便绝无了”，朱子成立“血气”一词，正是为了“非血气”之“统”的祭祀，可以在“道统”下成立祭祀先圣先贤之可能。

由上述，我们可以看出朱子所给予“子孙祭祀祖先”与“后人祭祀先贤”之“理”，在于人虽已死而其“气”仍然散在天地之间，故可以无古今之间隔，而可以有“相感格”之“理”，此是朱子面对“祭如在”之形上问题时所提供的理气论式思索。此种思索，显然与张载的“太虚为一气”相类。但实不如谓与二程之“万物与我为一体”言说相类为佳。二程说孔子之“仁”，以孟子“万物与我一体”为说，谓：体“万物与我一体”处即是“仁”之发端。此义亦正贯“孔孟”为一，此便是朱子所谓“一气感通”之通死生、幽冥、往来之“理”之所以。万物既与我为一体，则先祖、先贤亦皆是与我为一体，不以此身为扞格，不以此生为间断，血缘可以生生，历史文化可以绵延，“血缘在”则成为“人伦在”之根源，“圣贤在”则此一以人伦教化为主之历史与文化亦可以常在而长存于后人与后学之相感中，成为“圣贤”可以成为“往圣、先贤”，在“历史文化世界”中能有“现在”，对“将来者”而言亦有“往者、先人”之理由。所以不仅是“祖先—子孙”能相感通于祭中“如在”，“非血气”的“非血缘性”之“先圣先贤”亦因其“气”能有相感通之“理”，圣贤之祭祀也就有了意义，“道”的传承即便是在“无子孙”者处也能因其能相感而继续流传，并且甚或对于“有子孙”之大儒或先贤而言，他的传道与相感便不一定是以“血气”与“血统”的子孙为流传之基，而更有可能是以“师”的身份而以“弟子”为其“道统”的授受之基。是故朱子之以理气论提出“祭如在”之存在论思考，实则道通于二程之以“万物与我一体”来道通于孔孟之思考。能“体”此处之发端即是“仁”之发端，“仁心”即是“祭心”即是“孝心”。“仁”之“万物与我一体”是一个存在的根源：此即朱子所称的“公共之气”。子孙以血缘而行祖先之“祭”，《礼记》上称之为“孝的绵延”；非血缘之后人、后学行其对“先贤往圣”之“祭”，则是“教的绵延”。在此两种绵延下，历史世界与文化世界乃以“先祖宗”与“先圣贤”而“在”于后世的“子孙”与“后学”之世界中。

朱子对于“祭先圣贤”的“如在”之思考是否已然完全地响应了“孔庙世界”的形而上学之提问，他的理气论是否已然对“祭如在”的可能给予了完善的存在论的解释，尚有待于我们能否对于朱子之说作出近代性的再评价与再理解。然而，至少从徐复观《论程朱异同》的文章及陈荣捷在《朱子的宗教实践》论文中所提供的资料，可以看出一种流行在西方汉学界的论点，即朱子本人实际上有着一种“两重世界”的倾向，一如徐复观的文章所指出的。徐氏的文章所给出的此一术语“两重世界”，对我们研究朱子的“祭圣贤”与“祭如在”极为有用。另外，在陈荣捷论文中所搜罗列出的许多资料，特别是编在《朱文公文集》中的许多“祈文”，可以证明朱子在“两重世界”中思想的复杂性。无论陈荣捷的论文是否有其“在西方汉学世界中”的特定言说对象之限定，他在论文标题上称之为“朱子的宗教实践”，“宗教”与“宗教实践”已经涉及了“孔庙世界”与“祭的世界”的近代性思考。显然陈氏的研究并未能就“儒学／道学”与“宗教实践”的词汇作出中国与西方语境比较的判断与分析。

朱子以“理气论”之论说来寻求“祭如在”的形上依据，显然地，并未能真正达到“存在论”的层次，抑且有着“鬼神论”的“两重世界”之“信仰”之嫌①，不仅是在其“祭神”与“祭人”之有别，而且也在祭其“死后”与祭其

---

① 这一点特别可以指出朱子与伊川间对于“鬼神”的差异，《二程粹言》中记有一条伊川对于“鬼神有无”的谈话：“或问鬼神之有无？子曰：‘吾为尔言无，则圣人有是言矣！为尔言有，尔得不于吾言求之乎！’”（见〔宋〕杨时订定，〔宋〕张栻编次：《天地篇》，《二程粹言》，《二程全书》第三册，四部备要本，台北：台湾中华书局，第2页b。）伊川的答复真是好极了。现在我们能够了解伊川如此回答的真正主因在于源自孔子的先秦典籍中，圣人“有是言”之故，是因为“宗庙世界”。但弟子已经不是站在先秦人伦立场的“宗庙世界”发言，而是想站在程门教学中的当代儒学之立场发言询问，非血缘的“师弟”之间所传承出的“道”与宇宙天地间“人”所面对的“世界”之“理”，是否仍然还有“信仰”与“鬼神设教”存在的间隙，——一如后来朱子所为的那样。伊川师弟间的问答最大的忽略，显然便是忽略了孔门问答的时代语境仍然是“宗庙世界”的，而伊川师弟的问答则已然越出了此一范围，更重要的反而是“不具血缘性”的世界，其对“性即理”的思索与探求反而更具普遍与教化的意义。

"生前"之有别——后者方能谓是朱子编注"四书"以求"圣贤遗训"之"道"之意义。因此，张南轩的不赞成朱子之"召灵"，不是没有道理的。对于朱子的"祭其死后"与"祭神"之"祭如在"意涵在"祭的世界"与"孔庙世界"中的探索，其弟子黄榦继续了这个课题。

（三）黄榦对"祭如在"的思索与回应

近代学者中，对黄榦之祭祀论赋予关注的，首推钱穆先生。他在《中国思想史中的鬼神观》一文中，有一小节专论黄榦的祭祀论[①]。钱穆先生所据以论者，主要在黄榦下列的一段言说，可以看出，黄榦的言说其实正源自朱门求学时代，如《朱子语类》中所记朱门师弟对"祭祀与鬼神"之讨论。黄榦在《复李贯之兵部》中申己说云：

> 春间过康庐，胡伯量出示诸人讲论祭祀鬼神一段，见味道兄所答词甚精甚巧，尊兄从而是之，伯量又为之敷衍其说，然愚见终不敢以为然也。此盖疑于祖考已亡，一祭祀之顷，虽是聚己之精神，如何便得祖考来格？虽是祖考之气已散，而天地之间公共之气尚在，亦如何便凑合得其为之祖考而祭之也？故味道兄为说，以为只是祭己之精神。如此，则三日斋、七日戒、自坐而享之，以为祖考来格，可乎？果尔，则鬼神之义亦甚粗浅，而圣人常谨言之，何耶？古人奉先追远之谊至重，生而尽孝，则此身此心无一念不在其亲，及亲之殁也，升屋而号，设重以祭，则祖宗之精神魂魄亦不至于遽散，朝夕之奠，悲慕之情，自有相为感通而不离者；及其岁月既远，若未易格，则祖考之气虽散，而所以为祖考之气，未尝不流行于天地之间；祖考之精神虽亡，而吾所受之精神，即祖考之精神，以吾所受祖考之精神，而交于所以为祖考之气，神气交感，则洋洋然在其上、在其左右者，盖有必然而不能无者矣！[②]

自黄榦的《复李贯之兵部》书信中，我们可以看到朱门高弟间对于此一

① 钱穆：《中国思想史中的鬼神观》，《灵魂与心》，第102—104页。

②〔宋〕黄幹：《勉斋集》卷十六，《景印文渊阁四库全书》第1168册，台北：台湾商务印书馆，1986年版，第174页上。

问题的讨论及其分歧，黄榦所针对的讨论参与者，尚包括他的同门李道传、叶味道与胡伯量等人。而黄榦在此书中的连续两个提问，都非常根本而扼要：一是问只有“聚己之精神”，如何可能“祖考来格”？可见黄榦完全不认为“祭如在”仅是一种相对主义式的“祭者”之“模仿”意义的活动；他并且认为如果“果尔如此”，则“鬼神之义亦甚粗浅”，古昔圣人与经典又何必常谨言之，故其问曰“何耶”？黄榦从至亲之生、殁的孝慕与交感来言说“祭如在”，应当是子孙与父祖先人间的“神气交感”，是“祭者／生者”与“被祭者／死者”的“共在”世界之实有。黄榦的第二个问题，则是已死者“气”已散，虽曰其“气”仍为“公共之气”而尚存天地之间，但如何可能在“祭”时使其已散之“气”复“凑合得其为之祖考”？黄榦认为关键在于“生者之精神”与“祖考之气”之间的“神气交感”，若能，则“祭如在”之“如”便是“洋洋然在其左右”矣！对于第二个问题，黄榦的论说显然是存在论式的，他并且以”琴、声、指”为喻，其云：

> 学者但知世间可言可见之理，而稍幽冥难晓，则一切以为不可信，是以其说率不能合于圣贤之意也。盖尝以琴观之，南风之奏，今不复见矣，而丝桐则世常有也。抚之以指，则其声铿然矣。谓声为在丝桐耶？置丝桐而不抚之以指，则寂然而无声，谓声为在指耶？然非丝桐，则指虽屡动而不能以自鸣也。指自指也，丝桐自丝桐也，一搏拊而其声自应。向使此心和平仁厚，真与天地同意，则南风之奏，亦何异于舜之乐哉！今乃以为但聚己之精神而祭之，便是祖考来格，则是舍丝桐而求声于指也，可乎？此等事直须大著心胸，平看圣贤议论，庶乎其可通矣！①

黄榦“琴声—丝桐—琴指”的“南风之奏”比喻，其所欲传达者，正是面对其师朱子“祭如在”诸言说中的困境，而以此“琴声之喻论”来继承与发挥“古”与“今”、“死”与“生”所以能够“感格之理”。“古圣”并非“不在”、“死者”也非“不在”，通过“生者”“后学”的“琴指”，与“今人／生者”的

①〔宋〕黄榦：《勉斋集》卷十六，第174页。

"丝桐"之相会，则"琴声"自然"奏"于天地之间。"古人/往者"便是"祖考来格"，岂有单凭"但聚己之精神而祭之"，便可以使"南风之奏"再现其"琴声"者？"琴曲"之音声能缭绕于世界之中，乃是因为"丝桐"与"琴指"的"相会而抚"。而"祭如在"所以是一个"共在世界"，也是因为根基于"无所受于祖考之精神"与"祖考存于天地之气"能够"神气交感"，是"生者"与"死者"、"祭者"与"受祭者"、"子孙"与"祖先"、"学者"与"圣贤"的"交感"而使"祭"的世界当下成为一"共在"的世界。黄榦的"琴声喻论"显然不只是针对"祖先"与"子孙"，在"血缘性"之外，对"非血缘性"的"先贤往圣"与"弟子后学"也能适用。因此，当"道"便是古人的"丝桐"时，后学者以慕道与向道之心来"以指拨弦"，不仅是"圣贤文本"，即便是"孔庙世界"中对于"圣像""木主"的"面对"，也能产生"琴声"的"共鸣"。由是，"前人"与"后人"的联系便可以称之为"统"，"统"便是"琴声"。"血统"是"子孙之祭"与"祖考来格"的"神气交感"，"道统"则是"后学慕道"与"圣贤先师"的"神气交感"；"交感"而"共在"，"指抚丝桐"而"共鸣"。至于是否为"南风之奏"或是"优人圣域"，则是境界问题。如此，依黄榦的理论，不仅是"祭祖"时"祖先"是"在"的，于"子孙之祭"时"交感"而"共在"。同时，在"祭先圣贤"时"先圣贤"也是"在"的，在"弟子"与"后学"或"私淑"之"诚敬面对"中能"交感"而"共在"。同时，朱子所一生致力的"圣贤文本"中的"圣贤之遗训"也是"在"的，在"弟子""后学"之"阅读"与"理解实践"中能"交感/感通"于"圣贤之意"而"共在"；因而"学道"与"传道"便有了"师—弟"这一层具有根本性意义的关系之成立。在黄榦的论说中，"道统"之"道"因而能在存在论式的基础与根源意义上，有效地取代"血缘"成为"古/今""先圣/后学""师/弟"在"道的世界"之中能"感格"与"感通"之基因。将"道"取代"血缘"，使"道统"取代"血统"成为历史文化传与承的根本，"圣人之道"的"传与承"，不在乎"血缘性"的"血气"与"血统"，而在乎"非血缘性""公共之气"的"师"与"弟"之"道统"。"孔庙世界"中"受祭"的"圣贤"与"先儒"牌位，皆非同姓，便已经说明了此点。

三、“祭如在”的两种进路及其世界——“如”的“模仿世界”与“如”的“共在世界”

(一)“如”的模仿义

我们将从“如”字切入以探讨“祭如在”之意义，并将“如”字的本义：“模仿”及由此所构成的“祭如在”之模式称之为“相对论”的思考模式。在此模式下，“如”所构成的“祭如在”乃是一“死与生”的相对、“往者与现在”的相对、“先圣与今学习者”的相对，由是，“如”的“模仿”义乃构成一个“仿佛”死者“仍在”其生前之时一般，使生者可以“祭祀”或“行孝”于此一“模仿”之对象。此即《礼记·祭义》篇所云：“文王之祭也，事死者如事生”，与《礼记·中庸》篇：“宗庙之礼，……事死如事生，事亡如事存，孝之至者也”之义。“事死如事生”与“事亡如事存”，“死”与“生”的关系正是“生者”之对待“死者”为一种“如”其“生”，“亡”与“存”的关系亦是“如”的关系。这是一种以“生者”为主的对待“死者”的“如”之态度；“如”的意义乃一种以“模仿”——模仿“生前”、模仿“未亡”时的致祭与至孝之行为模式的仪典与意义之建构。因此，“模仿”乃是构成两者关系的本质。在此一理解下，“如”字是一种以“模仿”来联系A与B两者之间的模式。我们称此一“如”所构成的“祭如在”之世界，为一种相对论模式的“如在之世界”。

此一“模仿”义的“如”字，便意味着“祭如在”之活动与行为意义的本质，乃在此而不在彼，谓在生而不在死，亦意味着在“在者”而不在“不在者”也，在“人／生者”而不在“鬼神／往逝者”也。“在此”“在在”“在人”，则“如”的相对论模式成矣！祖先与先人因为“在此者”的致祭与行孝而能“仿佛”是其“仍在”“宛在”，于是乎“生—死世界”乃因“敬”“思”“孝”而得以构成一有血缘或无血缘的“两代世界”，圣人设教之精义便系以“血亲”而致孝、致祭来联系死生为其大事，使两代之关系成为一绵延之建构。“血亲”是“人伦”之绵延，“非血亲”是族群中“圣贤”之绵延，两者共同构成了“文化绵延”。天地之道肇端于夫妇，有夫妇然后有父子，生命的本质在于传递与绵延，此之谓生生之道。两代之间的关系建构以“祭如在”来作为联系两代生死、古今的意义，正是以“血缘”作为联系核心的表现。无论是“相对论”的“模仿”还是“存在论”的“共在”，其目的与意义都在于指向一种对于两代之间关系模式的必须联系与建构。由“祭如在”来建构与探讨其联系方式，正是因为从“血缘”关系作为内在性出发的源头，形成了“祖先”与“子孙”的“宗庙”传统，因此，无血缘的“孔庙”之致祭的“祭如在”之思考，也必须站在这个立足基点上来探讨，才能得其历史之实。

《礼记·祭统》篇中所描绘的“斋”之意义：

> 斋之日，思其居处，思其笑语，思其志意，思其所乐，思其所嗜。斋三日，乃见其所为斋者。[1]

正是一种“模仿”义下的“祭如在”之今人、活人、亲人生者所做的对于上一代——死者、往者、亲人之“孝”的表现，那么，当其诚心与诚意之时，被其所“祭”的“不在者”，相对于“在者”而言，究竟“不在者”是否能是一“不在之在”呢？在孔庙之中，当“致祭者”或“致敬者”对“不在”的“先圣”与“先贤”行其“致祭”与“致敬”时，究竟“不在者”是否“在”呢？“不在者”如何可能与可以“在”呢？

“祭如在”的“如”字是一“模仿”的意义建构，于相对论模式的只能有“我在此”的“生者”之单一活动与单一建构而言，这是最通常与通行的认知。无论是鬼神世界、有血缘的祖先世界，或是无血缘的圣贤世界，对“如”字的“模仿”义的解读，也就成了圣王或为君者为了治理百姓的“神道设教”，而尚不能成为一种对我而言就是具有意义的实感。如同黄榦的“琴声喻论”所欲传达的“交感共在”的“琴声共鸣”之世界，是一个“祖先与我共在”或是“先圣先贤与我共在”的世界，一如黄榦所言，并非只是因为我想我欲我思，故只是单单“聚己之精神”，来一场“模拟”之游戏，朱子自己也曾说过：“若

①〔汉〕郑玄注，〔唐〕孔颖达正义：《礼记注疏》卷四十八，第834—835页。

道无物来享时，自家祭甚底？”可见朱子对整个“祭如在”中“祭”的思索与认知是倾向于一种“共在”可能之追求的，必须是真有其“神气交感”的“共在”之可能，才会激起我们现在的子孙对于先人“致祭”的真诚行动——“孝”的本质在于先人与我、我与子孙皆有可以感通之理与可以感通之气。同样的，现在的后学者对于可以尊、可以敬的先圣先贤“致祭”也必须是真有其“神气交感”的“共在”之可能，才会真能引致“致祭”与“致敬”之真诚行动——“敬”的本质在于人人皆可以向上而为圣为贤为人，以是在此点上有其可以感通之理与感通之气。于是，对于“如”字字义的探寻与解读，我们终究还是要尝试走上存在论式的思考，探讨“共在世界”的可能。

（二）“如”的共在义

另一种探讨“如”字的路径乃是探询有无可能以存在论来达到一种“祭如在”之“共在世界”的可能，“如”字能否传达出一种存在论的讯息：“生与死”“往与来”“先圣与后学”可能“共在”的“共在世界”之讯息及寻解其根源。

《礼记·祭义》篇中载有孔子与宰我论鬼神之事：

> 宰我曰：“吾闻鬼神之名，不知其所谓？”子曰：“气也者，神之盛也，魄也者，鬼之盛也。合鬼与神，教之至也。众生必死，死必归土，此之谓鬼。”①

“众生必死，死必归土”，因此，如果祭其“死后”，则是“祭鬼”。《白虎通》释“宗”曰：

> 宗者，尊也。为先祖主者，宗人之所尊也。②

《释名》则释“庙”曰：

> 庙，貌也，先祖形貌所在也。③

由汉代《白虎通》与《释名》所释，则显然周人的“宗庙世界”乃是一种“祖先”之“生前”的“可知的”世界，而非“死后”的、“不可知”的“鬼神世

---

①〔汉〕郑玄注，〔唐〕孔颖达正义：《礼记注疏》卷四十七，第813页。

②〔清〕陈立疏证：《白虎通疏证》卷八，北京：中华书局，1994年版，第393页。

③ 任继昉纂：《释名汇校》卷五《释宫室第十七》，济南：齐鲁书社，2006年版，第285页。

界”。“先祖形貌所在”已指向《释名》所认知的“宗庙”一词之原始性，乃是一“祖先”之以“生前”状态为“后人”所“尊”的“世界”，这个世界存在于活着的子孙为其所构筑出的殿堂之中，殿堂称之为“宗庙”，有其“可尊”的神圣性，有其天子、诸侯、卿大夫以迄于士的典制。

另外，我们在先秦许多文献典籍的记载中，如在《礼记》中看到的祭祀仪典中出现的“尸”的记载，多系以活人——“死者之孙”来扮演“死者”，目的也是为了仿佛“死者”之“生前”。《礼记·郊特牲》云：

> 尸，神象也。①

《坊记》篇则云：

> 祭祀之有尸也，宗庙之主也，示民有事也。②

《祭统》篇云：

> 夫祭之道，孙为王父尸。③

清人庄述祖所辑《白虎通阙文》中的《宗庙》一则有云：

> 祭所以有尸者何？鬼神听之无声，视之无形，升之阼阶，仰视榱桷，俯视几筵，其器存，其人亡，虚无寂寞，思慕哀伤，无可写泄，故坐尸而食之，毁损其馔，欣然若亲之饱，尸醉若神之醉矣！④

唐人杜佑《通典》即以为此乃“孝子之心”，故有以“尸”仿活人以遂其“祭”之意，其云：

> 祭所以有尸者，鬼神无形，因尸以节醉饱，孝子之心也。……祝迎尸于庙门之外者，象神从外来也。⑤

故祭祀所以有“尸”者，乃是一种“如在”的意图，系在“木主”“神像”

①［汉］郑玄注，［唐］孔颖达正义：《礼记注疏》卷二十六，第508页。

②［汉］郑玄注，［唐］孔颖达正义：《礼记注疏》卷五十一，第868页。

③［汉］郑玄注，［唐］孔颖达正义：《礼记注疏》卷四十九，第835页。

④［汉］班固：《白虎通》（附［清］庄述祖辑《白虎通阙文》（三）《宗庙》），《百部丛书集成》据《抱经堂丛书》影印，台北：艺文印书馆，第3页。

⑤［唐］杜佑：《通典》卷四十八《吉礼七》，北京：中华书局，1988年版，第1353—1354页。

之外，以活人仿之，在祭祖先时，则以死者之孙仿之[1]；故“尸”实与“木主”“神位”“神像”之意义相同，都是一种自死者之“生前”来表达在孝子与后人的世界之中，死者仍然“如其在”。“尸”的作用就是“如”、就是“像”、就是“象征死者”之“仍在”“如在”。“尸”以活人来扮演与象征，这种意义的指涉尤其明显，系指向于“死者”之“生前”的状态。这或者可以解释“孔庙世界”中先圣、先贤：孔子、四配、十哲、两庑先儒的“象征”，虽然是以“木主”为主，然而，也有“画像”，甚至塑像之故。故朱子亦以为当时所闻蛮夷徭族之风俗中，以“乡之魁梧姿美者为尸”，在行祭祀之时，“话语醉饱”，此“用尸之遗意”，朱子以为正是“古之遗意”[2]。顾炎武《日知录》中则讨论了“尸”与“像”的演变，其云：

> 古之于丧也，有重于祔也，有主以依神于祭也。有尸，以象神而无所谓像也。《左传》言“尝于太公之庙，麻婴为尸。”《孟子》亦曰：“弟为尸”。而春秋以后，不闻有尸之事。宋玉《招魂》始有像设君室之文。尸礼废而像事兴，盖在战国之时矣。[3]

要之，无论麻婴为尸、以弟为尸，或是“尸礼”与“像事”，皆是一种对祖先、对先贤行其“如在”、以“尸”以“像”而“象其生前”的祭祀行为，是一种以“如”其“生前”的状态来行其“祭祀”的“祭如在”。如是，我们可以确定，“祭”有两种状态：一种是以死者之“死后”的状态来行其祭祀，此即是“鬼神”之“祭”。既然人必有死，曰鬼曰神，皆是在进行对“死者”之“死亡”之后的状态之认知，此认知与“人死”有关者，即为“鬼”与“神”。对“鬼”与“神”的祭祀，便是一种属于“死后”状态的“祭”，这乃是一种“宗教性”

---

①《礼记·曲礼》云：“礼曰：君子抱孙不抱子，此言孙可以为王父尸，子不可以为父尸。”郑玄注云：“以孙与祖昭穆同。”（〔汉〕郑玄注，〔唐〕孔颖达正义：《礼记注疏》卷三，第2699页。）

②〔宋〕黎靖德编，郑明等校：《朱子语类》（三）卷六十三，朱杰人、严佐之、刘永翔主编：《朱子全书》第十七册，第3044页。

③〔清〕顾炎武：《日知录》卷十四《像设》，《景印文渊阁四库全书》第858册，台北：台湾商务印书馆，1986年版，第721页下。

的信仰。另一种则是不祭其“死后”而祭其“生前”之祭。其实不论是“死后”还是“生前”的用词，皆是指向于“死者”之已然死亡之后，然用词不同，则其指向的状态与意向性也不同。在“死者”死亡之后，去祭祀其“生前”的状态，行其纪念之心、纪念之思、纪念之意，这正是《礼记》上所云的“孝之至”之意。在《礼记》中诸篇所论的“孝”与“祭”之义，大都朝向此一种“祭”其“生前”的意义来发挥，意在其“生前”，故此一种“祭”其“生前”状态之“祭义”，乃是“祭人”。相对于“宗教性”，此乃是一种“历史性”的“不朽”意义下的“祭”：既非“祭鬼”，也非“祭神”。

要之，“生前”与“死后”都是“死者”之“死亡之后”的状态，“祭”的本身，已昭示着一种对死者已死的情绪与情境世界，“生者”——无论是“子孙”还是”后人”——对待“死者”的方式，便是面对。面对死者是面对其“生前”，还是面对其“死后”？显然，我们在本文中所主论的“孔庙世界”，其中的“面对”，应当是一种“生前”形态的“面对”，无论在今日东亚诸国现存的“孔庙”与“文庙”，庙中供奉的不论是先圣与先贤的“木主牌位”还是“画像”或是“塑像”，都意味着“孔庙世界”与“宗庙世界”的同构型，乃是一种“祭”、一种“面对”其人“生前”的“召唤”，无论是对孝子、子弟还是对后学、弟子而言。因此，当“生者”在“面对”时，一种“敬”的态度便被强调，《礼记》中言“敬”，他书文献记载亦然，《国语·楚语》中云：

> 以昭祀其先祖，肃肃济济，如或临之。[①]

《礼记·祭统》云：

> 是以君子非有大事也，非有恭敬也，则不斋。……斋者，精明之至也，然后可以交于神明也。[②]

《祭统》又云：

> 夫祭者，非物自外至者也。自中出生于心也。心怵而奉之以礼，是

①〔吴〕韦昭解，〔清〕汪远孙考异：《国语》卷十八《楚语》，第4页b。

②〔汉〕郑玄注，〔唐〕孔颖达正义：《礼记注疏》卷四十九，第831—832页。

故唯贤者能尽祭之义。[①]

“祭者”若不能“自中而出于心”，则何能达于是“祭”？“祭”的状态既不能成立于“敬”与“诚”，便是连“仿佛”的状态之“如在”亦谈不上，更遑论“交感”的“如在”的“祭的世界”之“在”！“宗庙世界”的“祭者”如此，用“斋”以为其“敬”的“致祭”仪典程序，则更何况是以“圣贤”的“可敬性”为主的“敬”，在“敬的世界”中成立“古今世界”的历史性、文化性、绵延性。当“圣贤”以“木主”或是“像”存于“孔庙世界”中时，“祭者”或“致敬者”也仍然需要的心灵、精神、态度便是“敬”。没有了“敬”，就不可能成立“如在”的世界，不论是“模仿”义的“如”还是“共在”义的“如”。《楚语》中的“如或临之”便已然很好地传达了“面对”的本质，无论与“所面对者”之间，两者所形成的“如”，是“模仿”的“临在”，还是“共在”的“临在”。总之，“祭如在”的世界，是一个以“生前”状态为其“祭”与“面对”为主的世界之构成。

后记

此篇论文初稿曾在韩国汉城成均馆大学“国际儒教文化圈会议”上宣读，当时之评论人于评论文中还是向笔者提问了儒学究竟是否为宗教的问题。笔者的回复，系以为提问的本身，隐藏的是其“前理解”中仍然深嵌着“近代化”与“五四新文化式”的烙印，即以“宗教”来格义东亚儒学与中国儒学，终而提出儒学“是否”为宗教的议题。这个近代以来的学术文化课题已主导了学界研究的思维，包括熊十力、牟宗三、唐君毅等第一、二代新儒家，及大陆的任继愈，美国的陈荣捷、杜维明等，莫不如此。笔者的论文标题所以名为“议题”者，正是不欲在此一格义模式上打转，笔者系重新看待此一历史存在的课题，欲自一个根本处重新提问，以形成一个新的视域与角度的议题，自存在论提出反思与响应，以开启一个可能的课题与论域。诚如正文中所言，笔者一开始便未从“宗教性”入手思考“宗教与儒学”，也未在“儒学是否为宗教”问题上定位论文研究的坐标。笔者并请提问人注意笔者论文中的一组术

---

①〔汉〕郑玄注，〔唐〕孔颖达正义：《礼记注疏》卷四十九，第830页。

语，即“死后”与“生前”，这一组语汇系在论文中亦欲就“人死亡之后的存在”而区别出两种样态：前者乃“祭神／鬼”，后者则为“祭人”。儒学的文化与历史，无论在东亚地域中的韩国或日本，皆是以后者为人文性之主轴而向圣贤文化与学习圣贤文化而发展。称名上的“三教合一”“儒学”“儒教”，尤其是“教”字，是否便能以“Religion”来作格义与比较，已经不是笔者的课题与承担。笔者认知的“教”很简单，便是以“人文／人伦”为主的“儒学”应当如何“教化”的“教”义。

（本文发表于《长安大学学报》2016年第2期，

原题为《孔庙世界的存在本质》。）

文庙祭祀与儒家道德信仰

房 伟

《礼记·祭统》有言："凡治人之道，莫急于礼。礼有五经，莫重于祭。"[①]祭祀与社会人心密切相关，具有"昭孝息民，抚国家，定百姓"[②]的功用，对于维护社会秩序的稳定具有重要意义，是治理国家首先要考虑的问题。因而，古人将之与事关国家生死存亡的战争相提并论，言曰："国之大事，在祀与戎。"[③]

文庙祭祀继承了学校释奠尊师重道、传承文明的传统，同时经过后世儒家的意义转化，成为传统社会中道德信仰的表征。也就是说，文庙之中主祭

①〔汉〕郑玄注，〔唐〕孔颖达正义：《礼记注疏》卷四十九，阮元校刻《十三经注疏》（附校勘记）本，北京：中华书局，2009年版，第3478页。

②《国语》卷十八《楚语下》，上海：上海古籍出版社，1978年版，第567页。

③ 杨伯峻：《春秋左传注》（二），北京：中华书局，1990年版，第861页。

孔子并以历代儒家圣贤从祀关乎社会道德信仰，其根本用意在于表达对孔子及其所创立价值观的礼敬与尊崇。前辈学者的文庙祭祀研究多以政治、文化为切入点，尚少有学者从道德信仰的角度来探讨文庙祭祀的作用。故笔者不揣浅陋，试图从文庙祭祀发展的历史进程中找寻其对社会道德信仰建构的意义，不当之处，尚祈指教。

一、孔子之先的学校释奠

祭祀孔子在中国已经持续了两千多年，其祭祀仪程虽属后创，但礼之依据却渊源有自，可以追溯至古时的学校释奠。释奠，又称“舍奠”，是通过设置酒食以奠祭的仪式。古人重视知识传授与经验传承，对于前代圣哲及德行高尚的人有着特殊的尊重，而这种尊崇之义、报功之情正是通过在学校中举行“释奠”祭祀的方式来实现的。

（一）学校释奠有“常时”与“非时”之别

《礼记正义》曾言及学校释奠：“释奠有六。始立学释奠一也，四时释奠通前五也，《王制》师还释奠于学，六也。”[①] 然而此种概括并不全面，仅就学校释奠来说，共有七种形式，分别是四时释奠、始立学释奠、师还释奠以及天子视学释奠。

四时释奠、始立学释奠的记载同见于《礼记 · 文王世子》篇：

> 凡学，春官释奠于其先师，秋冬亦如之。凡始立学者，必释奠于先圣先师。[②]

春、夏、秋、冬四季，学官都要在学校举行祭祀先师的释奠礼，以表达对先师的敬仰，称为“四时释奠”。学校始立之时，也会同时祭祀先圣和先师。

天子率军出征前和胜利回师之时也会在学校行释奠礼，《礼记 · 王制》曰：“天子将出征……受命于祖，受成于学。出征执有罪，反，释奠于学，以

①〔明〕丘濬：《大学衍义补》卷六十五，《景印文渊阁四库全书》第712册，台北：台湾商务印书馆，1986年版，第746页下。

②〔汉〕郑玄注，〔唐〕孔颖达正义：《礼记注疏》卷二十，第3043—3044页。

讯馘告。”[①] 学校与战争的关联典籍中多有记载，《诗经·鲁颂·泮水》曰：“矫矫虎臣，在泮献馘。”[②] 按：“泮”即指古代诸侯国设立的学校。《孔丛子·问军礼》亦曰：“舍奠于帝学以受成……舍奠于帝学，以讯馘告，大享于群吏，用备乐飨。”[③] 出征前，定兵谋于学；出征归来，则需要向先师献俘，以报告成功。

军旅征伐与祭祀先师看似毫不相关，实则有着深刻的关联。一方面，古人认为，学校乃人才之所出，资之于学然后行，必有功于征伐，有功则不可以不报。另一方面，释奠礼也是彰显帝王文治武功的绝佳时机，宋人司马光说：“受成献馘莫不在学，所以然者，欲其先礼义而后勇也。”[④] 明人李之藻也认为：“武事之不忘告也，而况文德乎哉。”[⑤] 清人更是直言：“受成献馘一归于学，此文武之盛制也。”[⑥]

此外，天子视学时也会举行释奠礼。《礼记·文王世子》载：

> 天子视学，大昕鼓征，所以警众也。众至，然后天子至，乃命有司行事，兴秩节，祭先师、先圣焉。有司卒事反命，始之养也。适东序，释奠于先老。[⑦]

天子来到学校，首先命令学官各行其职，按照常礼祭祀先圣、先师。学官们祭祀完毕，开始行养老之礼。这时天子会来到东序，以祭奠先老。天子视学之时，同样会举行释奠礼，这正是《礼记正义》所言及的六种学校释奠中

①〔汉〕郑玄注，〔唐〕孔颖达正义：《礼记注疏》卷十二，第2885页。

②〔汉〕毛亨传，〔汉〕郑玄笺、〔唐〕孔颖达疏：《毛诗正义》卷二十，阮元校刻《十三经注疏》附校勘记本，北京：中华书局，2009年版，第1319页。

③ 王钧林、周海生译注：《孔丛子》，北京：中华书局，2009年版，第264—265页。

④〔明〕丘濬：《大学衍义补》卷一一四，《景印文渊阁四库全书》第713册，台北：台湾商务印书馆，1986年版，第340页上。

⑤〔明〕李之藻：《頖宫礼乐疏》卷三，《景印文渊阁四库全书》第651册，台北：台湾商务印书馆，1986年版，第80页下。

⑥〔清〕梁国治等：《钦定国子监志》卷三，《景印文渊阁四库全书》第600册，台北：台湾商务印书馆，1986年版，第40页下。

⑦〔汉〕郑玄注，〔唐〕孔颖达正义：《礼记注疏》卷二十，第3052—3053页。

未曾提及的。

虽然释奠礼仪也会出现在学校以外的祭祀活动中，如《周礼·春官宗伯·大祝》曰："大会同，造于庙，宜于社。过大山川，则用事焉。反行舍奠。"[①] 据贾公彦《疏》，此时释奠礼用于宗庙。《周礼·春官宗伯·甸祝》又曰："甸祝掌四时之田表貉之祝号，舍奠于祖庙，祢亦如之。"[②] 祭祀山川、先祖亦会有释奠礼。但需要指出的是，"释奠"对于学校的意义是非同寻常的，在学校中祭祀先圣、先师只能采用释奠之礼，而山川庙社之中尚有封禅、禘礼、飨礼等仪式，故马端临言山川庙社之祭不止于释奠，而学校祭祀仅释奠而已。[③]

学校是举行释奠礼的主要场所，概言之，可有"常时释奠"与"非时释奠"之别[④]。所谓"常时释奠"，指春、夏、秋、冬四时所举行的释奠。郑玄曰："不言夏，夏从春可知也。"[⑤] 所谓"非时释奠"，指的是没有固定时间的释奠仪式，"始立学释奠""天子视学释奠""出征返释奠于学"以及在山川、庙社中的释奠就同属于这一类型。

（二）学校释奠祭祀"先圣""先师"

依文献所记，学校释奠以"先圣""先师"或"先老"为祭祀对象，根据不同的释奠类型，或需要同时祭祀先圣、先师，或只需祭祀先师。《礼记·文王世子》曰："凡始立学者，必释奠于先圣先师。"[⑥] 郑玄注"先圣"为"周公若孔子"。孔颖达进一步解释曰："以周公孔子皆为先圣，近周公处祭周公，近孔子处祭孔子。故云'若'。若是不定之辞，立学为重，故及先圣，常奠为轻，

① 杨天宇：《周礼译注》，上海：上海古籍出版社，2004年版，第365页。

② 杨天宇：《周礼译注》，第369—370页。

③〔元〕马端临：《文献通考》卷四十三，北京：中华书局，1986年版，考四〇三。

④ 贾公彦曰："非时而祭曰奠。"马端临认为："此为山川庙社而言之也。学之释奠则有常时者有非时者。"参见〔元〕马端临：《文献通考》卷四十三，考四〇三。

⑤〔汉〕郑玄注，〔唐〕孔颖达正义：《礼记注疏》卷二十，第3044页。

⑥〔汉〕郑玄注，〔唐〕孔颖达正义：《礼记注疏》卷二十，第3044页。

故唯祭先师。"[①] 其疏解以"立学"与"常奠"对言，立学为重而常奠为轻，故立学时必释奠先圣先师，"常时释奠"时则仅祭祀先师。陈澔注亦云："立学事重，故释奠于先圣先师。四时之教，常事耳，故惟释奠于先师，而不及先圣也。"[②]

学校释奠之"先圣""先师"具体何指，典籍中或不提及，或有违事实。郑玄释"先师"言："《周礼》曰：'凡有道者有德者，使教焉，死则以为乐祖，祭于瞽宗。'此之谓先师之类也。若汉，《礼》有高堂生，《乐》有制氏，《诗》有毛公，《书》有伏生，亿可以为之也。"[③] 黄进兴认为，郑玄显然是受到所处时代学术氛围的影响，以"偏善一经"的经师解"先师"之意[④]。李纪祥则更进一步指出："郑玄又以汉时经师作经文'先师'之模拟，则或恐与事实有违，盖平民于周代立制必不能为天子兴学之'先师'，凡得列为周室学官执'释奠''释菜'礼中之'先师'者，即令不与天子同宗，亦必为百官贵族也。"[⑤]

如前所述，前人对"先圣""先师"的注释与疏解，显然受到自身所处社会学术思潮的影响，带有明显的时代印记。实际上，以"先某"作为祭祀对象，在传统祭祀中并非特例，除"先圣""先师"外，还有先农、先蚕、先火、先炊、先医、先卜等见诸典籍。这类祭祀对象都是为后人带来无限福祉的文明先驱，是某一技能或领域的创始者。只是由于时间久远，他们的姓名已不可考证，因而祭祀时只能用"先农""先蚕""先医"等来代替。学校释奠中所祭祀"先圣""先师""先老"即属此类，"古人每事必祭其始之人，耕之祭先农也，桑之祭先蚕也，学之祭先师也，一也"[⑥]。可见，学校释奠所要表达

①〔汉〕郑玄注，〔唐〕孔颖达正义：《礼记注疏》卷二十，第3044页。

②〔元〕陈澔：《陈氏礼记集说》卷四，《景印文渊阁四库全书》第121册，台北：台湾商务印书馆，1986年版，第792页上。

③〔汉〕郑玄注，〔唐〕孔颖达正义：《礼记注疏》卷二十，第3043—3044页。

④ 黄进兴：《圣贤与圣徒》，北京：北京大学出版社，2005年版，第59页。

⑤ 李纪祥：《前孔子时代的古释奠礼考释》，《文史哲》2012年第2期。

⑥〔清〕顾炎武：《日知录》卷十四《嘉靖更定从祀》，《景印文渊阁四库全书》第858册，台北：台湾商务印书馆，1986年版，第723页下。

的正是对古老中华文明的敬意，具有鲜明的提倡文教的意义[①]。

(三) 学校释奠仪程

考诸经文，有关于学校释奠仪程的记载十分有限，我们只能从后儒对经文的注疏中去找寻某个程序的细节。

依据郑玄的解释，学校释奠仪程并不复杂，他认为："释奠者，设荐馔酌奠而已，无迎尸以下之事。"孔颖达疏："直奠置于物，无食饮酬酢之事。"释奠只是把祭品摆放在神主之前，礼毕，致祭者之间不需要互相敬酒，而且没有迎尸以后的环节。"迎尸"是我国古代祭祀时的一个重要仪式，指以活人代死者接受祭奠。至于学校释奠时为何不用"尸"，孔颖达解释说："所以无尸者，以其主于行礼，非报功也。"[②]学校释奠主要在于行礼，因此无迎尸之事。

马端临云："释奠之礼，有牲币，有合乐，有献酬。"[③]其后，明人李之藻又谓："释奠有牲币，有合乐，有献"。[④]牲币、合乐、献(酬)乃是释奠的应有环节。但是否均为学校释奠所必有程序，则应分别进行考释。

学校释奠中有币帛，这主要是指始立学释奠而言。《礼记·文王世子》曰："凡始立学者，必释奠于先圣先师。及行事必以币。"[⑤]与其他学校四时之释奠相较，"始立学"显然是较为隆重的，贵族子弟入学的始年，举行"始立学"之礼，不但要"释奠""先师"，对于"先圣"也要一并释奠。不仅如此，始立学释奠还需要使用币帛，陈澔注云："行事谓行释奠之事必以币，必奠币为礼也。始立学而行释奠之礼，则用币。四时常奠不用币也。"[⑥]可见，用"币"与否，成为学校释奠礼轻与礼重之差异的重要体现。需要指出的是，马

① 彭林：《祭祀万世师表：释奠礼》，《文史知识》2003年第10期。

②〔汉〕郑玄注，〔唐〕孔颖达正义：《礼记注疏》卷二十，第3044页。

③〔元〕马端临：《文献通考》卷四十三，考四〇三。

④〔明〕李之藻：《頖宫礼乐疏》卷三，第80页上。

⑤〔汉〕郑玄注，〔唐〕孔颖达正义：《礼记注疏》卷二十，第3044页。

⑥〔元〕陈澔：《陈氏礼记集说》卷四，第792页上。

端临与李之藻所言“牲币”，主要见之于山川庙社之释奠而非学校释奠。《周礼·春官宗伯·大祝》所载“反行舍奠”是一种祭宗庙告祖先的仪式，属于告祭的范畴。而《礼记·曾子问》又曰：

> 孔子曰：诸侯适天子，必告于祖，奠于祢，冕而出视朝，命祝史告于社稷、宗庙、山川，乃命国家五官而后行，道而出。告者五日而遍，过是非礼也。凡告用牲币，反亦如之。[①]

因而，学校之释奠始立学方有币帛，而山川庙社之释奠皆有牲币。

学校释奠中有“合”，即“合乐”。《礼记·文王世子》曰：“凡释奠者必有合也，有国故则否。凡大合乐，必遂养老。”郑玄注曰：“国无先圣先师，则所释奠者当与邻国合也。若唐虞有夔、伯夷，周有周公，鲁有孔子，则各自奠之，不合也。”[②]他认为“必有合”是指与邻国合祭，而“国故”则是指一国故有之文明先驱，有如夔、伯夷之于尧舜时代，周公之于周代，孔子之于鲁国等。这种理解可能并不准确，刘清之以为此处之“合”系指“合乐”。他说：“合谓合乐也。春释菜合舞，秋颁学合声，释奠则并合之，以侑神也。”[③]陈澔也以“合”系指经文后所云之“大合乐”，而郑玄“旧说”则“未知是否”。陈氏云：“凡行释奠之礼，必有合乐之事。若国有凶丧之故，则虽释奠，不合乐也。常事合乐，不行养老之礼；惟大合乐之时，人君视学，必养老也。旧说：合者，谓若本国无先圣先师，则合祭邻国之先圣先师。本国故有先圣先师，如鲁有孔颜之类，则不合祭邻国之先圣先师也。未知是否。”[④]细较之，陈氏较能扣紧经文为释，于义为长。至于“国故”，陈祥道认为：“国有故则否，与《曲礼》曰：‘岁凶，祭祀不县’同义。”[⑤]朱熹也认同这种看法，他说：“国故当为

---

①〔汉〕郑玄注，〔唐〕孔颖达正义：《礼记注疏》卷十八，第3009页。

②〔汉〕郑玄注，〔唐〕孔颖达正义：《礼记注疏》卷二十，第3044页。

③〔宋〕卫湜：《礼记集说》卷五十一，《景印文渊阁四库全书》第118册，台北：台湾商务印书馆，1986年版，第73页下。

④〔元〕陈澔：《陈氏礼记集说》卷四，第792页上。

⑤〔宋〕卫湜：《礼记集说》卷五十一，《景印文渊阁四库全书》第118册，第72页下。

丧纪凶札之类。”[①] 因此可知，学校释奠必会演奏合乐，但国家遭遇变故除外。

马端临与李之藻所言“释奠有献（酬）”者，乃指“聘宾释奠”并非指学校释奠。根据《仪礼・聘礼》，诸侯间相聘问，国君派遣卿大夫为使者，出聘前后会进行一系列的礼仪活动。使者将出聘之前会“释币于祢”，而后“释币于行”；归，则亦“释币于门”，最后“释奠于祢”。使者返国，于祢庙之中行释奠礼，此时会有“献（酬）”的仪程。根据郑玄所注，此时初献由主人即出使者以酌进献，室老亚献、士三献。“献（酬）”虽未明确于学校释奠中施行，但其三次进献的程序与后世文庙祭祀之“三献礼”有显著关联，故可将其视为后世礼制之依据。至于马、李二氏所言存在“献酬”与“献”之区别，李纪祥则认为李之藻所云之“献”似较马端临所云“献酬”为更准确。他提出，“献”“酬”义不同也，“献”指行“释奠”祭于祢庙，以酒进奠之礼；而“酬”则谓礼成后酬宾之事。故言释奠，当以李氏所言“有献”为确，盖“有献”即是“三献”之“献”[②]。

综上所述，学校祭祀是施行释奠之仪节的主要场所，有“常时”与“非时”之别。同时，祭祀对象会有所不同，如四时常祭仅祭祀“先师”，而“始立学”释奠则同时祭祀“先圣”与“先师”。至于“先圣”“先师”具体何指似难以明确，但以“先”字为名则显然蕴含有文明传承的意味。就仪程而言，学校释奠主要是供献币帛等祭品向先圣先师表达敬意，同时配以乐。总之，学校释奠并非一般意义上的血缘祭祀，其体现的是尊师重道、传承文明的传统。

二、孔子之后的文庙祭祀

孔子之前的学校释奠固然与祭祀孔子毫无关联，但从根本上讲，学校释奠是一种与“学”和“教”有关的活动，体现着对于本民族文化传统的敬意。在保持学校释奠原有文化内涵的基础上，后世儒家通过提升仪制、增删仪程等方式，将学校释奠转化为祭祀孔子及儒家圣贤的文庙祭祀。

①〔宋〕卫湜：《礼记集说》卷五十一，《景印文渊阁四库全书》第118册，第73页下。

② 李纪祥：《前孔子时代的古释奠礼考释》，《文史哲》2012年第2期。

(一) 主祭孔子

学校释奠祭祀“先圣”“先师”，其主祭对象因时而异。文庙祭祀主祭孔子，然而这一形成过程也相当漫长。

孔子去世后，民间就开始了自发的祭祀。孔子弟子子贡“庐于冢上，凡六年，然后去”，且“鲁世世相传以岁时奉祠孔子冢，而诸儒亦讲礼乡饮大射于孔子冢”[①]。帝王亲祀孔子则肇始于汉初，汉高帝十二年（前195年），刘邦自淮南过鲁，以太牢祭孔子，首开先河。后光武帝刘秀营造太学且亲自临幸，然史书并没有记载当时所祭祀之先圣先师为何人。汉明帝永平年间，修明养老习射之礼，郡县道学校皆祭祀周公孔子，于是孔子始祀于庠序之间。汉灵帝建宁二年（170年），鲁相史晨上书请求祭祀孔子应“依社稷，出王家谷，春秋行礼”[②]，灵帝下诏准许。此时祭祀孔子已经和社稷同样的规格，不过此举似乎应该仅限于阙里孔子庙。可见，秦汉时期民间性质和官方性质的祭孔都已出现，学校祭祀的对象依然是周公和孔子两人，专属孔子的祭祀还仅限于阙里，故此时孔子的地位只能说是尊而不贵，恰如梅福所言：“仲尼之庙不出阙里，孔氏子孙不免编户。”[③]

魏晋南北朝时期，学校祭祀更加兴盛。一方面，帝王或太子每通一部儒家经典，必释奠于辟雍，并且这种“通经释奠”的形式逐渐成为一种常态。另一方面，在举行祭祀的过程中开始使用乐舞，宋文帝元嘉二十二年（445元），皇太子释奠于太学，乐用登歌；永明三年（485年），朝廷商议释奠释菜当行何礼，用何乐及礼器，在历史上第一次明确规定了学校祭祀的乐舞、祭器和祭品[④]。

周公、孔子共享释奠礼是一直以来的传统，但孔子取代周公独享学校祭祀则成为发展趋势，然而这一过程却十分复杂。魏晋南北朝时，学校祭祀虽

---

①〔汉〕司马迁：《史记》卷四十七，北京：中华书局，1959年版，第1945页。

② 刘续兵辑录：《建宁二年史晨前后碑》，杨朝明主编：《曲阜儒家碑刻文献辑录》第一辑，济南：齐鲁书社，2015年版，第27—46页。

③〔汉〕班固：《汉书》卷六十七，北京：中华书局，1962年版，第2925页。

④〔梁〕萧子显：《南齐书》卷九，北京：中华书局，1972年版，第144页。

仍以周公、孔子为主祭，但周公地位逐渐淡化。东晋成帝时，时人范坚与冯怀书问对答，其中就谈到“汉氏以来，释奠先师惟仲尼，不及公旦”[①]。唐武德二年(619年)，高祖令国子学立周公、孔庙各一所，四时致祭。七年，高祖亲临国子学祭祀，以周公为先圣，孔子配享，此举引发儒者的不满。贞观二年(628年)，唐太宗采纳左仆射房玄龄、博士朱子奢的建言，“罢周公，升孔子为先圣，以颜回配”[②]。到了高宗永徽年间，又复以周公为“先圣”，孔子则降为“先师”，以配享周公。不过高宗显庆二年(657年)，太尉长孙无忌、礼部尚书许敬宗等领衔上疏，祈求“改令从诏”，恢复贞观旧制，“进”孔子而“出”周公。在他们看来，周公践极摄政，辅佐成王，功比帝王，因此周公应纳入治统祭祀，以配享成王。他们的主张得到了皇帝的肯定，最终孔子复升“先圣”，而周公则配享武王。至此，文庙祭祀制度基本定型，孔子稳居享主之首，明列国家祀典，再未动摇。

(二) 以文庙为祭祀场所

孔子所代表的儒家思想是使国家长治久安的根本保障，历朝历代不断修建文庙，正是为了彰显崇儒尊道的国策。在这一过程中，文庙由单纯祭拜孔子的“家庙”转而成为代表中国文化的“文庙”。文庙已经远远超出了纪念性建筑的功用，成为中华民族文化的象征。

文庙源于阙里，《史记·孔子世家》记载：“故所居堂，弟子内，后世因庙，藏孔子衣冠琴车书，至于汉二百余年不绝。”[③]其规模，仅是“茔不过百亩，封不过三版，祠宇不过三间”[④]，这是一种家庙建筑与祭孔建筑合为一体的场所。东汉桓帝时，司徒吴雄、司空赵戒以鲁相乙瑛之言，上书请置百石卒史一人，“典主守庙，春秋享礼，财出王家，钱给犬酒直”[⑤]。守庙官的

①〔宋〕李昉：《太平御览》卷五三五《释奠》，北京：中华书局，1960年版，第2427页。

②〔宋〕宋祁、欧阳修等：《新唐书》卷十五，北京：中华书局，1975年版，第373页。

③〔汉〕司马迁：《史记》卷四十七，第1945页。

④〔清〕孔继汾：《阙里文献考》卷十一，济南：山东友谊出版社，1989年版，第207页。

⑤ 房伟辑录：《永兴元年乙瑛置守庙百石卒史碑》，杨朝明主编：《曲阜儒家碑刻文献辑录》第一辑，第16页。

确立，表明阙里孔子庙的管理由孔子后裔的家族行为改变为国家行为。

孔子庙与学校的结合，推动了其"走出"阙里的进程。魏晋南北朝时，京师及地方官学中开始建立孔庙。东晋太元九年（384年），尚书谢石上书建议修建学校，"请兴复国学，以训胄子"，孝武帝采纳了他的建议，"其年选公卿二千石子弟为生，增造庙屋一百五十五间"①。这是建在首都国学的第一所孔庙，为孔庙与学校的结合奠定了基础。据《隋书·礼仪志》记载："后齐制，新立学，必释奠礼先圣先师。……郡学则于坊内立孔、颜庙。"②因此，国家规定地方官学建造孔庙最晚不会迟于北齐时期。

直到唐朝，这种庙学布局才最终确立。唐高祖武德二年（619年），"天下略定，即诏有司立周公、孔庙于国学，四时祠"③。贞观四年（630年），唐太宗又诏"州、县学皆作孔庙"④。这种"庙中有学、学中设庙、庙学合一"形制的确立，极大地促进了孔庙的建设。从此，"州县莫不有学，则凡学莫不有先师之庙矣"⑤。"庙学合一"的形制使得文庙的数量大为增加，到清代时，中国有国子监、府学、州学、县学、厅学、乡学等各级学校孔子庙1740多所⑥。孔庙由阙里而遍布华夏大地，县及县级以上城市皆有孔庙，成为中国古代城市的"标配"。

（三）建立文庙从祀制度

文庙中除主祭孔子外，还会附祭历代官方认可的儒家圣贤，诸如颜回、曾参、朱熹等均享受此殊荣。此制度的形成，既有上古礼制作为依据，又有后世儒家的大力推动。

在传统礼制中，有祭祀必定有配享，如祭天要主日配月，祭社以句龙配，

---

①〔梁〕沈约：《宋书》卷十四，北京：中华书局，1974年版，第365页。

②〔唐〕魏征等：《隋书》卷九，北京：中华书局，1974年版，第181页。

③〔宋〕宋祁、欧阳修等：《新唐书》卷一九八，北京：中华书局，1975年版，第5635页。

④〔宋〕宋祁、欧阳修等：《新唐书》卷一五，第373页。

⑤〔元〕马端临：《文献通考》卷四十三，考四一一。

⑥孔祥林：《世界孔子庙研究》（上卷），北京：中央编译出版社，2011年版，第8页。

祭稷则以周弃配。文庙从祀制度无疑会受此影响，据《后汉书》记载，东汉永平十五年（72 年），明帝东巡过鲁，祀仲尼及七十二弟子，这是孔门弟子从祀文庙的滥觞。三国曹魏正始年间，齐王曹芳通习儒家经典后派遣太常于辟雍祭祀孔子，同时以颜渊配享。晋宋时期，国学释奠基本沿用此形制，以颜渊配享孔子。文庙从祀制度自东汉以来渐次形成，基本上形成了以颜回为代表的仲尼七十二弟子从祀体系，奠定了文庙从祀制度的初步基础。

唐代是文庙从祀制度发展的关键时期，随着孔子独居学校祭祀，从祀人物的选取标准也得到进一步完备。贞观二十一年（647 年），唐太宗以左丘明、公羊高等二十二位先儒从祀文庙，但孔门弟子除颜回、子夏外，全都不在从祀之列。这种局面在唐开元八年（720 年）得到改观，玄宗李隆基命以“圣门四科”的颜回、子夏等十名弟子从祀文庙，并图画孔门弟子及二十二贤于庙壁之上。这为今后的文庙从祀制度树立了典范，孔门弟子及儒家圣贤同时从祀文庙成为定制。

文庙从祀诸儒虽入祀原因各异，但无一不是“文章”“道德”俱佳的楷模，儒家思想的精义正是通过他们得以传承和深化。于是，在文庙中出现了以孔子为中心，从祀贤儒相环绕的教化体系，有效促成了儒生“成圣希贤”的归属感。因此，文庙从祀对于传统社会的重要意义不言而喻，故明人瞿九思曾言：“从祀大典，乃乾坤第一大事。”[①]

（四）完善祭祀仪制与仪程

文庙祭祀时配有乐舞和歌章。文庙祀典的专用乐歌出现于隋朝，称为《諴夏》，取“至諴感神”之意[②]，是在古代郊祀乐《五夏》及周代“文武”二舞的基础上演变而来。此后，历代都会为文庙祭祀制定专门的音乐。各朝乐

①〔明〕瞿九思：《孔庙礼乐考》卷五，《续修四库全书》第 824 册，上海：上海古籍出版社，2002 年版，第 734 页上。

②“至諴感神。”孔传：“諴，和。”孔颖达疏：“帝至和之德尚能感于冥神。”参见〔汉〕孔安国传，〔唐〕孔颖达疏：《尚书注疏》卷三，《景印文渊阁四库全书》第 54 册，台北：台湾商务印书馆，1986 年版，第 88 页上。

章名称虽不同，但均取嘉名，以昭一代之制，如唐用“和”、宋用“安”、金用“宁”、元用“安”、明用“和”、清用“平”。历代文庙祭祀乐歌曲调旋律变化不大，歌诗内容也以赞颂孔子功德为主，基本保持了六代之乐中《韶》《武》二乐的基调。

文庙祭祀中，与音乐、歌声相伴的是祭祀舞蹈。国学释奠用舞始于东汉，《后汉书·儒林传》中记载：“建武五年，乃修起太学，稽式古典，笾豆干戚之容，备之于列，服方领习矩步者，委它乎其中。”但舞蹈的形式和等级并没有明确记载。宋元嘉年间，“元嘉立学，裴松之议，应舞六佾，以郊乐未具，故权奏登歌”[①]。到南齐永明三年（485），朝廷决定文庙祭祀采用“轩县之乐”“六佾之舞”。应当说，南北朝时期是文庙祀典采用六佾舞的开端，也是历史上孔子庙堂使用歌、舞、乐三位一体形式之始。

相比于学校释奠，后世文庙祭祀程序更为完备。文庙祭祀仪程以“三献礼”为中心环节。所谓“三献”，是指祭祀时献酒三次，包括初献爵、亚献爵、终献爵。最迟到北齐时，祭祀孔子已经开始采用这种形式。“后齐将讲于天子，先定经于孔父庙……讲毕，以一太牢释奠孔父，配以颜回，列轩悬乐，六佾舞。行三献礼毕，皇帝服通天冠、绛纱袍，升阼，即坐。”[②]

唐代时则专门制定了以此为核心的祭祀仪程，同时用于“皇太子释奠孔宣父”和“国子释奠孔宣父”[③]。随后历代文庙祭祀仪程虽仍有不少改进，但均以此为底本。

概言之，孔子后，人们对其祭祀一直未曾中断，由自发转向自觉。所谓“自发”，是指孔子祭祀尚仅限于阙里一地，多为周边民众的自发行为，至太史公游历曲阜之时，此情此景尚在。所谓“自觉”，乃是指孔子成为文化正统性象征后，孔子祭祀已非孔氏一家之祭祖行为，而成为国家祀典的组成部分。

---

①〔梁〕萧子显：《南齐书》卷九，北京：中华书局，1972年版，第144页。

②〔唐〕魏征等：《隋书》卷九，第180页。

③根据《大唐开元礼》的记载，除献官和祝文略有不同外，皇太子释奠和国子释奠的仪式相同。

国家祀典层面的文庙祭祀显然与前述学校释奠有着密切关联，尊师重道、传承文明的精神实质一脉相延。可以说，文庙祭祀的产生进一步凸显了人文色彩，不仅具有宣扬儒家传统伦理道德的功用，而且也在很大程度上影响了传统中国的信仰建构。

三、文庙祭祀对传统社会道德信仰建构的作用

文庙祭祀蕴含的文化信息极其丰富，有着鲜明的宣扬文教的特质，在传统社会道德信仰建构过程中发挥了重要作用。

(一) 尊“道”而非祭“神”

天下通祀孔子，并非使孔子神圣化，而是推崇其“道”与“教”，这使得文庙祭祀的人文意识凸显而宗教色彩淡化。

明洪武二年(1369)，朱元璋下令文庙祭祀止行于曲阜，天下不必通祀。此举遭到当时刑部尚书钱唐、侍郎程徐等大臣的明确反对。《明史》记载，钱唐“伏阙”上疏：“孔子垂教万世，天下共尊其教，故天下得通祀孔子，报本之礼不可废。”侍郎程徐更是提出：“孔子以道设教，天下祀之，非祀其人，祀其教也，祀其道也。今使天下之人，读其书，由其教，行其道，而不得举其祀，非所以维人心扶世教也。”[①] 两位儒臣认为，孔子“以道设教”“垂教万世”，天下人“读其书，由其教，行其道”，世道人心因之稳定，社会得以有序。所以，后世祭祀孔子首先在于“报本”，报答孔子教化之功。但从更深层次而言，文庙祭祀并非仅祀其人，而是祭祀由孔子所代表的中国文化传统，即侍郎程徐所谓“祀其教”与“祀其道”，也就是说，通过文庙祭祀向天下表明对孔子所确立价值观的推崇，以此来达到社会的安定有序。

柳诒徵先生说：“盖自汉以来，虽已举国崇奉孔子之教，而立庙奉祀，近于宗教性质者，乃由人心渐演渐深，踵事增华之故。”[②] 这表明，中国文化尤其是儒家文化非常富于理性精神，而不是像西方文明那样具有深沉的宗教意

---

①〔清〕张廷玉等：《明史》卷一三九，北京：中华书局，1974年版，第3981—3982页。

② 柳诒徵：《中国文化史》(上)，上海：上海三联书店，2007年版，第252页。

识。文庙祭祀的根本目的，在于通过祭祀孔子，以尊崇孔子之道，最终求得社会的安定有序。不论是祭祀的手段，还是祭祀的最终目的，文庙祭祀始终着眼于现实社会，而非虚幻的彼岸世界。

(二) 以教化为大务

如前所言，文庙祭祀通过举行各种祭祀仪式来推行孔子之道，其根本目的在于维护社会的安定有序。换言之，如果说文庙祭祀的仪程只是外在形式，那么维人心、扶世教才是祭祀的目的和追求。因此，文庙祭祀始终以教化为大务。

文庙祭祀的教化功能集中体现在文庙从祀体系中。孔子之于儒家具有创立之功，但孔子之道的传承延续则离不开后儒的阐发和弘扬。故历代将有功于儒家传承的先贤、先儒从祀文庙，以此为士人提供“榜样”与“模范”，成为他们效法的对象。

文庙从祀使士人耳濡目染成圣希贤的荣耀，对于他们的道德信仰有着显著的塑造作用。王阳明于万历十二年（1584）获准从祀文庙，这是明代思想文化史和政治史上的大事。但在此之前，对于他能否入祀文庙，朝廷中已激辩了数十年。反对者认为，朝廷已册封他为“新建伯”，不需要再将他纳入文庙从祀；但赞成者却认为，伯爵之名只是一个世代的荣耀，而文庙从祀却是“万代之典”。

王阳明及其后学争入从祀文庙，其背后既体现出传统士人对“事功”的复杂态度，也显现出文庙祭祀之教化的深刻影响。其实，王阳明本人在晚年讲学时几乎很少提及他早年在平定“宸濠之乱”时的辉煌功绩。除去刻意回避的因素外，或许可以表明王阳明本人也认为自己的生命价值更应该体现在儒家道统的传承上，而不是单纯局限于外在的事功之上。或者说，阳明的目标是要做“圣贤”，而不是做事功上的“一代豪杰”。

文庙从祀的教化作用在传统社会中影响深远。直到晚清时期，远在山西太原赤桥村的刘大鹏还在其编著的地方志《晋祠志》中说道：“人至末世而莫能分食一块冷肉于文庙，则为虚生。”[①] 可见，从祀文庙的象征意义已经深入人心。

可以想见，当士人进入文庙祭拜，虽然圣人往矣，但遗容尚存，遗言尚在，此时一种俨然若见圣人的情感仍会油然而生。后退而就学，诵诗读书，体之身心、验之践履，无不期待自己的一言一行、一举一动能够无愧于圣人，人的情感由此得到升华。由此，通过文庙祭祀以教民之意得以实现，“然后以之孝亲敬兄，忠君爱民，遂随所施而皆当，而风俗有不归于厚者，鲜矣”[②]。

(三) 礼不往教

文庙祭祀作为传统社会道德信仰建构的一种方式，不仅深刻影响了中国社会，而且还传播到日本、韩国、越南等国家。3 世纪左右，朝鲜就开始举行文庙祭祀。11 世纪时，越南开始兴建孔庙祭祀孔子。15 世纪起，日本建立了大量孔子庙进行祭祀。时至今日，这些国家依然延续着文庙祭祀的传统。

文庙祭祀是儒家思想的载体，日本、韩国、越南等国与中国一样祭祀孔子则体现出他们对中华文明的认同。文庙祭祀在这些国家的开展，推动了当地文明的进步，成为这些国家寻求真知的见证。可以说，文庙祭祀是“东亚文化圈”的重要标识。

更为重要的是，他们在引入中华文明后，还结合本民族原有文化进行创新，发展出了新的文化传统。以朝鲜文庙祭祀为例，其祭祀礼制多依据中国，但配享人物却与中国有差异，他们以朝鲜历代的 18 位儒学家即“东国十八贤”从祀本国文庙，从而体现出民族文化传承的脉络。可见，朝鲜、日本、越南等国的文庙祭祀既保持了原有的文化内涵，表达出对孔子及儒家文化的尊崇，同时又发展出了本民族的文化特色。

文庙祭祀之于“东亚文化圈”内诸国家道德信仰建设的影响，体现出文庙祭祀“礼不往教”的特点。《礼记 · 曲礼上》曰：“礼闻取于人，不闻取人。

①〔清〕刘大鹏：《晋祠志》，太原：山西人民出版社，1986 年版，第 201 页。

②《青州府学先圣庙记》，见〔明〕杜思修、冯惟讷纂：《青州府志》（嘉靖）卷九，明嘉靖四十四年刻本。

礼闻来学，不闻往教。”[1]意即别人可以来学，但不会主动或强行去教授，即学习与否全凭对方自愿。朝鲜、日本、越南文庙祭祀，就是他们主动学习中华文明、自愿崇儒尊孔、引入文庙的结果。文庙祭祀着眼于儒家文化传承，不仅有效地传播了中华文明，而且与当地文化融为一体，推动了整个区域的文明进程。它不是依靠暴力与战争，这与西方文化传播的“传教模式”有显著区别。

总之，孔子创立了以仁为核心的道德评价体系，并由此确立了中华民族的精神方向，成为中华民族的精神导师。文庙祭祀恰是通过宣扬孔子及其所创立的价值观来进行道德信仰的建构。经过了2500多年的历史沉淀，文庙祭祀蕴含着太多的文化内涵，成为中国文化中不可或缺的部分。它不仅仅是一场简单的仪式，更关乎中国人对本民族文化的看法、对民族历史的态度以及对自我价值的认知与觉醒。文庙祭祀不应该仅存在于冰冷的典籍记载中，更应该成为每一位国人修炼内在品质的必由之路，一场必不可少的人生礼仪。

（本文发表于《廊坊师范学院学报》2017年第4期。）

①〔汉〕郑玄注，〔唐〕孔颖达正义：《礼记注疏》卷一，第2663页。

后　记

感谢孔子研究院，感谢人才办孟坡兄对此书出版的用心，感谢副院长刘续兵兄的理想及其为礼乐文明中心的付出，我们还有释奠学与礼乐文化推动之事尚未完成；更感谢杨院长朝明兄的大肚能容，将研究院成员放心托付，让我们得以完成许多文化学术之事，更对许多未来有待完成之志业充满期待。本书能顺利面世，还要特别感谢山东友谊出版社的朋友们辛苦操持、认真编校，做了大量艰辛、细致的工作。最后，要感谢的仍然是我团队的成员，他们是：孔子研究院的陈以凤、崔海鹰、李翠、房伟、齐金江、陈金海，湖南大学岳麓书院的许超杰，湘潭大学的王园园。人之逆旅客居，难免有时身心俱疲微恙不适，没有一份真诚的情感为基底，这份照顾与相伴读书便不会沁人如此。